HY COLLECTION 012

복지국가와 복지정책 개정판

WELFARE STATE AND WELFARE POLICIES

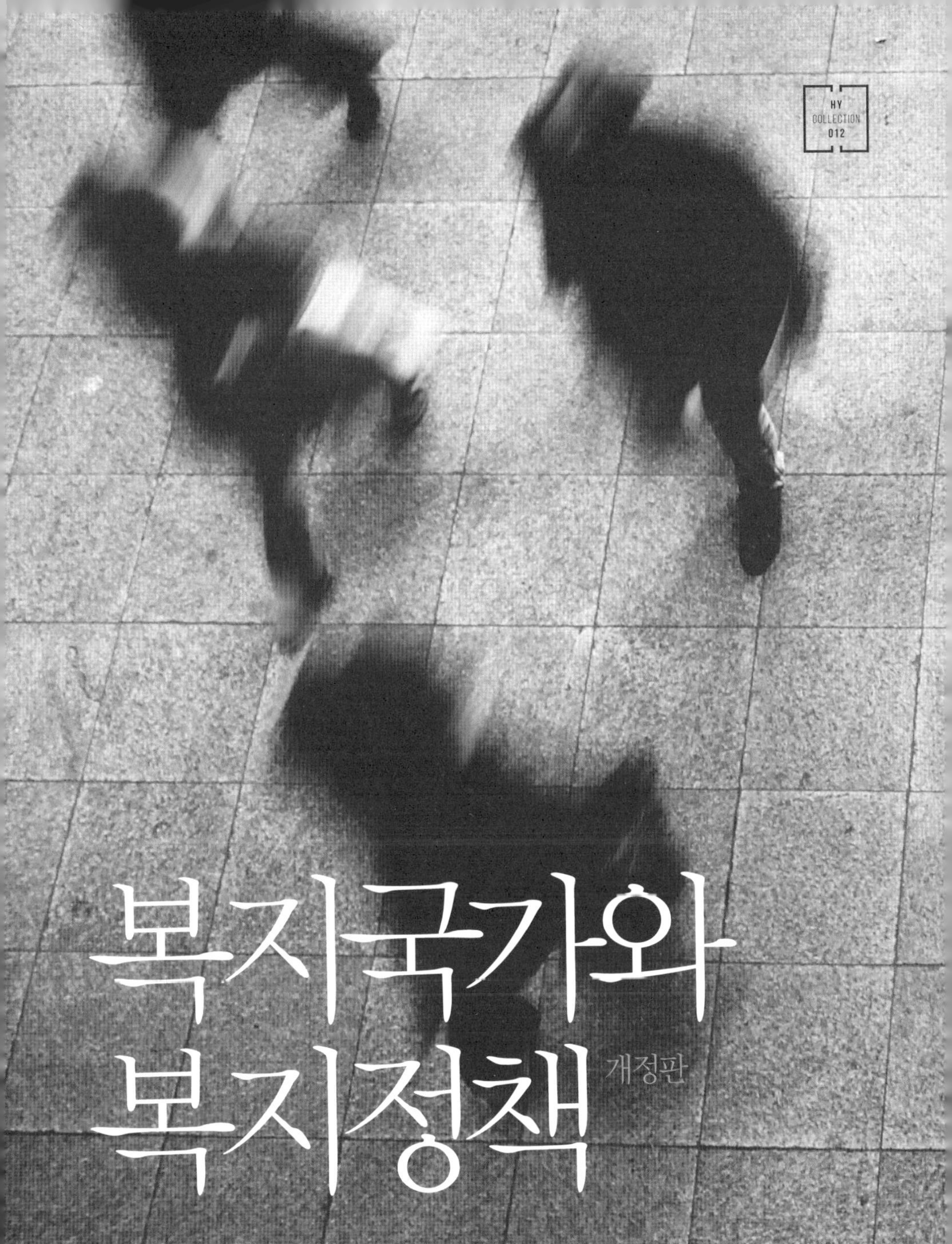

복지국가와 복지정책 개정판

WELFARE STATE AND WELFARE POLICIES

HY COLLECTION 012

주성수 지음

한양대학교 출판부

서문

2017년 개정판을 내면서

"한국의 복지국가는 지속가능해야 한다"

이 책의 2011년 서문에서 저자는 "한국에서 복지국가는 가능한가"를 물었고, 6년이 지난 지금은 "한국의 복지국가는 지속가능해야 한다"고 답한다. 그간 한국과 세계의 복지 상황에는 많은 변화가 있었다. 지속적인 글로벌 경제위기는 빈곤과 소득불평등을 심화시켰고, 이에 대한 해결방안이 OECD, UN, EU 복지정책의 핵심 과제로 주어졌다. UN이 추진하는 2016~2030년 기간의 지속가능개발목표(SDGs)에서 빈곤과 기아종식이 제1, 제2 목표가 되었고, 또 소득불평등 해소가 제10 목표로 추가되었다. EU는 〈EURO 2020〉 이니셔티브로 '빈곤과 사회적 배제'에 맞서는 사회투자 정책을 적극 추진해 왔다.

한국에서도 지속된 경제침체로 '복지'가 국민의 최대 관심이자 국정의 핵심으로 자리하게 되었다. 2010년 지방선거에서 당선된 진보 성향의 교육감, 시장, 도지사들이 무상급식 공약을 시행하자, 이명박 대통령은 "복지 포퓰리즘"으로 경계했고, 같은 당의 서울시장은 "망국적 무상 쓰나미" 등으로 비판하고 나섰다. 그럼에도 이듬해 많은 복지 공약(公約)으로 당선된 박근혜 대통령은 재임기간 내내 복지를 공약(空約)으로 외면하며, 나아가 실업과 소득불평등, 국정교과서, 세월호 참사, 메르스와 AI 대란, 위안부 합의 등, 수많은 정책에서 국민의 탄핵을 받았다. '무증세 복지'라는 모순된 가이드라인을 고집하다 실패한 것이다. 이와 달리 문재인 정부는 '증세로 복지 공약' 이행을 추진하고 있어, 이제는 '증세에 대한 저항' 없이 비정규직의 정규직화, 아동수당, 기초노령연금 등의 공약을 이행할 수 있을지, 정반대의 상황이 되었다. 특히 일자리 81만 개 공약은 집권과 동시에 일자리위원회를 신설해 강하게 추진하는 것으로 봐서는 상당한 기대를 갖게 만든다.

일자리다운 일자리를 통한 복지가 '지속가능한 복지'가 된다. 대량실업 등 경제위기를 심하게 겪은 유럽 국가들의 경험을 반영한 OECD의 〈경제정책 개혁〉 보고서들은 인적자본 투자를 통한 일자리 정책의 중요성을 강조해 왔다. 인적자본은 안정적인 생계와 삶의 질 개선의 기초 자산이자 노동소득 불평등 해소 자산이기 때문에, 적극적 노동시장정책을 비롯한 '사회투자'의 복지정책이 필요하다는 것이다. 사회투자로 노동소득 균등화뿐 아니라 경제성장에도 기여하는, 그런 지속가능한 복지국가(sustainable welfare state)가 한국에도 필요하다는 게 OECD의 권고다.

빈곤과 소득불평등 해소의 복지, 실업극복과 일자리 창출의 복지를 저자는 2011년의 초판에서 복지정책의 핵심으로 소개했다. 그리고 개정된 이 책에서도 불평등 해소와 일자리 창출의 복지정책을 재차 강조한다. 이명박·박근혜 정부 기간에 복지국가 노력과 성과가 제자리걸음을 한 까닭에 이제 문재인 정부는 취약층 생계 지원과 소득불평등 해소에 더욱 진보적인 복지정책으로 지속가능한 복지국가를 지향하길 기대해본다.

2017년 8월

저자 주성수

차례

제1장

사회복지정책 : 이론과 분석

1. 사회복지정책 개념과 영역

'사회복지정책'(social welfare policy)은 공공정책(public policy)의 하나로, 먼저 공공정책 개념이 무엇인지를 정의할 필요가 있다. 나아가 넓은 의미의 사회복지정책과 좁은 의미의 사회복지정책을 구분해 살펴보며, '사회복지정책'보다 더 넓은 의미의 '사회정책'(social policy)을 공식용어로 사용하는 OECD의 사회정책 개념에 대해 그리고 한국과 미국에서 통용되는 복지정책 영역을 차례로 살펴보면서, 사회복지정책의 영역을 정리해본다.

1) 공공정책의 개념

'정책'(policy)이란 일반적으로 특정한 목표를 달성하기 위해 개인이나 조직, 기업, 정부 등 행위자가 취하는 공식적인 결정 또는 행동의 계획이라고 볼 수 있다. 일반 '정책'과 달리, '공공정책'은 '공공성'을 갖고 있기 때문에, "국가 기관에 의해 취해지거나 관련이 된 공식적인 결정 또는 행동 계획"이라고 구분해볼 수 있다(Richards & Smith 2002: 1). 공공정책은 정부가 지금까지 하고 있는 일을 지칭할 뿐 아니라 목표를 설정해서 장차 하려고 하는 일에 대한 현재의 결정과 행동의 계획을 포함하는 미래지향적인 개념이다.

정책학 연구자들이 제시하는 '공공정책'의 개념은 정부가 하는 모든 일들이라고 보는 시각부터 구체적인 의사결정 또는 행동양식이라고 하는 시각까지 다양하다. 정책학자 다이(Dye 1992)는 "정부가 추진하고 있거나 하려고 하지 않은 일"을 공공정책으로 정의함으로써 '하려고 하지 않은 일'의 영역도 공공정책의 주요 영역으로 간주한다.

한편 앤더슨(Anderson 2000: 4-7)은 공공정책을 "문제나 관심사를 다룸에 있어 행위자나 행위자 집단에 의해 추진되는 목적지향적인 행동경로"라고 정의하며, 그 특징을 네 가지로 구분해 설명한다. 첫째, 공공정책은 정부기관이나 관료에 의해 개발된 것으로, 무계획적이고 우발적인 행동이 아니라 의도적이고 목표지향적이다. 둘째, 공공정책은 단절된 불연속적인 의사결정이 아니라 일련의 연속적인 행동과정이나 유형들로 구성된다. 공공정책은 공직자와 일반 시민들의 정책요구(policy demand)에 대한 응답으로 나타난다. 셋째, 공공정책은 정부가 하려고 하는 의도 또는 의사의 표명이라기보다는 실제로 수행하는 일과 관련된다. 정부가 수행하는 일의 결과가 정책산출(policy outputs)의 개념이다. 마지막으로, 공공정책은 적극적일 수도 있고 소극적일 수도 있다. 정부의 목표지향적인 일의 수행은 적극적 정책의 추진으로 나타나지만 모든 공공정책이 적극성을 가진 것은 아니다. 노사분규와 같이 사안에 따라 '정부 무개입'의 원칙을 고수하는 입장에서 어떤 조치도 취하지 않을 수 있다. 무결정(non-decision)의 결정도 중요한 정책결정이 된다.

2) 사회복지정책의 개념

이상과 같은 '공공정책'으로부터 구별되는 '사회복지정책'의 개념은 어떻게 정의될 수 있는가? 아래에서는 먼저 광의의 사회복지정책과 협의의 사회복지정책을 구분해본다.

광의와 협의의 복지정책

광의의 사회복지정책은, "사람들의 삶의 질에 영향을 미치는 일에 대해 정부가 하려고 하거나 하려고 하지 않는 모든 일"(Dinitto 1999: 2)이라고 볼 수 있다. 위에서 살펴본 다이(1992)의 공공정책 개념정의를 따른 것으로 볼 수 있다. 또 좁은 의미의 사회복지정책은 "소득이나 서비스를 제공하며 시민의 복지에 영향을 미치는 정부의 행동"(Dinitto 1999: 2)이라고 정의할 수 있다.

OECD의 사회정책

한편 OECD의 시각에서는 사회복지정책은 '사회정책'으로 이해되고 있다. OECD는 '사회정책' 홈페이지(www.oecd.org/els/social)에서 사회정책은 "다양한 삶의 단계에 있는 사람들에게 일련의 상호의존적 이슈들을 다루면서 이들에게 영향을 미친다"고 정의하며, 사회정책을 구성하는 주요 정책들로 "아동발달과 가족친화적인 정책, 고용지향적인 사회정책과 노동인구에 대한 사회지원 정책, 장애정책, 연금 등의 노령 관련 정책들"로 소개한다. 특히 '고용지향적' (employment-oriented) 정책이 "삶의 기준을 향상시키는 최상의 방법"으로 간주하며 사회복지정책이 무엇보다도 고용과 관련되어 정의될 것을 강조한다.

3) 사회복지정책의 영역

따라서 사회복지정책의 영역에서 가장 중시되는 것은 고용과 관련된 소득지원(income maintenance)이라고 볼 수 있다. 타운센드(Townsend 1970)는 소득보장을 위시해서 건강, 교육, 주택, 개별 사회서비스 등 다섯 가지로 사회복지정책의 영역을 꼽으며, 송근원과 김태성(2002: 30-31)은 여기에 조세정책과 노동시장정책(고용정책)을 포함한 보다 넓은 의미의 사회복지정책 영역을 제시한다. 따라서 이 책의 초점이 되는 소득지원과 고용정책은 사회복지정책의 핵심이 되는 영역으로 볼 수 있다.

OECD의 사회정책 영역

OECD는 '사회정책'의 영역에 대해 광범위한, '광의의' 영역구분을 하고 있다. 첫째는 소득지원과 임금(benefits and wages)이다. OECD에 따르면, 이 정책은 "조세와 소득지원 체계가 실업과 관련된 것으로, 노동에 대한 과세가 지나치게 높으면 일자리가 줄어들고, 실업자에 대한 소득지원이 지나치게 많으면 일자리를 찾지 않는 문제"가 정책의 초점이 된다. 둘째는 가족친화적(family friendly) 정책이다. 이 정책은 "노동과 가족의 조화를 촉진하며, 노동과 돌봄(care)에 대한 부모의 선택을 선호하며, 고용기회의 양성 평

표 1-1 사회복지정책의 영역

미국의 분류	OECD 분류	한국의 분류
1. 소득보장 – 사회보장 – 실업보장 – 고용지원 – 공적부조 2. 영양식량 – 식량지원 – 학교급식지원 – 보충영양 3. 의료 – 의료보험 – 의료급여 – 공공보건 4. 사회서비스 – 아동서비스 – 가족서비스 – 정신보건서비스 – 고용서비스 – 보육 – 직업훈련 – 노인과 장애인 – 직업재활	1. 소득보장 – 연금급여 – 장애급여 – 산재급여 – 주택급여 – 실업급여 2. 가족 급여 – 유족급여 – 현금급여 3. 의료 – 의료보험 – 상병수당 4. 사회서비스 – 가족서비스 – 노인서비스 – 장애인 – 적극적 노동시장정책	1. 생활보장 – 기초생활보장 – 긴급복지지원 – 자활지원 – 의료급여 – 의사상자지원 2. 아동/청소년 – 영유아보육 – 아동복지 – 특별청소년 3. 노인복지 – 장기요양보험 – 기초노령연금 – 노인복지 4. 가족복지 – 한부모가족 지원 – 입양아동지원 5. 장애인복지 – 장애인복지 6. 사회서비스 7. 보건

자료 Dinitto 1999:3; OECD 2001c; 보건복지부 2010a.

등을 증진시키는 정책"이다. 셋째는 고령사회의 도전에 대응하는 정책으로 여기에는 연금, 의료보험 등 주요 사회보험뿐 아니라 노인에 대한 사회서비스 등이 포함된다. 넷째는 정부의 사회복지정책들이 포용되어, 전체 '공공 사회지출비'(public social expenditure) 영역을 구성하게 된다. 여기에는 〈표 1-1〉에 소개된 것과 같은 13개 세부 영역이 포함된다.

미국의 복지정책 영역

미국의 사회복지정책 영역에 대해 디니토(Dinitto 1999: 3)는 〈표 1-1〉과 같이 네 가지 소영역으로 구분해서 보여준다. 가장 먼저 중시되는 소득보장은 연금 등의 사회보장, 실업보장과 고용지원, 공적부조로 구성된다. 다음으로 영양식량 지원정책과 의료정책이 주요 정책으로 꼽히며, 끝으로 무수한 사회서비스 영역이 별도로 구분된다. 사회서비스에는 전통적인 아동, 노인, 장애인, 노숙자 등 휴먼서비스뿐 아니라 실업과 고용 관련 서비스들이 주요 정책들로 포함된다.

한국의 복지정책 영역

한국의 경우는 보건복지부(2010a)가 분류한 지자체 사회복지업무 기준의 사회복지정책 영역을 참고해볼 수 있다. 생활보장이 가장 먼저 제시되어, 여기에는 국민기초생활보장부터 긴급복지지원, 자활지원, 의료급여 등이 있다. 또 다른 영역들은 아동/청소년, 노인, 가족, 장애인 등 대상별로 분류하고, 끝으로 급성장하는 사회서비스와 보건을 포용하고 있다.

2. 이론적 배경: 거버넌스와 정책과정

사회복지 정책과정을 이해하기 위한 이론적 시각으로 '거버넌스'(governance)의 개념과 특징을 살펴볼 필요가 있다. 정책과정에서 거버넌스란 정책결정 과정에 참여하는 행위자들과 제도, 관행 등에 관련된다. 거버넌스의 개념은 다양한 의미를 갖고 있지만 공공정책에 초점을 맞춰보면 "정책과정의 변화하는 특성"과 "공공정책 결정 과정에 관여하는 지형들과 행위자들의 끊임없이 증가하는 다양성"을 주목해볼 수 있다(Richards & Smith 2002: 2). 거버넌스 시대를 맞아 공공정책 과정에 근본적인 변화가 일어나고 있고, 그 변화의 특성은 중앙정부와 전통적인 이해관계자 중심의 폐쇄적 모형에서 다른 새로운 이해관계자로서 시민사회 이해관계자들의 개방적 참여 모형으로 변화된 특징에서 찾아볼 수 있다.

1) 거버넌스의 개념

거버넌스(governance)란 무엇인가? 어원을 찾아가보면, '키를 조정한다'(steer)와 '항해한다'(pilot)는 의미를 갖고 있는 그리스어 'kybenan'와 'kybernetes'에서 비롯된 것이다. 따라서 어원에 충실하면, '거버넌스'란 "한 조직 또는 사회가 스스로의 방향키를 조정하는 과정이며, 그 과정에는 커뮤니케이션과 통제의 역동력이 핵심적이다"(Rosenau 1995: 15).

그럼에도 이런 '통제' 중심의 개념정의는 현대적 의미에서는 문제가 있다. 그것은 다분히 '하향식'(top-down)의 통제와 지시를 내포하는 개념정의로, 다방적이며 다원적 의미를 갖고 있는 '민주적' 거버넌스 개념정의로는 적합하지 않다. 지금의 거버넌스는 단순하지도 간결하지도 않으며, 본질적으로 혼합적, 잠정적, 예측불가능한 유동적인 특성을 가진다. 또 거버넌스는 단일의 키잡이 주체에 의존하기보다 많은 행위자들을 포함시키고 있기 때문에, 포괄적인 권위가 없고 강제력이 없는 기능들이라고 볼 수 있다. 따라서 거버넌스는 공공 및 사적 개인들과 제도들이 공공 목적을 달성하기 위해 자신들의 공통적인 업무를 관리하고, 자원을 통제하고 권력을 행사하는 무수한 방법들의 집합이며, 갈등적인 이해나 다양한 이해관계들이 수용되면서 상호협력적인 행동이 취해질 수도 있다.

또 거버넌스를 "일반적인 권위의 행사"로 이해할 때, 거버넌스의 등장 배경은 "권력을 행사하는 주체의 절대적 또는 무제한적 권력의 위축"에서 찾을 수 있다(Michalscki et al. 2001: 9). '권위 행사의 위축'은 국가와 사회라는 거시적 차원뿐 아니라 기업과 가족 단위의 미시적 차원에도 해당된다. '권위 행사의 위축'에 따른 거버넌스 등장 배경요인들로는 민주화와 세계화의 동향이라고 볼 수 있는데, 이 요인들 이외에 다른 미시적 요인들을 더 꼽을 수 있다. 하나는 경제적 풍요에 따른 '삶의 질'에 대한 관심(포스트모던 가치), 다른 하나는 가계, 기업 및 정부 내부의 구조와 조직적 기능의 근본적인 변화다(앞글: 9-11). 포스트모던 가치의 확대에 대해서는 뒤에서 상세히 설명할 것이며, 후자에 대해서만 상세한 설명이 필요할 것 같다. 가계의 경우 여성의 사회진출과 직장활동으로 인한 가계내 권위구조의 변화, 또 여성의 진출뿐 아니라 글로벌 경쟁에 대응하는 기업내 구조조정과 관리혁신의 도입은 거버넌스의 정착을 유도했다. 마찬가지로 정부내 신행정관리 등 혁신 프로그램의 확대, 전자정부 등 IT혁명의 조직적 수용은 거버넌스의 확대를 불가피하게 만들었다.

따라서 '거버넌스' 개념의 등장은 사회에 대한 국가통치의 한계를 의미한다고 볼 수 있다. 1980년대 말에 등장한 '거버넌스' 개념은 초기에는 국가행동의 효율성과 효과성에 관련되는 권력의 행사를 의미했지만 최근에 와서는 사회를 가장 효과적이고 효율적으로 관리하는 방법을 더욱 중시하는 의미를 갖게 되었다. 시장과 사회에 대한 국가개입의 한계와 국가행동의 비효율성과 비효과성이 드러나면서, '거버넌스'라는 개념이 '최소의 국가'(minimal state)와 동의어가 되고 있다. 국가권력이 약화되어 사부문과 공조하는 정책 네트워크(policy network)에서 국가행동이 이뤄지고, 복지국가의 책임을 국가만이 떠맡지 않고 사부문에 민영화시키고 용역을 주고 위임하는 특징이 '뉴 거버넌스'(new governance) 이론으로 정립되고 있다(Merrien 1998; Salamon 2002).

2) 포스트모던 정책 거버넌스

정치학자 잉글하트(Inglehart 1977)는 『조용한 혁명』(*The Silent Revolution*)에서 서구 사회가 물질적 풍요와 경제적 안정을 누리면서 고학력자인 젊은 세대들 사이에 물질적 관심을 초월하는 삶의 질에 대한 관심과 행태가 '조용한 혁명'으로 진행 중이라고 관찰하였다. 포스트모더니스트는 경제성장보다 환경보호를 더 중요한 사회문제로 보며, 국가의 목표가 안정과 질서유지, 물가 안정 등 산업사회의 이슈보다 개인의 자유의 보장과 시민의 정책참여 등의 이슈들을 더 중시할 것을 주문하다. 환경, 소비자, 인권, 복지, 공동체 등 신사회운동(new social movement)의 성장은 포스트모던 가치관의 등장과 밀접한 상관관계가 있다는 것을 알 수 있다.

포스트모던 가치관은 권위에 대한 존중을 바람직하지 않은 것으로 거부하는 경향이 있다. 전통적인 권위를 상징하는 정부기관과 종교기관은 신뢰하기보다 불신하는 경향을 보여준다. 따라서 포스트모던 가치관의 확대는 정부 신뢰의 위기에 적지 않은 영향을 미친다는 분석이 설득력을 얻고 있다. 중앙정부, 의회, 사법 등 권위의 상징이 되는 정부기관과 종교기관에 대한 신뢰도가 지속적으로 쇠퇴하는 추세에 있고, 이와는 대조적으로 환경, 평화, 인권 등 신사회운동과 NGO에 대한 지지와 신뢰가 상대적으로 높아지는 동향을 주목해볼 만하다.

거버넌스 시대의 국가는 '포스트모던 국가'(postmodern state)로 볼 수 있는데, 이는 전통적인 '관료 국가'(bureaucratic state)로부터 구분되는 몇 가지 특징들을 가진다(표 1-2). 먼저 전통적 하향식 관료제(top-down hierarchy)가 네트워크 관료제(network hierarchy)로 변화한 특징이 있다. 정책과정에서 과거 중앙 행정부가 유일한 정책결정의 주체였다면 포스트모던 국가에서는 중앙 행정부가 기업, 네트워크 등 다른 정책결정 당사자들 중의 하나로 간주되고 있다. 그럼으로써 권력의 게임이 제로섬(zero-sum) 게임에서 파지티브섬(positive-sum) 게임으로, 중앙에 집중화된 게임에서 다방면으로 분산된 게임으로 바뀌고 있다. 더불어 일부 엘리트 주도의 정책결정이 일반 시민을 포함한 다양한 집단의 참여에 의존하는 다원주의 방식으로 전환하고 있다. 또 국가와 정부의 특성은 단일의 중앙집중적인 국가에서 분권화와 지방화된 국가로, 강력한 중앙정부 모델이 분절된 행정부 모델로 바뀐다. 그럼으로써 발생하는 문제는 책무성(accountability) 문제로 과거 명확한 계통의 특성이 불명확한 계통의 문제로 부각된다. 정책결정 과정에 다양한 이해관계자가 참여함으로써 이들의 정책 책무성 문제와 책임성(responsibility) 문제가 심각한 문제로 제기된다. 또 거버넌스의 개념은 통제(control)보다 조정(steering)을 중시하며, 중앙집중적 관료국가의 특성인 동질적 공공 윤리는 공공기관의 전문화된 서비스 기능으로 각기 특이한 서비스 문화를 갖게 된다. 사회복지 분야의 경우, 노동부는 고용안정과 직업교육, 보건복지부는 연금과 의료보험 및 사회복지서비스 문화를 갖게 된다.

나아가 전통적인 정부주도 모델과 새로운 거버넌스 모델을 비교해볼 만하다. 전통적인 정부주도 모델은 중앙정부의 소수 엘리트들이 정책결정 과정을 주도하며 그들에 의해 결정된 정책결정을 사회에 일방적으로 전달,

표 1-2 관료 국가와 포스트모던 국가

관료 국가	포스트모던 국가
• 정부 또는 통치(government)	• 거버넌스(governance)
• 전통적 관료제(hierarchy)	• 네트워크 관료제
• 권력(1): 제로섬 게임	• 권력(1): 파지티브섬 게임
• 권력(2): 집중화	• 권력(2): 분산화
• 엘리트 지배(elitist)	• 다원적 지배(pluralist)
• 단일, 중앙집중적 국가	• 분권화, 지방화 국가
• 강력한, 중앙 행정부	• 분절된 행정부
• 책무성의 명확한 계통	• 책무성의 불명확한 계통
• 중앙적 국가 통제(control)	• 중앙적 국가 조정(steering)
• 동질적 공공 윤리	• 이질적 서비스 문화

자료 Richards & Smith 2002: 36.

지시하는 모델이라고 볼 수 있다. 사회복지정책과 밀접히 관련되는 일부 이해관계자들의 의견이 제시되고 반영되기도 하지만 사회 전반, 각계각층의 공유된 의견이 중앙정부에 전달되는 상향식(bottom-up) 영향력 행사는 극히 미약하다.

이와는 대조적으로 거버넌스 모델은 사회복지 정책과정에 관련되는 무수한 이해관계자들에게 정책에 대한 접근과 참여가 개방적이다. 전통적인 이해관계자인 기업과 각종 이익집단뿐 아니라 사회복지기관들과 다양한 시민사회단체(NGO)도 정책결정 과정에 참여할 수 있는 기회가 개방되어 있다. 이런 특성 때문에 거버넌스 모델이 갖고 있는 심각한 결점이 부각되고 있는 것도 사실이다. 거버넌스 모델이 매우 개방적이기 때문에 다양한 정책 이해관계자들을 정책과정에 참여시키는 장점이 있지만 정부의 입장에서는 이해관계자들의 의견을 조율하거나 일률적인 정책 추진을 위한 통제의 기능이 크게 약화되는 문제가 있다고 볼 수 있다(Salamon 2002).

3) 중앙 거버넌스의 분산

거버넌스의 특성은 과거 '관료 국가'의 모델에서처럼 중앙정부에 집중된 현상에서 위로, 아래로, 밖으로 분산되는 특성을 보여준다. 피에르와 피터스(Pierre & Peters 2000: 83-91)는 ① 위로 이동(moving up)을 국제조직의 역할 증대, ② 아래로 이동(moving down)을 지역, 지방, 공동체로의 분권화, ③ 밖으로 이동(moving out)을 NGO의 역할 증대와 민영화로 꼽는다. 이는 공동화 국가(hollowing-out state) 현상으로, 중앙정부의 권위, 자율성 및 권력이 위로는 초국가기관들(IMF, UN, G7 등)에 의해, 아래로는 지방정부와 NGO들에 의해, 그리고 밖으로는 민영화와 기업에 의해 점차 위축되거나 상실되는 추세로 볼 수 있다(Richards & Smith 2002: 7).

특히 중앙정부의 거버넌스(national governance)가 8방으로 분산되는 두드러진 추세를 그려볼 만하다(Nye 1999). 먼저, 국가 차원에서는 기업과 NGO들도 거버넌스의 파트너로 동참해서 중앙정부와 정책결정의 권리와

그림 1-1 중앙 거버넌스의 분산

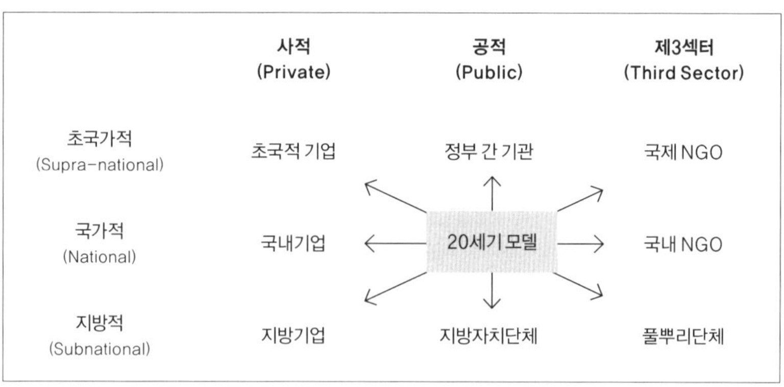

자료 Nye 1999: 4.

의무를 나눠 갖는다고 볼 수 있다. 또 국제적 차원에서는 초국적 기업들과 정부간기관들 및 국제 NGO들에게 중앙정부가 독점적으로 향유해온 정책 결정의 권한과 책임을 위임하게 되거나 이들로부터 많은 영향력을 받는다. 또 지방적 차원에서는 지방자치와 분권화의 영향으로 지방기업들과 지방자치단체 및 지방주민단체들에게 중앙정부 거버넌스의 파워를 위임하는 추세에 있다. 이처럼 결국 한 국가 차원의 중앙정부의 거버넌스는 8방으로 독점적 권한이 제한을 받으며, 8방으로부터 심각한 '거버넌스' 도전을 받고 있다고 볼 수 있다.

4) 커뮤니티 거버넌스

위에서 지적한 중앙정부 거버넌스의 분산 추세는 중앙정부 차원의 개혁과 관련되어 중앙정부 주도의 변화로 볼 수도 있지만 다른 한편으로는 중앙으로부터 자율성을 확보하려는 지방 차원의 '분권화' 압력에 의해 추진된 것으로 볼 수 있다. 세계화라는 밖으로부터의 압력뿐 아니라 지방화라는 아래로부터의 압력 때문에도 '거버넌스'의 선택은 불가피하다고 볼 수 있다. 이에 대해 UNDP(1993)는 다음과 같이 지적한다.

> 한편으로는 세계화가 자본이동에서 정보체계에 이르는 무수한 전선에서 개별 국가의 권력을 실추시키고 있고, 또 다른 한편으로는 많은 국가들이 자국 내의 특수한 집단들의 요구에 호응할 수 있을 정도로 탄력성을 갖지 못하게 되었다. 이제 국가는 큰 문제를 다루기에는 너무도 작고, 작은 문제를 다루기에는 너무도 크다.

'커뮤니티 거버넌스'(community governance)를 제시하는 게이츠(Gates 1999: 521-2)는 미국의 지방 사례에서 "통치에서 거버넌스로" 패러다임이 이동해가는 네 가지 특이한 배경을 지적한다. ① 사회가 직면하는 도전과 문제들이 점차 중앙정부로부터 지역과 지방 커뮤니티의 책임으로 바뀌고 있으며, ② 이런 심각한 사회문제들을 해결하기 위한 공적 자금은 점차 줄어들면서 민간단체의 역할이 상대적으로 늘어나고 있고, ③ 권력(power)은 중앙정부로부터 지방 커뮤니티로 보다 광범위하고 보다 엷게 분포되고 있고, ④ 커뮤니티의 인구적 구성이 점차 다양화되면서 극단화와 갈등의 가능성이 점차 높아지고 있다는 것이다.

복스(Box 1998) 또한 '커뮤니티 거버넌스'의 중요성을 지적하며, 그 배경과 원칙에 대해 설명한다. 그는 새로운 거버넌스의 동향이 강력하게 일어나고 있는 주요 배경은 새로운 개혁을 추구하는 동향보다는 전통적인 민주적 '시민참여'를 복원하는 것이라고 본다. 따라서 그는 이를 '시민 거버넌스'(citizen governance) 개념으로 제시하며, 그 배경을 전통적인 지방자치의 가치들에서 찾는다. 제1의 가치인 '지역 통제', 제2의 가치인 '작고 호응적인 정부', 제3의 가치인 '통제자가 아닌 자문가로서의 전문가' 중시 등 세 가지다(Box 1998: 5-12).

나아가 복스는 '커뮤니티 거버넌스'가 추구하는 원칙에 대해, ① 규모의 원칙, ② 민주주의 원칙, ③ 책무성 원칙, ④ 합리성 원칙 등 네 가지로 제시해 설명한다(앞글: 19-21). 첫째, '규모의 원칙'은 정책을 시민에게 가장 가까이 근접할 수 있는 가장 작은 규모의 지방자치단체에서 주도적으로 결정, 집행될 수 있도록 하는 원칙을 의미한다. 따라서 중앙정부보다 주정부, 주정부보다 지방자치단체, 또 지방자치단체보다 소규모 커뮤니티가 최상의 정책결정권을 갖도록 해야 한다는 것이다. 이는 사회복지정책이 시민들의 요구와 욕구를 가장 잘 반영해야 할 뿐 아니라 시민의 자발적인 참여에 의해 투명하고 책임 있게 결정되며 또 집행됨으로써 시민의 '자치 거버넌스'(self-governance)를 지향하기 때문에 제일의 원칙으로 추구되어야 한다는 것이다.

둘째는 '민주주의 원칙'이다. 과거의 소수 엘리트와 이익집단 중심의 사회복지 정책결정을 지양하고 일반 시민에게도 정보를 공개하고 참여를 개방시켜 자유로운 토의가 이뤄질 수 있을 때 정책결정이 민주주의 원칙에 기초한다는 지적이다.

셋째는 '책무성 원칙'이다. 지역의 시민들은 주민이자 커뮤니티의 소유자로서 자신의 삶에 영향을 미치는 사회복지 정책결정에 대해 관심을 갖고 참여할 수 있도록 지방자치단체와 공공기관이 책무성을 가져야 한다는 것이다. 따라서 커뮤니티에서 사회복지 문제가 제기되고 사회복지 의제로 논의되는 초기 단계부터 정책대안에 대한 모색과 정책결정, 정책집행에 이르는 전반적인 사회복지 정책과정에 시민이 참여하도록 하는 '정책 거버넌스'를 추구하는 것이 책무성을 제고하는 일이 된다.

끝으로, '합리성 원칙'은 사회복지정책이 결정되기까지의 절차와 과정의 합리성을 중시하는 원칙이다. 사회복지 정책결정이 엘리트와 전문가 주도의 질서정연한 관례에 의해 이뤄지는 것이 중요한 게 아니라 많은 정책 이해관계자들과 시민이 자유롭게 참여해서 자신들의 목소리를 내어 토의하고 서로의 의견을 조율하는 과정이 특히 중시된다.

3. 분석적 접근 : 사회복지정책의 분석

사회복지정책을 이해하고 분석하는 데는 다양한 접근방법이 있다. 그 방법들은 아래와 같이 사회복지정책의 ① 기능적 접근, ② 제도적 시각, ③ 분석적 접근, ④ 정치적 접근, ⑤ 경쟁적 가치의 시각, ⑥ 페미니즘 시각, ⑦ 분석의 틀 등으로 구분해 살펴본다(Gilbert & Terrell 2005).

1) 기능적 접근

사회복지정책은 사회, 경제, 정치의 환경의 영향을 받으며, 동시에 사회복지정책은 ① 사회적, ② 경제적, ③ 정치적 기능을 수행한다고 볼 수 있다.

사회적 기능

가. 사회화

첫째, 사회복지정책은 개인과 가족의 안녕, 복지, 사회화 기능을 한다. 생애주기별로 영유아부터 성인으로의 성장과정을 거쳐 중년, 장년기, 노령기에 이르기까지 개인의 사회적 생활에 직접적으로 많은 영향을 미친다. 그래서 복지국가가 발달한 서구에서 개인은 "요람에서 무덤까지" 사회복지정책의 영향을 받는다.

나. 규범의 적응

둘째는 개인들이 사회적 규범과 규율에 적응하도록 보장하는 기능이다. 복지국가에서 개인들은 복지에 대한 권리를 주장하면서도 동시에 사회적 규범과 규율을 따르는 시민의 의무를 요청받는다. 복지국가에서는 누구나 복지의 수혜자이자 기여자이므로 수혜의 권리와 기여의 의무를 함께 가진다.

다. 사회문제 해결

셋째는 문맹, 보건, 실업, 홈리스, 고아 등 사회적 문제 해결의 기능이다. 사회복지정책은 다양한 계층들이 고통을 받고 있거나 삶의 어려움을 겪고 있는 무수한 사회문제들을 해결하는 데 초점을 맞춰, 시민 누구나 복지와 삶의 질 개선에 필요한 재화와 서비스를 제공하는 기능을 한다. 시민 개인들에게 닥칠 수 있는 심각한 피해나 위험을 사회가 공동으로 집단적으로 대처하고 보장하는 방법이 사회복지정책이라고 볼 수 있다.

라. 정부의 적극적 개입

서구 복지국가의 역사를 살펴보면, 산업혁명 이전에는 가족, 공동체, 종교기관이 위와 같은 사회적 기능을 담당했다. 그러나 산업화, 도시화뿐 아니라 최근의 강력한 세계화 등은 개인들로 하여금 가족이나 공동체 차원을 넘어 사회적, 국제적으로 직접적인 영향을 받지 않을 수 없는 환경을 조장하게 되면서 강력한 정부의 개입에 의한 사회복지정책의 추진을 요청하게 되었다. 일례로 자유무역협정(FTA)의 체결로 많은 농민들에게 생계의 위협을 주게 되므로, 농업의 미래와 농민의 소득보장이나 일자리 보장 등 관련된 사회복지정책의 적극적인 추진을 요청한다.

경제적 기능

가. 경제적 안정

사회복지정책의 주요 기능은 경제적 안정을 보장하는 데 있다. 개인들이 생계유지에 필요한 최저수준의 소득 및 생계수단을 보장하는 일이 일차적인 기능이다. 경제적 침체기나 디플레이션 기간에 사회복지정책은 경제회복과 안정에 기여하는 역할을 한다. 실직을 당한 사람들의 일자리나 생계를 보장한다. 동시에 기업과 산업체를 위한 이윤생산적 경제 생산의 비용을 지원해주는 '생산비용의 사회화'(socializing the cost of production) 기능도 한다. 이로써 구매력 향상, 임금보조, 노동생산성 향상이 유발되는 경제적 효과가 일어난다.

나. 사회적 재생산

또한 사회복지정책은 '사회적 재생산'(social reproduction) 기능을 한다. 페미니즘 시각에서는 가족의 사회적 재생산 기능이 무수하다고 본다. 여기에는 종족의 번성(출산), 개인의 기본 생존욕구의 충족(소비), 가치와 규범의 수용(사회화)을 포함한 다음 세대의 노동과 가족 역할, 노약자, 유아, 장애인 등을 스스로 보살피는 돌봄 기능 등이 있다. 소비자나 돌봄자로서 여성의 역할은 개인들을 먹이고 입히고 재우고 할 뿐 아니라 가족 구성원들이 학교와 직장에서 생산적 활동을 하도록 에너지를 제공해준다. 이같은 여성의 생산적 역할에 대해서는 주류 경제학의 영향으로 공식 노동으로 인정받지 못한 채, '비공식 경제활동'으로 머물러 있어(그린 2010: 187), 페미니스트의 강한 비난을 받아 왔다.

다. 보수주의 시각

한편 전통적인 경제학 주류에 의존하는 보수주의자들은 사회복지정책의 경제적 기능에 대해 달리 생각한다. 그들은 사회복지정책이 기업의 생산활동 부담을 높인다고 본다. 사회복지에 의존하는 사람들은 힘들고 더럽고 위험한(3D) 일을 회피해 고용주는 더 높은 비용으로 그들을 고용함으로써 생산비용이 높아지고 결국 이윤이 줄어드는 문제를 안고 있다는 것이다.

정치적 기능

가. 사회갈등 해소

사회복지정책은 '사회갈등'의 해소에 기여함으로써 중요한 정치적 기능을 한다. 서구의 역사에서 복지국가의 출현과 발전의 역사는 정치적 대립과 갈등을 해소하기 위한 정치적 처방이었다. 비스마르크의 독일에서 복지국가가 출현하게 된 배경은 극심한 이념적 대립을 해결하기 위해 강요된 정치적 처방으로 절대 통치자가 자본가의 양보를 이끌어내 산업재해 보장 등의 사회보장제를 도입하게 된 것이다. 또한 복지국가가 세계 대공황 이후 급진적인 발전을 할 수 있었던 시대적 배경도 대공황의 피해자로 전락한 다수 국민들의 불만을 해소하고 사회적 통합을 모색하기 위한 처방으로 다양한 복지정책들이 도입, 확대될 수 있었다. 미국의 경우 대공황을 겪은 직후에 사회보장제가 도입되었고, 그 후 1960년대 중반 이후에 의료보장(메디케어, 메디케이드), 푸드스탬프, AFDC(가족 지원) 등의 복지체제가 갖춰질 수 있었던 것도 당시에 심각했던 인권운동, 반전운동, 여권운동 등의 정치적 소요와 위기 때문이었다.

나. 시민사회운동

따라서 사회복지정책의 확대는 시민참여, 공동체운동 등의 진보적 사회운동과 관련되는 역사적 배경을 갖고 있다. 한국에서도 1990년대 말 외환위기를 수습하기 위한 처방으로 국민기초생활제도를 도입한 것도 시민사회의 강력한 요구와 정책제안이 있었기 때문이었다. 그럼에도 사회운동이나 시민참여를 경시하는 보수주의자들은 사회복지의 확대가 오히려 복지의존을 키우고, 복지를 권리로 주장하는 사람들의 조직적인 정치활동으로 사회갈등과 정치불안을 야기한다고 본다.

2) 제도적 접근

개인들이 소속된 공동체 생활의 주요 활동이 이뤄지는 제도적 기반으로는 친지, 종교, 직장, 시장, 시민사회 및 정부가 있다. 현대 복지국가의 시대에는 정부의 역할이 가장 적극적으로 추진되는 복지국가가 사회복지정책의 핵심이 되고 있다.

사회복지의 제도

먼저 〈표 1-3〉에서 볼 수 있듯이 가장 협의의 기초적인 사회복지 제도가 친지와 가족이다. 사회복지의 주요 기능 대부분이 가족 차원에 해당되며, 여기에서 충족되지 않은 기능들이 종교, 시장, 시민사회, 정부 제도로 넘어간다. 시장, 시민사회, 정부는 각기 영리적, 비영리적, 공익적 기능을 수행하며, 개인들이 다양한 사회복지 재화와 서비스를 선택할 수 있는 대표적인 영역으로, 최근 서구와 한국의 동향에서는 시장과 시민사회의 역할이

표 1-3 사회복지 제도, 구조 및 기능

사회제도	조직 형태	주요 기능	사회복지 기능
친지	가족	사회화, 보호, 친밀감, 정서적 지지	의존적 돌봄, 가족 간 재정 지원
종교	교회	정신적 개발	신앙기반 보건, 교육, 사회서비스
시장	생산자(기업), 소비자(가계)	재화와 서비스 교환	상업적 사회복지 재화와 서비스
시민사회	자원적 조직, 구조집단	상조회, 자선단체	자조집단, 자원봉사, 비영리 사회서비스
정부	중앙, 광역, 지방정부	공동 목적을 위한 자원조달 및 분배	빈곤대책, 경제안정, 보건, 교육 사회서비스

자료 Gilbert & Terrell 2005: 3.

표 1-4 복지국가의 목표, 정책, 대상

목표	정책	대상
1. 경제적 보장: 소득 손실로 인한 생계 위협 보호	연금; 질업, 실업, 장애, 퇴직, 배우자 사망에 대해 사회보험	근로사, 퇴직자 및 그들의 가족
2. 물질적 충족: 기존적 생계 보호	공적 급여: 현금지원 및 사회서비스	빈곤층, 불이익계층
3. 기본 서비스: 기본 재화와 서비스	교육, 의료, 주택, 영양	모든 시민

자료 Gilbert & Terrell 2005: 48.

점차 확대되며, 정부의 사회복지정책을 보충, 보완하는 역할을 맡는다.

복지국가

다음으로, 사회복지정책의 핵심은 복지국가에서 찾게 된다. 복지국가를 통해 적극적이고, 종합적인 사회복지정책이 수행된다. 복지국가는 경제적 보장부터 물질적 충족, 기본 서비스 제공 역할을 하지만, 그럼에도 국가의 역사와 전통, 정치적, 경제적 여건에 따라 복지국가는 두드러진 발전의 차이가 있다.

보편주의와 잔여주의

보편주의 모델에서는 모든 시민들이 보편적인 복지서비스 수혜자가 되지만, 잔여주의 모델에서는 저소득층이나 근로층 등 특정 계층에 국한된 사회보장이나 복지서비스가 제공된다. 스웨덴이나 노르웨이가 전자를 대표하는 국가라면, 미국은 후자에 해당된다(복지국가에 대한 자세한 논의는 제3장을 참조).

3) 분석적 시각: 과정, 결과, 성과

사회복지정책을 분석적으로 접근하는 하나의 방법은 과정(process), 결과(product), 성과(performance) 분석이다. 대부분의 복지정책의 경우 정책이 도입된 배경, 정책형성에 참여한 이해집단들의 관계, 정책결정의 과정과 정책집행 등 일련의 '과정'에 대한 분석을 필요로 한다. 이런 '과정'에 대한 분석과는 달리, 정책과정의 결과로 제시된 프로그램, 법, 제도 등에 초점을 맞

표 1-5 보편주의와 잔여주의 복지국가

기준	잔여주의	보편주의
국가수입의 사회적 목적 비중	낮음	높음
복지혜택의 수준	형편 없음	적절함
서비스와 혜택 보장 범위	제한적	광범위
수혜 대상 인구	소수	다수
예방적 프로그램의 중요성	없음	상당함
프로그램의 주요 유형	선별적	보편적
사적 기관들의 역할	많음	적음
국가 개입의 이데올로기	최소	최적
욕구기초적 배분의 가치	최저	이차적
재정부담 유형	기여금, 이용료	세금

자료 Bergh 2004: 747.

춘 분석이 '결과' 분석이며, 결과 분석과는 달리 정책이 의도하거나 의도하지 않은 영향 또는 성과에 초점을 맞춘 '성과' 분석도 있다.

과정 분석

과정 분석은 사회복지정책의 형성의 배경에서 정부가 아닌 시민의 영향, 기업과 노조, 시민사회단체들 사이의 관계, 사회복지 의제설정 등에 초점을 맞춘다. 여기에도 특정한 시각에 초점을 맞춰 분석하는 경우와 여러 변수들의 관계에 초점을 맞춘 분석으로 구분될 수도 있다. 전자는 사회복지정책이 특정 계급의 이해, 엘리트의 성향 등의 영향에 따른 것인가 등에 초점을 맞춘다. 이와는 대조적으로 다원주의(pluralist) 또는 거버넌스(governance) 시각은 다양한 요인들 또는 다양한 집단들 사이의 관계에서 나타나는 요인들에 사회복지정책의 결정을 분석한다. 뒤에서 살펴보겠지만, 후자의 과정 분석이 최근의 사회복지정책 분석의 일반적인 동향이라고 볼 수 있다.

결과 분석

사회복지정책의 결과는 법적, 제도적 기초를 갖춘 형태로 나타난다. 사회복지 정책결정의 결과물로 정책제안(proposal), 프로그램(program)으로 제시된다. 정책제안은 어떤 이념, 이론에 기초한 것이며 무엇을 목표로 지향하고 이 목표를 달성하기 위한 정책수단으로 제시된 것은 무엇인가? 누가 이 정책의 혜택을 받고 누가 피해를 보게 될 것인가 등, 주로 정책 내용에 관한 문제들이 연구의 대상이 된다.

성과 분석

사회복지정책의 '성과'에 대해서는 '평가'(evaluation)를 한다. 평가의 첫째 기준은 프로그램은 원래의 기획과 의도대로 잘 수행되었는가, 어떤 문제나 낭비는 없었는가 등에 초점을 맞추게 된다. 다음으로 프로그램은 의도된 성과를 거두었는가, 어떤 긍정 또는 부정의 효과를 낳았는가 하는 문제를 다룬다. 성과는 일반적으로 성과지표로 제시되는 경우가 많다. 예를 들면 하루 1달러 미만의 생계를 유지하는 절대 빈곤층의 수를 2015년까지 절반을 줄이겠다는 UN의 '천년의 개발목표'와 같은 성과목표가 그것이다.

4) 정치적 시각: 개인-집단주의

사회복지정책은 정치적 기능을 하며 정치적 시각을 다양하게 반영한다. 바꿔 얘기하면, 사회복지정책의 내용과 방향을 결정하는 것은 정치적 요인들이라고 볼 수 있다. 보수적 정권의 교체, 진보적 대통령의 집권 등은 국가 차원의 사회복지정책을 결정하는 가장 중요한 요인으로 꼽힌다. 또 지방 차원에서도 진보적 교육감의 당선으로 학교 무상급식의 추진 등 무수한 사례들이 있다.

이런 정치적 시각은 일반적으로 보수주의, 진보주의로 구분하지만, 보다 넓게는 개인주의와 집단주의로 대비해 살펴볼 수 있다. 개인주의는 개인의 나태나 무능이 사회복지 문제를 야기시키는 주요 요인으로 보며 이에 대한 사회복지정책의 최소화를 주장한다. 반면에 집단주의는 개인보다 사회제도상의 문제로 개인 문제들이 야기된 것으로 보며, 사회복지정책의 적극적인 개입을 주장한다. 일반적으로 전자는 미국 등의 잔여주의 복지국가 모델, 후자는 스웨덴 등의 보편주의 복지국가가 모델이라고 구분해볼 수 있다.

〈표 1-6〉에서처럼 시장에 대해서는 개인주의는 규제받지 않는 시장의 역할을 강조하지만 집단주의는 시장의 횡포를 경계한다. 또 정부의 책임에 대해서는 개인주의가 작은 정부와 분권화를 주장하지만, 집단주의는 정부의 적극적인 개입 역할을 중시한다. 또 사회정책 어젠다에서도 개인주의는 정부보다 시장, 시민사회 등의 민간기관의 역할을 강조하지만, 집단주의는 광범위한 정부주도적 공공 사회복지정책의 시행을 중시한다.

표 1-6 사회복지정책에 관한 정치적 시각

	개인주의 시각	집단주의 시각
정치 이데올로기	보수주의	자유주의/진보주의
사회문제 견해	그릇된 선택, 개인적 무능 빈곤의 문화	근본적으로 사회경제적 상황, 접근의 장애, 기회 부족
시장에 대한 견해	규제받지 않은 시장, 사적 재산이 번영과 복지 보장	비규제적 시장이 위험한 경제 순환 야기, 실업, 빈곤, 불평등 환경파괴 등
정부의 책임 견해	작은 정부 중시, 분권화	공동체 전반의 복지를 위한 정부의 많은 역할
사회정책 어젠다	시장, 시민사회, 종교 역할; 빈곤층에 국한된 최소의 사회안전망 필요	완전고용, 경제안정, 기본적 사회재화를 위한 광범위한 공공 프로그램 중시

자료 Gilbert & Terrell 2005: 18.

5) 규범적 시각 : 참여, 리더십, 전문성

사회복지정책의 결정과 공동체 생활의 운영에 대해서는 다양한 경쟁적 가치들이 존재한다. 이에 대해서는 무수한 가치들이 경쟁하고 있다고 볼 수 있는데, 대표적인 경쟁적 가치들로 참여, 리더십, 전문성을 대비해 살펴볼 수 있다.

참여

참여는 시민들이 자신들의 복지에 영향을 미치는 정책에 대해 직접적으로, 의미 있게 참여할 때 가장 잘 실현될 수 있는 가치다. 또한 이것이 민주주의의 가장 중요한 가치라고 보는 것이 진보주의와 참여민주주의 시각이다. 참여의 이론적 가치는 소비자 실험이나 산업심리학 실험에서 의사결정에 직접 참여하는 사람들이 공동체의 강한 소속감을 갖고 있다는 결과에서 검증되고 있다. 참여가 높은 의사결정이 더 구속력이 높고 반면에 소외감과 불신감이 낮다는 경험적 근거들도 있다.

사회복지의 권리와 의무를 함께 갖고 있는 시민들이 자신들의 삶에 영향을 미치는 사회복지정책의 형성이나 결정에 직접 참여할 수 있을 때 사회복지정책은 가장 중요한 정통성을 확보하게 된다. 그러나 이런 정책형성과 결정은 현대 대의민주주의 체제에서는 시민들을 대표하는 정치인들의 몫이라는 주장과 이에 반해 대의민주제가 대표 기능의 심각한 문제를 안고, 시민들의 신뢰를 받지 못하고 있기 때문에 시민들의 몫이 중요하다는 주장 등, 뚜렷한 시각 차이가 존재한다. 일반적으로 서구 복지국가는 사회복지정책의 정통성과 책무성(accountability) 제고를 위한 유일한 방안으로 시민참여의 확대를 제안한다(Council of Europe 2004).

리더십

리더십은 참여의 가치와 대조를 이룬다. 시민들의 역할보다는 시민들을 대표하는 공동체의 제도와 기관의 역할을 중시한다. 의사결정기관, 집행기관, 이사회, 운영위원회 등의 기관들과 리더들이 리더십을 대표한다. 시민들의 직접 참여보다는 정치인이나 전문가들의 대표에 의한 대의민주제를 선호하는 것이다.

참여보다 리더십의 역할을 강조하게 되면 집중화, 관료화를 초래하기 때문에 이에 반대하는 분위기가 강한 편이다. 그럼에도 대통령, 장관, 시장 등의 리더십 역할을 경시할 수는 없으며, 결국 리더십과 참여, 두 가치의 조화와 균형이 중요하다. 리더십의 강화는 관료화와 비효율성을 초래하며, 지나친 참여의 강조는 리더십의 약화 또는 정부정책에 대한 신뢰 쇠퇴뿐 아니라 전문성을 결여하는 포퓰리즘을 유도하는 경향도 있다.

전문성

전문성은 정책결정에서 합리성을 가장 중시하는 가치다. 전문 지식과 역량을 가진 전문가들의 합리적 결정이 일반 시민들이나 행정관료들의 판단과 행동 보다 더 중요하다고 보는 시각이다. 그러나 지나치게 효율성의 가치에 편중해 시민들의 참여에 의한 정책의 정통성 결여, 민주적 리더십에 의한 대표성 결여 등 문제들이 제기된다. 현대 복지국가는 전문성 의존에서 벗어나 시민참여로 정책방향을 제시한다(OECD 2009d).

또한 사회복지에 관한 정보가 일부 전문가 집단에 의해 독점되던 시대와는 달리, 인터넷 등에서 사회복지 정보가 광범위하게 공유되면서 시민-전문가의 등장도 주목해볼 만하다. 이에 따라 시민참여가 반드시 전문성 약화 문제가 있다고 볼 수는 없다. 장애인이 장애인 복지정책의 가장 중요한 이해관계자이자 전문가적 시각을 갖고 있다. 이런 시대적 동향에 따라 특정 복지정책에서 가장 중요한 이해관계자의 참여를 중시하는 새로운 복지정책 '거버넌스' 동향을 주목해볼 만하다.

6) 페미니즘 시각

사회복지정책에 대한 또 다른 특이한 시각은 페미니즘 시각이다. 가정뿐 아니라 직장과 사회 전반에서 여성들이 직면하는 취약한 위상에 초점을 맞춰, 여성이 사회복지의 주된 대상이 되는 현실을 드러내 보이고, 이를 해결하기 위한 근본적인 제도적, 문화적 처방을 페미니즘 시각에서 제시한다. 여성의 불평등 현실을 복지의 제공 등 형식적, 일시적 처방으로 해결하는 문제의 한계를 비판한다.

빈곤의 여성화가 한 사례로, 미국의 경우 사회복지체제(TANF)의 대상 가계의 90%가 여성 가장이며, 사회보장 대상자 2/3 가량이 여성이다. 남여 임금격차가 미국의 경우 100:76으로 나타나고 있고 취업과 승진에서 차별이 지속되는 현실에서 볼 수 있듯이 여성의 사회적 지위는 매우 취약하다.

세계적으로 보면, '출생에 따른 운명'에 좌우되는 불평등은 특히 여성에게 가혹하다. 노르웨이에서 태어난 소녀는 노년까지 장수할 확률이 거의 확실하지만, 아프리카의 시에라리온에서 태어난 소녀는 5살이 되기 전 사망할 확률이 25%나 된다(그린 2010: 14). 세계적으로 여성의 취약성 그리고 사회복지를 필요로 하는 근거는 객관적 자료로 충분히 제시된다. 특히 개발도상국의 여성은 가부장제 전통에 따라 재산소유와 양성평등의 자유를 누리지 못하며, 힘겨운 가사 무급노동을 견디며, 성장과정에서 가정내 차별을 받으며 교육과 보건 혜택도 누리지 못하며 결혼 후에도 지속적인 불평등의 고통에 시달리며 평생을 견디어야 하는 운명에 처해 있다. 이런 성차별에 대해 여성 자신들을 포함한 대부분의 사람들이 전통과 관습으로 간주하고 있는 현실이 여성들이 빈곤의 굴레로부터 벗어나지 못하게 만드는 큰 장애 역할을 한다. 그래서 가정이나 공동체에 빈곤이나 재난이 닥치면 여성이 일차적인 피해자가 되고, 이런 취약한 여성들에 대한 보호나 치료에 사회복지정책이 추진되지 못하고 있는 것도 현실이다. 가장 취약한 사람부터 우선적으로 보호해야 하는 사회복지의 '정의'의 원칙이 지켜지지 않고 있는 것이다. 일례로 HIV/AIDS의 피해자도 가난한 여성들이 더 많다.

HIV 양성 아프리카인 넷 중 셋이 여성이고 그 중에서도 15~24세 여성의 감염률은 남성의 여섯 배에 달한다(앞글: 280). 남성 감염자들에 의해 여성들이 성적 피해를 당한 결과다. 그 밖에도 사회복지를 필요로 하는 무수한 독거노인, 임산부 등 여성 집중적 정책영역에 대한 관심과 정책추진은 사회복지정책의 주요 과제로 제기된다.

일반적으로 페미니즘은 두 단계를 거쳐 발전되어 왔다. 첫 단계 '형평성'(equity) 페미니즘은 전통적인 자유주의 사상에 기초해서 여성의 권리와 기회에 관한 사회운동으로 전개되었다. 선거참여 운동에서 시작되어 학교, 직장, 피선거권 등으로 확대되었고, 사회적 이슈로는 모성과 관련된 임신중절의 권리, 아동 양육권 등이다. 두 번째 단계는 보다 진보적인 형태로, 사회 전반에 자리한 불평등의 현실에 대한 투쟁으로, '젠더'(gender) 페미니즘으로 제기된다. 여성의 인격체로서 성장에 장애가 되는 가정 관례, 사회적 분위기는 여성 자신들뿐 아니라 사회발전과 통합에도 장애가 되기 때문에 근본적인 대책이 필요함을 주창한다. 이런 문제들이 방치됨으로써 여성들의 자아발전을 저해시켜 스트레스 등의 정신적 문제 증가, 이에 대한 사회복지 부담의 증가로 사회복지정책의 수립에서 필수적으로 고려될 측면이다. 젠더중심적 예산 분석 등 새로운 연구를 통해 이런 문제의 심각성을 제기하는 연구들이 진행되고 있다(김경희, 안영희 2009).

7) 분석의 틀: 배분, 공급, 전달, 재정

사회복지정책에 대한 체계적인 분석적 접근은 복지정책이 누구에게 배분되며, 무엇을 공급하고, 어떻게 전달되며, 누가 재정을 제공하는지, 배분, 공급, 전달, 재정에 초점을 맞춰볼 수 있다.

배분(allocation)

'배분'은 누구를 위한 복지정책인지에 초점을 맞춘다. 따라서 먼저 누가 복지수혜자가 되는지, 그 자격요건에 대한 입장의 차이를 비교해볼 수 있다.

가장 두드러진 차이를 보이는 입장은 보편주의(universalism)와 선별주의(selectivity)라고 볼 수 있다. 전자는 모든 국민에게 기본적 권리로 복지혜택을 제공할 것을 주창한다. 모든 학생에게 무상급식 제공, 모든 노인에게 의료보장 제공 등이 보편주의에 해당된다. 시민 누구나 다양한 시기에, 다양한 상황에서 일상생활의 어려움을 겪게 되며, 이에 적절히 대처하는 것이 사회복지정책의 목적이며 복지국가는 적절한 프로그램으로 빈부, 남여 차별 없이 정책과 프로그램을 시행하는 책임을 가진다. 개인의 소득과 상관없이 복지를 제공하며, '사회적 효과성'과 개인의 존엄성을 중시한다. 비용이 많이 드는 문제도 있지만, 모든 계층을 포용한다는 점에서 정치적 이점이 있다. 미국의 AFDC가 모든 빈곤층에게 제공되었던 보편주의 프로그램이다.

반면에 선별주의는 자산조사를 거쳐 개인 욕구에 기초해서 복지혜택을 제공할 것을 주장한다. 기초생계급여나 임대주택의 제공처럼 개인들의 욕구에 따른 제한적 복지 제공을 중시한다. 생계수단 조사(means test)가 주요 수단이다. 빈곤문제 해결을 위해 빈곤층에 집중시켜 직업훈련 등 프로그램이 필요하다.

보편주의와 선별주의의 입장 차이는 배분적 원칙에 대한 차이라고 볼 수 있다. 배분적 원칙들로는 규범적 원칙부터 보상, 진단적 차별, 검증된 욕

표 1-7 배분적 원칙들과 제도적/잔여적 사회복지

규범적 욕구	보상	진단적 차별	검증된 욕구
←------- 제도적 사회복지	---------------------------------	----------------------------------	잔여적 사회복지 --------→

자료 Gilbert & Terrell 2005: 119.

구 등 네 가지로 구분해볼 수 있다. 〈표 1-7〉에서 볼 수 있듯이 규범적 원칙이 가장 보편주의적이며, 검증된 욕구가 가장 선별주의적인 원칙으로, 그 중간에 보상과 진단적 차별이 위치해 있다.

가. 규범적 욕구

'규범적 욕구'란 규범(norm)의 기준에서 확인된 욕구에 기초한 배분이다. 영국의 의료보장처럼 국민 전체에 대해 또는 일하는 부모를 위해 또는 저소득층 밀집지역의 주민 전체에 대해 배분하는 경우다. 초중고교생 모두에게 무상급식을 제공하는 경우도 '규범적 욕구'에 해당된다.

나. 보상 원칙

'보상' 원칙은 형평성(equity)의 기준에서 확인된 욕구로 특정 집단에 대한 배분이다. 사회, 경제적으로 특별한 기여를 한 집단의 구성원 모두에게 제공되는 것이 일반적이다. 전역군인, 보험기여자뿐 아니라 인종, 성별 등 사회에 의해 부당한 피해를 입은 사람들에게도 보상의 차원으로 제공되는 배분이다. 특히 논란이 되는 경우가 미국의 소수인종 우대정책(affirmative action)이다. 대학입시나 취업, 공공입찰 등 광범위한 영역에서 소수인종(어메리칸 인디언, 아프리칸 어메리칸, 히스패닉)이 사회적 약자로서 우선적인 대우

표 1-8 배분의 원칙: 복지자격의 요건과 기준

복지자격 요건	배분의 기준
• 규범적 욕구	모든 가정; 한부모 가정; 학생을 둔 가정
• 보상	소수인종 가정; 전역 가정; 원호 가정; 특수 직업 가정
• 진단적 차이	특수요구를 가진 아동 가정; 단기 위기에 처한 가정
• 조사된 욕구	저소득 기준 이하의 소득과 재산을 가진 가정

자료 Gilbert & Terrell 2005: 125.

를 받아 입학, 취업, 우선입찰 혜택을 받을 수 있도록 하는 사회정책이다.

다. 진단적 차이

'진단적 차이' 원칙은 기술적 진단(technical diagnosis)의 기준에서 확인된 개인들에 대한 배분이다. 육체, 정신 장애를 가진 사람들에게 해당되는 경우가 대부분인데, 특수학교 교육 혜택 등이 사례다.

라. 조사된 욕구

끝으로, 선별주의를 대표하는 '조사된 욕구' 원칙은 소득(income)이나 자산(assets)에 의해 확인된 결과 취약한 개인들을 지원하는 배분이다. 특정 재화와 서비스의 구매력이 없는 개인들에게 보충해준다. 저소득층 주택공급, 의료보장 등 많은 사례들이 있다.

공급(provision)

사회복지정책의 '공급'은 무엇을 복지대상자에게 제공하는지에 초점을 맞춘다. 일반적으로 복지공급의 재화와 서비스는 ① 현금/ 현물(재화와 서비스), ② 바우처(voucher), ③ 복지프로그램 등으로 구분될 수 있다.

한국의 지방차원(지자체)에서 공급되는 재화와 서비스는 ① 현금급여, ② 현물서비스, ③ 서비스 이용권(바우처), ④ 프로그램 연계급여, 자금대여, 감면 등으로 구분된다(보건복지부 2010a: 277-80).

전달(delivery)

다음으로, 사회복지의 전달은 복지대상자에게 복지수혜를 어떻게(how) 전달하는지에 초점을 맞춘다. 이와 관련된 논의들은 다음과 같다.

가. 행정적 중앙집중 / 지방분권화

중앙정부가 정책결정, 재정, 조직 등을 주도하는가, 지방 조직들이 정책의 결정이나 집행을 주도하는가에 따라 전달체계가 다양하게 혼합될 수 있다. 중앙에서 정책을 결정해 재정을 지원하면, 지방에서 공공 및 민간 조직들이 전문 역할을 분담해 정책을 집행하는 것이 일반적인 전달체계다. 사회복지는 일반적으로 빈곤이나 실업 등 국가 차원의 이슈들에 대해 중앙정부가 결정하면 광역 및 기초 자치단체들이 집행해, 전국적인 정책추진을 한다.

나. 통합적 서비스 전달체계 / 분산체계

복지서비스 전달은 복잡해서 의료의 경우 지방의 보건소 중심으로 의료복지가 전달되지만, 장애인 복지서비스의 경우 민간 복지관 중심으로 분담된 전달체계를 갖추고 있다. 또 보육이나 장기요양처럼 지역사정에 따라 다양한 공공, 민간, 비영리조직들의 서비스 전달이 이뤄지고 있다. 최근 보건과 복지의 통합 등 사회복지 분야별로 구분된 사업추진을 통합해 수요자 중심의 서비스 제공과 통합에 따른 효율성 제고가 중시되고 있다.

다. 전문 고용직 / 준전문가 또는 이용자 중심

보육에서도 전문교사나 준전문가의 역할이 중요하지만, 공동육아에서는 부모의 참여 역할도 중요하듯이 다양한 이해관계자 모델이 제시될 수 있다. 시민들의 정책결정과 서비스 공급과 소비 참여는 일반적인 복지정책의 동향이 되고 있다.

라. 민영화(privatization)

복지기관의 설립이나 운영이 공공기관이 주도하는 경우도 있지만, 많은 경우 민간 법인이나 비영리기관에게 위임, 위탁하는 민영화가 일반적인 동향이 되고 있다. 정부 주도의 관료화와 비효율성 문제에 대한 처방이 되고 있다.

마. 시민참여

일반 시민들이 복지 생산자로서 또는 소비자나 이용자로서 참여하는 경우도 늘고 있다. 사회적 경제(social economy)의 다양한 유형 중에서 협동조합의 경우 조합원이 소비자나 이용자가 되면서 제품과 서비스 공급의 생산자 역할도 한다(사회적 경제에 대해서는 8장을 참고). 공동육아의 경우, 조합원으로 참여하는 부모는 조합의 소유자이며 투자자로서 보육의 공급자이며 자녀 보육에 참여해 보육 서비스를 제공받는 소비자 역할도 한다.

재정(finance)

사회복지의 재원은 어디서 나오는가? 사회복지 사업이나 프로그램에 따라 아래와 같이 정부 등 공공기관의 재원뿐 아니라 개인의모금, 기업의 후원, 시민사회단체의 재정이나 자원봉사활동 등 다양한 재원들로 구성된다. 정부주도에서 벗어난 '복지혼합'(welfare mix)이 현실이다(복지혼합에 대해서는 8장을 참조).

가. 공공, 사적, 제3섹터

일반적으로 복지국가는 세금으로 뒷받침되지만 많은 사회보험의 재원은 일차 보험자의 보험료로 확보되며, 여기에 정부나 기업 등의 분담으로 조합되므로, 재원은 복합적이다.

나. 중앙정부와 지방정부

많은 복지 프로그램은 중앙정부의 재원뿐 아니라 주나 지방정부의 재정이 결합되어 추진된다. 복지국가에서처럼 한국에서도 중앙정부, 시도, 지자체의 재원이 결합되거나 시도와 지자체 재원의 결합이 일반적이다.

다. 기부, 자원봉사

정부의 재정적자 등의 재정적 문제를 해결하는 방안으로 기업이나 개인 등 민간자원을 활용해, 기부나 자원봉사자를 활용하는 경우가 점차 늘고 있다. '복지혼합'이 일반적인 추세다(주성수 2016).

라. 기업의 사회적 책임

기업의 기부 또한 점차 늘고 있는데, 이는 기업의 경영전략 차원에서

'사회적 책임'을 수행하는 사회공헌으로 추진되고 있다(주성수 2016). 그러나 기업은 자체의 경영전략 차원에서 사회복지에 대한 기여와 동참을 추진하고 있을 뿐, 국가의 사회복지 분담에 대해서는 경계적 자세를 갖고 있다.

마. 제3섹터의 대안

정부나 기업뿐 아니라 사회적 기업(social enterprise) 등의 사회적 경제 조직들은 고용훈련 서비스, 사회서비스 등 다양한 분야에서 정부와 기업과 파트너십으로 사회복지 생산자, 공급자, 중개자 역할을 맡고 있다(주성수 2010, 2017). 복지국가 차원에서 해결할 수 없는 청소년 선도, 노숙자 자활 등 심각한 이슈들이 늘어나면서 복지국가는 제3섹터를 든든한 복지 파트너로 공조하고 있다. 독일 등의 복지국가는 국가의 복지 개입 이전에 제3섹터의 역할을 우선 중시하는 '보충주의 원칙'(subsidiarity principle)을 전통으로 유지한다.

정치적 시각과 분석의 틀

이상과 같은 사회복지의 분배, 공급, 전달, 재정 측면에서 개인주의와 집단주의 사이의 정치적 시각의 차이는 〈표 1-9〉과 같이 뚜렷하게 나타난다.

가. 개인주의

복지보다 경제를 중시하는 개인주의는 분배에서 비용효과성을, 공급에서 개인 선택의 자유를, 전달에서 반대의 견해를 제시할 자유를, 그리고 재정에서 중앙 주도보다 지방의 자율성을 중시한다. 개인주의는 뒤에 소개되는 복지국가 모델에서는 자유주의 모델에 가깝다.

나. 집단주의

이와는 대조적으로 복지국가의 적극적인 역할을 중시하는 집단주의는 비용적 효과성보다 모든 개인이 동등하게 취급되어 배분이 이뤄지는 '사회적 효과성'을 강조하며, 개인 선택의 자유보다는 사회적 통제를, 그리고 전달에서 행정주도적 효율성과 재정부담의 중앙집중화를 중시한다. 복지국가 모델에서 스칸디나비아의 보편주의나 제도주의가 집단주의에 해당된다고 볼 수 있다.

표 1-9 정치적 시각과 분석의 틀

	개인주의	집단주의
분배	비용 효과성	사회 효과성
공급	선택의 자유	사회적 통제
전달	반대의 자유	효율성
재정	지방 자율성	중앙집중

자료 Gilbert & Terrell 2005: 84.

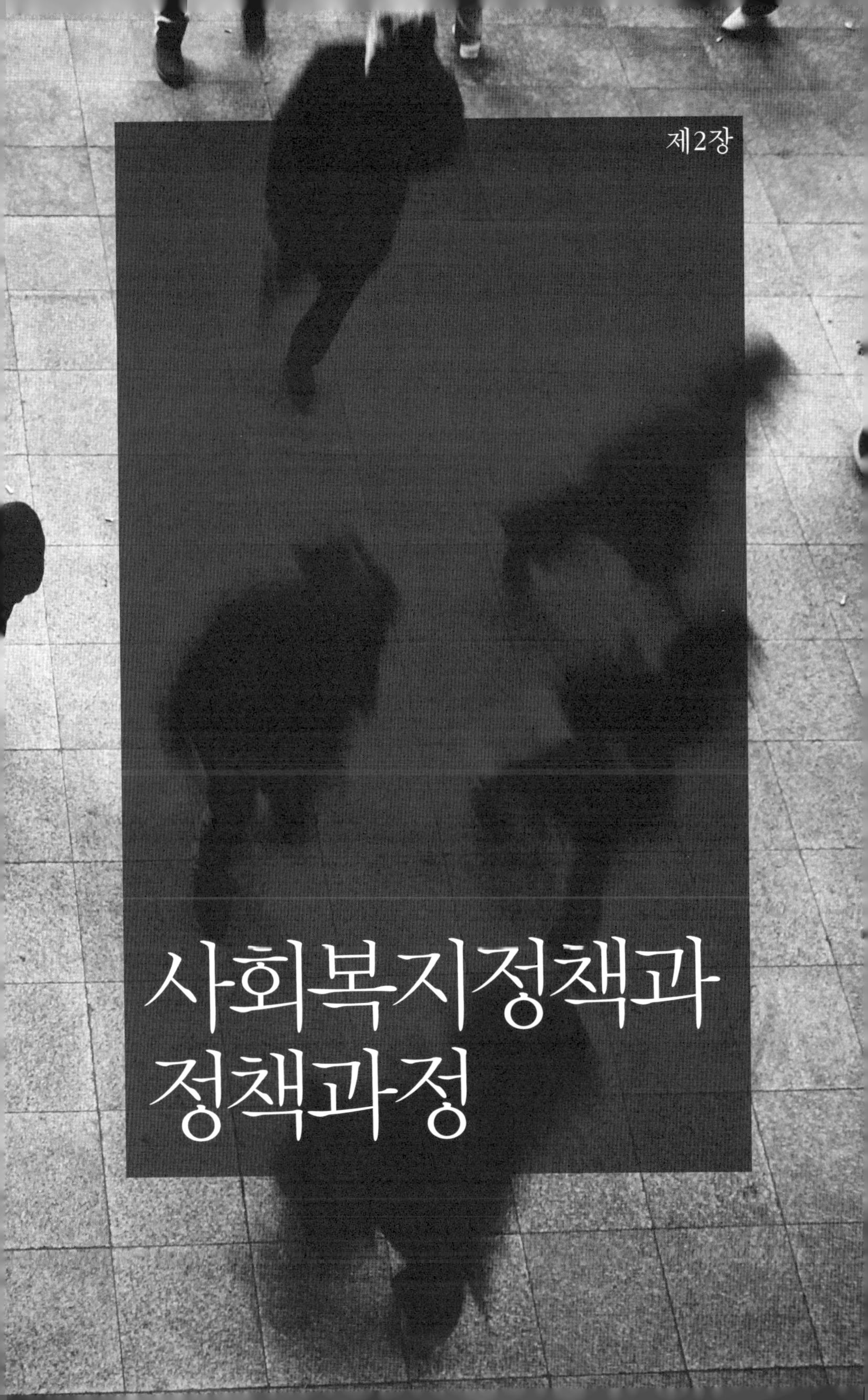

제2장

사회복지정책과 정책과정

1. 정책과정의 단계

정책과정은 어떻게 시작해서 어떤 과정을 거쳐 종료되는가? 연구자에 따라 다양한 정책과정 단계가 제시되고 있는데, 가장 중요한 것은 정책결정(policy making)과 정책집행(policy implementation)이라고 볼 수 있다. 이 두 단계를 중심으로 다양한 정책 단계들이 추가되어 정책과정 단계를 구성한다. 정책이 결정되기 이전의 몇 단계, 정책이 집행된 이후의 몇 단계를 추가한 것을 정책과정의 단계라 볼 수 있다. 연구자에 따라 정책결정과 정책집행의 용어를 달리 표현하고는 있지만 그 내용은 전혀 다르지 않은 동일한 것이다.

먼저 다이(Dye 1992)는 정책과정을 ① 문제 확인(problem identification), ② 정책 프로포절 형성(policy proposal formulation), ③ 정당화(legitimization), ④ 집행(implementation), ⑤ 평가(evaluation) 등 5단계로 구분한다. 여기에서 '정당화'는 정책결정과 동일한 의미로, 정책에 법적, 제도적 정당성을 부여

하는 것을 의미한다. 한편 앤더슨(Anderson 2000)은 정책과정을 ① 문제형성(problem formation), ② 대안형성(alternative formulation), ③ 정책채택(policy adoption), ④ 정책집행(policy implementation), ⑤ 정책평가(policy evaluation) 등 5단계로 구분한다. 여기에서 '정책채택'은 정책결정층이 다양한 대안 가운데 하나의 대안을 채택한 결과를 정책채택으로 표현한 것이다. 또 '대안모색'은 다이(Dye)가 얘기하는 정책 포로포절 형성과 같은 의미로 표현된 것이다.

이상과 같이 대표적인 정책학자들이 제시하는 정책과정 단계와 최근 연구자들이 보완한 정책과정 단계를 종합적으로 정리해보면 여섯 단계로 요약된다. 정책과정 6단계의 주요 특징은 〈그림 2-1〉과 같으며, 이에 관한 자세한 내용은 〈표 2-1〉와 같이 살펴볼 수 있다.

그림 2-1 정책과정 6단계

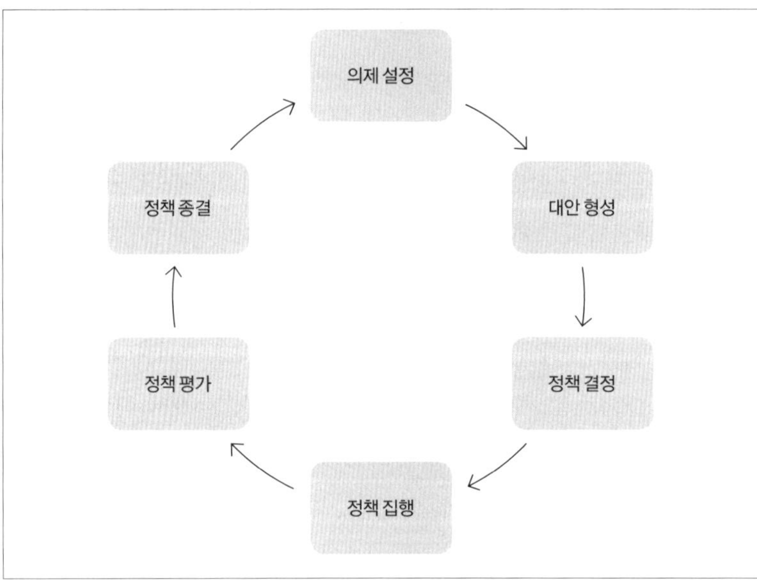

표 2-1 정책과정 6단계와 주요 특징

정책 단계		주요 특징
제1단계	**의제설정** Agenda Setting	– 특정 문제에 대한 인식 및 확인 – 문제의 제기와 개념 정의 – 기초적 대안의 기획, 설정 – 잠정적 목표들 설정 – 광범위한 대안들 설정 및 예비검토
제2단계	**대안형성** Alternative Formulation	– 개념들에 대한 정밀 분석 – 대안들에 대한 과학적 분석 – 각 대안의 손익, 효율성, 실행성 분석 – 프로그램 개요 작성 – 목표 실행을 위한 객관적 기준 설정
제3단계	**정책 결정** Policy Making	– 개산된 대안들에 대한 토의 – 대안들의 복잡성, 불확실성 제거 – 정책결정층간의 대립, 갈등 제거 – 최적의 대안 선택(또는 무선택) – 예산결정 및 집행 책임 소재 지정
제4단계	**정책 집행** Policy Implementation	– 행정적, 경제적 효율성 집중 검토 – 실행상의 제약을 감안, 정책결정 수정 – 실행계획서, 정책목표 및 기준 설정 – 실행을 위한 규율, 법규, 지침 확정 – 인적, 물적 자원의 투입 및 집행
제5단계	**정책 평가** Policy Evaluation	– 평가기준의 설정 – 예측 실행수준과 실제 실행수준 비교 – 실행상의 착오, 낭비, 남용 평가 – 구조, 기능적 병리에 대한 평가
제6단계	**정책 종결** Policy Termination	– 정책종결을 위한 손익 및 파급효과 분석 – 정책평가 결과에 따른 개선책 모색 – 잠정적 또는 영구적 종결

1) 의제 설정

초기 의제설정 단계에서는 정책과 관련된 특정 문제에 대한 인식과 확인 작업을 바탕으로 문제를 제기한다. 보다 진전된 형식의

정책발의는 확인된 문제와 주요 개념에 대한 정의 작업을 거쳐 문제해결을 위한 기초적인 대안을 기획하고 설정해볼 수 있다. 여기에 추구하는 목표들을 잠정적으로 설정하게 되면 보다 광범위한 대안을 모색할 수 있는 예비작업이 기초될 수 있다. 이 단계는 공식적으로 정책에 관한 논의를 시작하는 단계로 '의제설정'(agenda-setting) 단계이다.

2) 대안 형성

의제설정 다음이 구체적인 대안 형성의 단계다. 의제설정의 주체와 대안형성의 주체가 동일 조직일 필요는 없다. 대개 문제를 제기해서 기초 작업을 하는 의제설정 작업은 어느 부서에서도 할 수 있는 작업이지만 대안형성 작업은 정책발안 부서의 상부 또는 기획 업무를 총괄하는 부서가 될 수 있다. 여기에서는 다음 단계인 정책결정을 위한 세밀한 준비작업을 하는 단계이기 때문에 보다 종합적이고 전문화된 자료수집과 분석이 이뤄지는 단계로 볼 수 있다. 따라서 기획가, 분석가 등의 전문 관료와 전문가가 해당 부서의 관료와 더불어 정책결정에 필요한 다양한 대안들을 종합적으로 모색하는 작업이라고 볼 수 있다. 앞에서 살펴보았듯이 앤더슨(Anderson)이 얘기하는 '대안 모색'의 단계이며, 다이(Dye)의 '정책 프로포절 형성'에 해당되는 단계다. 따라서 대안설정 단계의 첫 작업은 의제설정에서 제시한 개념

들에 대한 정밀 분석을 바탕으로 대안들을 설정해가는 작업이 된다. 대안들은 정책결정층의 결정을 돕는 효과적인 방안으로, 이에 대한 과학적, 객관적 분석 작업이 필수적이다. 대안들을 어떻게 설정하느냐에 따라 정책결정이 달라질 수 있기 때문이다. 따라서 정책결정층의 판단을 돕기 위해 각 대안의 손익 대차대조표, 효율성, 목표달성 효과성, 실행가능성 등을 분석해서 프로그램 개요를 작성하는 작업이 뒤따른다. 나아가 목표달성이 무엇이며 목표달성을 측정하는 기준은 무엇인가를 명확히 해주는 작업도 병행된다.

이상과 같이 대안형성은 의제설정과 함께 정책 관련 행위자의 주관적인 판단보다는 객관적인 조사와 분석 등 과학적 접근법을 주요 특징으로 한다. 의제설정과 대안형성은 정책결정층의 주관적 판단이 지배적인 정책결정과 엄밀히 구분되는 단계인 것이다. 일반적으로 삼권분립의 체제에서는 의제설정과 대안형성은 행정부가, 정책결정은 의회가 한다고 보면 양자의 구분이 더욱 명확해진다고 볼 수 있다.

3) 정책 결정

정책결정은 국가 차원에서는 의회의 정치인들, 행정부에서는 조직의 책임자가 결정하는 일이다. 따라서 다분히 정치적 단계라고 볼 수 있다. 대부분의 정책결정은 정치지도자의 주관적인 철학이나 가치 판단에 크게 의존하기 때문이다. 따라서 정책결정은 대안형성에서 제시하는 여러 대안 중 하나를 선택하거나 아무 것도 선택하지 않는 일이라고 볼 수 있다. 그렇기 때문에 정치선택에 참여하는 지도자들은 제시된 대안들에 대한 충분한 토의를 거쳐 불투명하거나 불확실한 대안, 효율성과 효과성이 떨어지는 대안, 갈등과 대립을 조장할 수 있는 대안 등을 제거하는 방식으로 최종 하나의 대안을 정책으로 선택하는 작업을 하는 경우가 일반적이다. 따라서 정책결정은 복잡성과 불확실성을 제거하고 단일의 확실한 대안을 선택하는 작업이라고 볼 수 있다. 또 정책결정에 참여하는 이해관계자들 사이의 충돌과 대립을 회피하기 위해 대화와 토론을 통해 조율하는 정치적 과정이 필요한 것이 정책결정의 단계다. 때로는 공식적인 정책결정 주체는 아니지만 정책과 관련되는 이해관계자들의 입장과 의견을 경청하는 과정, 공청회나 청문회 등의 의견수렴 과정을 거치는 것이 일반화되고 있다. 여기서 얘기하는 이해관계자는 전통적인 '관료 국가'의 정책과정에서는 정당, 기업, 이익집단이 주요 이해관계자 역할을 했지만 '포스트모던' 국가의 거버넌스 모델에서는 전통적인 이해관계자들뿐 아니라 새로 부상한 이해관계자들, 즉 사회복지기관들과 시민사회단체(NGO) 및 일반 시민까지를 지칭한다.

이상과 같은 과정을 거쳐 정책이 결정되면, 다음 단계는 결정된 정책을 추진하는 행정부에 집행에 필요한 정책 가이드라인을 주는 일이다. 새로운 정책의 경우 법과 제도를 마련해주면, 집행의 주관부서를 확정해주고 집행에 필요한 예산 규모를 책정해줌으로써 정책결정 단계의 작업은 완료될 수 있다.

4) 정책 집행

정책집행 단계는 정책결정이 이뤄진 내용을 행정적으로 실천하는 단계라고 볼 수 있다. 그렇지만 정책결정에서 세세한 가이드라인이 주어지는 것은 아니기 때문에 적지 않은 행정 재량권(discretion)의 여지가 있다. 먼저 주어진 조직, 인력, 예산의 범위에서 정책을 추진하는 행정적, 경제적 효율성을 집중적으로 검토할 필요가 있다. 검토 결과, 정책결정에서 제시한 사항들 하나 하나를 그대로 실행하기 어렵다고 판단되면 정책결정의 일부를 수정하는 재량의 여지도 있다. 행정 재량권이 지나치게 되는 경우 정책을 실행하지 못하게 되는 경우도 있고, 상당 기간 늦춰 집행하는 경우도 있으며 일부만을 부분적으로 실행하는 경우도 있다.

이런 의미에서 정책집행이 기계적이고 기술적인 단계로만 볼 수는 없다. 정책결정층과의 갈등의 소지도 다분하기 때문에 일부 정치적 과정이 필요한 단계다. 그 밖의 정책집행 부분들은 대단히 행정적, 기술적인 문제들이다. 집행과 관련된 법규나 지침이 문서화되고 집행계획이 수립되면, 단순히 예산과 인력을 투입해서 집행하면 되는 것이다.

5) 정책 평가

정책평가는 반드시 필요한 중요한 단계다. 정책학 연구자 거의 모두가 정책평가를 주요 단계로 꼽고 있다. 정책평가는 일반적으로 정책이 집행된 사후의 '결과'를 평가하는 단계라고 볼 수 있지만 정책이 진행되는 '과정'에 대해 평가하는 경우도 적지 않다. 전자를 '결과 평가'(result evaluation), 후자를 '과정 평가'(process evaluation)로 구분하기도 한다. 정책이 집행된 후 빠른 시일 내에 평가를 통해 정책에 대해 많은 의문이 있는 부분에 대한 확인을 위해 또는 정책이 미치는 심각한 파급효과를 사전에 분석하기 위해 과정에 대한 평가가 진행된다.

정책평가에서 가장 중요한 측면은 평가의 기준이 무엇인가 하는 문제다. 일반적으로 의제설정에서 기획되었고 또 정책집행에서 재확인되었던 목표에 대한 달성 여부에 대해 평가가 이뤄지는 경우가 대부분이다. 예측된 실행수준과 실제 달성된 실행수준과의 차이를 평가하는 일이 중요하다. 또 정책 집행상의 착오, 낭비, 남용 문제를 평가하는 일도 중요하다. 중장기 정책의 경우, 정책의 구조적 문제를 집중적으로 분석해서 평가하는 일이 정책평가의 주요 작업이라고 볼 수 있다.

6) 정책 종결

모든 정책은 일정한 수명을 가진다. 아무리 장기적인 정책이라도 언젠가는 수명을 다하고 사라지는 경우가 많다. 정책환경이 급변하는 지금의 시대에는 더욱 그렇다. 따라서 '정책종결'이라는 단계가 필요하다. 정책종결은 정책환경의 변화가 주요 요인이 될 수도 있고, 정책평가에서 제시된 구조적 문제의 확인에 의해 추진될 수도 있다. 정책평가에 의해 기대된 수명을 다 채우지 못하고 도중에 하차하는 정책들도 적지 않다고 볼 수 있다.

정책을 종결짓는 작업은 단순히 정책평가의 결과에만 의존할 수도 없다. 정책평가가 과학적, 합리적 분석에 의존하는 작업이라고 본다면 일부의 정책종결은 그에 따른 파급효과가 적지 않기 때문에 정치적으로 세심히 판단해야 하는 일이다. 행정적, 경제적 손익 계산보다 대립과 갈등을 수반하는 정치적 손익 계산이 더 중요할 수 있기 때문이다.

2. 정책과정 이론적 시각

이제 정책과정에 대한 이론적 접근이 필요하다. 정책과정에 대해서는 다양한 이론이 제시되어 왔다. 전통적인 이론들로는 정치체계 이론, 집단 이론, 엘리트 이론, 제도주의, 합리적 선택 이론들이 있다(Anderson 2000: 17-25). 여기에 이 책의 주요 이론적 배경이 되는 거버넌스 이론을 추가한다. 이 여섯 가지 이론적 시각들 각각을 차례로 정리하면 다음과 같다.

1) 정치체계 이론

먼저 정치체계(political system)가 정치환경에서 일어난 요구와 압력에 대한 반응으로 사회복지정책이 수립된다고 볼 수 있다. 정치체계를 "가치

그림 2-2 정책과정과 정치체계 모델

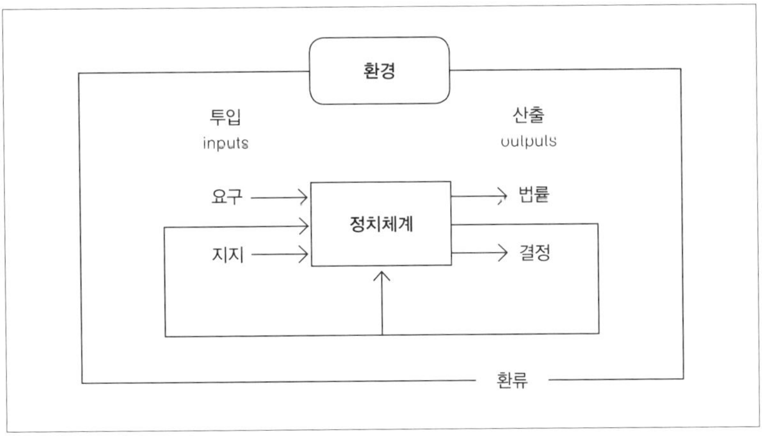

자료 Anderson 2000: 18.

의 권위적 배분"으로 정의한다면, 정치체계의 기본적인 특성은 사회, 개인, 집단들이 요구하는 가치들, 즉 부, 권력, 지위, 명예 등을 권위로써 배분하는 데 있다. 이 가치들은 물질적 또는 상징적 정책으로, 또 공공 재화 또는 사적 재화로 배분될 수 있다. 〈그림 2-2〉에서 볼 수 있듯이 정치체계에 대한 투입(inputs)은 정치체계에 대한 요구뿐 아니라 지지로 나타나며, 블랙박스(black box)로 알려진 내부의 정책과정을 거쳐 정책으로 제시되는 산출(outputs)은 법과 규율, 즉 공공정책이다.

2) 집단 이론

집단 이론(group theory)은 사회복지정책을 집단 사이의 경쟁이나 갈등의 산물로 간주한다. 개인들은 독자적인 행동의 제약 때문에 개인들의 집합체인 집단들이 형성되어 정부에 대해 요구하며 압력을 행사하는 일련의 과정을 정책과정으로 보는 것이다. 사회복지정책의 경우, 노인, 여성, 장애인 등을 대상으로 하는 사회복지서비스 집단으로 구분될 수 있고, 보다 넓게는 연금, 의료보험 등의 사회보험 이해집단들로 구분해볼 수도 있다.

'접근'(access)은 집단이론에서 핵심 개념이 된다. 정부관리, 입법의원, 정보 등에 대한 접근 여부, 빈도, 밀접도에 따라 집단 사이의 권력 관계의 차이가 나타난다. 기업 등 경제단체들의 접근이 가장 조직화 또는 제도화되어 있기 때문에, 집단 이론은 기업 등 전통적인 주요 이익집단들과 정부의 주요 행위자들에 초점을 맞추는 경향이 있다. 집단들을 구분해보면, 경제단체, 변호사협회, 의사협회 등 사익추구적인 이익집단들과 사회복지기관과 시설, 소비자단체, 환경단체 등 공익추구적인 시민사회 집단들이 있듯이, 전자와 후자는 서로 대립과 갈등의 관계에 있다는 것을 알 수 있다.

또 집단 이론에 의하면, 정부의 역할은 집단들 사이의 대립과 갈등이 사회분열로 발전되지 않고, 공정한 게임의 규칙에 의해 자유롭게 경쟁하도록 중재하는 심판자 역할을 맡는 데 있다. 정부가 이런 형평성의 균형을 잃게 되면 심각한 정통성의 위기를 맞게 된다.

3) 엘리트 이론

엘리트 이론(elite theory)에 따르면 사회복지정책은 지배층인 엘리트의 가치와 선호를 반영한다. 사회복지정책은 시민들의 요구와 지지에 따른 산출보다는 엘리트의 이해와 선호를 반영한다는 것이다. 엘리트 이론에 의하면, ① 사회가 소수 권력층과 다수 비권력층으로 구분되어 있고, ② 소수 권력층인 엘리트는 고학력, 부유층 등 특정 사회경제적 지위를 가진 사람들이며, ③ 비엘리트층이 엘리트층으로 이동하는 것은 사회안정을 위해 점진적으로 진행되는 것이 바람직하며, ④ 시민들이 엘리트에 대해서보다 엘리트가 시민들에 대해 더 많은 영향력을 행사한다(Anderson 2000). 그러나 복지국가에서는 이런 엘리트의 역할에 대한 불신이 확대되어, 시민참여가 바람직한 대안으로 제시되고 있다(OECD 2009d).

4) 제도주의

제도주의(institutionalism)에 따르면, 보다 공식적이고 구조적인 제도와 행위자가 사회복지 정책결정에 직접적인 영향력을 행사하고 사회복지정책의 내용을 결정짓는다. 제도란 "규칙화된 행동의 유형들"로, 제도의 현황과 변화, 또 공식적 제도들 사이의 관계의 변화와 행위자들의 역할 등을 분석하면 공공정책이 어떤 특성을 갖고 있는지, 누구의 또는 어느 집단의 이해를 도모하는지에 관한 분석이 가능하다는 것이다. 앤더슨(Anderson 2000: 23)은 "제도적 구조, 장치 및 절차들이 공공정책의 채택과 내용에 중요한 영향력을 미친다"고 지적한다. 그러나 제도주의 또한 거버넌스 시대의 동향에서 시민참여의 도전을 받고 있다.

5) 합리적 선택 이론

합리적 선택(rational choice) 이론에 따르면, 유권자와 정치인은 모두가 합리적 행위자로서, 자신들의 선호를 최대화하기 위해 사회복지정책에 참여한다. 합리적 선택 이론은 이상의 네 가지 이론들이 집단 또는 제도 차원에서 정책과정을 설명하는 것과는 대조적으로 분석과 설명의 대상을 개인 차원에 둔다. 특히 정책결정자인 정치인은 국익이나 공익과 같은 집합적 목표보다 다분히 사익추구의 동기에서 권력을 유지하기 위한 수단으로 사회복지정책을 이용한다고 본다. 정치인은 개인의 경제 활동에서처럼 다분히 합리적인 사익추구의 행동으로 정책과정에 활동한다는 것이다. 마찬가지로 개인과 집단들도 사익추구 또는 합리적 선택이라는 기본적인 동기에서 사회복지 정책과정에 참여한다는 것이다.

6) 거버넌스 이론

이상과 같은 이론들과는 크게 대조가 되는 거버넌스 모델은 사회복지 정책과정에 관련되는 무수한 이해관계자들에게 정책에 대한 접근과 참여를 개방하고 있다는 특징이 있다. 전통적인 이해관계자인 기업 등 각종 이익집단뿐 아니라 노조와 다양한 사회복지기관들과 시민사회단체들도 정책결정 과정에 참여할 수 있는 접근의 기회가 개방되어 있고 필요한 경우 이들은 정책결정자 또는 정책집행자 역할도 한다. 이는 최근 시민사회의 발전과 공익단체로서의 NGO의 역할이 공식적인 정책과정에서도 인정을 받고 있다는 시대적 동향을 반영한다.

거버넌스 모델은 매우 개방적이기 때문에 다양한 사회복지정책 이해관계자들을 정책과정에 참여시키는 장점이 있지만 정부와 정책결정층의 입장에서는 이해관계자들 사이의 의견을 조율하거나 일률적인 정책 추진을 위한 통제의 기능이 크게 약화되는 문제가 있다.

3. 정책결정과 정책집행

특정 사회복지 정책문제(policy problem)가 '이슈'(issue)로 발전하면서 비로소 공식적인 사회복지 정책과정에 들어서게 된다. 정치체계에 대한 투입 가운데 문지기에 의해 공식적인 입장이 허용된 상태가 '이슈'인 것이다. 이슈로부터 공식적인 의제로 채택되어 대안설정이 이뤄지는 과정이 정책결정 이전에 이뤄지는 주요 단계다. 아래에서는 사회복지 정책과정의 핵심이 되는 정책결정과 정책집행 두 가지를 차례로 살펴본다.

1) 정책결정 이론

사회복지 정책결정은 정책과정에서 가장 중요한 과정이다. 사회복지 문제를 해결하기 위한 여러 대안들 가운데 하나를 정책으로 선택하는 것이 정책결정으로, 중요한 국가적 정책들은 행정부 수반인 대통령과 입법부 의원들이 결정한다. 따라서 정책결정은 다분히 정치적 행위와 관련된다고 볼 수 있다. 먼저 정책결정과 관련된 이론들을 먼저 살펴본다.

정책과정은 '분석'과 '정치'라는 두 개의 경쟁적인 정책양식에 크게 의존한다고 볼 수 있다. 정책학 연구에서 학자들이 꾸준히 논쟁을 해온 정책 주제인 분석과 정치는 합리주의(rationalism)와 점진주의(incrementalism) 사이의 이론적 논쟁으로 전개되어 왔다. 정치학자 린드브럼(Lindblom 1980)에 따르면, 에너지 부족, 핵전쟁 등 인류 생존을 위협할 만한 사회문제에 직면해서 정책이 보다 더 지적이고 더욱 주도면밀하게 분석되기를 바라는 목소리는 한층 더 높아지고 있지만, 사실 이보다 더 중요한 것은 정책을 둘러싼 이해관계 때문에 대립과 갈등에 있는 사람들과 집단들 사이의 문제 해결과 같은 정치적 노력의 산물로 정책이 추진될 필요성도 한층 높아지고 있다. 시민들은 정책이 잘 분석될 뿐 아니라 정치적으로 문제해결을 하는 정책이 되길 바라는 두 가지 주문을 동시에 하고 있다. 논의를 더 진전시켜 보면 한편으로는 이성과 과학 중심의 분석, 다른 한편으로는 상호작용에 의한 민주적 절차와 정치, 이 둘 사이에서 정책결정이 이뤄진다고 볼 수 있다. 린드블럼(Lindblom 1980)은 "분석과 정치가 마찰을 빚는다 하더라도 그들은 또 어떤 측면에서는 서로 보완적일 수 있다"고 지적하며, 분석과 정치 나아가 합리주의와 점진주의에 대해 아래와 같이 논의한다.

분석과 합리주의

정책과정에서 사실에 기초한 자료, 감정보다 이성, 그리고 합리적 토의는 정책이 추구하는 이상이며 현실에서 실천해야 하는 과제로 볼 수 있다. 앞의 정책과정 6단계에서 제1, 제2 단계에 해당되는 의제설정과 대안형성이 정치보다 과학과 분석의 도움을 필요로 하는 단계로 볼 수 있다. 정책의 시작이 정보수집과 분석, 체계적이고 전문적인 분석과 기획에 의해 디자인될 필요성에 대해서는 이의를 제기할 필요는 없을 것 같다. 많은 신생국들이 PPBS(Planning, Programming, Budgeting System)와 같은 공식적인 정책기획에 의존해서 정부를 조직해서 국가발전 중장기 계획을 수립하는 것이 한때 유행이 되기도 했듯이 분석에 의한 정책기획은 항상 관심을 끌기 마련이다. 그 밖에도 비용혜택분석(cost-benefit analysis) 등 다양한 분석기법들이 개발되면서 정부의 정책기획에 실제로 많이 활용된 것도 사실이다. 보다 전문화된 정책분석, 즉 "목표와 기타 가치를 구체화하고, 해결방안을 모색해서 평가하며, 모색된 가치에 가장 적합한 해결방안을 확인하는 전체로서의 정책문제를 구성"하는 정책분석이 널리 보급된 것이다. 이에 따라 전문 분석가가 등장하고, 정책분석에 계량적 분석 기법이 널리 보급되며 대학에 정책분석 교과가 개설되고 정책대학원이 설립되는 등, 지난 수십 년은 정책분석의 전성기였다고 볼 수 있다.

'정책분석'을 중시하는 분석가들은 정책문제에 단편적이지 않고 포괄적으로 접근하며 당파성을 초월하는 무사공평의 위치를 지킬 수 있는 장점이 있다고 주장한다. 또 그들은 분석을 통해 문제에 대해 효과적이고 효율적인 해결책을 제시한다고 한다.

이에 대해 린드블럼은 분석 자체가 안고 단점들을 지적하며, 정치의 중요성을 강조한다. 먼저 분석은 정책결정에 필요한 충분한 양의 자료의 수집과 과학적 분석이 중요하다고 하지만, 사실 자료의 수집과 분석은 적당한 수준에서 이뤄지는 것이지, '많으면 많을수록 좋다'는 식으로 무한정 진행될 수는 없다고 지적한다. 자료가 부족해서 문제라기보다 자료가 너무 많아 문제가 될 수 있다. 정부의 정책은 시간을 다투는 문제가 될 수 있어, 자료의 양보다는 자료의 질을 생각해야 한다는 것이다. 정책에 유용한 좋은 정보와 자료를 수집하는 일은 분석가보다는 그 방면에 오랜 경험을 가진 선험자의 판단에 의존하는 것이 오히려 더 중요하다는 것이 분석보다 정치를 중시하는 시각이다. 따라서 분석의 입장이 마치 인간적 요소가 배제된 컴퓨터의 분석에 의존하는 성향이 강하다고 본다면 정치의 입장은 인간의 주관적 판단과 경험을 중시한다고 양자를 구분해 볼 수 있다.

따라서 정치의 입장에서 분석의 단점을 다음과 같이 지적한다. 첫째, 정보와 자료의 수집과 분석은 시간과 예산이라는 현실적 조건에서 그 한계가 있을 수밖에 없다. 더구나 객관성만을 강조하는 분석의 입장에서 선험자의 주관적 판단을 무시함으로써 심각한 오류를 범하게 된다. 분석에 의존하는 정책과정은 너무 느리며 비용이 많이 든다. 둘째, 분석은 인간의 인지 능력의 한계를 인정하지 않고 분석이 모든 문제를 해결할 수 있다는 지나친 낙관적 입장에 있다. 이에 반해 정치의 입장은 오히려 인간의 선험적 지식을 더욱 중시하며, 정책결정의 경우 결국 분석 전문가보다는 정치지도자의 주관적 철학이나 가치관이 더욱 중시될 수밖에 없다는 현실을 꼬집는다. 셋째, 분석은 정책의 안정 지속성에 부정적이며 변화와 개혁을 추구하는 입장이기 때문에 안정된 사회의 질서를 해칠 수 있다는 지적도 있다. 넷째, 분석은 가치와 이해의 갈등과 대립을 해결하는 데 한계를 드러낸다. 중요한 것은 양측의 이해와 양보를 유도하는 정치가 더 중요할 수 있다. 또 대립과 갈등 상태에 있는 집단들은 자신들에 유리한 방향으로 분석을 이용할 수도 있기 때문이다. 다섯째, 더 중요한 것은 정책이 소수 분석가, 전문가 등 엘리트에 의존하는 성향이 있어 일반 시민의 참여에 부정적이다.

정치와 점진주의

따라서 분석을 비판하고 정치를 옹호하는 입장에서는 정치를 중심으로 분석을 활용하는 정책과정을 이상적인 모델로 간주하게 된다. 분석을 전혀 무시하기보다는 분석이 때로는 당파성을 지닌 분석이 되기는 하지만 정치적 해결에 필요한 한 수단이 된다는 지적이다. 그럼에도 분석을 중시하는 입장에서는 첫째, 정치에 지나치게 의존하는 당파성의 문제를 지적하면서 다음과 같은 몇 가지 문제를 추가로 지적한다. 둘째, 정치에 의존하는 정책결정은 합리적 설득력을 상실하게 된다는 것이다. 집단들 사이의 정치적 이해관계에 의해 적절히 나눠먹기 하는 식의 정치적 타협과 협상이 난무해서 바람직하지 않다는 것이다. 결국 대규모 조직과 자금력이 있는 집단들의 이해가 정책 결정에 반영되는 심각한 문제가 있다는 지적이다. 셋째, 정치에 의존하는 정책과정은 과거의 관행에 의존하는 점진주의에 기초하기 때문에 변화와 개혁에 방해가 되며, 시대낙후적인 정책의 만연을 가져온다는 지적이다. 넷째, 정치에 의한 정책결정은 민주적 절차를 중시하기 때문에 비용효과적이지 못하고 비효율적이라는 지적이다.

한편 앤더슨(Anderson 2000: 133-4)은 미국 대통령제의 주요 정책결정 관행을 '다원적 정책주창'(multiple advocacy) 모델로 설명한다. 이 모델은 다양한 집단들의 정책주창을 조율하는 데 목적이 있기 때문에 분석과 합리주의보다는 정치와 점진주의에 가깝다고 볼 수 있다. 이 모델은 "아이디어와 시각의 경쟁은 정책을 개발하는 최상의 방법이다"고 전제하며, 정책은 대부분이 대립과 갈등 그리고 견해의 차이를 낳기 때문에 이런 다양한 정책주창에 관련된 정보에 기초해서 정책을 결정하는 것이 바람직하다는 입장이다. 대통령 직속의 각종 자문위원회가 이런 의견의 수렴 역할을 한다.

만족모형과 혼합모형

다른 정책결정 모형으로는 만족모형(satisfying model)과 혼합모형(mixed scanning)을 들 수 있다. 만족모형은 마치와 사이몬(March & Simon 1958)이 제시한 모델로 합리주의에 대한 수정 모델이라고 볼 수 있다. 개인이나 단체 또는 정부는 단순화의 과정으로 복잡한 상황을 인지하며 합리적으로 개선된 최선의 대안을 모색하는 게 아니라 만족할만한 수준의 대안을 선택하는 것이 현실이라는 지적이다. 만족모형은 정책과정에서의 비합리성을 인정하며 인간의 '제한적 합리성'(bounded rationality)을 전제로 만족스런 대안을 모색하는 것이 정책결정의 관행이라고 본다. 사이먼(Simon 1957)이 제시하는 '제한적 합리성'의 원칙에 따르면, "복잡한 문제를 공식화하고 해결하기 위한 인간의 정신능력" 한계가 뚜렷하기 때문에 객관적이고 합리적인 행동에 의한 현실 문제의 해결을 기대하는 데 한계가 있다.

또 혼합모형은 합리주의와 점진주의 절충으로 볼 수 있다. 이 모형을 제시한 에치오니(Etzioni 1967)는 광범위한 의미에서 정책결정이 합리적으로 이뤄지지만 세부적인 결정과정은 기본적인 정책결정을 수정, 보완하여 점진적으로 이뤄진다는 것이다. 정책결정 과정에 합리성만 작용하는 것도 아니며, 비합리적인 정치적 결정만 이뤄지는 것도 아니라고 본다. 이런 의미에서 정책결정이 '종합적 합리성'(comprehensive rationality)을 바탕으로 점진적 과정에 의존한다는 것이다.

거버넌스 모델

그렇다면 제1장에서 논의했던 거버넌스의 시각에서는 사회복지 정책과정을 어떻게 이해하고 있는가? 분석의 주류로 보는가, 정치의 주류로 보는가? 또 거버넌스의 시각은 정책결정이 분석에 따를 것을 주문하는가, 아니면 정치에 의존하는 것을 바람직하다고 보는가? 한 마디로 얘기하기는 어렵지만 분석보다는 정치에 더 근접하는 것을 거버넌스의 현실로 보고 있고 또 사회복지정책이 추구할 이상으로 간주하는 경향이 있다. 그 이유는 사회복지 정책과정의 대표성과 개방성 및 주요 이해관계자의 구성 등으로 살펴볼 필요가 있다. 먼저 사회복지 정책과정의 대표성과 개방성을 보면, '분석'의 입장은 국민을 대표하는 의회의 기능보다는 행정관료 등의 전문가에 더 의존하므로 정책의 대표성이 제한적이며 또 정책과정을 제도적 행위자 이외에 외부 참여자에 공개하지 않는 폐쇄성을 특징으로 한다고 볼 수 있다.

이와는 대조적으로 '정치'의 입장은 행정관료보다는 선출직 정치인의 정치적 역할을 중시하므로 거버넌스 모델에 더 가깝다고 볼 수 있다. 또 사회복지 정책과정에서의 주요 행위자에 초점을 맞춰보면 분석의 입장은 분석가와 전문가, 그리고 행정관료의 역할을 중시하고 정치의 입장은 국민을 대표하는 선출직뿐 아니라 시민을 주요 이해관계자로 중시한다. 사회복지 정책과정의 개방, 시민참여의 확대, 새로운 이해관계자로서 사회복지기관과 NGO의 역할을 중시하는 거버넌스 모델은 분석의 입장보다 정치의 입장을 더 중시한다고 볼 수 있다. 일반 시민을 포함한 다양한 이해관계자들의 참여와 토의에 의한 민주적 정책과정을 중시한다는 의미에서 정치의 입장은 거버넌스의 시각에 가깝다고 볼 수 있다.

그럼에도 거버넌스 모델은 정치의 입장과 근본적으로 다르다. 정치의 입장은 전통적인 '이익집단 다원주의'(interest group pluralism)에 의존해서 입법부와 행정관료 및 이익집단의 '철의 삼각'(iron triangles) 정치에 의해 정책결정이 이뤄지는 전통적인 정부 모델이라는 점에서 거버넌스 모델과 엄밀히 구분된다. 거버넌스 모델에서는 기업과 전문단체 등의 전통적인 이익집단뿐 아니라 새로운 정책 이해관계자로서 사회복지기관과 NGO 및 시민의 참여를 중시한다. 사회복지 정책과정에 전문가와 시민, 누가 더 중요한 이해관계자인가 하는 문제는 또 다른 논의를 불러일으키는 주요 관심사가 되고 있다.

2) 개방·포용적 정책결정

바람직한 정책결정으로 OECD가 제시하는 개방적이며 포용적(open and inclusive) 정책결정을 참고해 볼 수 있다.

이런 '개방·포용적' 정책결정은 선진사회 정책과정에 폭넓게 실천되고 있어, 글로벌 스탠다드로 정착되고 있다(OECD 2008: 4). OECD(2009d)는 2001년에 제시한 시민의 국정참여 정책과 제도의 10가지 원칙에 관한 각국의 정책과정의 실태를 조사한 결과, 많은 국가들이 시민참여의 "권리를 확립해두었고, 능동적인 시민들이 있어 그들이 정책결정에 관여하도록 실행

표 2-2 개방·포용적 정책결정 가이드라인

	내용
실행	리더십과 공개·포용적 정책결정에 대한 강력한 실행이 정치인, 공직자 모든 수준에서 필요하다.
권리	정책결정과 서비스 제공에 관한 정보, 협의 및 공공 참여가 법률과 정책에서 시민의 권리로 확고히 정착되어야 한다.
명확성	정보, 협의 및 공공 참여의 목적과 한계가 초기부터 정의되어야 한다.
시간	시민참여는 폭넓은 해결방안을 찾고 성공적인 실행의 기회를 갖기 위해 가능하면 정책과정의 초기부터 일찍 시행되어야 한다.
포용	모든 시민들이 정보 접근, 협의 및 참여에서 균등한 기회로 다양한 경로를 가질 수 있도록 되어야 한다.
자원	효과적인 정보, 협의, 공공 참여를 위해 적절한 재정적, 인적, 기술적 자원을 갖춰야 한다.
조정	정보, 협의, 공공 참여의 창안들이 정책 일관성과 중복 회피를 위해 그리고 "협의 피로" 위험부담을 줄이기 위해 정부 모든 부처를 넘어, 모든 차원을 통해 조정되어야 한다.
책무성	협의와 참여를 통한 투입이 어떻게 활용되는지를 참여자들에게 알려주는 의무감을 가져야 한다.
평가	정부의 정책 실적을 평가하기 위해, 공공 참여를 우선 평가하는 요청, 역량, 문화 및 도구를 구축하도록 노력해야 한다.
능동적 시민권	정부는 시민 교육과 기술을 강화하고, 시민, 시민사회단체, 기업들이 자율적으로 문제를 해결하는 활동을 효과적으로 지원하는 새로운 역할을 탐구해야 한다.

자료 OECD 2009d.

하였지만, 자원과 시간과 평가의 부족에 직면해 있다"며 요약한다.

사실 OECD(2009d)의 평가대로 정보나 협의와 관련된 법이나 제도의 도입이 상당 부분 진전되어 있기 때문에 이제 연구의 관심은 '능동적 참여'에 있다. 능동적 참여는 OECD에서 정부-시민 관계를 모색하는 새로운 영역이다. '능동적 참여'는 시민들이 토의하고 정책방안을 생산하는 자율적 역량을 인정하고, 정부가 의제설정에서 공유 역할을 하고, 공동의 대안모색을 통해 정책결정을 하도록 한다. 정책결정 과정에 대한 시민의 참여 권리의 확대와 함께 시민의 역할에 대한 일정한 책임을 수용하도록 요구한다.

시민의 '능동적 참여'에 대한 관심이 높아진 이유는 몇 가지가 있다. 첫째, 모든 국가들이 당면하는 거버넌스 도전은 사회의 모든 자원(인적 자본, 정책 아이디어)의 동원을 요구한다. 둘째, 시민들은 자신들의 삶에 영향을 미치는 정책에 대한 자신들의 목소리가 반영될 것을 요청한다. 셋째, 정부의 역할은 점차 시민들과 단체들이 시장과 시민사회에서 자신들의 활동과 관계를 조직하는 준거틀을 마련해주는 역할로 변하고 있다. 능동적 참여 접근법은 활용되지 않은 자원을 유용하고 정부의 조장자 역할을 강화시켜 정부의 역량과 정통성을 제고시킨다.

OECD(2009d: 4)는 회원국들의 시민참여제도가 두드러진 진전이 있다며 소개한다. 과반수 이상(58%)의 국가에서 시민참여의 '권리'를 제도화한 성과가 있고, 모든 OECD 회원국에서는 정보 공개에 관한 입법이 시행되었고, 또 38%에 달하는 국가에서 '능동적 시민권' 정책이 추진되었으며, 25%는 강력한 리더십에 의한 정책실행이 이뤄졌다고 답하였다. 그럼에도 10개 원칙 중 실천하기 가장 어려운 것으로는 자원(재정, 인적, 기술적 자원확보)이 45%로 가장 높은 비중을 차지했고, 그 다음으로 시간(정책 초기 단계부터 시행)과 평가(공공참여의 결과 평가)가 각기 36%, 32%로 꼽혔다. 이처럼 선진사회의 시민참여제도가 일반화되고 있지만, OECD(2008b: 4)는 시민참여와 개방·포용적 정책결정에 관한 글로벌 스탠다드 또한 새로운 시대의 변화에 따라 새로운 혁신의 기회를 가로막아서는 안되며, "공공 투입에 대한 정부의 호응성, 다양한 소수자 집단의 포용성의 정도, 심의의 질, 투명성과 책무성의 측정방안" 등을 탐구할 것을 제안한다.

한국에서도 시민참여제도는 지속적이고 장기적인 과제로 제기되고 있다. 행정안전부를 비롯한 각 중앙부처들이 인터넷 홈페이지에서 각종 정책관련 정보를 공개하고 '제안광장'이나 '정책포럼', '여론광장'의 형태로 국민들의 제안을 받고 있다. 그럼에도 인터넷에서 활발히 진행 중인 네티즌들의 사회복지 참여활동을 제도적으로 수용할 만한 쌍방적 정책 커뮤니케이션이 부족한 문제가 있다. 이에 대해 OECD(2003)는 정책단계별로 e-포럼, e-청원, 시민배심원제 등의 다양한 직접참여제의 도입을 적극 권장한다.

3) 정책집행 과정

정책결정이 이뤄지고 입법 절차에 의해 법령으로 공표됨으로써 '사회복지정책'이라는 공식적인 지위가 확보된다. 다음은 정책결정에 따른 집행의 순서로 진행된다. 정책결정을 행정적으로 실천하는 단계가 정책집행이다. 그렇지만 정책결정에서 세세한 가이드라인이 주어지는 것은 아니기 때문에 '행정 재량권'이 발생하며, 관료정치가 지배한다. 정책집행에서는 특히 조직, 인력, 예산의 범위에서 정책을 추진하는 행정적, 경제적 효율성을 검토하고, 집행과 관련된 법규나 지침이 공식화되고 집행계획이 수립되면, 예산과 인력의 투입으로 집행하게 된다.

정책결정에서 세세한 정책 가이드라인이 제시되지 않기 때문에 정책집행부의 상당한 행정 재량권이 생긴다. 또 행정적, 경제적 효율성을 검토한 결과, 정책결정에서 제시한 사항들 하나 하나를 그대로 실행하기 어렵다는 행정적 판단이 생기면 정책결정의 일부를 수정하는 재량의 여지도 생기기 마련이다. 행정 재량에 따라 정책을 전혀 집행하지 못하게 되는 경우도 있고, 상당 기간 지연되는 경우도 있으며 일부만을 실행하는 경우도 있다. 이런 의미에서 정책집행이 기술적인 단계로만 볼 수 없고, 정치적 과정이 필요한 단계라고 볼 수 있다.

정책집행이 원만히 이뤄지기 위한 조건은 무엇인가? 거스턴(Gerston 2002: 113-9)은 정책집행의 조건 네 가지와 정책집행을 방해하는 요인 세 가지를 지적한다. 먼저 정책집행의 조건은 첫째, 정책집행층이 정책결정 내용에 대해 정확히 이해하고 해석하는 능력이 우선 필요하며, 둘째, 집행에 필요한 인적, 물적 자원이 지원되어야 하며, 셋째, 너무 많은 수의 집행기관들이 관여함으로써 혼선과 갈등이 발생하므로 제한된 수의 집행기관으로 명확한 책임이 부여되고, 넷째, 집행기관인 행정관료가 정책결정층에 대해 업무의 책무성을 갖는 일이다. 또 정책집행을 방해하는 요인들로는 정책결정에 대한 집행기관의 재해석 또는 재량적 결정과 정책결정층에 의한 새로운 우선순위의 결정, 그리고 집행기관에 대한 정책결정층의 감독 소홀 등으로 꼽힌다. 한편 린드블럼(Lindblom 1980)은 행정 재량이 발생하는 요인에 대해 아래처럼 여섯 가지로 구분해 설명한다.

불명확한 정책 표명

첫째는 불명확한 정책 표명에 일차적인 원인이 있다. 공식적 정책결정자가 완전한 정책을 만들 수는 없고 입법안에서도 그런 정책내용들을 다 담을 수는 없다. 그렇기 때문에 세세한 집행에 관한 설계와 실행계획을 행정기관에 위임하는 것이 일반적이다. 지식과 전문성의 부족뿐 아니라 시간과 비용 등 자원의 제약 때문에도 명확한 정책 표명이 이뤄지지 않는다고 볼 수 있다.

모순된 정책 기준

둘째는 정책 기준의 모순된 기준을 들 수 있다. 예를 들면 최저임금법의 경우, 정책결정자는 최저생계비와 산업체의 지불 능력이라는 두 가지 모순된 기준에 따라 임금이 책정되도록 정책결정을 해서 두 모순된 기준에 대한 절충을 행정기관이 하도록 위임한다. 수도권 인구 억제 정책에 의해 수도권의 대학 학과 신설이 억제되고 있지만 IT 혁명의 시대를 선도하기 위한 인재의 양성 차원에서 새로운 학과의 신설은 불가피하다고 볼 수 있다. 국회는 이런 모순된 정책결정을 해서 행정부가 수도권 인구억제 정책을 고려하면서 수도권에 IT 관련 학과의 증설을 추진하도록 결정한다. 결국 부처 간의 협의가 이뤄지지 않아 정책결정이 무의미하게 되는 경우가 있다.

행정유인의 실패

셋째는 행정유인의 실패도 중요한 요인이 된다. 일반적으로 정책결정자가 정책집행자보다 높은 상위의 지위를 갖고 권위로써 정책집행을 '명령'한다고 볼 수 있지만, 설득이나 협상의 필요성도 적지 않다고 볼 수 있다. 대통령도 장관이나 관리에게 적절한 인센티브를 제공하지 않으면 훌륭한 정책결정도 정책집행의 실패로 무의미해지게 되는 경우가 있다. 곤란한 업무를 피하려는 관리의 속성, 정책집행에서 발생할 수 있는 불화를 피하려는 책임의 회피, 인기 없는 정책에 관여해서 진급 등에 방해를 받지 않으려는 성향, 정책집행을 하지 않음으로써 발생하는 뇌물의 유인 등이 행정유인들이다.

상충된 지침

넷째는 상충된 지침이다. 정책을 집행하는 책임자는 여러 곳에서 상관의 지시를 받거나 협조를 요청하는 압력에 봉착하는 경우가 적지 않다. 정책이 특정 기관, 특정 부서에만 국한된 정책이 아니라 여러 부서가 복합적으로 관련되는 경우, 각 부서의 책임자들은 자신들에게 유리한 정책집행이 되도록 갖은 노력을 할 것이다. 관료정치가 진행되는 것이다.

정책집행 능력의 한계

다섯째는 정책집행부 능력의 한계다. 정책집행에 필수적인 전문성이 결여된 경우에 정책집행 기관은 집행을 방치하는 경우가 있다. 과학기술이 급진전됨에 따라 유전공학, DNA, 인간복제기술 등 고도의 전문성을 요구하는 정책들이 많이 등장해서 정책집행의 어려움을 더해준다. 그렇게 되면 원래의 정책결정의 취지를 살리지 못하고 정책집행이 수월한 새로 수정된 정책결정을 요구하는 경우도 있고, 행정 재량에 의해 새로운 정책집행이 이뤄지는 경우도 있다.

정책집행 자원의 부족

여섯째는 정책집행 자원의 부족을 들 수 있다. 흔히 얘기되는 인적, 물적 자원의 부족 때문에 정책집행이 어렵게 되는 상황이다. 이런 상황에서는 추가 자원의 결정이 필요하거나, 주어진 예산의 범위에서의 부분적인 정책집행이 이뤄지게 된다. 그렇게 되면 원래의 정책결정이 추구하는 목표를 달성하지 못하는 '정책 왜곡'의 결과를 낳을 수도 있다. 그럼으로써 정책결정층과 정책집행층 사이에 정치적 갈등을 불러일으킬 수도 있다.

제3장

복지국가의 사회복지정책

1. 세계화와 사회복지정책

세계가 하나가 되며 글로벌 경쟁을 심화시키는 세계화는 사회복지에 어떤 의미를 주는가? 생계위협에 처한 실업자와 소외층, 보다 풍족하며 안정된 '삶의 질'을 바라는 일반 시민, 복지국가의 이상을 추구하는 현대 사회에 세계화는 어떤 기회를 주는가 또는 위협이 되는가? 아동, 노인, 장애인, 실업자, 여성근로자, 연금수혜자 등 복지수혜층의 삶이 이제 세계화의 영향권에 편입되는 새로운 시대를 맞고 있다. 글로벌 경제는 더 이상 한 국가의 복지체제가 복지수혜층의 복리를 증진시키면서 지속적인 경제성장을 이뤄낼 수 있는 환경을 제공하지는 않는다. 과거 '케인즈식 합의'가 가능했던 경제성장의 시대에는 사회보장과 경제성장 사이의 '트레이드 오프'(trade-off), 평등과 효율성 사이의 '트레이드 오프'는 거의 무시할 정도였다. 그렇지만, 이제 글로벌 경제가 강요하는 경쟁의 시대에는 "한 국가의 케인즈주의는 이제 더 이상 가능할 수 없다"는 냉엄한 현실을 직시하게 된다

(Esping-Andersen 1996a: 1).

세계화는 사회발전의 기회가 되기도 하고 위협이 되기도 한다(주성수 2000: 9-12). "세계화는 국가, 경제, 사람들 사이의 새로운 상호작용의 시대를 형성하며, 또 경제, 테크놀로지, 문화 및 거버넌스에서 국경을 초월하는 사람들간의 접촉을 계속 증가시키고 있지만 동시에 생산과정, 노동시장, 정치기관들과 사회를 분열시키고 있다. 그래서 세계화는 긍정적이고, 혁신적이며 동태적인 측면을 갖고 있으면서, 동시에 부정적이고 파괴적이며 배타적인 측면을 갖고 있다"(UNDP 1999: 25). 또 1995년 덴마크 코펜하겐에서 있었던 UN 사회개발정상회담에서 채택된 「코펜하겐 선언문」은 세계화에 대해 다음과 같이 지적한다.

> 세계화는 인적 유동성의 증가, 커뮤니케이션의 향상, 무역과 자본이동의 폭증 및 테크놀러지 개발의 결과이다. 세계화는 지속적인 경제성장과 세계경제의 발전, 특히 개발도상국의 경제발전에 새로운 기회를 열어준다 … 동시에 급격한 변화와 조정의 과정에 빈곤, 실업 및 사회적 분열이 수반되어 왔다. 환경위험과 같은 인류의 복리에 대한 위협들도 세계화되어 온 것이다.

1) 복지국가의 복지정책 수렴

영국의 브렉시트, '미국 우선주의' 등 세계화에 역행하는 새로운 변혁이 일어나면서 더불어 세계화에 부정적인 시각들도 확산되고 있다. 그간 세계화는 글로벌 경제를 '빈익빈, 부익부'의 불평등 세계로 재편해온 것이 사실이다. 그래서 이제 세계화의 혜택이 고루 분배될 수 있도록 세계화를 교정해야 한다는 시각이 주류를 형성하고 있다(OECD 2017b). 그럼에도 세계화를 역행하게 되면, 보호주의의 확대로 부와 기회의 순손실이 발생하고 위험스러운 자국 중심의 정책들로 지난 수십 년간 이룩해놓은 혜택들 대부분이 리스크에 처해질 수 있다(앞글: 1).

세계화는 사회복지를 위협하는 심각한 동향을 보이면서 동시에 복지국가들이 서로 사회복지정책을 수용하는 일종의 정책수렴 현상을 유도하고 있다. 캐슬(Castles 2004)은 유럽공동체(EU)와 같은 지역경제통합으로 인해 회원국 사이에 경제정책과 복지정책의 수렴현상이 발생한다고 지적한다. 경제적 통합은 정부간 정치적 경쟁을 증가시켜 정부수입을 감소시키므로, 정치적 경쟁이 심화될수록 더 많은 정부가 정치적 통합이나 정책조정에 관심을 가지게 되어 경제정책과 사회정책이 수렴하게 된다는 것이다. 이에 대해 캐슬은 세계화가 하향 평균화를 상징하는 '바닥으로의 질주'가 아니라 오히려 정상상태의 복지국가를 지향하게 만든다고 본다. 따라서 세계화가 진전될수록 OECD 국가 간 경쟁이 심화되며, 이로 인해 사회보장지출에 대한 정책수렴 현상이 나타난 것으로 입증되고 있다.

통계분석에 따르면, 세계화와 사회보장지출 간에는 통계적으로 유의미한 양(+)의 관계가 성립하며, OECD 국가 간 사회보장지출의 수렴현상이 발생하였다(황진영 2007). 이런 결과는 세계화 진전이 사회보장부문에 대한 정부의 역할을 증대시켰으며, 국가 간 경쟁 심화로 경제사회정책의 수렴현상이 생겨날 수 있다는 이론적 가설을 지지한다. 세계화의 진전이 사회보장지출 수준에 직접적으로 영향을 미치며, 국가 간 사회보장지출 수준의 수렴에 간접적으로 영향을 미쳤다는 분석이다. 따라서 한국은 급진적인 세계화의 영향을 받으며 세계화를 능동적으로 추진하고 있기 때문에 이런 동향에서 향후 사회보장지출 수준의 증가가 불가피할 것으로 예상해볼 수 있다(앞글: 290).

뒤에서 살펴보겠지만, 서구 복지국가의 사회복지지출은 1960년대 이후 21세기에 들어서까지 지속적인 상승세를 보여준 것이 사실이다. 이러한 복지지출의 지속적인 상승에 대해서는 일반적으로 수요 요인들과 공급 요인들로 구분해 설명해볼 수 있다. 먼저 수요 요인들로는 소득수준 향상과 인구구조 변화가 가장 중요한 것으로 분석되고 있다. 국민 소득수준이 향상될수록 사회보장에 대한 공공의 욕구가 증진되고, 인구의 고령화가 진전될수록 복지수요가 높은 노인층의 정치적 요구 증대로 사회보장에 대한 요구를 증가시킨다. 만성질환을 앓고 있는 많은 노인들에 대한 장기요양 등의 고비용의 의료보장 비용이 서구 복지국가에서 일반적으로 관찰되는 정책수렴 현상으로, 이른바 '노인복지정책의 정치'라고 볼 수 있다(Joo 1987; 강달원, 김영우 2010; Tepe and Vanhuysse 2009). 또한 일반 시민들과 소외된 계층이 사회복지에 대한 높은 정책적 관심을 갖고 투표 등 정치적 활동에 많이 참여해서 사회복지지출의 상승을 유도하는 역할을 한다고 볼 수 있다. 한편 공급 요인들로는 사회보장지출에 대한 정치인들의 선호를 꼽을 수 있다. 정치인들은 보다 많은 유권자들로부터 표를 획득하기 위해 상대적으로 점증하는 가난한 계층을 위한 사회보장지출 수준을 증가시킬 수 있다. 일부 국가의 사례에 대해서는 뒤에서 상세히 살펴볼 것이다.

한편 서구 복지국가의 사회보장지출의 상승은 두드러진 지출수준의 평균화와 같은 수렴 현상을 보여준다. 1990년대 중반 이후 미국과 영국을 제외한 나머지 국가에서의 명목 GDP 대비 사회보장지출 비율이 대단히 유사한 동향을 보여준다. 앞서 지적한 캐슬(Castles 2004)의 설명에 따르면, 세계화의 시대에 유럽공동체(EC)와 같은 지역경제통합으로 인한 경제정책과 사회정책의 수렴으로 볼 수 있다. 세계화의 진전은 서구 국가들 사이의 정책경쟁을 가열시켜, 경제정책과 사회정책의 유사 수렴현상을 유도한 것이다. 드레어(Dreher 2006)의 연구는 경제적, 정치적, 사회적 통합과 관련된 23개 항목에 기초해 세계화 지수를 제시하는데, OECD 28개 국가에 대한 세계화 지수의 주요 통계치를 보면, 1980년대 이후부터 세계화 정도가 꾸준히 상승되어 왔다는 것을 알 수 있다. 1985~2000년 사이에는 세계화 지수의 평균과 중위지수가 지속적으로 증가하고 있을 뿐 아니라 최소값 역시 계속적으로 증가하므로, 이 기간 동안 거의 모든 OECD 국가에서 세계화가 진전되고 있음을 나타낸다(황진영 2007: 291).

한편 사회보장지출 비율은 21세기에 와서도 꾸준히 증가하였으며, 1990년대 이후에는 많은 국가에서 사회보장지출 비율의 수렴현상이 나타난다. 이러한 사회보장지출 비율과 세계화 지수의 시계열적인 추이는 사회보장지출의 크기를 결정하는 요인으로 평균소득, 고령인구 비율, 실업률, 산업구조 등과 같은 전통적인 요인 이외에 세계화 진전도 가능한 원인이 될 수 있음을 시사한다(앞글: 292). 또한 세계화의 진전은 국가 간 경제 사회정책의 조화를 요구하므로 사회보장지출 비율의 수렴과도 관련될 수 있다. 실제로 OECD 국가들의 사회지출은 뚜렷한 수렴 현상을 보여준다. 2007~2014년 기간에 공공 사회지출비가 높은 국가들에서 하향 추세가, 낮은 국가들(한국, 일본, 미국, 멕시코, 터키 등)에서 지속적인 상향 추세가 이어졌다(제3장 〈표 3-6〉 참조).

2) 사회복지정책에 대한 도전

세계화는 통합과 분열, 기회와 위기라는 두 얼굴을 갖고 있다. 한편으로는 통합을 이끄는 힘이 되고 있지만, 다른 한 편으로는 분열을 조장하는 위협이 되고 있다. 또 한 편에게는 기회로 찾아오지만 다른 한 편에게는 위기로 닥아오고 있다. 일부 소수의 국가와 사람들에게는 기회가 되고 있고, 다른 다수의 국가와 사람들에게는 위기가 되고 있다는 데 세계화의 문제가 있다. 또 세계화는 한 국가나 사회의 내부에서는 특정 집단에게 새로운 기회를 주지만 또 다른 집단에게는 위기를 갖다주는 심각한 문제를 야기한다. 세계화는 수혜층과 피해층을 동시에 만들어내며, 통합과 조화보다는 분열과 갈등을 조장하는 경향이 더욱 뚜렷해지고 있다고 볼 수 있다. 1990년대 이래로 서구에서 확대되고 있는 빈곤과 소득불평등의 심화는 경제중심의 세계화 질서가 낳은 부정적인 결과가 되고 있다.

빈익빈, 부익부의 세계

세계화는 개발도상국뿐 아니라 서구 복지국가에도 위협이 되고 있다는 것을 아래에서 살펴볼 수 있다. 먼저 개발도상국의 경우, 글로벌 경쟁에서 상대적으로 취약한 입장에 있기 때문에 세계화의 기회를 누리기보다는 세계화의 위협에 휩쓸릴 가능성이 높다. 세계화는 국가들 사이의 '빈익빈 부익부'를 조장하며 지구촌을 남북(South-North) 대립과 갈등으로 유도한다. 동시에 국내적으로는 소득불평등이 해소되기보다 오히려 심화되는 결과를 낳기도 한다. 소득불평등은 OECD 국가들에서 또 시장경제에 갓 편입해온 동구 국가들에서도 유행병처럼 번져가고 있고, 또 경제위기를 겪은 아시아에서도 심각한 상태에 빠져 있으며, 또 남미국가들에서도 소득분배가 개선되었다는 얘기보다 악화되었다는 보고들만이 늘고 있다(UNDP 1999: 36-7).

이 세계는 전체적으로 단일 국가보다 훨씬 불평등이 심하다고 볼 수 있다. 지속적으로 개선되는 교통과 통신의 연계망으로 공동체가 점차 결합되고 있는 것처럼 이 세계도 점차 닮아가는 것이 세계화가 초래하는 결과다. 지속되는 불평등에 대한 정치적 대가는 상승하기만 할 수 있다. 세계은행의 소득분배 자료에 기초한 옥스팜(Oxfam)의 계산에 따르면, 지구적 불평등이 (세계에서 가장 불평등한 국가 중 하나인) 아이티의 수준으로 감소된다면, 하루 1달러 이하로 생활하는 사람들의 수는 절반으로 줄어 4억 9000만 명이 될 것이다(그린 2010: 15). 나아가 (불평등 면에서) 중위권에 해당되는 국가인 코스타리카 수준으로 지구촌의 소득분배가 향상되면 하루 1달러 이하의 생계를 이어가는 빈곤층의 수는 지금의 1/5 수준인 1억 9000만 명으로 떨어진다. 지난 1988~2011년 기간에 글로벌 차원의 소득증가는 하위 10% 소득층부터 상위 10% 소득층까지 비례적으로 늘어나, 상위 10%가 전체 소득증가의 절반 가까이(46%)를 가져갔다(Oxfam 2016).

개발도상국에 대한 위협

이뿐만이 아니다. 세계화는 아래와 같이 여러 형태로 심각한 위협이 되고 있는 것이 개발도상국의 현실이다(Deacon 2000: 6-7). 첫째, 세계화는 글로벌 경쟁력이 취약한 개발도상국들에게 심각한 부채를 안겨준다. 그럼으로써 정부는 교육, 보건의료 및 사회적 보장을 제공할 수 있는 능력을 점차 상실해간다. 최빈국의 경우 외채에 대한 이자가 극빈자들의 식량제공에 드는 비용보다 더 높은 부담이 되는 지경에 있다. 많은 국가에서 이런 사회서비스의 부분적인 네트워크를 제공하는 일이 정부보다 시민사회단체

(NGO)와 주민 등 아래로부터의 자구노력에 맡겨져 있다.

둘째, 세계화는 국가 자산을 위협한다. 세계화는 자본을 유치하기 위해 저임금 비용으로 얻어지는 자산을 포함한 국가의 자산을 어떤 가격에서든 매각하는 경제적으로 합리적인 반응을 조장해왔다. 이런 일은 최근에 심각한 논란이 되고 있는 글로벌 노동, 환경 및 사회적 기준을 전혀 고려하지 않고서 발생해 왔던 것이다. 이 전략의 또 다른 측면은 초국적 기업의 세금도피처가 되어 정부의 세입징수 능력을 더욱 저하시켜, 사회복지를 위한 재정 능력을 약화시킨다.

셋째, 세계화는 사회정책을 분절화시키고 있다. 많은 개발도상국에서 다양한 인구 집단들이 전혀 다른 복지레짐(welfare regime)에서 생활하고 있다. 초국적 기업에서 일하는 종사자들은 기업복지 혜택을 누리는 경우도 있고, 공직자들 일부는 의료보험, 연금의 혜택을 받지만 다수의 국민은 사회보장의 대상에서 배제되어 있다.

넷째, 세계화는 사회적 배제(social exclusion)를 조장한다. 공식적인 글로벌 경제로부터 배제된 국가에서는 세금, 규제 및 사회지출 등 일상적 기능마저 마비된다. 이런 상황에서 빈곤층은 국가로부터 사회보장권을 보장받지 못하면서 자신들의 생존욕구를 충족시키기 위해 비공식적인 교환관계에 종속되며, 마약, 무기거래 및 불법 무역 등의 비공식 경제가 활개를 친다.

복지국가에 대한 위협

세계화가 태동된 서구에서도 복지국가에 대한 세계화의 위협이 심각하게 제기되고 있다는 것을 알 수 있다(앞글: 2-5). 첫째, 세계화는 복지국가들 사이의 경쟁을 유도함으로써 복지 수준의 심각한 하향 평준화와 계층간 비형평성(inequity) 문제가 심각하게 제기된다. 글로벌 경쟁이 심화되면서 국가들이 복지지출을 삭감해서 복지제공의 수준을 바닥까지 낮추려는 '신자유주의'(neoliberalism) 경쟁이 일어날 수 있다. 그럼에도 정치적 선택의 여지는 많다. 생산성을 높이기 위해 또 정치적, 사회적 안정과 해외투자를 유치하기 위해서도 일부 사회복지를 증가시킬 수도 있다.

둘째, 세계화는 사회적 재분배와 사회적 규제를 글로벌 및 지역 차원으로 확대시킨다. 따라서 '복지의 정치'에 새 행위자들을 끌어들인다. 이들은 UN 기관, 세계은행, IMF, WTO 등 국제기관들과 국제 NGO, 초국적 기업, 글로벌 사회운동 등 다양한 집단들이다. 이들 중 일부에 대해서는 글로벌 차원의 규제가 필요하며 또 다른 행위자들은 개혁의 대상으로 개혁을 통해 이들이 글로벌 거버넌스(global governance)에 기여하도록 하는 방안들이 제시되고 있다.

셋째, 세계화는 국가적, 초국가적 사회정책 논의를 일으키고 있다. 초국가적 기관들이 사회정책 형성에 참여할 권리에 관한 논의와 함께 사회정책의 내용에 대한 이 기관들의 역할에 대해 갈등이 일고 있다. IMF와 세계은행은 사회보장의 민영화 등 신자유주의적 사회정책의 수렴을 유도한다. 2016년 영국은 난민과 이주자의 복지 문제에 직면해 EU의 규제로부터 해방되어 독자적인 정책 추진을 위해 브렉시트(Brexit)를 국민투표로 결정하였다.

넷째, 세계화는 글로벌 복지 시장을 창출한다. 정부를 대신해서 영리기업들과 NGO들이 복지서비스 제공을 위임받으면서 국가 차원의 사회서비스 제공과 규제정책을 약화시킨다.

서구 복지국가에서 세계화가 빈곤과 실업 등 사회복지에 미치는 영향은 일반적으로 '패러독스'라 볼 수 있다(OECD 2007b). 세계화는 한편으로는 자유무역의 확대 등으로 경제 성장을 일으키는 성과를 갖다 준다지만, 다른 한편으로는 일자리 불안과 실업의 확대, 빈곤과 소득불평등의 심화를 초래하므로, 두 얼굴을 가지고 있다고 볼 수 있다. OECD(2007b)의 평가에 따르면, 1990년대 초 이래로 OECD 19개국 중 16개국에서 실제로 고소득층의 소득은 늘고, 저소득층의 소득은 줄면서 소득계층간 소득불평등이 심화되었고, 일자리 불안에 관한 객관적 지표 검증은 어렵지만, 많은 국가들이 일자리 불안에 대처하는 다양한 고용정책을 추진해왔다.

3) 복지국가의 대응과 한국

또 세계화는 국내의 빈곤과 실업 문제에 직접적인 영향력을 행사한다. 세계화의 확대로 개발도상국으로부터의 수입이 늘어나고, 자본의 유동성이 증가하고, 또 외국인 이민과 이주가 늘어남으로써 더불어 국내에서는 빈곤이 확대된다고 볼 수 있다(Moller et al. 2003). 제3세계로부터의 값싼 수입품의 증가는 국내 저임금 저기술 노동자의 일자리를 빼앗아가고 임금을 낮춤으로써 이들의 빈곤을 부추긴다고 볼 수 있다. 또 선진 외국 자본이 제3세계로 많이 이동하는 것은, 제3세계가 이들에게 세제 지원과 저임금으로 강한 인센티브를 제공해주므로 선진 기업들은 자국에서 제3세계로 제품공장을 이동시킴으로써 자국의 탈산업화(deindustrialization), 그에 따른 일자리 불안, 빈곤 확대를 부추긴다. 또 외국인 저임금 노동자들은 국내 일자리를 차지해가고 임금을 낮추는 효과를 낳기 때문에 국내 노동자의 실업과 빈곤을 위협한다고 볼 수 있다.

현대 복지국가는 국내외적으로 심각한 도전에 직면해 있다. 밖으로부터는 세계화의 압력이 행사되고 있고 국내적으로는 복지국가 재원의 부족, 인구동태적 변화, 포스트모던 이슈들, 신자유주의 정치와 경제 등이 심각한 도전이 되고 있다. 글로벌 경쟁이 심화되면서 복지국가 재원의 부족과 신자유주의 정치와 경제의 압력이 심화된 것으로 본다면 국내외 요인들은 서로 밀접히 관련된 것으로 볼 수 있다. 또 이런 의미에서 세계화라는 글로벌 요인이 결국 복지국가에 대한 국내의 환경을 불리한 방향으로 압박하기 때문에 세계화는 국내 요인들보다 더 중요한 결정요인이라고 볼 수도 있다. 또 금융시장의 세계화는 정부의 사회복지정책의 자율권을 크게 위축시켜 놓고 있다고 본다면 세계화의 위협은 결코 경시될 수 없을 것 같다.

그럼에도 일부 연구자들은 세계화의 악영향이 지나치게 강조되고 있다는 문제를 지적한다. 서구 복지국가의 경우, 1990년대를 통해 급진적으로 진행된 세계화가 복지국가의 근본을 바꿔놓은 것은 아니며, 일부 지출 삭감 등의 개혁이 추진되면서 다소 위축된 추세가 있지만 심각한 상태를 유지해온 것은 아니라는 지적이다. 일례로 공공 사회복지지출은 많은 국가에서 전혀 감소되지 않았고 오히려 상승의 추세를 보여준다. 세계화가 국내 복지국가에 미치는 영향이 지나치게 과장되었고, 오히려 국내 환경의 변화들이 더 중요한 복지국가에 대한 압박 요인들이라고 설명한다(Geyer 1998; Ferrera & Rhodes 2000). 또 뒤에서 자세히 살펴보겠지만 복지국가는 재정의 압박과 같은 경제적 어려움과 정권유지라는 정치적 압력 사이에서 각국의 리더십이 선택해야 하는 다분히 '정치적 선택'의 문제가 되고 있다는 것이 복지국가의 쇠퇴와 관련된 연구자들의 공통된 의견이다(Geyer 1998; Pierson 2000; Feng 2002). 복지국가의 쇠퇴를 반박하는 이 학자들은 "세계화가 복지와 사회적 평등에 미치는 영향력을 조정하는 매개요인으로서 제도적 및 정치적 기반"이 중요하다는 것을 지적한다(Moon & Yang 2002: 135).

세계화의 영향은 문화권에 따라, 각국의 실정에 따라 다양하게 나타난다. 디콘(Deacon 2000: 4-5)은 ① 영미의 자유주의 복지국가, ② 비스마르크(Bismarck) 사회보험에 의존하는 서유럽의 복지국가, ③ '국가 사회주의' 전통을 경험한 동구권, ④ 스칸디나비아 복지국가 등 네 가지로 구분해서 세계화의 위협과 복지국가의 지속가능성(sustainability)을 분석한다. 영미 자유주의 복지국가는 잔여적 복지국가의 전통에 따라 더욱 강한 잔여화(residualization), 개별화(individualization), 민영화(privatization)로 추진되며, 이 추세가 세계화 동향과 맥을 같이 하며 더욱 진전되며, 그럼으로써 계층간 불평등 문제가 심화될 것이다고 본다. 시민권(citizenship)에 의하지 않고 고용과 욕구(need)에 의존하는 비스마르크 복지국가인 대부분의 유럽 국가들과 '국가 사회주의' 전통을 가진 동구국가들의 직장중심의 복지국가 모델은 높은 소득세에 의존하기 때문에 글로벌 경쟁의 압력에 취약하다는 것이다. 이와는 대조적으로 시민권에 기초한 스칸디나비아 복지국가는 소비세에 의존하며 사회민주주의의 정치적 기반이 확고하기 때문에 글로벌 경쟁의 압력에도 '지속가능성'을 유지할 것이라는 것이다. 스칸디나비아 복지국가를 분석한 최근의 한 연구는, 스칸디나비아의 "보편적이고 종합적인 복지국가는 경제와 사회조건들을 안정화시키는 데 필수적인 충격흡수장치 역할을 함으로써 경제가 빠른 속도로 건실하게 회복할 수 있다"고 설명한다(Kuhnle 2000: 226).

한편 에스핑 안데르센(Esping-Andersen 1996a: 10-20)은 글로벌 경제의 압력에 대처하는 서구의 사회복지정책의 대응을 스칸디나비아형, 유럽 대륙형, 영미형 등 세 갈래로 구분해 설명한다. 먼저 스칸디나비아형은 스웨덴, 덴마크, 노르웨이를 중심으로 산업구조조정을 거치면서 복지국가를 유지하기 위한 전략이 되는 '적극적' 노동시장정책(active labor market policies)

으로써 복지국가의 전통을 고수한다. 비숙련노동자의 직업교육훈련과 공공부문에서의 직업창출 등으로 위기를 수습하면서도 1990년대에 닥친 세계화의 압력으로 다시 노동시장 유연성 부족의 문제가 발생하며 대량실업의 위기를 맞기도 했다. 독일과 프랑스 등의 유럽 대륙형은 '고임금 고생산성'을 지닌 안정된 임금노동층(내부자)이 존재하고 주소득자 이외의 가족 구성원(외부자)은 노동시장에 참여하는 것이 억제된다. 따라서 낮은 해고율과 높은 실업률이 병존하면서 내부자-외부자 갈등이 심화되며 실업자 집단시위 등 사회문제로 비화되었다. 끝으로 영미형은 신자유주의 노선이 특징적으로, 산업구조조정을 저임금 전략으로 대처하면서 실업을 억제시키는 역량을 갖고 있지만 저소득층의 빈곤과 소득불평등을 조장하는 경향이 강하다.

그렇다면 한국의 경우는 어떠한가? 일부 연구자들은 한국이 그간 영미형 신자유주의 노선을 추종하는 경향이 강한 것으로 보고 있다. 김대중 정부에 대해, "IMF 경제위기를 해결하는 과정에서 구조조정에 따른 대량실업과 경기침체로 인한 실질소득의 미회복 등에 대한 대응책으로 사회안전망(social safety net) 정도의 의미부여로 진행된 '생산적 복지정책'을 실시하였다고는 하지만, 이는 신자유주의에 입각하여 전개된 경제정책의 보완책의 역할을 벗어나지 못하였다"는 평가도 있다(이영환 2003). 노무현 정부와 이명박 정부에 와서도 이런 정책기조는 큰 변화가 없다고도 볼 수 있다. 그럼에도 외환위기 이후 1990년대 말부터 지속적으로 급진전되고 있는 '적극적' 노동시장정책의 추진과 사회안전망의 확대 등을 감안하면 스칸디나비아형을 절충하는 방향으로 나아가고 있다고 볼 수 있다(박순일 등 2002). 실업종합대책이 외환위기 직후부터 시행되며 공공근로의 도입, 국민기초생활보장, 사회적 일자리 사업 등 일련의 사회안전망 제도화가 추진되어 왔다.

적극적 노동시장 정책은 한국과 스칸디나비아뿐 아니라 유럽 전역과 글로벌 차원에서 추진되는 새로운 사회복지정책이 되고 있다. 빈곤과 실업을 극복하고 일자리를 창출하는 새로운 사회복지정책이 글로벌 패러다임으로 제시되고 있는 것이다. '글로벌 경쟁' 시대에 생존하기 위해서는 실업을 극복하고 실업자 대군을 형성하고 있는 비숙련, 청년실업자의 기술력과 생산성 향상에 사회적 투자를 지속적으로 늘리면서 새 일자리를 창출하는 과제, 동시에 장기실업자의 만성적인 복지의존을 노동참여로 유도하는 '적극적' 노동시장정책이 사회복지정책의 기조로 요구되고 있다. 외환위기를 맞은 한국의 상황에서는 실업자수가 140만 명을 넘어서는 전대미문의 기록을 세우면서 장기실업자 등 취약계층의 기본적인 생계를 보장하는 '사회안전망'이 제대로 구축되지 않은 가운데 빈곤이 심각하게 확대되었다. 도시가계 빈곤율이 23%에 달했었다. 동시에 산업구조조정으로 임금격차가 더욱 벌어지며, 자산소득상의 차이는 '빈익빈, 부익부' 추세로 내달렸고, 정부의 세금과 이전소득의 재분배 효과는 극히 미미한 상태에서 소득재분배는 불평등의 심화로 제기되고 있었다. 물론 이런 1990년대 초의 상황이 21세기에 와서도 크게 개선된 것은 아니다. 실업은 다소 줄었다고 하지만, 빈곤은 여전히 줄지 않아, 심각한 양극화가 유지되고 있다.

따라서 한국을 포함한 OECD 국가들의 공통된 과제는 빈곤과 실업을 동시에 해결하는 이른바 '생산적'(productivistic) 사회복지정책(Esping-Andersen 1996a: 3)을 탐구해내는 일이다. 아래에서는 사회복지정책의 기본적인 과제가 되는 사회적 권리와 그에 기초한 빈곤퇴치의 정당성을 먼저 살펴본 다음, '생산적' 정책과제로 초점을 모아 빈곤과 실업을 동시에 해결하는 정책수단 또는 전략들을 OECD 각국의 정책사례로 검토해본다. OECD에 가입한 회원국으로 그리고 글로벌 경쟁에서 생존해야 하는 한국으로서는 중장기적으로 참고해 할 사항들이다. 한국만큼 세계화의 심각한 영향을 받는 국가도 많지 않다. 한국은 외국인노동자와 이주자의 확대에 따른 다문화 사회의 진전으로 다문화 가정을 지원하는 다양한 복지서비스 과제로 안고 있다. 또 한국은 자유무역에 기반하는 경제성장을 국가전략으로 추진한다. 2004년 한-칠레 FTA 체결을 시작으로 한-미, 한-EU, 한-중 FTA가 지속적으로 체결되며 농업과 보건 분야 등의 구조조정과 실직이 현실화되면서 새로운 복지 대상층이 등장하였다. 이들의 생계지원과 구직 서비스 등이 한국 사회복지의 새로운 정책과제로 부각되고 있다.

2. 복지국가와 사회적 권리

한국의 헌법에는 "모든 국민은 사회복지와 사회보장에 대한 권리를 가진다"(제24조 1항)고 선언하면서, "국가는 국민의 사회보장에 대한 의무를 가진다"(제24조 2항)고 쓰여 있다. 사회복지를 국민의 권리이자 국가의 의무로 규정하고 있는 이른바 '복지국가'는 세계의 모든 국가들이 대외적으로 선언하고 있는 실질적 또는 명목적 사회복지정책의 목표다.

1) 복지국가의 다양한 유형

보다 '실질적인' 복지국가를 일궈왔던 서구에서는 사회복지가 국민의 권리이며 국가의 의무로 정착된 것은 이미 오래전의 일이다. 마샬(Marshall

1964)의 복지국가 이론에 의하면, 서구 사회는 18세기에 시민의 권리를 법으로 명문화시킨 '법적 권리' 또는 '시민적 권리'를 확립시킨 다음, 19세기에는 모든 성인에게 동등한 선거권을 부여하며 정치적 자유를 보장한 '정치적 권리'가 보장되었으며, 나아가 20세기에는 사회복지와 사회보장에 대한 권리인 '사회적 권리'를 보장함으로써 복지국가의 법적, 제도적 완비를 갖추게 되었다. 마샬의 설명에 따르면, 복지국가의 이념적 기초는 무엇보다도 시민권에 기초한 '사회보장권'에 있다.

이런 시민적, 정치적, 사회적 권리의 보장은 역사적으로는 민주화 과정에 비추어 이해해볼 수 있다. 민주화는 정치적 의미뿐 아니라 사회적, 경제적 의미도 가진다고 볼 수 있다. 서구의 경우, 20세기 초에 '정치적' 민주화를 완성한 다음 시민의 사회적 권리를 보장하는 '사회적 민주화'를 완결지었으며, 그후 지속적으로 '경제적 민주화'를 지향해왔다(주성수 1992). '사회적 민주화' 또는 '사회적 권리' 측면에서 국가 간의 차이가 두드러지게 나타나며, 학자들이 얘기하는 다양한 복지국가 모델로 부각되고 있다.

국민의 기본적인 소득보장(income maintenance)에 초점을 맞춰 설명하는 티트머스(Titmuss 1974)의 분류법에 의하면, 최저 생계지원만을 보장하는 '잔여'(residual) 모델, 사회적 성취와 신분에 기초하는 '산업적 성취-성과'(industrial achievement-performance) 모델, 또 소득재분배와 평등을 지향하는 '제도'(institutional) 모델 등으로 구분된다. 일반적으로 잔여모델은 미국, 제도모델은 스웨덴, 노르웨이, 덴마크, 핀란드 등의 스칸디나비아, 그리고 산업적 성취-성과 모델은 유럽 대륙 국가들이 속한 것으로 분류한다.

또 다른 퍼니스와 틸튼(Furniss & Tilton 1983)의 분류법 또한 참고해볼 만하다. 그들은 적극국가(positive state), 사회보장국가(social security state), 사회복지국가(the social welfare state)로 구분한다. 적극국가는 복지보다 경제를 우선하므로, 복지는 경제적 효율성을 저해하지 않는 범위에서 시행되는 특징이 있다. 공적부조보다는 사회보험 원리가 지배적이며, 이는 경제적인 생산을 위한 노동유인책이 된다. 티트모스의 '잔여' 모형과 같은 모형으로, 퍼니스와 틸튼은 이를 복지국가로 인정하지는 않는다. 다음으로 '사회보장국가'는 국가 최저수준(national minimum)의 복지를 목표로 한다. 따라서 계층간 평등보다는 기회균등을 추구하는 복지국가라 볼 수 있다. 또 완전고용을 정책목표로 노동을 통한 복지문제 해결을 중시한다. 마지막으로, 사회복지국가는 티트머스의 '제도적' 모델과 같은 포용적인 복지국가다. 국민의 생활의 질을 증진뿐 아니라 나아가 부의 편중을 막고 이로부터 야기되는 사회문제 해결에 복지정책의 초점이 맞춰진다(김승권 외 2006: 129). 또 부와 재산의 불평등한 편중을 막기 위해 노동자와 사용자의 위화감을 해소하고 사회적 단결과 평등이라는 보다 큰 사회적 목적을 추구한다. 정책형성 과정에 시민을 참여시켜 소외집단과 노동자 집단에까지 사회적 연대의식을 갖도록 하는 '거버넌스' 모형이라고 볼 수 있다.

2) 자유주의, 조합주의, 사회민주주의

이상과 같은 티트머스와 퍼니스-틸톤의 복지국가 모델들을 많이 참고해왔지만, 아래와 같은 에스핑 안데르센(Esping-Andersen 1990)의 3대 모델이 최근에 더 널리 참고되고 있다. 이 모델은 복지국가의 이데올로기적 근원에 따른 분류에 기초해서 사회정책의 실체적 내용을 분석대상으로 하기 때문에 이 책의 주제인 빈곤과 실업 복지정책의 분석틀로 적합하다고 볼 수 있다. 또 뒤에서 논의하고 있지만 한국의 사회복지정책의 발전과 현황을 분석하는 데도 많은 도움이 되는 분류법이라고 볼 수 있다.

첫째, 자유주의(liberal) 복지국가는 시장자유주의에 기초한다고 할 수 있을 정도로 시장의 기능에 대한 탈규제 정책을 기본으로 하는 모델이다. 영국과 미국이 대표적인 국가로 꼽힌다. 둘째, 조합주의(corporatist) 복지국가는 정부와 기업, 노조 등 대규모 이해집단들 사이의 정책 조율에 기초하는 복지국가로, 독일과 프랑스 등 대부분의 유럽 대륙 국가들이 여기에 해당된다. 셋째, 사회민주주의(social democratic) 복지국가는 사회적 연대와 평등을 지향하는 보편적 복지국가 모델로, 스웨덴, 노르웨이, 덴마크, 핀란드 등 스칸디나비아 국가들이 여기에 해당된다.

〈표 3-1〉을 보면 스칸디나비아의 사회민주주의 모델이 가장 포괄적인 보편적 복지국가를 갖고 있다는 것을 알 수 있다. 모든 시민을 복지의 대상으로 하며, 복지수혜의 범위를 극대화하는 특징이 크게 돋보인다. 급여수준도 중간계층의 생계수준에 맞춰져 있고, 가족 서비스가 강하면서 가족의 복지 책임보다 복지국가의 책임을 더 강하게 요구하는 모델이다. 또 사회보험의 운영은 통합적이며, 사회보험의 본인부담이 비교적 적은 편이지만, 복지의 재분배 기능이 비교적 강하다. 사회민주주의 모델은 국가의 책임이 강조되기 때문에 기업의 직업복지와 제3섹터의 자원복지 역할이 매우 미약하다. 또 사회민주주의 모델의 강점은 완전고용정책에 있어, 실업극복 정책으로 사회복지정책을 추진한다. 사회민주주의가 완전고용을 복지정책의 목표로 추진하는 중요한 이유는 복지재정이 노동을 통한 소득세를 통해 뒷받침되기 때문이라는 경제논리에 있다. 따라서 사회민주주의 복지체제는 복지만을 강조하기보다는 복지와 노동을 철저하게 결합시킨다고 볼 수 있다(노대명 외 2007: 12).

표 3-1 자유주의, 조합주의, 사회민주주의 복지국가

	자유주의	조합주의	사회민주주의
급여대상	빈곤자, 요구호자	피용자	모든 시민
급여종류	극소화	필요시 확대	극대화
급여수준	최저생계비	지위별 차이	중간층 생계 수준
가족서비스	약함	약함	강함
가족의 책임 강조	강함	강함	약함
사회보험운영	분립체계	분립체계	통합체계
사회보험 본인부담	많음	많음	적음
복지의 재분배 기능	약함	약함	강함
직업복지, 자원복지	많은 역할	적은 역할	적은 역할
완전고용정책	약함	약함	강함

자료 Esping-Andersen 1990; 김상균 1993: 130.

3) 자유주의, 보수주의, 사회민주주의, 남유럽

복지국가는 복지혜택의 관대성과 정부의 특성과 노동시장 제도에 따라 다양한 형태로 분류될 수 있다. 에스핑 안데르센(Esping-Andersen 1990), 에스핑 안데르센과 마일리스(Esping-Andersen and Myles 2009: 645-648)는 자유주의, 사회민주주의, 조합주의 세 유형을 제시한다. 또 다른 학자들은 남

표 3-2 복지국가의 유형: 자유주의, 보수주의, 사회민주주의, 남유럽

	자유주의	보수(조합주의)	사회민주주의	잔여주의
지역	앵글로색슨	유럽 대륙	노르딕	지중해
국가	영국, 아일랜드, 미국, 호주, 캐나다	오스트리아, 벨기에, 프랑스, 독일, 룩셈부르그, 네덜란드	덴마크, 핀란드, 노르웨이, 스웨덴	시프러스, 그리스, 이탈리아, 포르투갈, 스페인
사회보장	자산조사	기여도	보편적, 균등 혜택	기여도
사회지출	낮음	높음	높음	낮음
세율	낮음	높음	높음	낮음
세수입	중간	높음	높음	낮음
재분배	중간	높음	높음	낮음
여성 참여	높음	낮음	높음	낮음

자료 EU 2016: 58.

유럽을 잔여주의 복지국가 모델로 구분해 추가한다(EU 2016: 57). 이상을 복합해보면 〈표 3-2〉와 같이 네 가지 유형의 복지국가를 구분해볼 수 있다.

자유주의 모델은 영국, 미국, 아일랜드 등이 해당되며, 시민들이 개인적인 시장에서 건강보험, 연금을 구매하기를 선호하기 때문에 공공개입은 최소 수준에 머물러 있다. 복지국가의 역할은 민간 복지를 대체하기보다는 최대화하는데 있다. 공공 보조의 수단으로 면세 혜택이 가장 일반적이다. 또 자유주의 복지국가는 인구 중 가장 취약한 계층에 타깃을 맞춰 자산조사로 복지혜택을 제공한다. 최근에는 노동조건부 혜택의 정책으로 이동하

고 있다. 노동시장은 탈규제 원칙에 의존해 높은 수준의 노동이직률과 임금불평등의 특징을 갖고 있어, 개인의 빈곤 리스크가 비교적 높다. 따라서 개인들은 시장에서 복지제공을 받을 수밖에 없지만, 시장은 높은 수준의 불평등을 부추기는 근원이다. 영국과 아일랜드, 그리고 미국, 호주, 캐나다가 자유주의 복지국가에 해당된다.

사회민주주의 복지국가는 노르딕 모델로 칭해진다. 타깃 지원과 민간복지의 역할을 최소화하는 목표로 보편적 포용과 종합적인 사회적 권리를 중시한다. 또 관대한 복지 프로그램을 통한 아동과 노인 케어의 탈가족화를 추구하는데, 덴마크와 스웨덴은 사실상 완전한 보편적 적용을 시행하고 있다. 탈가족화 정책으로 여성 노동공급을 남성과 유사한 수준으로 촉진시켜 풀타임 노동에서도 양성평등 수준에 접근해 있다. 사회민주주의 모델은 특히 사회복지정책과 노동시장정책(고용, 해고, 협상 등)을 높은 수준으로 조정해, 실업자의 고용훈련과 직장 재배치 프로그램 참여가 높다. 스웨덴, 노르웨이, 덴마크, 핀란드가 대표적이며, 유럽 대륙의 벨기에가 부분적으로 해당된다.

대륙형 또는 조합주의 복지국가는 보수주의에 기원을 둔다. 의무적 사회보험이 직업 유형별로 구축된 기초를 바탕으로 남성 임금소득자(male breadwinner) 모델에 따라 복지수혜는 주로 생애과정의 고용에 의존한다. 보수(조합)주의 복지모델은 역사적으로 일하는 여성에 대한 복지지원이 취약해 여성 고용률이 낮고, 복지의 책임은 주로 가족 구성원들에 있다는 보수주의 전통에 기초한다. 높은 비임금 비용과 고령층의 노동시장 은퇴를 강제하는 조기퇴직 때문에 청년실업률이 비교적 높다(독일은 제외). 또한 고용률이 낮고 연금지출이 증가하는 특징도 있다. EU에서 오스트리아, 프랑스, 독일, 이탈리아, 네덜란드, 스페인 등이 여기에 속한다.

4) 사회적 권리와 사회적 배제

서구 복지국가의 상황에 비춰보면, 빈곤과 실업이 확대되면서 사회적 배제에 대한 논란이 많았다. 대량실업과 장기실업이 일상화된 상황에서 시민의 '사회적 권리'가 크게 위협받고, '사회적 배제'(social exclusion)라는 새로운 개념이 사회복지정책의 급변을 논의하는 쟁점으로 부각되고 있다. 빈곤이 일부 축소되고 있지만 여전히 높은 수준에 머물러 있고, 소득불평등도 개선되지 않고 있으며, 대량실업과 장기실업도 점차 줄고 있지만 대공황 이래로 가장 심각하게 경제와 사회생활 전반을 위협하고 있다.

이런 도전들이 더욱 구조화되면서 이제 복지국가의 쇠퇴와 위기 이론이 확대되고 있다. 콕스(Cox 1998)의 분석에 따르면, 복지예산 전체의 심각한 지출삭감, 복지수혜층에게 찾아가서 권리를 보장해주는 적극적 접근법에서 권리를 주장하며 찾아나서는 계층에 대해서만 선별적으로 복지수혜를 주는 접근법으로 변화, 또 복지수혜층을 소득과 재산조사를 통해 자격을 제한하는 각종 타깃(target) 정책들이 시민의 '사회적 권리'를 크게 위협하고 있다는 것이 그 특징이다. 이런 정책변화로 빈곤과 소득불평등이 심화되고 실업도 해결되지 못하는 일종의 악순환에 빠져 있는 것이 서구 복지국가의 실정으로 드러나고 있다.

따라서 최근 서구에서는 사회복지정책의 논의의 쟁점이 '사회적 권리'에 대한 위협을 내포하는 '사회적 배제'에 모아지고 있다. OECD가 조사한 회원국들의 정책관심 반응에서도 거의 모든 국가들이 빈곤과 소득불평등 심화 등의 '사회적 배제'에 상당히 높은 비중을 두고 있다(Kalisch et al. 1998). '사회적 배제' 개념이 일반화되고 있지만, 그 의미는 국가마다 다소 차이를 보여준다. '사회적 배제'의 원인을 빈곤에 맞춰 빈곤퇴치 정책을 추진하는 국가들이 많은가 하면, 빈곤과 소득불평등 해소에 집중하는 재분배정책을 정책기조로 하는 국가들도 적지 않다. 따라서 대상집단으로는 빈곤층과 저소득층뿐 아니라 '실업의 덫'에서 빠져나오지 못하고 있는 청년과 비숙련 노동자, 장애인, 여성, 부랑인, 이민자, 노인 등의 '사회적 배제'의 위험에 처해 있는 취약계층에 대한 특별 프로그램들을 추진하는 경향이 뚜렷하다.

'사회적 배제'란 무엇인가? 일부 학자들이 제시하는 '사회적 배제'에 관한 개념정의를 살펴보면 다음과 같다(앞글: 21-22). 먼저 거시정책 차원에서 살펴보면, "사회적 배제는 다음 체계들의 하나 이상의 실패에 따른 것이다. 시민적 통합을 진흥하는 민주적 및 법적 체계, 경제적 통합을 진흥하는 노동시장 체계, 사회적 통합을 진흥하는 복지국가 체계 및 가족과 지역사회 체계 등이다." 또 다른 개념정의에 따르면, "사회적 배제는 소비자 사회로부터의 배제를 넘어서 고용 또는 노동의 사회적 역할을 중시하는 사회에서 지위로부터의 배제를 포용한다."

그럼에도 아래에서 살펴보겠지만 최근 복지국가는 나름대로의 특이한 딜레마에 처해 있다. 한편으로는 빈곤과 소득불평등을 해소하는 재분배정책을 강조하면 많은 실업자의 복지의존을 부추기며 노동의욕을 떨어뜨리면서 이들이 '복지의존의 덫'에 빠져들게 만들며, 그 결과 끊임없는 복지재정의 압박과 경제 효율성의 악화를 가져오는 악순환에 빠지게 만든다. 다른 한편으로는 복지의존을 없애기 위해 기존의 복지수혜자를 줄이고 복지급여를 삭감하는 등의 긴축정책으로 대응하면 빈곤과 소득불평등이 심화되는 또 다른 딜레마에 빠지게 된다. 전자의 경우가 유럽 국가들의 고민이라면 후자의 경우는 미국의 문제로 부각되고 있다. 전자는 고임금 구조를 갖고 있는 유럽의 경우 저임금 노동자의 실업문제를 고용안정 복지정책으로 해결해야 하는 과제를 안고 있다면, 후자는 저임금 노동자의 빈곤과 소득불평등을 해소하는 복지정책 과제를 안고 있다.

3. 복지국가의 사회복지정책

서구에서는 복지국가가 긴축의 단계를 넘어 이젠 심각한 쇠퇴의 길로 내달리고 있다는 보고가 축적되고 있다. 특히 경제침체가 장기화되면서, 복지국가의 위기설이 더욱 확대되고 있는 것이다. 사실 글로벌 경제가 심각하게 악화되었던 1970년대부터 서구에서는 복지국가 위기설이 끊이지 않았다. 1차, 2차 오일쇼크로 인한 심각한 경제침체가 주원인이었고, 1980년대 이후 21세기에도 심각한 실업과 빈곤의 확대가 주원인으로 남아 있다.

1) 적극적 노동시장정책

경제위기를 계기로 복지국가의 복지정책은 대부분 노동복지에 초점을 맞춰 일자리 중심의 '적극적' 노동시장정책을 추진해왔다. 경제악화는 한편으로는 복지국가의 정책 전반에 걸친 개혁과 구조조정을 요구하는 무수한 정치적 압력을 배양시켰고, 다른 한편으로는 국민의 경제적 고통을 가중시킴으로써 특히 저소득층이 경제위기가 요구하는 재정삭감의 압력에 몰린 사회복지 프로그램을 더욱 강력히 요구하는 일종의 진퇴양난의 딜레마를 만들어 놓았다.

재정적 딜레마뿐 아니라 '도덕적 딜레마'에 처했던 것이 복지국가가 맞은 위기였다. 빈곤을 경감시키고, '빈익빈, 부익부'라는 자본주의의 병폐를 해소시키며 경제성장의 열매를 재분배시키기 위해 탄생되었던 복지국가는 이제 그 자체가 복지의존과 '사회적 배제' 그리고 공공 도덕성의 쇠퇴라는 고질적인 문제를 양산시키고 있다는 심각한 비난에 직면해 있다. 이처럼 두 가지 동시적인 압력들은 상호모순이 되기 때문에 정부의 사회복지정책 대안 또한 이중적 모순을 지닐 수밖에 없었다. 일시적인 땜질과 같은 점진적 접근법이 유일한 대안이 되곤 하였다. 사실 점진적 수습책이 근본적인 개혁을 대신하는 자리를 지키면서, 점진적 누적의 결과는 중대한 개혁을 지향하는 변화를 몰고오기 마련이다. 장기간 추진된 긴축방안들, 복지프로그램의 자격요건의 강화, 행정적 분권화, 소극적 대책에서 적극적인 실업대책으로 전환하는 복지프로그램의 도입 등은 점진적으로 추진되었던 정책대안들이 낳은 누적적 결과로 나타난 것이다.

지난 20세기를 통해 발달된 복지국가를 가꿔왔던 유럽은 지상에서 가장 살기 좋은 낙원이라는 부러움을 사기에 충분한 다양한 사회복지정책을 추구해 왔다. 건실한 경제적 기초로 일궈낸 성장의 열매가 풍성했기 때문에 가능했던 일이었다. 그럼으로써 복지국가의 정당성이 비난과 저항을 물리치고 확고한 기반을 다질 수 있었다. 1950년대와 1960년대에 가장 기록적인 경제성장을 이룩했을 때 복지국가가 가장 급속한 속도로 확고한 기초를 다진 후 거의 모든 반전의 가능성을 갖고 오직 밝은 미래만을 내다보고 있었다. 이 시기에 유럽 사회복지정책의 전통으로 손꼽히는 획기적인 사회복지정책들, 즉 연금, 의료보험, 고용보험, 교육체계, 노동시장규제, 빈곤층과 장애인에 대한 복지서비스 및 이상의 프로그램들을 재정으로 뒷받침하는 세제 등이 확고한 법적, 제도적 기초를 구축할 수 있었던 것이다.

이처럼 사회복지정책은 경제성장의 열매를 분배하는 주요 역할을 맡으면서 '사회적 배제'로 인한 사회갈등을 해소하며 사회통합을 지향하는 밝은 미래를 내다보고 있었다. 그럼에도 1970년대에 와서 경제성장이 둔화되고 침체가 장기화되면서 그간의 사회복지정책의 성과를 위협하는 새로운 심각한 도전들이 잉태되고 있었다. 그 도전들 가운데에는 인구의 고령화와 가족구조의 급진적인 변화라는 인구동태적 변화요인들 이외에도, 대량실업과 실업의 장기화 그리고 세계화되는 경제현실이 몰고오는 심각한 글로벌 경쟁 등 경제구조적 변화요인들이 있다. 이것들이 사회복지정책에 직접적으로 심각한 부정적인 영향을 미쳐 왔다(Buti et al. 1997).

복지국가의 위기는 일찍이 1970년대부터 제기된 것으로 볼 수 있다. 신자유주의자들은 국가의 복지활동이 자본주의 체제에 순응되도록 축소되어야 한다는 강력한 현실론을 제시하였다(Clayton & Pontusson 1998). 이런 신자유주의 주장이 1980년대 초부터 미국과 영국에서 정치적 기세를 떨치게 됨으로써 복지국가의 운명은 그저 암울할 것만으로 전망되기도 했다. 그럼에도 미국의 레이건(Reagan)과 영국의 대처(Thatcher)의 사회복지개혁은 정치경제적으로 한계에 이르는 나약한 정치력과 무기력한 정책추진으로 마감됨으로써, 다시금 복지국가가 부활한다는 논의가 활발히 재개되었다.

최근의 학계의 연구동향과 정부정책의 추세는 복지국가의 쇠퇴로 방향을 조정하는 뚜렷한 조짐들이 나타나고 있다. 빈곤과 불평등의 해소라는 정당한 명분도 이제는 경제적 효율성이라는 냉엄한 경제현실의 기준에 비추어 정당화되어야 하며, 복지국가 또한 경제적 성과에 비추어 재조정되어야 할 대상으로 부각된 것이 회피할 수 없는 시대적 요청이 되고 있다. 국내적으로는 빈곤과 실업의 확대라는 위기가 도사리고 있으며, 국외적으로는 글로벌 경제의 경쟁적 압박이 가중되고 있는 것이다.

지금 세계는 '신사회계약'(new social contract)의 시대로 진입하고 있는 것 같다. 특히 IT혁명의 사회로 진입하는 과정에서 일자리가 한정되어 있기 때문에 노동시간을 줄이고 일을 나눠 갖거나 정부나 시장 영역의 한계를 비정부(NGO), 비영리(NPO) 제3섹터(third sector)에서 일자리를 창출하는 새로운 변화를 요구하는 '신사회계약' 시대가 개막되고 있다는 주장이 강한 설득력을 보여준다(Rifkin 1996). 영국의 토니 블레어 내각도 실업극복과 고용안정을 위한 정책으로 '신사회계약' 전략을 제시하면서, '생산적' 사회복지정책의 흐름에 동참하기도 했다. 이젠 '생산적' 복지정책이 새로 거듭나는 복지국가의 정치적 명분이자 경제적 당위로 자리하면서 새로운 사회복지정책 패러다임처럼 부각되고 있는 것이 오늘날 유럽과 미국, 그리고 동아시아 국가들도 공감대를 이루고 있는 일종의 정책수렴인 것 같다(Esping-Andersen 1996a, 1996b). 한국에서도 김대중 정부가 실업대란의 위기를 극복하기 위한 비상대책으로 제시한 정책이 적극적 노동시장정책에 의존하는 생산적 사회복지정책이었고, 이런 정책기조는 노무현 정부와 이명박 정부에서도 지속되었다.

오늘날 서구 복지국가들은 고용안정을 꾀하면서 계층간 형평성을 추구하는 사회복지정책을 더 이상 추구할 수 없는 한계에 이르렀다. '일자리 아니면 평등'으로 표현할 수 있는 일종의 사회복지정책 선택의 기로에 놓여 있다고도 볼 수 있다. 그럼에도 21세기의 미래가 이런 비관론에 의해 지배될 것으로 단정할 수는 없다. 아래에서처럼 몇 가지 '파지티브섬'(positive-sum) 해결방안들이 모색될 수 있는 가능성도 높다.

먼저 비숙련직의 대중생산 체계를 지탱해왔던 경제가 이제는 비숙련직의 저임금 전략으로 더 이상 지탱할 수 없게 된 것이 글로벌 경제 법칙이 되고 있다. 한국 등지에서 볼 수 있는 완전고용에 의한 저임금 정책도 이젠 임금인상이라는 압박과 함께 종합적인 사회보장과 사회복지의 제도를 갖춰야 하는 압력에 직면해 있는 것이다. 한편으로는 중국, 인도네시아 등으로부터 더 낮은 저임금 수출정책이라는 강한 도전을 받고 있고, 다른 한편으로는 유럽과 북미와 경쟁이 되는 고부가가치 상품생산을 하기 위한 숙련직 고임금 체제로 이동하지 않을 수도 없는 것이다. 유럽의 경우도 마찬가지다. 과거 농촌 노동력이 산업화에 대거 동참했던 시대처럼 장기실업 상태에 빠진 비숙련직을 대량 흡수할 수 있는 산업화 시대는 이미 지나버렸다. 새로운 테크놀러지에 능숙한 기술직을 확보할 수 있을 때만이 날로 심화되고 있는 글로벌 경쟁에서 생존할 수 있는 것이다.

이처럼 다소 상이한 곤경에 처해 있는 한국과 유럽에서 공통적으로 참고할 수 있는 정책대안을 '생산적' 복지정책으로 제시하는 학자들도 많고, OECD(1997, 1998) 또한 이와 똑같은 정책대안을 제시해왔다. 장기실업에 빠진 비숙련직에게 제시되는 유일한 선택은 더 낮은 임금으로 노동현장에 머무느냐 아니면 복지의존으로 탈출하느냐 하는 것이다. 어떤 선택이든 그런 상황이 지속되면 빈곤과 소득불평등이 심화될 수밖에 없다. 더욱이 비숙련직 실업자들을 대규모로 수용할 수 있는 산업구조는 급속히 사라지고 있는 것이 현실이다. 그렇지만 '생산적' 사회복지정책은 이들에게 복지의존에 빠지는 것보다 실업에서 벗어나 새로운 교육훈련을 받아 새로운 기술을 익혀 보다 높은 임금을 받는 새로운 일자리를 찾도록 지원하는 정책이라는 점에서 정책결정층, 실업자, 고용주 모두를 만족시키는 합리적인 대안이 되고 있다. 교육과 훈련에 대한 사회적 투자는 인적자본(human capital) 개발의 전략이며, 노동시장에 대해서는 '적극적' 노동시장정책으로 추진되는 '생산적' 사회복지정책으로 자리잡아가고 있다.

그렇게 되면 '사회적 권리'의 핵심이 복지국가의 전통으로 고수되어온 소득보장(income maintenance)으로부터 평생교육(lifelong education)으로 이동하는, 일종의 패러다임 이동이 될 수도 있는 것이다. 평생교육에 대한 사회적 권리다. 이런 가능성을 '파지티브섬' 대안으로 평가하는 에스핑 안데르센(Esping-Andersen 1996b: 259-60)이 설명하듯이, 교육훈련의 보편화로 비숙련직 잉여노동층이 자연적으로 도태될 것이며, 또 일반 시민 누구에게나 새로운 직업기술을 습득할 수 있는 기회가 '사회적 권리'로 보장되면 비숙련직 저임금 일자리가 마치 평생의 굴레처럼 자리하게 될 가능성이 크게 줄어들 것이다.

적극적 노동시장정책(active labor market policies : ALMP)은 보호, 투자, 재상품화 등 세 개의 영역으로 구분해볼 수 있다. 보호는 일자리 경험 프로그램, 투자는 고용훈련, 재상품화(re-commodification)는 면세혜택, 고용 보조금 등이다(EU 2015: 41). 사회투자 시각에서는 대상자에게 개인별 맞춤형 지원을 통합해, 다양한 사회서비스의 제공으로 복지 수혜와 ALMP가 연계될 필요가 있다. 또 다른 연구에 따르면, ALMP 투자비가 많은 노르딕 국가들(덴마크, 핀란드, 스웨덴)과 벨기에와 네덜란드에서는 단기 실업자의 실업 지속률이 낮고, 반대로 ALMP 투자비가 적은 남유럽(스페인, 이탈리아)과 동유럽(불가리아, 슬로바키아, 헝가리, 체코)에서 실업 지속률이 높게 나타난다(EU 2013b: 16).

유럽 국가 사례를 살펴보면, ALMP에 많은 지출비를 투자해 경쟁력을 갖춘 국가들이 적지 않다(앞글: 41-42). 노르딕 국가들(덴마크, 핀란드, 스웨덴, 노르웨이, 아이슬란드)이 대표적이며, 유럽 대륙 국가들(오스트리아, 벨기에, 스위스, 네덜란드)도 상당히 경쟁적이다. ALMP에는 직업훈련과 구직 프로그램뿐 아니라 구직 보조금제가 활성화되어 있다. 그런데 문제점들도 제기되고 있다. 핀란드의 경우 광범한 ALMP 방안들을 추진하는데 정책들과 기관들 사이의 조정의 문제가 나타나며, 벨기에 또한 특정 지역에 우선하는 편향성을 갖고 있다. 스웨덴에서는 기술향상 방안들의 참여가 감소되는 문제가 사회투자의 결과로 나타난다.

2) 사회투자의 복지정책

복지국가의 복지정책에서 '사회투자'(social investment) 논의는 신자유주의 와싱톤 합의(Washington Consensus)가 한창이던 1996년 OECD에서 복지정책의 긍정적인 경제적 산출에 관한 논의에서 시작되었다(EU 2017: 8). 다음 해 유럽연합은 '생산적 요인으로서의 사회정책'의 개념을 제시해, 사회정책이 경제적 경쟁성의 희생으로 진행된다는 신자유주의의 가설을 비판하였다. 이런 논의들을 바탕으로 2000년 EU는 리스본 어젠다(Lisbon Agenda)를 채택해 지식기반의 경제에서 사회정책의 좋은 일자리 창출과 사회통합의 증진 역할을 강조하였다.

새로운 복지국가의 사회투자

리스본 어젠다는 이후 에스핑 안데르센 등(Esping-Andersen et al. 2002)의 저서 〈새로운 복지국가를 필요로 하는 이유〉를 통한 사회정책의 임팩트의 중요성을 주목하였다. 리스본 어젠다는 관대한 사회정책이 반드시 경제적 효율성을 저해하지는 않는다고 선언하며, 복지국가가 민간의 경제적 이니셔티브를 구축한다(crowding out)는 신자유주의의 주장을 반박하였다. 저서의 핵심적 진단은 새로운 사회적 리스크가 되는 기술기반의 테크놀러지 변화, 가족 변화와 노동시장의 여성화, 부정적인 인구동태에도 불구하고 남성 근로자의 고용기반의 사회보험이 인구의 대부분을 위한 차선의 생애기회(suboptimal life chances)를 점차 늘려준다는 것이다. 노동시장의 내부자-외부자 분리는 점차 늘어, 한편으로는 거의 무제한적인 사회보호와 일자리 보호를 받는 내부자와 다른 한편으로는 사회보장 없이 고용 유동성이나 기술 업그레이드 기회가 없는 비전형적인 불안정한 일자리에 매달릴 수밖에 없는 외부자인 여성, 청년층, 비숙련직으로 구분되어 있다. 이같은 노동시장의 이중성과 노동빈곤층의 증대는 한부모 가계의 증가 등 가족 변화로 가속화되고 있다.

또 새로운 사회적 리스크의 진전도 사회투자의 추진을 요청한다. 아동과 노인 케어의 외부지원 가능성의 부재, '경력 단절' 여성 노동자의 증가, 여성의 출산 지연, 고령화의 가속화 등 새로운 사회적 리스크들이 늘고 있다. 이에 효과적으로 대응하기 위해서는 우선적으로 아동빈곤의 근절부터 '사회투자'를 확대하는 전략이 새로운 복지국가의 비전으로 제시된 것이다.

사회투자의 중요성은 일부 전통적인 경제학 이론의 간접적인 거부에서 시작되었다. 오쿤(Okun 1975)의 이른바 거대한 '형평성-효율성 트레이드오프'(Equity-Efficiency trade-off), 보몰의 비용질환(Baumol cost disease), 서비스 경제의 트릴레마(service economy trilemma) 등이 대표적이다. 노벨경제학자 보몰은 노동집약적인 복지서비스(보건, 교육, 가족 케어 등)는 경쟁적인 산업사회에서 지속적인 생산성 저발전 문제를 안고 있다고 주장했다. 공공서비스 지불비용이 임금 수준에 맞춰 가면 낮은 생산성의 서비스들은 상대적으로 비용이 높아진다. 바꿔 얘기하면 가족에서 공공 부문으로 케어 서비스의 외부화와 전문화가 이뤄지면서 경쟁적 조정의 문제가 발생한다는 것이다. 한편 '서비스 경제의 트릴레마'에 따르면, 국제적 경쟁과 테크놀러지 성장이 제조업 등에서의 일자리 창출을 제약시키기 때문에 고용 성장은 긴축 예산으로 제약받는 좋은 임금을 받는 공공서비스 부문이나 또는 낮은 임금의 민간서비스 부문에 한정된다는 것이다. 이상의 보몰과 서비스 트릴레마의 논지에 대해 사회투자 시각은 의문을 제기하며 다음과 같이 반박한다. 아동의 양육서비스, 적극적 노동시장정책(ALMP)에서는 보몰의 비용질환이나 서비스 트릴레마는 제도적 조건이나 특수한 정책적 보완장치에 크게 의존한다는 것이다(Atkinson 2015: 121).

실제로 사회투자 예산 투자의 성과는 고용률 증가로 나타난다는 경험적 분석 결과를 참고해볼 만하다(EU 2013a: 9). 사회투자 예산(조기아동교육과 케어, ALMP, 교육, 자활) 지출이 GDP의 10% 이상을 차지하는 노르딕 국가들(덴마크, 스웨덴, 노르웨이)에서 노동 인구(20~64세)의 고용률은 75% 이상을 차지한다(그림 3-1 우측 상단). 반면에 사회투자 예산 비중이 7% 이하로 적은 비중을 차지하는 동유럽과 남유럽 국가들에서는 고용률이 65% 이하로 저조하다(그림 3-1 좌측 하단).

그림 3-1 사회투자 예산(GDP) 비중과 노동인구(20~64세) 고용률

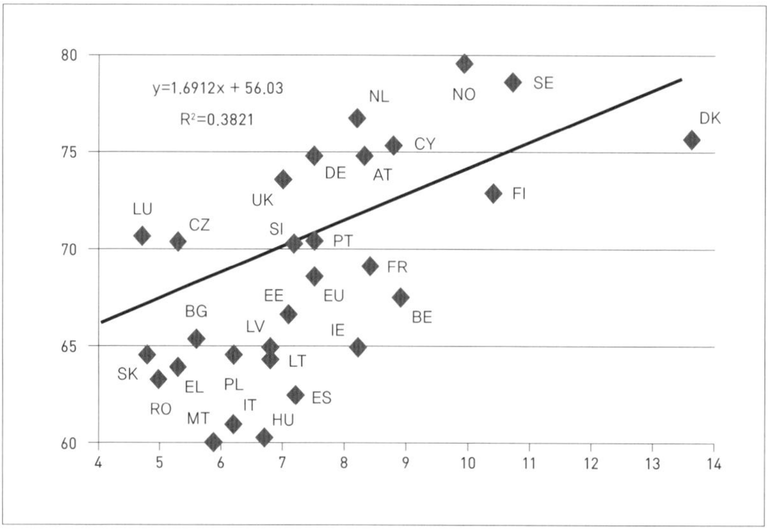

사회투자 복지정책의 문제

그럼에도 사회투자에 대한 비판적 논의들도 제기되고 있다. 사회복지 정책의 성과를 경제성장과 경쟁력 차원으로 평가하는 사회투자 이론이 제시하는 복지정책의 '경제화'는 분배적 공정성의 규범적 목표를 저해한다는 것이다(EU 2017: 10). 사회투자 정책에 대한 가장 경험적인 비판의 요지는 사회투자 정책이 중산층의 매티우 효과(Matthew Effects)에 직면하는 문제라고 본다. 매티우 효과는 취약층의 희생으로 중산층이 역량개선 서비스의 혜택을 편중적으로 지원받게 되어, 취약층에 초점을 맞추는 포용적 성장(inclusive growth)을 달성하려는 사회투자의 잠재력을 제약시킨다는 주장이다.[1]

이같은 비판에 대한 사회투자의 반론은 다음 몇 가지로 제시되어 왔다. 먼저 경험적 분석에서는 조기아동보육(ECEC: early childhood education and care), 가족정책, 적극적 노동시장정책(ALMP), 일-생활(work-life) 균형 정책의 임팩트에서 발견된다. 또 2013년 EU 차원의 사회투자 패키지(Social Investment Package: SIP)의 전략적 시행으로 사회투자 정책은 유럽 전역에서 보편화되는 추세이다. OECD 또한 가족정책, 젠더 친화적 고용관계, 교육, 불평등 증대 등에서 사회투자와 포용적 성장을 중시하는 일련의 보고서와 저술을 출판하였다(OECD 2008, 2011, 2015, 2015a). EU(2013a)는 사회투자 정책은 "경제적 또는 개인적 위기로 인한 피해를 단순히 '보수'(repair)하기보다는 개인, 가족, 사회가 새로운 리스크에 대응해 준비를 갖추는데 필요한 복지

1 신약성경 마태오복음의 "누구든지 가진 자는 더 받아 넉넉해지고, 가진 것이 없는 자는 가진 것마저 빼앗길 것이다."의 말씀을 인용하여 미국의 사회학자 로버트 머튼(Robert Merton)이 부익부 빈익빈 현상을 빗대어 설명하는 용어.

의 지원"이라 정의한다. SIP의 거시적이며 종합적인 목표는 고용과 고용가능성 증대를 통해 포용적인 복지지원을 유지하는 것이다. 복지국가는 부정적인 인구동태와 지식 경제에 대비해, 위태로운 노동시장과 생애과정의 순조로운 이행을 지원함으로써 바람직한 집합적인 경제적 산출을 달성하는 준비를 갖춰야 한다. 이를 위해서는 기초적이고 종합적 사회보장뿐 아니라 가족정책, 케어 지원과 재활 서비스에 대한 투자정책이 필요하다.

그럼에도 사회투자 정책에 장애가 되는 요인들은 적지 않다. 경제위기의 임팩트와 정책 환경의 변화인데, 무엇보다도 긴축재정에 기초한 재정 강화정책이다. 재정 강화정책은 사회투자정책에 다음과 같은 부정적인 영향을 미친다(EU 2013a: 12-13). 첫째 인적 자본과 사회자본의 구축을 위한 기존의 투자에 대한 예산삭감으로 결국 사회투자 정책방안들의 위축과 프로그램의 질적 저하로 나타난다. 둘째는 보편적인 사회투자 정책에서 타깃형 또는 조건부 사회투자정책으로의 위축이다. 셋째는 인적 자본과 사회자본에 투자하는 새로운 정책들의 취소 또는 지연이다. 넷째는 새로운 적극적인 광범한 대안보다는 단기적인 소극적 대안의 도입과 추진으로 나타난다.

사회투자의 복지정책

사회투자를 잘 설명할 수 있는 방법은 지금까지의 신자유주의 패러다임과 다른 방식을 기술하는 것이다. 먼저 초점의 변화가 필요한데, 이 변화는 다음 다섯 가지의 개념화 작업에 기초한다. 그것들은 (1) 변화하는 사회적 리스크의 특성, (2) 복지국가의 실행 역량, (3) 생애과정 시각의 중요성, (4) 젠더와 가족 인구동태의 중요성, (5) 상호의존적인 정책 패키지들의 결과를 생산하기 위한 제도적 보충방안들의 선결 사항들이다(EU 2017: 11-12).

첫째는 새로운 사회적 리스크이다. 새로운 또는 변화하는 사회적 리스크는 노동시장의 유연성 증대와 밀접히 관련된다. 생애과정의 역동성이 점차 불일정하고 이질적이며 또한 노동시장 이전의 빈도 증가와 가족 변화의 결과로, 개인들은 자신의 인적자본의 피해를 입어 잠정적으로 생애과정 전반에 걸쳐 손상의 피해를 받는다. 글로벌 금융위기의 발생으로 '올드'(old) 사회적 리스크가 되는 실업이 이슈로 재부상되었다. 여기에서 사회투자 정책의 중요성은 '올드' 사회적 리스크를 '뉴' 방식으로 해결하는데 있다. 오늘날 실업은 단순히 일시적인 사회보험기금의 소득지원으로 효과적으로 해결되기 어렵다. ALMP을 통한 고용훈련 등의 서비스가 즉각적으로 이뤄지지 않으면 실직자의 기술은 도태되어 다시 노동시장으로의 복귀가 어려워질 수도 있다. 따라서 '올드-뉴의 통합적인 사회적 리스크 분석'으로 실업보상과 역량개선의 정책 개입이 동시에 상호보충적인 수단으로 시행될 필요가 있다.

둘째는 복지국가의 실행 역량이다. 에스핑 안데르센 등(Esping-Andersen et al. 2002)은 〈새로운 복지국가를 필요로 하는 이유〉에서 복지국가의 미래는 비용절감의 사회적 개혁에 달려 있다고 보았다. 시민의 생애과정을 통한 생산적 잠재력에 대한 투자로 사회정책을 보게 되면, 새로운 복지 비용-혜택 방정식이 다음과 같이 제시될 수 있다.

복지 비용 =
[복지수혜자 수 / 임금노동자 수] × [복지수혜자 평균 소비 / 노동자 평균 생산성]

이 방정식은 복지국가의 비용혜택 방정식의 분모를 분자로 전환시키는 정책 재정향을 제안한다. 고령사회에서 사회정책 개입이 고용 확대와 장래 생산성 개선에 어떻게 기여하는지에 연구의 초점을 맞춘 것이다. 사회투자

정책의 영향으로 생산적 노동자들이 복지지원을 위한 재정적 자원을 어떻게 생산하는지를 보여주는데 초점을 맞춘다. 그간의 주류 복지국가 연구들은 다양한 계층에 대한 사회정책의 재분배 기능에 초점을 맞춰 지원이 필요한 취약층 지원의 비용 부담 문제를 논의했다. 이와는 달리 〈새로운 복지국가〉 저자들은 사회복지정책의 배분적 임팩트 분석보다는 집합적인 생산성과 고용 증진을 통한 복지국가의 장기적인 실행 역량의 평가에 초점을 맞춘다. 경제적 불안과 불평등한 기회가 가치 있는 인적 자본의 상당한 낭비를 초래한다는 명제를 비롯한 웰빙과 생존 기회의 보장 수단으로 사회투자를 주창한다. 사회투자로 촉진되는 대규모의 생산적인, 사회적 리스크가 적은 노동력이 복지국가의 상당한 비용이 들지만 효과적인 사회적 비용을 제공하는 재정적 기반을 가장 잘 확충하게 만든다는 것이다. 사회투자는 미래의 생산적 노동자가 되는 미래의 납세자들에 대한 정책 투자로 이해될 수 있다. 양질의 교육과 적정 수준 비용부담의 아동케어를 통한 아동에 대한 투자는 지속가능한 복지국가를 이룩하는 강력한 수단이 된다는 것이다.

셋째는 생애과정 시각이다. 〈새로운 복지국가〉는 복지 수혜층과 기여층의 구분에서 생애과정 보험 시각으로의 관심의 전환을 주창한다. 사회투자 정책의 목표 중 하나는 아동 → 청소년, 학교 → 직장, 질병 → 건강과 이에 따른 노동시장 재통합, 유아보육 → 노동시장 복귀로 생애과정에서의 원만한 전환을 지원하는데 있다(앞글: 12). 생애과정을 통해 실제로 모든 시민들은 아동보육, 교육, 사회보험, 고용재훈련, 건강케어, 연금과 가족 지원에 크게 의존한다. 파트타임, 기간제, 일시적 노동, 자영업 등의 확대로 전통적인 고용 관계의 해체 때문에 노동시장 정책과 고용 규제를 검토해 불안정한 비자발적 고용과 저고용을 최소화하는 정책 추진이 필요하다.

넷째는 젠더와 가족의 인구동태의 급변이다. 사회투자정책은 여성과

가족정책이 전통적인 신자유주의 사회정책과 다른 정책의 변화를 주문한다. 여성의 노동참여는 고령사회에서 복지국가의 지속가능성 유지에 핵심으로, 이에 따라 부모서비스가 아동개발의 핵심으로 부각되고 있다. 일과 가정생활의 균형을 바라는 가족에 대한 지원이 주요 과제로 제시된다. 사회투자정책은 노동시장과 가정에서의 젠더평등 향상을 고용과 출산 개선의 주요수단으로 중시한다. 에스핑 안데르센 등(Esping-Andersen et al. 2002)은 다른 정책 개입방안들과 연계된 양질의 취학전 아동케어는 부모, 특히 여성에게 풀타임 고용 기회를 늘려 고용 개선에 기여할 뿐 아니라 아동에게는 일생의 '강한 출발'을 보장해 교육, 고용, 건강, 가족생활의 성공에 기여한다. 특히 젠더 소득 갭은 아동 케어에도 좋지 않은 영향을 미치며, '포용적 성장'에 장애가 된다(OECD 2017c: 56). 남녀 임금 격차를 보여주는 OECD 자료를 살펴보면, 격차가 적게는 10% 미만(벨기에, 이탈리아, 뉴질랜드, 덴마크, 노르웨이), 많게는 30% 이상(한국), 20%대(일본, 핀란드, 미국, 캐나다)에 이른다.

마지막은 사회투자 정책분석이다. 사회투자 정책분석은 사회정책과 경제적 실적의 관계가 거시, 중간, 미시 차원의 상호강화적인 정책수단들의 '제도적 보완성'(institutional complementarity)에 결정적으로 의존한다고 강조한다. 복지국가는 적극적/소극적 노동시장정책, 사회보험과 연금, 가족과 케어서비스 등 상호의존적인 정책들로 구성된 복합적 정책 시스템들이다. 사회문제들의 완화 또는 예방은 복합적인 정책들의 시행을 필요로 한다. 다양한 사회문제들의 해결은 다양한 딜레마들의 해결을 의미한다. 제도적 배경들이 별 문제가 되지 않는다거나 통제될 수 있다는 가정보다는 제도적 구조들과 환경적 여건들이 정책의 성패에 결정적으로 중요한 역할을 한다고 볼 수 있다. 일부 복지국가에서는 정책의 상호의존성은 제도적 디자인의 산물이지만, 다른 복지국가에서는 다양한 정책 지원들 사이에는 상호

의존보다는 무관성이 높은 비중을 차지한다. 사회투자 정책분석에서는 '제도적 보완성'을 중시한다. 이 개념은 여러 연구들에서 이미 정리되어 있다(Esping-Andersen 1990, 1999; Scharpf and Schmidt 2000; Hemerijck 2013, 2014).

3) 생애 과정을 통한 사회투자

생애과정의 사회투자정책

사회투자정책의 '제도적 보완성' 장점으로는 생애과정 시너지와 정책 시너지로 구분해 살펴볼 수 있다(EU 2017: 30). 첫째, 생애과정 시너지는 〈표 3-3〉에서 볼 수 있듯이 유아 → 아동 → 청소년 → 성인 → 장년층으로 진행되는 생애과정에서 첫 단계부터 생존기회의 개선이 다음 단계에 긍정적인 에스컬레이션 효과를 갖게 된다는 논리이다. 저장(stock)은 인적 자본(human capital) 투자, 유동(flow)은 공조적 지지와 노동시장 진입, 완충(buffer)은 사회보장과 소득지원에 각기 초점을 두는 사회투자정책이다. 완충(buffer) 기능에서 취학전 아동의 인지개발에 대한 투자는 초중고교에서의 학습능력 향상에 기여한다는 연구결과를 참고해볼 만하다. 또 '저장' 측면에서는 학습의 방법을 학습하면 새로운 기술과 교육을 내재화하는 능력을 개선시켜 조기교육이 저장의 가치로 머물지 않고 생애과정을 통해 고용훈련이나 교육 개입정책을 효과를 배가시키는 사회투자가 된다. 또 '유동'(flow) 측면에서는 ALMP를 통한 구직과 배치의 지원을 받은 개인은 다음의 실업시에는 이런 서비스 지원을 덜 받게 된다. 이같은 생애과정 시너지는 자동적으로 다음 단계로 원만한 이동을 하는 것은 아니다. 양질의 조기아동보육(ECEC)이 이뤄진 다음 단계에 조기 선발이나 계층 편향적인 학교분리 등의

표 3-3 생애과정을 통한 사회투자 정책: 인적자본의 저장, 유동, 완충

	저장 (Stock)	유동 (Flow)	완충 (Buffer)
유아	보편적, 양질의 ECEC는 인지개발, 사회통합 증진, 세대간 빈곤 되물림 감소	양질의 ECEC는 지속적 학습 경험을 위한 교사와 부모 공조 증진	빈곤위험이 적은 가계는 영양과 정서 개발 개선
아동	양질의 초·중등 교육은 인지개발과 기술습득 진흥	포용적 교육으로 초등교육 진학을 지원하는 학습과 개입 증진	빈곤위험이 적은 가계는 학교 등교율 개선
청소년	중등 직업교육은 기술습득 지원, 대학진학 기회 향상	중고등, 직업교육으로 유연한 노동시장 진입 지원	최저임금으로 학생 고용 보장. 주택수당으로 독자 가계 구성 지원
성인	훈련프로그램은 개인기술 업그레이드. 노동시장 적응으로 기술력 저하 예방	ALMP로 노동시장 복귀, 실업수당, 훈련으로 일자리와 기술 미스매치 해소	최저임금, 실업수당, 소득세 제지원 안전망 구축. 가족 수당 지원으로 출산율 개선
장년층	훈련 프로그램과 평생교육은 기술개선으로 은퇴 연장 기여	지속적 훈련과 기술개발로 고용기회 확대, 고용연장, 연금개선	최저임금, 실업급여 또는 지속가능한 연금 개선

자료 EU 2017: 30.

영향으로 초중등 교육정책의 지속적인 지원이 뒷받침되지 않으면 장기적인 사회투자 수익은 발생되지 않는다. 특히 교육이나 훈련의 중퇴 또는 퇴장은 사회투자에 심각한 도전이 된다. 이런 개인들에 대한 지원으로 노동시장 복구를 돕는 일이 사회투자의 정책이다.

둘째는 정책 시너지이다. 상호강화적인 저장, 유동, 완충 정책기능들 사이의 시너지에 관한 것이다. 일반적으로 특정 사회문제의 해결에는 복수

그림 3-2 사회투자의 생애과정 배가효과

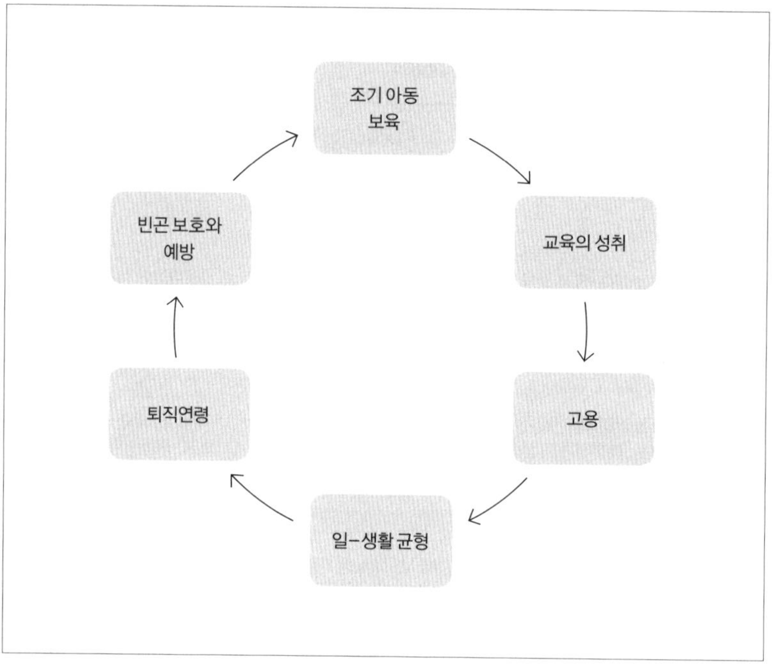

의 정책들의 시행이 필요하다. 일례로 아동보육과 일-생활 균형 정책들의 정책 시너지를 살펴보면, 육아휴직과 관련된 가족 서비스와 연계된 양질의 아동보육은 부모, 특히 엄마의 경력, 가족생활, 출산 기대 사이의 조정 역량을 개선시켜준다. 이런 육아휴직이 부재한 상태에서의 값비싼 아동보육은 출산율 저하, 아동빈곤의 증가, 여성 노동참여율 저하로 나타난다(Esping-Andersen 2009). 반면에 모든 저장, 유동, 완충 기능들이 양질의 조기아동보육(ECEC)과 가족정책에 연계되면 일거양득의 효과, 즉 아동의 사회적, 인지적 개발 개선과 여성 고용의 증대가 기대될 수 있다.

그림 3-3 조기아동보육(ECEC)에 대한 공공지출비

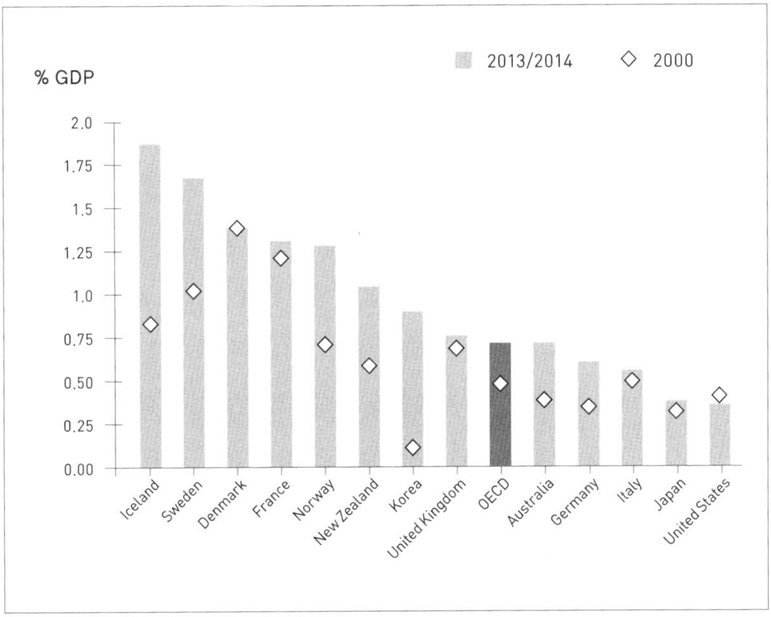

자료 OECD 2017a: 21.

조기아동보육에 대한 공공투자비

사회투자의 중요성은 조기아동보육(ECEC)에 대한 공공투자비의 증대로 나타난다. 한국은 조기아동보육에 가장 많은 투자를 하는 국가로 부상하고 있다. 한국은 지난 2000~2014년 기간에 정부의 조기아동보육 지출비가 9배 이상 늘었다. 2000년 OECD 국가 중 최하위 수준(GDP의 0.1%)에서 2014년 중위권(GDP 0.9%)으로 올라선 것이다. 아이슬란드와 스웨덴의 절반 수준이지만, 미국, 일본, 이탈리아, 독일, 호주 수준보다 훨씬 높은 수준에 올랐다(그림 3-3).

불평등 해소의 사회투자

보육 → 교육 → 적극적 노동시장정책으로 이어지는 공공 사회투자는 빈곤과 소득불평등 해소에 정책 초점을 맞춘다. 영유아 보육이 복지국가의 사회투자의 시작으로, 보육부터 사회투자가 이뤄지지 않으면, 불평등은 개인의 평생 생애주기를 통해 축적되어 다음 세대에 대물림이 되는 특성이 있다. 교육, 보건, 고용과 소득, 부와 웰빙은 생애주기를 통해 점차 배가되며, 문화적 생활, 사회적 자본과도 밀접히 관련된다. 부모의 소외된 사회관계망은 아동기와 이후의 웰빙 결과들에 부정적 영향을 미친다. 나아가 불평등한 교육과 노동시장 고용 결과들은 성인기의 소득과 부의 불평등을 증대시켜, 악순환을 이루게 된다. 아동 보육에 대한 접근, 학생의 학습 성취, 성인의 노동시장 활동에서 사회경제적 기득권층과 불이익층 사이의 갭은 OECD 대부분 국가들에서 크게 나타난다. 아동-학생-성인-노인에 이르

표 3-4 OECD 생활수준 불평등 지표: 가처분소득, 실업률, 기대여명

OECD는 소득 중심의 불평등 지표의 취약성을 보완하기 위한 다차원 생활수준(Multidimensional Living Standards: MDLS) 측정방법을 소개한다. MDLS는 가계의 가처분소득을 경제 지표, 기대여명을 건강 지표, 실업률을 사회 지표로 구성된다. 실업률과 기대여명 지표를 화폐가치로 환산하는 '등가 소득'(equivalent income) 측정방법으로 세 지표를 하나의 MDLS로 환산한다. 등가 소득이란 개인이 기대여명 연장이나 실업 탈출 등 비소득의 상황 변화로 기대할 수 있는 가상적 소득(hypothetical income)을 의미한다. 비소득 지표를 금전으로 환산하는 그림자 가격(shadow prices) 계산법이 활용된다. 그림자 가격은 시장가격이 존재하지 않은 재화나 서비스의 추정 가격이다. 계산 결과, 실업률 1% 감소는 가계가처분소득 2% 증가의 등가소득이 발생하며, 기대여명 1년 연장은 가처분소득 5% 증가로 추산된다.

자료 OECD, 2017. "Bridging the Gap: Inclusive Growth 2017 Update Report." p.16.

는 생애주기별 삶의 질에 많은 영향을 미치는 여러 요인들 중, 부모의 교육 수준이 가장 중요하다(OECD 2017c: 20). 저소득층 부모를 둔 아동의 대학 졸업 기회는 15%에 불과해, 부모 중 한사람이라도 대학을 졸업한 아동이 누리는 기회(63%)에 비해, 4배 이상의 불평등 격차가 있다.

OECD는 불평등 지표로 소득 이외에 실업률과 기대여명을 복합한 종합지표를 제시해, 불평등의 경제적 의미뿐 아니라 건강과 사회적 임팩트를 강조한다.

4. 복지국가의 재원과 사회지출비

1) 복지국가의 재원

복지국가의 재원은 복지국가 4대 유형에 따라 구분될 수 있다. 조세부담률과 사회보장기여금 부담률, 그리고 둘을 합친 국민부담률로 구분해 살펴보면, 사회민주주의는 조세부담률이 높지만 사회보장기여 부담률은 낮은 특징이 있다. 자유주의 복지국가는 국민부담률이 낮고 조세부담률도 사회보장기여 부담률도 모두 낮다. 사회민주주의와 자유주의 사이에 위치한 유럽 대륙형 조합주의와 남유럽 모형은 비스마르크 사회보험 방식으로 국민부담률과 사회보장기여 부담률이 중간 수준에 있다. 한국의 경우, 위의 세 유형 중 자유주의에 가까워, 국민부담률, 조세부담률, 사회보장기여 부담률 모두 자유주의보다 낮은 위치에 있다.

사회복지 재원조달 방식은 복지국가 유형에 따라 상이하다(표 3-5). 사

표 3-5 복지국가 유형별 국민부담률과 조세부담률: OECD와 한국, 2012 (단위: %)

	국민부담률	조세부담률	사회보장기여 부담률
사회민주주의	43.6	35.4	8.3
조합주의	38.3	25.2	13.1
자유주의	28.5	24.4	4.1
남유럽	34.9	23.9	11.0
한국	24.8	18.6	6.1

자료 정해식 외. 2015: 31

표 3-6 복지국가 유형별 복지재원의 구성

체제 명칭		자유주의	보수주의	사회민주주의
복지국가 일반	국가	미국, 캐나다, 호주 등	독일, 프랑스 등	스칸디나비아 국가들
	급여 대상	빈자(요구호자) 중심	피용자 중심	모든 시민
	급여 종류	극소화 공공부조 중심	중간적 사회보험 중심 (+공공부조)	극대화 사회보험+공공부조 +데모증여+사회적 서비스
	급여 수준	최저생계비	소득에 따른 차등 허용 (보험 원칙)	중산층 생활수준 지향
복지 지출 규모 및 구성	규모 (GDP 대비)	20% 내외	30% 가까이	30%
	구성	공적부조 중심	사회보험 중심	사회보험, 공적부조, 사회서비스 균형
복지 재원 구성		개인소득세(고) 사회보장기여금(저)	개인소득세(저) 사회보장기여금(고)	개인소득세(고) 사회보장기여금(중) 소득맞춤형 이용료

자료 정해식 외. 2015: 31.

회민주주의가 조합주의나 자유주의에 비해 복지지출이 많으며 사회보험과 공적부조와 사회서비스가 균형을 이루는 모델이다. 사회민주주의 복지국가는 사회서비스를 위한 재원조달 방식으로 소득맞춤형 이용료 체제(sliding fee, 차등이용료)를 폭넓게 사용해, 무상에 대비하여 조세를 통해 조달해야 하는 소요 재원이 감소함으로써 재원조달의 효율성이 높아지게 된다는 것이다.

2) 공공 사회지출비

현대의 복지국가는 공공사회지출의 점진적인 증가의 특징을 보여준다. 지난 반세기 이상 복지국가의 역사에서 OECD 전체를 보면 점진적인 증가를 유지하다 2008년 금융위기 이후 다소 위축되는 변화를 보여준다. 또 공공사회지출(public social expenditure) 자료를 살펴보면, 대다수의 국가에서 순국민소득(NNI) 대비 사회지출비는 2007년 금융위기 직전까지는 현상유지를 해오다 2008년 이후 감소세를 보여준다(표 3-7). 많은 국가들은 1995년을 기점으로 급상한 다음, 상승세가 진정되는 조정의 국면을 맞이했지만, 이후 상승과 하락을 거듭해왔다. 이는 빈곤과 소득불평등의 확대에 따른 복지국가의 대응의 결과라고 볼 수 있다. 1980년 이후 네덜란드를 제외한 모든 국가들이 지출상승의 복지정책을 추진해 왔고, 한국, 그리스, 일본, 멕시코, 스페인, 포르투갈 등 후발 국가들은 두 배 이상의 지출상승을 기록했다. 앞서 살펴보았던 세계화로 인한 정책수렴 현상의 하나로 볼 수 있다.

공공사회지출비는 대부분 국가에서 하락세를 보였다. 2005~2016년

표 3-7 공공 사회지출비: OECD 29개국, 1980~2016*

	1980	1985	1990	1995	2000	2005	2016
한국	–	–	3.3	3.8	5.8	8.0	10.4
호주	12.6	15.2	17.1	20.7	21.8	21.2	19.1
오스트리아	26.3	27.9	28.0	31.4	31.3	32.1	27.8
벨기에	27.4	30.4	28.7	30.0	29.0	31.0	29.0
캐나다	16.0	20.0	21.5	22.6	19.5	19.3	17.2
체코 공화국	–	–	–	22.9	25.7	25.5	19.4
덴마크	28.9	27.7	30.5	34.7	31.2	31.5	28.7
핀란드	21.9	27.6	30.6	38.9	29.0	30.5	30.8
프랑스	23.4	29.8	28.5	32.5	31.3	33.2	31.5
독일	22.7	23.2	22.3	31.3	31.1	31.1	25.3
그리스	11.1	17.8	16.1	19.1	21.6	23.6	27.0
아이슬란드	–	–	17.4	18.3	17.9	19.9	15.2
아일랜드	18.8	25.8	18.1	19.5	17.9	22.5	16.1
이탈리아	20.7	24.5	23.6	23.7	27.5	29.7	28.9
일본	12.2	13.4	13.7	17.6	20.4	22.9	23.1
룩셈부르크	29.7	24.5	23.7	26.2	26.7	32.2	21.8
멕시코	–	2.2	4.1	5.6	6.6	7.9	7.7
네덜란드	28.3	29.6	30.4	27.5	22.6	24.3	22.0
뉴질랜드	21.3	23.0	26.6	23.7	24.4	23.5	19.7
노르웨이	20.6	21.4	27.8	28.1	25.0	24.6	25.1
폴란드	–	–	18.3	26.8	23.9	25.1	20.2
포르투갈	12.5	13.2	15.3	20.2	23.9	28.2	24.1
슬로바키아	–	–	–	23.2	22.6	21.3	18.6
스페인	18.1	21.1	23.1	24.8	23.8	25.5	24.6
스웨덴	30.3	33.9	34.9	37.2	32.9	33.6	27.1
스위스	15.7	16.7	16.0	20.5	19.9	22.2	19.7
터키	3.4	3.3	6.0	5.9	10.5	11.0	13.5
영국	19.6	23.1	19.9	23.0	21.5	23.3	21.5
미국	14.9	14.7	15.1	17.5	16.1	18.1	19.3

참고 * 일부 국가는 2012년 또는 2013년.

자료 OECD, 2009, 2016. Social Expenditure Database.

을 비교해보면, 한국, 핀란드, 일본, 미국, 터키, 그리스 6국을 제외한 다른 23개국에서 하락한 것이다. 그러나 장기적으로 1990년과 비교해보면 캐나다, 핀란드, 룩셈부르크, 네덜란드, 뉴질랜드, 노르웨이, 스웨덴 등 7개국을 제외한 다른 다수의 국가들에서 심각한 하락세를 보여준 것은 아니다. 2008~2009년 금융위기의 여파가 지속되고 있지만 다시 회복세로 돌아설 가능성도 충분하다.

한국이 1998년에 사회복지지출이 급상승한 것은 외환위기로 인한 대량실업과 빈곤의 확대에 따른 자연발생적인 결과라는 것을 알 수 있다. 한국의 사회복지지출비는 경제위기 상황이 발생하지 않고 지금의 사회복지정책의 기조가 유지된다면 향후에도 GDP의 10% 수준에 머물 것 같다. 그러나 서구 복지국가처럼 한국에서도 빈곤과 소득불평등이 완화되기보다는 심화되는 추세는 사회복지지출 상승을 압박하는 가장 중요한 요인이라고 볼 수 있다.

3) 연금, 의료, 실업보장, 사회서비스

공공사회지출비를 구성하는 주요 항목들을 살펴볼 만하다. OECD에서 연금과 의료비가 가장 많은 비중을 차지하고 노동인구에 대한 소득지원 이전지출과 사회복지서비스가 적은 비중을 차지한다(그림 3-4). 한국은 최하위 멕시코 다음으로 적고, 일본은 한국의 두 배가 넘는 지출을 하는데 대부분이 초고령사회의 임팩트가 강한 연금과 의료비에 집중되어 있다.

그림 3-4 연금, 소득지원, 의료비, 사회서비스 지출: OECD 34개국, 2013

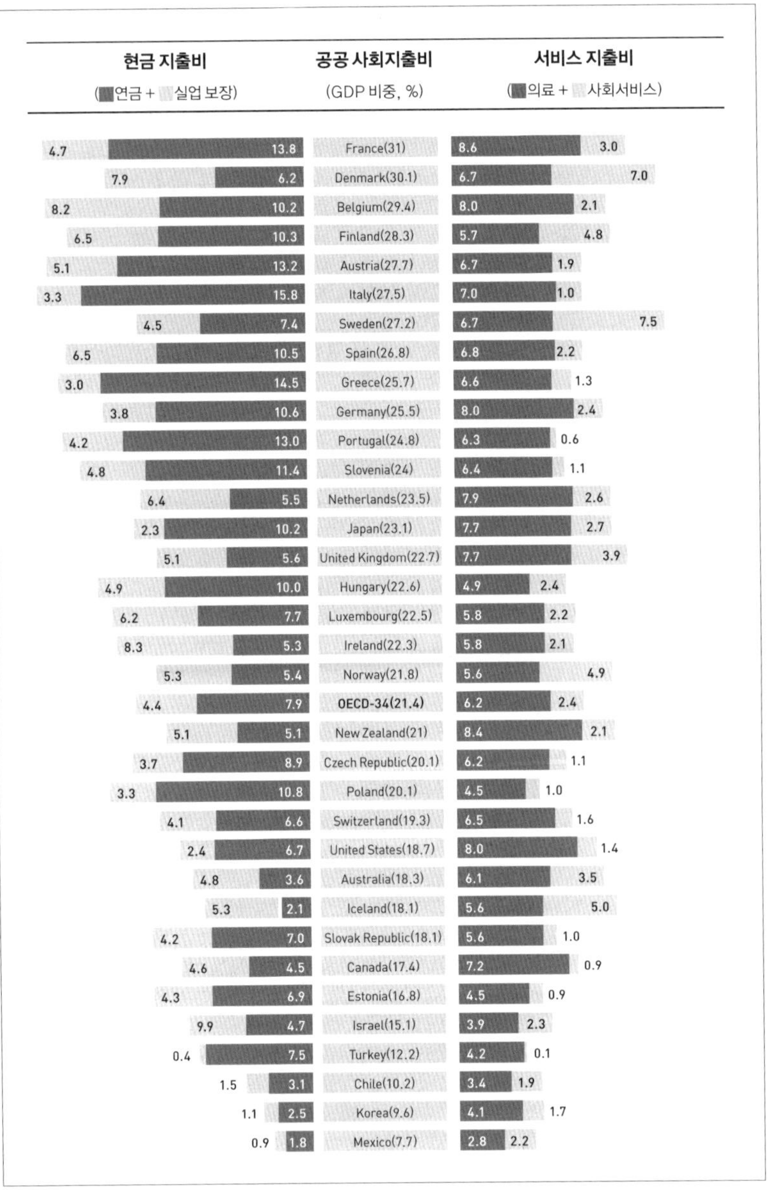

자료 OECD 2014. "Social Expenditure Update" (November 2014).

제4장

복지국가의 지속가능성

1. 복지국가 쇠퇴론

서구의 복지국가는 1980년대 이래 최근까지 심각한 '변화' 또는 '재편'의 과정을 거쳐 왔다. 연구자에 따라 그 변화를 다양하게 분석하고 있는데, 예를 들면 독일에 대해서도 '재편', '해체', '현상유지' 등으로 결론짓고 있어 혼란을 가중시킨다(백인립 2010: 85-6). 복지국가라는 거대한 코끼리의 전체를 보기보다는 다리, 머리 등 부분적으로 관찰해서 코끼리가 이렇다, 저렇다 하며 각기 다른 분석결과를 제시한 것으로 보여진다. 아래에서는 한편으로는 복지국가의 위기 또는 쇠퇴, 다른 한편으로는 복지국가의 부활 또는 현상유지를 주장하는 학자들의 견해를 구분해 살펴본다.

먼저 복지국가의 쇠퇴론부터 살펴볼 만하다. 서구의 복지국가는 1980년대의 대량실업과 빈곤의 확대에 직면해 위기를 맞았다는 분석이 지배적이었다. 복지국가의 쇠퇴론을 근거로 하는 일련의 복지개혁론이 OECD가 발행한 연구결과들(OECD 1997, 1998; Buti et al. 1997; Kalisch et al. 1998)

에서 계속 발견되고 있다. 이를 이론적으로 정리한 대표적인 연구가 클레이튼과 폰푸슨(Clayton & Pontusson 1998)의 연구로, 그들의 연구결과를 중심으로 복지국가 쇠퇴론을 차례로 정리해본다.

클레이튼과 폰푸슨(Clayton & Pontusson 1998)은 피어슨(Pierson) 등 일부 학자들이 주장하는 '복지국가 부활론'이 안고 있는 문제점을 다음과 같이 지적한다. 먼저, 복지지출의 삭감과 개혁의 문제는 사회적 불안과 불평등의 증가추세에 비추어 조명될 필요가 있다는 것이다. 복지지출 자료를 통해 증가와 감소를 두고 복지국가의 부활과 쇠퇴를 주장하는 것보다 복지국가가 추구하는 빈곤과 불평등 해소와 같은 복지국가의 목표의 변화에 초점을 맞출 필요가 있다는 것이다.

1970년대 후반 이래로부터 선진 자본주의의 역동적인 변화는 2차 대전 이후 복지국가가 달성해놓은 사회적 성과 중 일부를 무너뜨리는 일이 진행되었다. 사실 이런 성과를 존속시키기 위해서는 보다 많은 복지노력이 필요했었을 것이다. 또 대규모 실업과 비숙련노동자의 고용기회의 상실 문제가 복지국가의 작용 방향에 많은 영향을 미쳤다. 가장 보편적인 사회보장체계를 자랑하는 스칸디나비아에서도 사회보장체계가 고용과 밀접히 연계되는 전통을 유지하면서도 1980년대 중반부터 보편적 프로그램의 혜택에서 밀려나 새로운 기준, 즉 재산조사 기준에 따라 공적부조에 의존할 수밖에 없는 사람들이 상당수 늘어났다. 그간의 복지국가 부활론을 포함한 대부분의 연구들이 주로 GDP에서 차지하는 사회복지지출비의 변화를 두고 복지국가의 부활이나 쇠퇴를 논의하는 것이 문제시 될 수 있는 것이다. 왜냐하면 이들은 사회적인 복지욕구의 변화를 고려하지 않았기 때문이다.

1960년대와 1970년대를 통한 사회복지지출의 급격한 증가는 1980년대에 와서 종말에 달했기 때문에 그 이후의 변화를 지출수치에만 의존하는 데는 한계가 분명하다. 대안으로 복지정책 생산구조의 다양한 측면들, 즉 공공영역 공직자의 축소, 사회복지 전달체계의 변화 등을 고려해볼 수 있다.

1) 세계화의 경쟁

복지국가의 위기를 조장하는 결정적인 요인은 세계화라 볼 수 있다. 글로벌 개방과 경쟁 분야로부터의 정치적 압력이 복지국가의 심각한 쇠퇴를 조장하는 요인이라는 것이다. 이 분야의 노동자와 고용주들은 한결같이 단합해서 비대한 공공분야가 빚어내는 국내 비용의 상승을 차단하는 전략을 강구할 것을 요청한다. 고용주들은 공공분야, 특히 사회복지 전반에 걸친 지출삭감을 선호하지만 노조의 입장에서는 기본적인 사회보장 프로그램을 제외한 다른 전반적인 공공분야의 축소를 지지하게 된다.

또 위에서 살펴보았듯이 글로벌 경쟁이 심화되면서 복지국가들이 다양한 방법으로 사회복지지출을 삭감해서 복지제공의 수준을 바닥 수준에까지 낮추려는 신자유주의 경쟁이 일어날 수도 있는 것이다(Deacon 2000). 이에 반해, 앞에서 살펴보았듯이 세계화는 서구 복지국가 사이의 정책경쟁을 유발시켜, 국가 간 경제정책과 사회정책의 수렴을 조장하며 공공 사회지출의 수준이 상승해 평준화되고 있다는 수렴론도 제기되어 있다(Castles 2004).

실제로 세계화는 OECD 전역에서 국내 비즈니스의 해외 이전과 아웃 소싱으로 일자리를 줄이고 소득을 감소시키는 주요요인이 된다(Keeley 2015: 44). 또 19세기 산업혁명 시기의 러다이트(Luddites) 운동처럼 제조업 숙련직들이 새로운 테크놀러지에 일자리를 내놓고 실직하는 일이 광범위하게 발생하고 있다. 신자유주의의 글로벌 확장으로 자유무역과 투자의 확대가 일반적으로 실직과 소득불평등 확대와 관련되는 것으로 알려져 있다(앞글: 45-46).

2) 고실업과 고세율

복지국가의 쇠퇴를 얘기할 수 있는 한 가지 중요한 단서는 전반적인 세금인상이 최고조에 달해 있다는 사실이다. 동시에 1970년대 말 이후로 생산성 향상이 지연되어 있고 대량실업이 만연해 있다는 것은, 기존의 세율로서 정부세입은 1950~1960년대에 비해 매우 낮은 증가율을 기록해 왔고, 가속화되고 있는 금융시장의 세계화는 장기적인 적자예산으로 지출정책을 추구하는 정부의 능력을 크게 제한시키고 있다는 점을 의미한다. 이 요인들이 복합적으로 작용하면서 정부의 전체 지출에 막대한 부정적인 영향을 미쳐 왔다.

3) 복지서비스의 축소

다음으로 복지국가의 사회복지서비스 비중이 점차 축소되어 왔다는 점이다. OECD 국가들에서는 1980년대를 통해 정부의 최종소비지출이 물가상승을 감안한 실질치에서 지속적으로 상승되었고 사회보장 이전소득보다 약간 낮은 상승세를 유지해 왔다. 그럼에도 정부의 긴축정책 대안은 기존의 사회보장 이전소득을 삭감하기보다는 공공영역 자체를 축소시키고, 가장 먼저 그리고 최상의 목표로 사회복지서비스를 대폭 축소시키는 데 있었다. 이 점은 뒤에 제시한 피어슨(Pierson)의 복지국가 부활론이 주장하는 정치논리와 분명히 대립되는 부분이다. 피어슨이 제시하는 정치논리는, 공공분야 공직자들이 가장 '철저한 이해'를 가진 사회복지 지지층으로 이처럼 '집중된 이해'가 '분산된 이해'를 일반적으로 지배한다는 것이 이른바 '공공선택'(public choice) 이론이 제시하는 논리인데, 이에 따르면 정치인들은 이런 '집중된' 이해를 위협하는 정치적 위험을 회피한다는 것이다.

그렇다면 어떤 요인들이 '서비스 배타적인' 편향을 조장하는가? 첫 번째는 피어슨(Pierson)이 지적한 '비난회피의 정치'를 꼽을 수 있다. 사회보장을 축소하는 것보다 공공분야 전체를 축소하는 것이 더욱 즉각적인 그리고 가시적인 정치반응을 일으키지 않기 때문인 것으로 볼 수 있다. 공공분야를 축소시키면 공공서비스의 질을 떨어뜨릴 수 있고 그럼으로써 중산층의 등돌리기로 악순환이 일어날 수도 있지만, 과연 어느 정도 또는 어느 수준에서 중산층의 등돌리기가 심각한 정치문제로 될 수 있는지를 정확히 알 수는 없다. 두 번째로 사회보험 원리에 기초한 사회보장 프로그램에 대한 대중적 지지가 '서비스 배타적인' 편향을 뒷받침해주는 요인이라고 볼 수 있다. 에스핑 안데르센(Esping-Andersen 1996a)은 유럽 복지국가의 사회보장 제도가 합의적 과정을 거쳐 왔고, 사회보험 체계가 내세우는 '보장권' 의식 때문에도 이들 사회보장 프로그램을 개혁하는 데는 엄청난 어려움이 따른다고 본다. 세 번째로 사회복지서비스보다 사회보험 중심의 복지주의를 선호하는 이유는 유럽연합(EU) 법안이 국적에 기초하는 차별을 금지하고 있으므로 EU의 출범에 대한 두려움을 반영하고 있다고도 볼 수 있다. 사회보험은 원칙상 노동소득에 기초하기 때문에 각국이 사회보험을 통해 외국인들이 이주해서 자신들의 관대한 복지혜택을 취하는 정치적인 문제를 회피할 수 있는 것이다.

4) 공공분야의 축소

공공분야 전체의 재정적 축소와 확대는 복지국가의 재정적 기반의 변화를 보여주는 또 다른 중요한 자료가 된다. OECD 17개국 사례를 살펴보면, 1960년부터 1990년대 중반까지의 동향은 1989~1994년 기간이 다른 기간들에 비해 긴축의 기간이었다는 것을 엿볼 수 있다(Clayton & Pontusson 1998: 82). 거의 모든 국가에서 다른 기간들에 비해 공공분야가 생산하는 재화와 서비스 지출비를 지칭하는 정부최종소비지출이 크게 위축되었다. 이 추세는 복지국가의 확대기인 1960~1973년 기간에 비하면 1/3 가량 위축된 연평균 증가율을 보여주는 것이다. 핀란드와 뉴질랜드는 마이너스 성장을 기록했으며, 벨기에, 이탈리아, 스웨덴, 미국 등은 1% 이하의 낮은 성장에 머물렀다.

또 공공분야에 종사하는 공직자 수의 변화를 보여주는 자료를 참고해볼 수 있다. 모든 국가들이 예외 없이 공직자 감축을 경험했는데, 1994년을 기준으로 공직자가 가장 많았던 최고수준에 비교해보면, 영국 -28.9%와 스웨덴 -11.9%는 대단히 심각한 감축기록을 보여준다(Clayton & Pontusson, 1998: 83). 이 자료는 일반적으로 전체 고용에서 차지하는 공공분야 고용의 비중을 보여주는 자료와 다른 의미를 갖는다. 사실 1980년대부터 전체 고용이 크게 위축되었기 때문에 공직자 절대수치의 변화를 보는 것이 더욱 의미가 있다.

사회복지분야 공직자 수도 거의 같은 비중으로 감축된 것으로 짐작해 볼 수 있다. 예컨대 1990~1993년 기간의 스웨덴의 경우, 공공 의료 및 병원 종사 공직자 수가 7% 감축된 것을 비롯해서, 아동 및 노인 보호 영역에서 10%, 교육과 국방 분야에서 각기 4%씩 공직자 수가 줄었다. 1985~1994년 기간의 영국의 경우, 중앙정부 단위에서는 국립의료서비스(NHS) 7.7% 감축과 함께 국방 23%, 기타 49.3% 축소되었고, 지방자치단체 단위에서는 교육과 건설 영역이 각기 20%, 31% 감축된 반면, 경찰과 사회복지서비스는 각기 10%와 12% 증원된 대조적인 결과를 기록했다(앞글: 83-4). 이같은 정부 재정지출의 성장이 점차 감소되는 추세는 복지국가의 완성의 결과로도 볼 수 있는 것이다. 정부의 복지재정지출은 이젠 기본적 욕구를 충족시키는 범위에서 정치적으로 수용할 만한 세금의 제약을 받는 한계에 이르렀다고 볼 수 있다.

그럼에도 뒤에서 살펴보겠지만 공공 사회지출은 2000년대 중반까지 꾸준히 상승한 추세를 보면, 복지국가의 위기론은 다소 과장된 주장이라는 것을 알 수 있다. 빈곤과 실업이 심각한 수준에 머물러 있는 것이 복지국가의 커다란 부담이 되고 있다. 그렇다고 복지국가가 과거의 팽창세를 지속한다고 볼 수는 없고, 지속적인 효율성 강화 등의 개혁 압력에 직면해 있는 것도 사실이다.

2. 복지국가 부활론

최근 서구에서 추진된 복지국가의 개혁이 실패한 사실에 주목해서 복지국가의 현상유지 또는 부활을 주장하는 학자로는 에스핑 안데르센(Esping-Andersen)과 피어슨(Pierson)이 대표적이다. 두 사람 모두가 거시적인 '정치경제학' 시각에서 복지국가를 비교분석했고, 같은 시기에 거의 동일한 분석 결과를 내놓고 있다는 점에서 주목해볼 만하다. 에스핑 안데르센(Esping-Andersen 1996a)은 '글로벌 경제' 현실의 틀 내에서 유럽과 북미, 남미, 동아시아 복지국가들의 개혁의 한계와 정책대안을 제시해준다. 그에 의하면 유럽의 경우, 신조합주의(neo-corporatism)가 쇠퇴된 것이 아니라 아직도 막강한 영향력을 발휘하고 있다. 복지국가의 개혁이 몰고오는 혼란보다는 기존의 체제를 점진적으로 개선하는 대안이 바람직하다는 사회적 합의가 노사와 정치인 등 이해관계자들의 지배적인 '신조합주의적 합의형성'으로 부각되면서 복지국가는 개혁보다는 현상유지로 진행될 수밖에 없다는 것이다.

한편 피어슨(Pierson 1996, 2000)은 독일, 스웨덴, 영국, 미국 등 4개국 비교연구를 통해 복지예산의 삭감과 개혁이 일정한 한계에 이르렀지만 개혁에 휩쓸려 쇠퇴의 길로 내달리고 있는 것은 아니라고 주장한다. 그는 "많은 선진 사업사회에서 조직화된 노동과 좌파정당들이 상당히 위축되었다"는 사실에도 불구하고, '새로운 복지국가의 정치' 때문에 복지국가가 개혁되지 않고 있으며, 복지국가가 오히려 점차 부활하고 있다는 근거를 각종 통계를 통해 확인할 수 있다고 주장한다. 그는 최근의 복지국가의 정치를 과거의 '복지국가의 확대'의 정치와 구별되는 '복지국가의 긴축'의 정치로 규정하면서, 그 정치적 역학관계에서 나타나는 복지국가의 부활의 단서들을 다음과 같은 세 가지 측면에서 찾는다.

1) 복지국가에 대한 지지

복지국가는 모든 정치적 지원의 힘을 얻으며 현상유지 상태를 고수하고 있다. 이런 현상유지는 특히 다양한 이질적인 제도들이 권력을 공유하는 국가들, 특히 연방국가인 독일과 미국에서는 급진적인 개혁이 내재적으로 난관에 부딪힐 수밖에 없다고 관찰한다. 따라서 복지국가 개혁에 관한 '무결정'(nondecisions)의 정치가 대세를 이루면서 개혁이 지연되고 또 지연될 수밖에 없었다. 또한 퇴직자와 같은 복지국가의 소비층뿐 아니라 복지국가의 공직자 등의 이해를 표출해서 대표하는 조직적인 단체들의 정치적 로비활동이 복지국가의 부활에 막강한 영향력을 미쳤다는 것이다. 복지국가가 지금의 성숙단계에 이르기까지는 강력한 복지네트워크가 형성되었으며, 이런 네트워크는 "일단 조직화되면, 일정한 발전의 과정이 역행되기란 어려운 것이다."

영국의 보수당과 노동당

대표적인 사례로 영국과 미국을 살펴볼 수 있다. 먼저 영국에서는 1980년대 대처-메이어 보수당 내각을 거쳐오면서 일부 복지프로그램의 개혁을 제외한 거의 모든 복지프로그램의 개혁 실패 사례를 살펴볼 수 있다. 성공사례로는 공공주택 사업과 연금제도 정도만을 들 수 있다. 공공주택 사업은 과감한 민영화를 통해 정치적 부담 없이 주택에 대한 복지지출을 크게 삭감할 수 있었다는 점에서 성공으로 꼽힌다. 공공 임대주택을 세입자에게 매각함으로써 세입자에 대한 주택복지 지원금 부담을 지울 수 있었고, 주택소유 비율을 획기적으로 높일 수 있었다. 세입자 사이에는 찬반으로 의견이 분화됨으로써 정치적 저항 없이 성공적인 민영화를 단행할 수 있었다.

다음으로 연금제도 또한 비교적 성공적인 개혁으로 꼽힌다. 연금급여를 점진적으로 삭감함으로써 상당한 지출을 감소시킬 수 있었다. 또 기존의 '소득연계연금제'(SERPS)를 단계적으로 폐지하려는 급진적 대안이 제시되었으나, 보수적인 기업주연맹조차도 반대하는 등 정치적 저항에 부딪혀 점진적인 예산삭감 정도로 후퇴하면서 개인연금을 새로 도입해서 정부의 재정 부담을 감소하는 방향으로 추진되었다.

그럼에도 대부분의 영역에서는 심각한 개혁반대 저항에 직면했다. 국민여론 또한 급진적 개혁을 반대하며, 기본틀을 유지하는 복지국가의 고수를 지지하고 나섰다. 예를 들면, 보육급여의 경우도 폐지된다는 추측이 무성했지만, 조직적인 로비의 힘으로 기사회생되는 일도 있었다. 마가렛 대처의 정치적 영향력이 한계에 이르러 사임하면서 뒤를 이은 존 메이어 수상은 정치적으로 인기 없는 사회복지 개혁에서 점차 기피하는 나약성을 보였던 것이 영국의 복지개혁을 둘러싼 새로운 정치현실이었다.

노동당의 집권으로 추진된 '제3의 길' 복지개혁은 2010년 보수당의 집권으로 크게 변화될 것으로 내다보이지 않는다. 노동당의 복지개혁은 보수와 진보의 중간의 제3의 길을 의미한 개혁이었고, 동시에 국가와 시장 중심의 양분법적 정책을 비영리, 제3섹터의 동참을 확대시켜 복지정책 거버넌스를 추구하는 복지정책 파트너십을 의미했다. 새로 집권한 보수당은 이런 노동당의 제3의 길 복지정책과 보수당의 복지정책의 균형을 이루는 또 새로운 제3의 길을 제시하는 특징이 있다.

영국의 공공사회지출은 비교적 낮은 수준에 있지만, 지속적으로 증가해 보수당 정부에서도 지출확대는 이어지고 있다. 복지지출의 확대는 기본적으로 고령화에 기인하는 의료와 연금지출의 증가에 영향을 받고 있다. 하지만, '사회투자'(social investment) 관점에서 보육을 비롯한 사회서비스를 대폭 확충하고 공공부조의 근로연계 성격을 강화하고 있다. 노동당 정부에서 적극적 노동시장정책(ALMP)을 대대적으로 확대하고 보수당 정부에서 이를 아웃소싱 등을 통해 합리화하는 정책의 변화를 추구한 것이다(고제이 외 2015: 87).

미국의 공화당과 민주당

미국은 영국에 비해 여러모로 복지개혁의 유리한 조건을 갖추고 있었다. 첫째, 복지국가가 영국이나 유럽만큼 발전되어 있지 않았기 때문에 복지이해로 '응집된 이해'가 약하며, 둘째, 노조와 같은 막강한 복지네트워크의 정치력 또한 미약하며, 아울러 레이건 정부의 세입과 지출을 줄이는 '작은 정부' 공약이 유권자의 확고한 지지를 받아 집권할 수 있었기 때문이다. 레이건의 집권 첫 해는 보수성향이 강한 남부 민주당 의원들의 공조에 힘입어 저소득층 주택지원금을 대폭 삭감하며, 나아가 주로 빈곤층이 의존하는 부양자녀가정지원(AFDC)과 고용보험 지출을 크게 삭감하는 개가를 올리기도 했다. 이 프로그램들은 연방정부와 주정부가 재원을 공동 부담하는 것으로, 레이건은 재정위기에 처한 주정부들이 이 대안을 수용할 것이라는 전략을 구사한 것이었다.

그럼에도 이런 첫 해의 성공적인 정책추진은 더욱 급진적인 개혁안을 제시함으로써 의회에서나 국민으로부터 외면을 당하는 일종의 부메랑 효과를 낳기 시작했다. 그의 신연방주의(new federalism) 개혁안은 AFDC와 식량지원 프로그램인 푸드 스탬프(Food Stamp)를 주정부의 책임으로 이양시키고 주정부의 주된 책임으로 되어 있는 빈곤층지원 의료보험(Medicaid)을 연방정부의 통제하에 두는 계획이었다. 이런 사실이 알려지면서, 이 계획은 무성한 비난과 함께 의회에서 현안으로 제기되지도 못한 채 곧 사장되고 말았다. 사실 이때부터 복지개혁안은 실패를 거듭하기 시작했다. 첫 해의 남부 민주당 의원들의 지지를 전혀 얻지 못한 채, 선거에서 정치적 응징을 받을 것을 두려워하기 시작했던 것이다. 급진적인 복지개혁을 반대하고 복지국가의 존속을 지지하는 여론이 지배적이었다. 1992년 민주당의 선거승리로, 의회를 장악한 민주당은 1993년 예산 협상을 통해 다시 빈곤층을 위한 복지예산을 확대시키는 반전을 일으켜 놓기도 했다.

1980년대를 지배했던 보다 심각한 현안은 예산적자와 무역적자였다. 이 문제들을 타개하기 위한 제도적 변화의 틀이 마련되기 시작하면서 복지개혁이 점진적으로 추진된 것이 특징적이었다. 이때부터 "미국의 복지국가는 제로섬 시대로 진입해서, 어느 프로그램의 이득은 다른 프로그램의 희생을 통해 이뤄지곤 했다"(Pierson 1996). 복지 프로그램의 확대나 복지예산의 증액은 사실상 어렵게 되었던 제도적 장치가 마련되었던 것이다.

1994년 선거는 민주당의 40년 의회 지배에 종지부를 찍는 일대 이변을 일으켜 놓았고, 복지개혁이 다시 부활하는 움직임이 진행되었다. 공화당은 1980년대 초의 개혁실패를 거울삼아 새로운 전략을 수립하였다. 사회보장개혁은 아예 현안으로 상정되지도 않았으며, 예산적자를 줄이고 국민다수의 이익을 위한 세금문제 등의 제도적 개혁에 초점을 맞춰, 제도적 개혁의 틀에서 복지개혁을 추진한다는 장기포석을 두고 있었다. 복지이해층의 가시적 비난을 회피하기 위해서도 당장의 복지예산 삭감보다는 2000년 이후의 장기계획으로 보다 거시적인 적자예산을 줄이기 위한 계획의 하나로 복지개혁을 점진적으로 접근해가기 시작했다. 이후 클린턴 행정부는 의회를 주도하는 공화당의 복지개혁에 협상할 수밖에 없는 새로운 전환기를 맞이한다. 특히 복지를 고용과 직접 연계시키는 새로운 차원의 생산적 복지, 즉 노동복지(workfare)에 공조하는 정치가 지금까지 진행되어 왔다.

마침내 1996년에 '빈곤가정에 대한 일시적 지원'(TANF) 제도가 미국의 새로운 복지국가 모델로 제시되었다. TANF의 특징은 연방정부가 주정부의 복지비용을 무한정 개방적으로 지원해주는 방식을 없애고 저소득층에 대한 복지수당 및 서비스 지원 규모가 지난해의 75~80% 수준 범위에서 집행하도록 하는 의무조항을 주정부에 강요하고, 복지수혜자는 일을 해야 복지수혜를 받을 수 있고 최대 5년까지만 복지수혜를 받도록 되어 있다. 그 결과 복지수혜 가정이 1994년 500만에서 2000년 220만으로 절반 이상 줄어들었는데, 이는 복지수혜에서 떠난 사람의 60%가 일자리를 갖게 된 결과를 반영한 것으로, 특히 모자 가정의 고용이 급상승한 결과로 미국 통계청이 발표하였다(Sawhill 2001: 4). 한 경험적 연구에 따르면, 복지수혜자의 감소는 TANF의 도입에 따른 복지개혁의 효과가 25~35%에 지나지 않고, 경제성장의 효과는 35~45%, 그리고 저소득으로 일하는 가정에 대한 세제 지원 확대가 20~30%라는 것이다(Besharov 2003). 특히 다수의 장기 복지수혜자에 해당되는 모자가정과 미혼모의 취업이 1994~2001년에 각기 31%, 55% 증가한 효과는 경제성장에 따른 일자리 안정에 기인한다는 분석이다.

오바마 정부의 출범으로 국민의료보험제도의 도입 등 새로운 복지개혁이 단행되고 있는 것도 미국의 특징이다. 미국의 민주당과 공화당은 역사적으로 서로를 닮아가는 중도화 과정을 거쳐왔지만, 의료보험 등 복지정책에서는 극명한 대조를 보인 것이 사실이다. 앞의 1장에서 살펴보았던 개인주의와 집단주의 정치적 시각이 공화당과 민주당의 기본적인 정당노선이라고 볼 수 있다.

2) 복지국가의 점진적 개혁

또한 기본적인 복지 프로그램을 고수하는 것이 정치적으로 대중의 지지를 얻을 수 있다는 단순한 이유가 있다. 이 때문에 엄청난 정치적 부담을 갖다주는 급진적인 예산삭감이나 개혁이 추진될 수 없다는 것이다. 일반 유권자들보다도 복지수혜층이 비교적 '집중화된 이해'를 갖고 있으며 보다 조직적인 정치활동을 하기 때문이다. 정치인들 또는 정책결정층의 입장에서는 복지지출 삭감으로 일반 납세자로부터 정치적 보상을 받는 것보다 복지수혜층으로부터 정치적 처벌을 받을 확률이 더욱 높기 때문이다. 일반 납세자의 여론조사에서도 경제악화로 인한 복지국가에 대한 부분적 수정을 요구하는 의견이 개진되었을 뿐, 전반적인 개혁을 지지하는 여론은 거의 찾아볼 수 없었다.

이상과 같은 요인들이 복합적으로 작용하며, 정치인이나 정책결정층의 입장에서는 비난을 회피하는 정치게임에 안주하면서 점진적인 삭감으로 반응해온 결과, 복지국가는 근본적인 변화와 개혁의 파도를 넘어 이제 서서히 부활하고 있다는 관찰이 가능해진 것이다. 특히 영국, 독일 등지에서의 좌파 지도자의 등장으로 복지국가는 심각한 위기에서 벗어났다는 낙관론이 대세를 이루었다.

피어슨(Pierson 1996, 2000)은 급진적 개혁보다 점진주의 정책을 기조로 하는 4개국의 사례를 소개한다. 무엇보다도 4개국 모두가 정치적으로 매우 유리한 개혁의 시기를 맞았다는 점이다. 영국과 미국은 마가렛 대처와 로널드 레이건이라는 신보수주의자의 집권으로 복지국가를 급진적으로 개혁할 수 있다는 기대와 정치적 분위기가 조성되었던 시기를 맞았다. 영국의 경우 대량실업이 확대되는 시기였고, 노조의 정치력은 점차 약화되어 노조참여율이 1979년 55% → 1993년 35%로 크게 떨어진 상황이었다. 미국의 경우 지방정부의 재정위기와 중앙정부의 예산적자와 무역적자가 겹치는 위기의 분위기가 무르익었다. 또 스웨덴과 독일의 경우도 전대미문의 심각한 예산적자를 극복해야 하는 정책 딜레마에 처해 있던 시기였다. 또 다른 정치적으로 유리한 상황은 영국과 스웨덴의 경우 중앙집중화된 정치체제라는 제도적 장치가 개혁의 유리한 조건이 되기도 했던 것이다. 그럼에도 아래와 같은 각국 특유의 사정으로 급진적인 개혁보다는 점진적인 개선이라는 정책만이 추진될 수밖에 없는 '새로운 복지국가의 긴축 정치'가 진행되었다.

독일

독일의 정치적 분위기는 영국과 미국과의 공통점보다는 상이점이 많았다. 복지국가가 이미 잘 발달된 국가로, 공적부조와 복지서비스보다는 사회보험을 더 중시하므로 소득계층간 재분배보다 개인의 생애과정에 대한 재분배를 중시한다. 영국과 미국과 거의 비슷한 시기인 1982년 중도우파 연립정부의 출범으로 복지개혁이 정치적으로 유리한 분위기를 맞았다. 그럼에도 1994년에 진보적인 사회민주당이 독일의회의 다수파로 등장했고, 1998년에는 사회민주당이 다수파로 집권하면서 정치적 분위기가 복지개혁을 반대하는 쪽으로 쏠렸다. 이는 영국과 미국에서 신보수주의자들이 물러나고 진보적인 정당들이 집권한 것과 궤를 같이 하는 추세이기도 했다. 독일이 영국과 미국과 다른 점은 아직 노조가 막강한 정치력을 행사하고 있다는 사실이다.

독일 복지국가의 특징은 고용안정을 최우선으로 하지는 않는다. 오히려 개인적으로 경쟁력이 뒤진 비숙련노동자들이 숙련노동자들에게 일자리를 넘겨주고 퇴직하도록 정부가 보조금을 지원해주는 국가다. 이런 의미에서 독일 특유의 노동정책을 "내부자-외부자 갈등"(insider-outsider conflict)으로 볼 수 있다(Esping-Andersen 1996). 경쟁에서 밀려나간 퇴직자(외부자), 주로 연금생활자와 은퇴자와 같은 대규모 '잉여인구'를 부양하는 비용을 부담하는 노동자(내부자)와 사용자들이 커다란 반감을 갖는 갈등인 것이다. 이런 사정 때문에 독일만큼 임금비용이 높고 소득세가 높은 국가도 찾아보기 힘들다. 그럼에도 이들간의 정치적 대립과 같은 일은 기대하기도 어렵다. 왜냐하면 내부자들도 곧 외부자들이 될 수밖에 없는 냉엄한 현실 때문이다.

그간 독일에서 성공한 복지개혁은 연금제도라고도 볼 수 있다. 콜(Kohl) 내각은 예산적자를 줄이기 위해 연금제도를 개혁하는 데 야당의 지지와 노조 및 기업주 등의 폭넓은 지지를 구하는 데 놀랄 만한 정치적 수완을 발휘했다. 각 이해집단들로 하여금 나름대로의 연금제도 개선안을 내서 모든 이해관계자들이 합의할 수 있는 선에서 합의를 이끌어내는 정치력을 발휘한 것이다. 1989년 연금제도 개선안이 이렇게 합의되었다. 연금급여를 약간 줄이고, 정년을 연장하며, 연금보험료를 인상시킨 것이다. 마찬가지로 의료보험 등 일부 복지프로그램들에 대해서도 어떤 획기적인 개혁보다는 점진적인 접근법으로 이해관계자들의 합의를 도출해내는 조합주의 정치(corporatist politics)가 게임의 규칙이 되곤 했다.

특히 통일 독일 이후에 보다 급진적인 개혁의 가능성은 높았고, 또 국제경쟁력의 강화라는 경제전략에서도 개혁의 필요성이 더욱 고조되었다. 그럼에도 통일에 대한 반응은 지속성의 중시로 이어지면서 동독의 보다 관대한 복지프로그램들이 서독에 도입되는 일시적인 추세도 진행되었다. 오히려 최근에는 재가 및 노인홈에서의 의료서비스 확대 등의 새로운 발전이 있기도 했다. 그럼에도 심각한 긴축예산으로 복지수혜 수준을 낮추는 방향에서 대단히 점진적인 지출삭감이 진행되었다. 대량실업이 확대되면서 실업대책 예산이 크게 늘었고 이에 따라 새로운 복지개혁 논의가 진행되기도 했지만, 사회민주당과 노조의 강력한 저항으로 이내 좌절되는 실패를 거듭하곤 했다.

독일은 사회보험을 중심으로 숙련노동자의 소득보장에 치우쳤던 전통적인 비스마르크형 복지국가에서 탈피하고 있다. 레짐 차원의 급격한 변화는 기대할 수 없으나, 근로유인을 위해 소득보장 수준을 낮추고, 노동시장을 보다 유연하게 만들고, 기업의 가격경쟁력 제고를 위해 사회보험 부담을 완화시키는 쪽으로 재정개혁을 단행하고 있다(고제이 2015: 87). 이러한 정책방향으로 실업급여는 축소되었고, 연금 보험료는 상한 아래서 통제되고 연금액은 고령화에 따라 자동으로 삭감되나, 사회서비스는 확대되고 있다. 그리고 사회보험료는 낮아지고 소비세는 증가하는 양상을 보이고 있다.

스웨덴

세계에서 가장 발달된 복지국가를 갖고 있는 스웨덴의 역사는 사회민주당의 패권주의와 이와 밀접히 관련된 노조의 막강한 정치력으로 요약할 수 있다(주성수 1992). 그럼에도 1990년 초에 닥친 일련의 경제악화로 최초로 복지국가의 심각한 쇠퇴가 가시화되는 조짐을 보이기 시작했다. 또 정치적으로도 1991년 '지각변동'을 몰고온 선거가 사회민주당의 패권적 지배를 물리치고 보수주의 정당들의 연립정권을 등장시킴으로써 복지개혁의 전망이 한층 높아지고 있었다. 그럼에도 이 연립정권의 수명은 3년밖에 지속될 수 없었고, 다시금 사회민주당의 대승으로 복지국가의 전망은 부분적인 재정삭감이라는 점진적 개선에 머물면서 과거 전성시대의 전통을 계승하는 방향으로 진전되었다. 특히 여론지지가 부동의 정치적 지지로 작용하고 있었던 것이다.

1980년대를 통해 한 가지 특이한 변화는 공직자와 사부문 노동자간의 불편한 갈등의 양상이 제기된 것을 꼽을 수 있다(Pierson 1996). 스웨덴의 중앙집중식 단체임금협상은 공직자의 임금이 사부문의 임금협상과 연계되는 구조를 갖고 있기 때문에, 사부문의 실업이 확대되고 있음에도 공부문의 공직자 수는 줄어들지 않는 추세에 있었다. 1989년 3%에 머물렀던 실업이 4년만에 12%로 폭등하는 최악의 상태가 벌어진 것이다. 사실 대량실업으로 세수가 크게 줄어들고, 실업지원비가 크게 늘 수밖에 없지만 이 모든 문제가 공공부문의 정체에 있다는 비판이 사부문에서 노동자와 고용주 모두로부터 심각하게 제기되면서 일련의 저항을 받기 시작한 것이다. 무엇보다도 완전고용 정책을 최우선으로 중시해온 복지국가에 대한 심각한 도전이 아닐 수 없었다. 정부의 재정은 1990년 이전 만해도 OECD에서 가장 많은 흑자를 기록했지만 불과 몇 년만에 가장 많은 적자를 올리는 전대미문의 기록을 남겼다.

재정위기라는 보다 거시적인 차원에서의 급변상황에서 복지국가도 변화의 파도에 휩쓸릴 수밖에 없었다. 급진적 개혁보다는 점진적 개선이 지배적이었다. 몇 가지 주목할 만한 변화는 실업급여와 질병급여 지급에 대기기간이 조금 연장되었고, 퇴직연령이 65세에서 66세로 1년 늘었으며, 실업급여의 소득대체율이 90%에서 80%로 떨어진 것이다. 노조참여율의 점진적 감소로 노조의 정치력이 두드러지게 약화되면서 중앙집중식 임금협상이 역사적인 막을 내렸다. 그 결과, 공부문과 사부문 임금협상의 분리가 현실화되었다.

그럼에도 대량실업이 진행되는 가운데 공부문 고용을 축소시키기보다 사회보장지출을 감소시키는 방향으로 점진적 개선이 이뤄지고 있었다.

사회민주당과 노조가 1993년 긴축예산안에 합의함으로써 질병급여, 고용보험금, 연금 등에서 예산삭감이 불가피했다. 이 긴축예산정책에 한계에 부딪힌 보수주의 연립정부는 다시 사회민주당에게 내각을 넘겨주며 물러났다. 그 연립정부는 그간 복지개혁으로 정치적 비난을 회피하려는 강한 정치적 집착으로 복지개혁을 심도 있게 추진하지 못하는 한계에 이르렀던 것이다. 경제악화가 여전히 대세를 이루는 가운데 선거대승을 기록한 사회민주당은 재정적자를 타개하기 위한 해법으로 복지삭감보다 이미 한계에 달해 있는 세금을 더 인상하겠다는 공약을 내세웠던 것이다. 그만큼 복지국가에 대한 국민적 지지가 확고하다는 정치적 배경을 시사해준다.

스웨덴은 세계에서 국민부담률과 사회지출 수준이 가장 높았으나, 1991년부터 시작된 감세 기조의 조세개혁과 사회보장제도의 개혁으로 크게 변화했다(고제이 외 2015: 87). 2012년 스웨덴의 국민부담률은 42.3%로 덴마크(47.2%), 벨기에(44%), 프랑스(44%), 핀란드(42.8%), 이탈리아(42.7%)보다 낮은 나라로 바뀐 것이다. 공공사회지출의 GDP비중도 비슷한 패턴으로 평균수준에 수렴하고 있다. 그 결과 세후 소득불평등도 0.274로 점차 악화되었다. 그럼에도 OECD에서 덴마크와 핀란드 다음으로 낮은 수준을 유지하고 있어 스웨덴의 감세와 사회지출 삭감이 곧 사회복지 성과를 크게 훼손한 것은 아니라는 평가도 받고 있다(앞글: 88).

3) 복지지출의 확대

복지국가 부활론을 주장하는 학자들은 복지지출비의 지속적인 증가를 가장 강력한 복지국가 부활의 증거로 제시한다. 그런데 2008년 금융위기 직전까지는 이런 주장이 설득력이 있다는 것이 공공사회지출비의 상승에서 나타났다. 그러나 2008년 이후의 추세는 심각한 복지지출의 감소로 나타났다. OECD 29개국 가운데 한국, 핀란드, 일본, 미국, 터키, 그리스 6국을 제외한 다른 23개국에서 하락세를 보였다. 그러나 장기적으로 1990년과 비교해보면 캐나다, 핀란드, 룩셈부르크, 네덜란드, 뉴질랜드, 노르웨이, 스웨덴 등 7개국을 제외한 다른 다수의 국가들에서 심각한 하락세를 보여준 것은 아니다. 2008~2009년 금융위기의 여파가 지속되고 있지만 향후 다시 회복세로 돌아설 가능성도 충분하다.

3. 복지국가의 성장과 한계

복지국가는 빈곤과 질병, 실업 등의 사회적 위험으로부터 국민 모두를 보호하며 복지를 증진시키는 역할을 하고 있는가? '사회적 배제'에 취약한 소외층의 빈곤을 해소하며 이들의 기본적인 생계와 복지를 보장하고 있는가? 이런 복지성과 측면에서 복지국가를 평가하면서도, 하나의 성과가 같은 비중을 차지할 정도로 중요한 또 다른 문제를 일으키는 일종의 '제로섬' 정책의 한계를 살펴볼 필요가 있다. 예컨대 빈곤해소 정책이 실업에 미치는 영향 등 효율성의 기준에서도 복지정책을 평가하는 일이 '생산적' 복지정책을 탐구하는 하나의 필수과정이 되어야 할 것이다.

1) 빈곤해소의 성과

아래에서는 두 종류의 자료를 통해 복지국가의 또 다른 측면, 즉 긴축과 쇠퇴의 단서를 찾아볼 수 있다. 아래의 자료들은 복지국가의 발전과정을 정부의 예산지출을 통해 살펴볼 수 있는 특이한 자료다.

〈표 4-1〉에서 볼 수 있는 자료는 복지국가의 '복지노력'(welfare effort)을 살펴볼 수 있는 자료다. 자료의 특성은 ① 1979~1992년 기간에 각국의 정부 사회복지지출비를 1990년 기준 물가와 환율 인상을 고려한 달러화 수치로 바꿔 계산하며, ② 이 수치가 중위소득층의 40% 소득 이하의 소득으로 생활하는 상대적 빈곤층 1인당 지출한 액수로 환산한 다음, ③ 연평균 증가율을 백분율로 보여준다. 일인당 실질적인 GDP 성장률에 비교되는 빈곤층 개인을 위해 복지국가의 사회복지 예산지출에서 나타나는 증가 또는 감소 추세가 복지국가의 부활 또는 쇠퇴를 가늠하는 중요한 단서가 된다는 지적이다.

〈표 4-1〉에서 볼 수 있는 결과는 4개국 모두에서 전자에 비해 후자의 성장률이 두드러지게 낮았다는 공통점을 발견할 수 있다. 복지국가의 복지노력이 경제성장률에 비해 크게 저조한 실적을 올렸다. 국가 간의 차이점은 영국이 다른 3국과 비교해서 빈곤해소에 두 배 가량 높은 재정을 투입했고, 또 경제성장률에 유사한 수준에서 빈곤해소 노력을 기울여왔다는 점이다. 반복지국가 노선을 고수했던 대처 집권기에 이뤄진 이 결과는 매우 특이한 아이러니가 된다. 이에 대해 두 가지 설명이 가능할 수 있다(Clayton & Pontusson 1998). 하나는 비교기준의 시점이 문제시될 수 있다. 대처의 집권기인 1980~1991년 기간에는 다른 국가들에 비해 저조한 실적을 가졌을 것으로 짐작될 수 있다. 집권 직전인 1979년과는 분명한 차이가 있을 것이다.

다른 하나는, 아래에서 제시되는 소득불평등 자료를 다시 검토해보면 영국의 복지지출의 증액은 복지지출의 빈곤해소 효과가 낮아지면서, 복지지출이 빈곤층이 아닌 계층에 더욱 많이 투입되었을 가능성이 있다고 볼 수 있다.

복지국가의 또 다른 '복지노력' 자료는 〈표 4-2〉에서 살펴볼 수 있다. 〈표 4-1〉과의 차이점은 여기에서 빈곤층을 65세 이상 노인과 실업자로 국한시켜, 이들 1인당 자료를 산출한 결과다. 먼저 4개국 모두가 1960~1980년 기간에는 높은 성장을, 그리고 1980~1993년 기간에는 두드러지게 낮은 성장을 기록했다는 점을 주목해볼 수 있다. 스웨덴은 그 규모가 1/7로, 미국은 1/2로 축소되는 심각한 변화를 보였다. 1980년부터 최근에 이르는 기간이 복지국가의 긴축과 쇠퇴를 반영하는 한 단서가 되고 있다.

끝으로, 복지국가는 실제로 개인의 빈곤해소에 어떤 영향을 미치는지, 최근의 경험적 연구결과를 참고해볼 수 있다. 서구 18개 복지국가의 복

표 4-1 빈곤층1인당 복지지출과 국민1인당 실질GDP: 1979~1992, 1990년 물가기준 연평균 성장률

	빈곤층 1인당 복지 지출	국민 1인당 실질 GDP
스웨덴(1981~1992)	0.66	1.02
독일(1978~1989)	0.87	2.11
영국(1979~1991)	1.63	1.87
미국(1979~1991)	0.81	1.23

자료 Clayton & Pontusson 1998: 78.

■ **표 4-2** 노인과 실업자 1인당 복지지출: 연평균 증가율(1960~1993)

	1960~1980년	1980~1993년
스웨덴	5.68	0.79
독일	2.65	0.53
영국	3.08	2.48
미국	4.30	2.09

자료 Clayton & Pontusson 1998: 79.

지 관대성에 따라 개인 차원의 빈곤상태와 긍정적 상관관계가 있다는 경험적 연구결과도 있다(Brady et al. 2009). 복지국가는 빈곤을 유발하는 여러 요인들이 미치는 피해를 억제시키는 효과를 발휘한다는 것이다. 경험적 분석에 의하면, 복지국가는 가장의 교육수준이 낮거나 가장이 독신 엄마 또는 30세 이하 젊은층인 경우 가계의 빈곤을 크게 해소하는 효과를 발휘하지만, 특히 일하는 사람이 없는 무노동 가계의 경우는 별다른 효과가 없는 것으로 나타났다.

나아가 OECD 30개국의 빈곤해소의 성과를 공공사회지출 비교분석으로 살펴볼 만하다. 선행 연구에 따르면(OECD 2016a), 공공사회지출 가운데 연금과 의료비를 제외한 소득지원과 사회서비스 지출은 빈곤해소에 강한 임팩트를 가진 것으로 나타난다. 공공 소득지원과 서비스 지출이 많(적)으면 빈곤율이 낮(높)은 반비례 상관성을 보여준다(그림 4-1). 전자의 그룹에 북유럽의 복지국가들이 있고, 후자의 그룹에 미국을 비롯한 한국, 일본, 멕시코, 터키 등이 있다.

그림 4-1 상대적 빈곤율과 공공 소득지원/서비스 지출: OECD 30개국, 2014

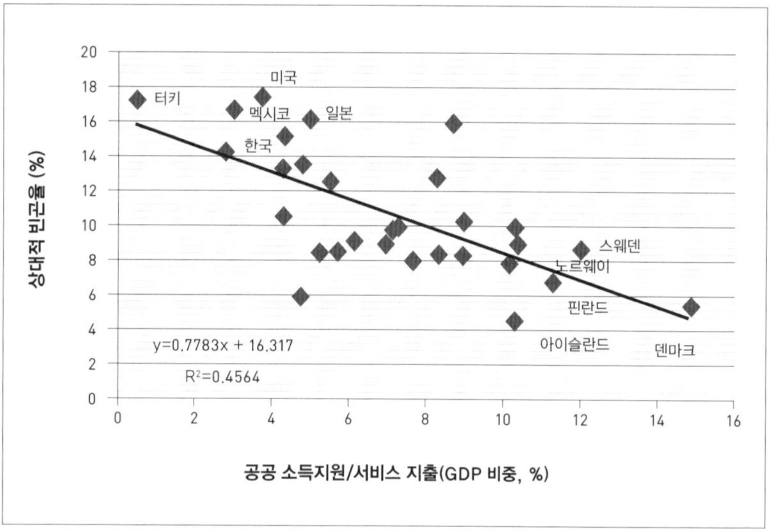

2) 소득불평등 해소 성과

실제로 소득재분배 성과는 개선되지 않고 오히려 후퇴된 것이 OECD 국가들의 일반적인 동향이다. 시장소득에서 세금과 이전 이후의 가처분소득의 불평등이 OECD 대부분의 국가들에서 늘었다(OECD 2016a). 2007년에 비해 2014년에 와서 재분배 성과가 다소 개선된 국가들이 한국을 비롯한 아이슬란드, 영국, 네덜란드 등 일부 국가들에 지나지 않는다.

또 공공사회지출비가 소득불평등 해소에 기여한다는 선행 연구를 참고해, OECD 30개국 자료를 분석한 결과는 〈그림 4-2〉와 같다. 공공 소득지원/서비스 지출이 많(적)으면 소득불평등이 낮(높)은 반비례 상관성을 보여준다. 전자 그룹에 북구의 복지국가들이 있고, 후자 그룹에 미국을 비롯

■ **그림 4-2** 소득불평등(Gini)과 공공 소득지원/서비스 지출: OECD 30개국, 2014

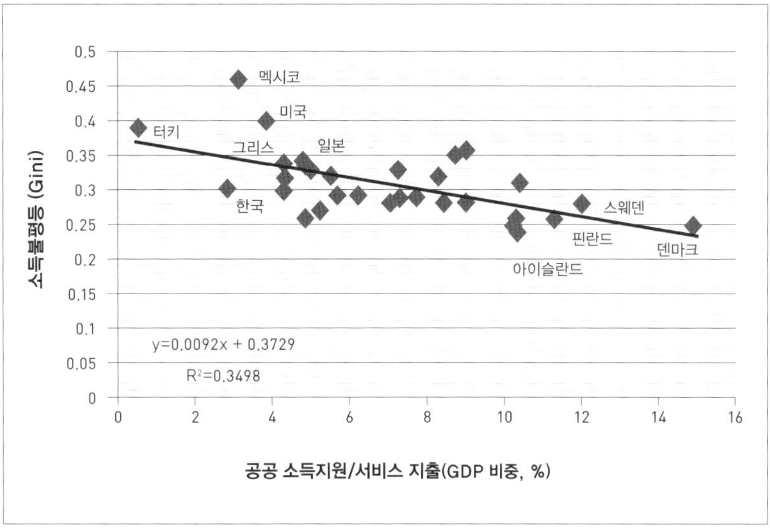

한 한국, 일본, 멕시코, 터키, 그리스 등이 있다. 중간 그룹에는 유럽 대륙의 국가들이 위치해 있다.

3) 복지국가의 효율성

기존의 사회보험 체계는 경제적 산출과 성장에 부정적인 결과를 미치고 있다고 단정할 수는 없다. 역사적으로 복지국가의 성장은 경제성장과 밀접한 순관계를 유지해 왔다. 복지국가는 경제성장을 강화시켜 왔다는 것이 일반적인 분석이다. 사회보장을 통해 경제순환이 안정화되는 효과가 있었고, 사회보장을 제공받은 노동자들이 경제변화에 적응할 수 있다는 것이다. 그럼에도 1990년대에 와서는 복지국가가 경제성장을 둔화시킴으로써, 사회정의(불평등 해소)와 경제 효율성이 밀접한 긍정적인 상관관계가 있다는 전통적인 가치관에 도전하는 새로운 전환기를 맞이하였다.

사회복지와 경제성장의 관계를 분석한 OECD의 보고서는 다음과 같이 설명한다. 전통적인 '경제학' 시각에 따르면, 복지의 확대는 성장을 저해한다고 보았다(OECD 2001e: 21-22). 복지가 확대되면 → 복지의존에 의한 노동 참여가 저하되고 → 다시 노동산출을 저하시켜 → 자본투자의 저하와 경제성장의 저하로 결과된다는 주장이다. 또 사회복지의 확대는 → 저축감소로 나타나 → 재투자를 위한 자본감소를 초래해 → 결국 성장이 둔화된다는 논리다.

이와는 대조적인 "복지의 확대는 성장을 촉진한다"는 시각이 OECD 많은 국가들의 사례에서 확인되고 있다(OECD 2012d, 2012e, 2012f, 2017c).[2] 그러나 빈곤층을 위한 소득재분배 정책은 불황기에 경제를 활성화시키는 최선의 방법이 될 수 있다. 저소득층일수록 가용 소득에서 더 많은 몫을 지출하는 경향이 있기 때문에 부유층을 위한 감세 효과보다 더 클 수 있으며, 임금이 최저생계수준 이하가 아닌 임금노동자는 추가소득을 자신의 교육이나 건강에 더 투자할 수 있고, 이에 따라 노동생산성과 경제성장이 촉진될 수 있다(장하준 2010: 196). 장하준은 소득분배가 평등화되면 파업이나 범죄가 줄어들면서 투자활동에 유리한 분위기에서 빠른 경제성장이 이뤄졌던 '자본주의의 황금기'가 가능했다고 본다. 스웨덴 학자 린드벡(Lindbeck)은 참여와 정치화의 중요성을 지적하며, 스칸디나비아와 같은 보편주의 복

2 http://www.oecd.org/eco/public-finance/lessincomeinequalityandmore-growth-aretheycompatible.htm

지국가는 시민들의 자발적인 정치참여를 확대시켜, 형평성을 지향하는 재분배정책 입법에 필요한 정치적 원동력이 되었고, 법이 시행되면서 시민들의 생계여유가 확대될 수 있었다고 설명한다. 제1장에서 살펴본 '집단주의' 정치적 시각이다. 또 다른 국가들의 사례들은 사회복지의 확대는 사회통합에 기여해, 소외층이 주류 사회에서 낙오되어 경제활동을 하지 못함으로써 발생하는 경제적 손실을 줄이는 사회경제적 성과가 있다고 본다. 또 이들 소외층의 참여로 난해한 정치, 경제적 정책결정을 해서 구조조정을 할 수 있는 정치적 기회가 발생한다고 본다. 또 참여에 의한 '사회적 투자' 이론에 따르면, 사회복지의 확대는 아동, 청소년의 빈곤탈출을 도와 장기적으로 경제 생산에 기여하는 인력을 양성하며, 시민교육에도 기여한다고 본다. 이처럼 사회보장은 개인적 위험을 집단적으로 보장함으로써 개인의 경제활동을 지원하고 결국 성장에 긍정적으로 기여한다는 것이 집단주의 정치의 시각이며 보편주의 복지국가의 정치경제학이다.

이를 입증하는 가장 실증적인 단면은 소득분배와 경제성장 사이의 상관관계다. 일부 학자들은 세금부과 이전의 개인 소득분배의 불평등이 재분배를 둘러싼 갈등을 조장함으로써 결국 경제성장에 상당히 부정적인 효과를 발휘했다고 보지만, 다른 학자들은 특정 국가에 국한된 요인들을 제외시키면 세전 소득분배가 성장에 악영향을 미치지 않았다고 지적한다 (Buti et al. 1997). 또 서로 다른 두 집단의 학자들은 사회보험지출이 경제성장에 악영향을 미쳤다고 동의하지만, 또 다른 학자는 대규모 사회보험체계를 가진 국가들이 그렇지 않은 국가들보다 더 빠른 경제성장을 기록했다고 보고한다. 그러나 더 큰 정부를 가진 복지국가들이 더 빠른 경제성장을 이룩했다는 자료들은 무수하다. 선별적 복지국가인 미국에 비해 보편적인 복지국가들(스웨덴, 덴마크, 네덜란드, 독일 등)이 2차대전 이후 더 빠른 성장을 한 것을 보면, 복지제도가 잘 갖춰졌다고 해서 경제성장이 낮은 것은 아님을 입증한다(장하준 2010: 298-9). 그 이유는 고용교육훈련 등 적극적 노동시장정책을 중시하는 보편적 복지국가들은 노동자들로 하여금 변화에 더 개방적이도록 여유를 줘서 산업구조조정이 쉬워져 결국 경제성장을 촉진시킨 효과가 있기 때문이다. 역사적으로 보편적 복지국가는 경제성장을 저해했다기보다 오히려 기여했다는 근거들이 있다. 일례로 복지국가가 잘 갖춰진 스칸디나비아의 보편적 복지국가들은 그렇지 않은 미국에 비해 더 높은 경제성장을 이뤘다. 1990년 이후 OECD 핵심국가 중 핀란드와 노르웨이는 국내총생산에서 공공사회지출이 차지하는 비중이 가장 높아 각기 22.5%와 25.1%였는데, 각기 경제성장률은 2.6%와 2.5%로 가장 빠르게 성장했고, 이에 비해 공공 사회지출 비중이 OECD 평균(20.7%)에 훨씬 못 미치는 미국(16.2%)은 그 비중이 31.3%로 거의 두 배에 달하는 스웨덴과 비슷한 경제성장률을 보였다(장하준, 2010: 299). 또 최근 2000~2008년 기간의 자료에서도 스웨덴과 노르웨이의 성장률 2.4%와 2.8%는 미국의 성장률 1.8%보다 훨씬 높다.

일반적으로 OECD 복지국가들은 빈곤과 소득불평등을 해소하기 위한 '형평성' 과제를 '효율성' 추구와 동시에 고려하는 사회복지정책을 추구한다(OECD 1997). 형평성과 효율성은 서로 갈등관계를 갖는 것으로 논의되고 있지만, 반드시 그런 것만은 아니다. 정책수단에 따라 두 가지 목표를 동시에 추구할 수도 있다. 지난 4반세기동안 거의 모든 OECD 국가들에서 재분배정책을 뒷받침하는 재정이 지속적으로 상승하기만 했다. 그럼으로써 세금부담이 늘었고 이는 곧 경제성장을 저해시킴으로써 효율성을 크게 떨어뜨려 놓았다. 한편 재분배를 통한 형평성을 추구하는 정책지출비용이 높아짐으로써 고용이 저하되고 실업이 상승해서 실업대책에 투입되는 정책

비용의 증가 그리고 세부담의 가중으로 이어지는 악순환이 끊이지 않았다. 소득재분배 정책을 확대시키는 데 필요한 재원을 뒷받침해주는 세금인상은 효율성 저하로 이어지는 악순환을 낳았던 것이다. 그 결과 노동비용이 늘어, 비탄력적인 임금구조를 가진 곳에서는 실업을 증가시켰고, 탄력적인 임금구조를 가진 곳에서는 임금 저하와 노동력 공급 저하를 초래했다. 또한 세금부담이 늘면서 투자와 저축이 줄었다.

그럼에도 형평성과 효율성을 동시에 추구할 수 있는 정책수단은 적지 않다(OECD 1997). 특히 관심을 끄는 정책은 고용을 확대시키고 노동시장을 개선하고 인적자본의 저투자 등과 같은 문제를 일으키는 '시장실패'를 바로 잡을 수 있는 것이다. 저소득과 무고용의 관계를 살펴보면 형평성을 높일 수 있는 정책수단을 발견할 수 있다. 저소득층과 비숙련 실업자의 직업교육훈련을 개선시키면 생산성의 축적이 이뤄지고(효율성), 교육투자로 인적자본이 축적되면 비교적 고른 분배 특성을 지닌 인적자본의 축적이 시장소득의 불평등구조를 개선시킬 수 있을 것이다(형평성). 아울러 고용의 확대와 교육훈련 기회의 확대 그 자체가 형평성을 추구함으로써 '사회배제'를 '사회통합'으로 유도하는 사회통합의 기능도 발휘할 것이다.

4) 경제위기와 복지국가

글로벌 경제위기는 복지정책의 신속한 대응을 압박하였다. 실제로 OECD 국가들 대부분이 공공사회지출의 증대로 위기수습의 정책을 추진해왔다. OECD의 평균 GDP 대비 공공사회지출비가 2007년 19%에서 2009/11년 평균 22%로 급증하였다. 이는 경제위기로 GDP 성장이 후퇴 또는 정체된 이유도 있지만 실업급여, 주택급여 등 복지지원 수요의 증대가 반영된 것이다(OECD 2012b: 1).

같은 기간에 OECD 대부분의 국가들에서 실질 공공사회지출비가 6% 이상 상승한 것인데, 국가들은 각기 다른 경제 상황에 적합한 공공사회지출 증대를 추진하였다. 공공사회지출비 증대의 폭과 GDP 성장의 폭으로 교차비교해보면, 〈표 4-3〉과 같이 7개 유형으로 구분될 수 있다. 실질 GDP 성장이 비교적 평균이상인 국가들이 많은 지출을, 반대로 전자가 평균 이하인 국가들에서 후자가 중간 또는 평균 이하로 나타났다. 예외적인 국가들은 거의 없지만 독일, 뉴질랜드, 미국 정도를 예외로 간주해볼 수도 있다. 독일의 경우 GDP 성장이 평균 수준이지만 공공사회지출은 평균 이하를, 그리고 뉴질랜드와 미국은 독일과 같은 평균 수준의 성장을 유지하면서 지출에서는 평균 이상을 기록하였다.

또 경제위기가 상대적으로 약해 실질 GDP 성장률이 OECD 평균 3.6% 이상을 상회한 국가들은 각기 OECD 평균 이상의 공공사회지출을 한 것으로 나타난다. 이들 중 14.2% 이상 높은 수준의 지출을 했던 국가들은 한국을 비롯해 호주, 칠레, 이스라엘, 노르웨이, 스웨덴이다. 또 성장과 지출 모두 평균 수준을 유지한 국가들이 8개국으로 중앙에 위치해 있고, 평균이하 마이너스 성장을 기록한 국가들도 평균이하의 지출 또는 평균 수준의 지출, 두 그룹으로 나뉜다.

공공사회지출 중 먼저 실업급여의 급증이 경제위기 직후에 나타난 가장 큰 변화였다. OECD 평균 실업급여의 GDP 비중이 2007년 0.7%에서 2009년 1.1%로 급증했는데, 그 비중이 아이슬란드에서는 0.3% → 1.7%, 아일랜드 1.4% → 2.6%, 스페인 2.2% → 3.5%로 급증한 대표적인 사례이다(앞글: 3). 더불어 적극적 노동시장정책 공공지출비도 2007년 0.5%에서

표 4-3 경제위기 직후의 공공사회지출과 GDP 성장률: OECD, 2007~2009년 변화

	평균 이하(5.7% 미만)	평균 수준(5.7~14.2%)	평균 이상(+ 14.2%)
실질 GDP 성장 +3.6%		캐나다, 멕시코, 폴란드, 스웨덴	호주, 칠레, 이스라엘 **한국**, 노르웨이, 스웨덴
평균 수준 (−4.9~3.6%)	독일	오스트리아, 벨기에, 덴마크, 핀란드, 프랑스, 룩셈부르크, 네덜란드, 슬로바키아	뉴질랜드, 미국
평균 이하 (−4.9% 미만)	그리스, 헝가리, 아이슬란드, 이탈리아, 포르투갈	체코, 에스토니아. 아일랜드, 스페인, 슬로베니아, 영국	

자료 OECD 2012b. "Social spending during the crisis."

2009년 0.6%로 늘었다. 다음으로 가족수당의 증대도 주목할 만하다. 자산조사에 기초한 가족수당 지출은 영국과 아일랜드에서 가장 늘었고, 아이슬란드가 뒤를 이었다. 가족수당 지출로 경제위기에 가장 취약한 빈곤 가정에 대한 지원이 효과적인 처방인 것이다. 특히 한부모 가정의 경우 경제위기로 일자리를 찾기가 더 어려운 진 문제가 영국과 아일랜드에서 이슈가 되었다. OECD 국가들 대부분이 2007년에 비해 경제위기 기간 2년에 상당 규모의 가족수당을 통한 긴급지원 안전망 정책을 추진하였다. 가족수당에서 가장 저조한 위치에 있는 한국도 이 기간에 0.7% 비중을 1% 비중으로 확대하였다.

그런데 2009년 이후부터는 많은 국가에서 현금지원 삭감으로 반전되는 변화가 있었다. 에스토니아, 그리스, 아이슬란드, 아일랜드 등이 대표적인 국가이다. 또 물가상승으로 실질 사회지출의 가치가 하락하는 심각한

문제도 그리스, 헝가리, 아이슬란드, 폴란드, 터키 등지에서 발생했다(앞글: 4). 경제위기로 많은 국가들이 연금개혁을 추진한 것도 중요한 정책 변화였다. 경제위기뿐 아니라 고령화를 고려한 연금개혁을 비롯한 일련의 복지국가 시스템의 개혁들이 OECD 거의 모든 국가들에서 추진되고 있다.

4. 복지국가 개혁의 정치경제론

먼저, 복지국가의 개혁을 현안으로 부각시키거나 개혁을 반대하는 논의는 보다 거시적인 차원, 즉 정치현실에서부터 비롯된다고 볼 수 있다. 물론 글로벌 경제의 압박 등과 같은 외부환경 요인이 보다 심각한 결정요인으로 작용하는 경우도 있다. 정치와 경제는 어느 것이 어느 것을 결정짓는가 또는 더욱 지배적인 영향을 미치는가 하는 문제는 각국의 실정 그리고 시대적 상황에 따라 크게 다를 수밖에 없다.

1) 복지개혁 추진전략

복지국가의 개혁이 당연한 것이라는 공감대가 형성되고 분위기가 조성되었음에도 왜 개혁이 실행되지 못하고 있는가? 이에 대해서는 다음 몇 가지 정치사회적 결정요인들을 통해 정리해볼 수 있다.

첫째, 먼저 정치학의 견해에서는 피어슨(Pierson 1996, 2000)은 민주적 정치제도의 일반화된 보수적 특성을 꼽는다. 복지국가의 현상유지 그 자체가 보수적 성향인 것이다. 따라서 복지국가를 개혁하는 일은 분명한 정치적 결단을 필요로 한다.

둘째, 개혁에 드는 비용은 즉각적으로 나타나지만, 개혁이 갖다주는 이득은 불명확하며 정치인들과 정책결정층의 관심에서 벗어나는 먼 미래의 일이라는 사실에서 개혁의 걸림돌을 찾을 수 있다. 노동시장 규제정책의 경우에는 실업자가 소수자의 위치에 있기 때문에 이득층보다 손해층이 더 많으리라는 이유에서 급진적인 개혁이 반대의 벽에 부딪히게 된다. 이런 개혁을 지지하는 집단의 연합체란 숙련직, 중소기업가 등 대단히 이질적인 집합체이기 때문에도 급진적 개혁이 추진되지 못하고 있다. 일반유권자의 결정적인 역할을 중시하는 정치경제론이 기존의 복지국가의 존속을 대체로 지지하는 분위기다.

셋째, 스칸디나비아 등지의 가장 발달된 복지국가 체제에서는 미국과 같은 분권화된 시장경제 체제에서보다 경제주체들이 더욱 밀접히 연계되는 협력관계를 갖고 있다. 한 부문의 개혁이 다른 부문의 효율성에 변화를 주며 개혁의 비용을 높여놓는 결과를 낳으므로, 개혁이 쉽게 추진될 수 없는 한계가 있다.

서구의 복지국가는 지난 수십 년을 통해 점진적 정책변화를 통해 정립되었지만, 이런 복지국가를 개혁하기 위한 가장 효과적인 전략은 점진주의 전략이라고 볼 수는 없다. 오히려 총체적인 패키지로써 정책변화를 일으키는 것이 더욱 효과적이라는 지적들이 많다. 편협적인 특수이해를 거부하는 조합주의적 반대를 극복하기 위한 포괄적인 사회협약과, 일반 유권자들이 수혜 측면에서 손해를 보고 세금 측면에서 이득을 보도록 하는 글로벌 차원의 패키지 개혁안, 이 두 가지가 정치적 합의를 이끌 수 있을 것으로 전망된다.

2) 복지개혁의 가설들

앞에서 논의되었던 복지국가의 '부활론'을 주장하는 학자들의 복지개혁 논의를 정리해볼 필요가 있다. 그 주장을 대표하는 피어슨(Pierson 1996, 2000)과 로스(Ross 2000)는 복지국가의 개혁을 위한 제반 조건들 또는 가설들을 다음과 같이 네 가지로 제시한다.

첫째, 집권당 정부가 정치적으로 불리한 개혁을 단행할 수 있기 위해서는 개혁이 선거에 미치는 영향을 흡수할 수 있는 정치력을 가져야 할 것이다. 영국의 마가렛 대처의 등장이 한 본보기가 된다. 영국 보수당 내부가 좌우로 분열되는 틈을 타서, 당시 야당인 보수당이 개혁의 공약을 내세워 집권할 수 있었다. 그럼에도 대처의 집권으로 개혁의 공약을 실현시킬 수 없는 정치적 장애에 부딪혔듯이, 이런 가설은 실현되기 어려울 것으로 내다보인다. 마찬가지로 보수당 이후 장기집권에 성공한 노동당은 2010년에 다시 보수당에 정권이 넘어가면서, 보수당은 어떤 획기적인 복지개혁을 단행할 것을 공약하지는 않았다.

둘째, 정부재정의 위기가 개혁의 기회를 제공할 수도 있다. 재정위기를 극복하는 정치적 분위기가 조성될 것이며, 유권자의 지지를 구해낼 수도 있다. 그럼에도 정파 간의 고도의 정치적 타협 없이는 실현될 수 없다는 한계가 있다. 위의 4개국의 사례에서처럼 1980년대에 가장 심각했던 재정위기의 상황에서도 복지국가의 개혁이 점진적인 개선에 그칠 수밖에 없었던 것처럼, 재정위기가 1980년대 이상으로 심화될 수 있다는 전망도 기대하기 어려운 것이다. 실제로 21세기에 들어서도 동일한 추세를 보여준다.

셋째, 복지국가의 긴축을 계획하는 정책결정층이 시민들, 특히 복지수혜층이 가시적으로 느낄 수 없는 일련의 긴축정책을 추진할 수도 있을 것이다. 결국 이 문제는 '정치적 제도'의 디자인에 의존하게 된다. 영국과 스웨덴처럼 정치적 권위가 중앙집중화된 국가에서는 정부의 일반적인 입장은 인기가 없는 정책결정에 대한 정치적 비난을 회피하려는 강력한 압력을 받게 될 것이며, 그럼으로써 일거의 가시적인 것보다 일련의 비가시적인 '모호한' 삭감 전략을 개발하여 집행할 수 있는 강력한 권위 또한 갖추고 있다. 이보다는 분권화된 미국과 독일의 연방체제에서는 중앙의 책임을 지방으로 위임시키는 일련의 정책을 추진할 수 있을 것이다. 실제로 미국의 경우 레이건 시대에 신연방주의(new federalism) 정책을 통해 중앙에 쏠리는 정치적 비난을 지방으로 전가시키는 전략을 구사하기도 했다. 의회의 주도권을 장악하고 있는 공화당의 복지개혁 전략이 이런 레이건 시대의 신보수주의 전략을 계승하고 있는 것이다. 1996년에 도입된 새로운 복지제도인 TANF의 기본전략이 분권화 전략인 것이다. 그러나 오바마 집권 이후의 미국에서는 심각한 복지개혁보다는 공공 의료보장제의 도입 등 오히려 복지국가의 확대를 추진하였다. 트럼프 대통령은 이른바 오바마 케어를 대신하는 새로운 의료보험 정책을 제시하였다.

마지막으로, 게임의 규칙, 즉 제도적 변화를 추구하는 전략도 가능하다. 이 전략은 매우 드문 경우이지만 몇 가지 유사한 사례들에서 교훈을 구할 수도 있을 것이다. 유럽의 경우, EU의 영향력이 증대함으로써 정책변화를 위한 외부환경의 압력에 의존할 수도 있는 것이다. 유럽 국가들이 정부의 정책보다는 EU의 강제적 정책에 의해 복지국가의 개혁을 단행하며, 정치적 비난을 회피할 수 있는 피난처를 찾을 수 있다는 것이다. 미국에서도 의회를 주도하는 공화당의 전략이 기본적인 제도적 변화를 통해 복지개혁을 제도적 변화의 틀에 맞추는 방향으로 개혁을 추진해 왔다. 제도적 변화란, 세금의 한계를 분명히 하며 복지지출의 삭감을 단행할 수 있는 유리한 제도적 분위기를 조성한다는 우회적 전략이기도 하다.

3) 복지개혁의 도전들

오늘의 경제와 사회는 복지국가가 탄생되었던 시대의 경제와 사회와는 엄청나게 판이한 것이 분명하다. 아래에서 차례로 살펴볼 수 있듯이, 인구구조, 가족구조, 예산구조, 노동시장 등 모두가 그렇다. 이들이 복지국가의 개혁을 압박하는 주요 요인들이라고 볼 수 있다.

정부재정의 악화

앞에서 살펴보았듯이 사회복지지출비의 증가는 복지국가를 압박하는 매우 심각한 부담이라는 것을 알 수 있다. 사회보장비의 증가는 유럽인 생활수준의 향상을 반영하고 있다고도 볼 수 있다. 사회보장은 '열등 재화'(inferior goods)가 아니므로 사람들의 부와 소득이 증대함으로써 사회보장에 대한 요구도가 높아지게 된다. 그럼에도 사회보장지출 증대는 세금증가를 의미하므로, 무한정 세금을 올리면서까지 지속될 수는 없는 것이다. 지출증대를 조장했던 주요요인들은 인구의 고령화, 가구구조의 변화, 고실업 및 복지서비스 비용증가 등으로 지적할 수 있다.

'인구의 고령화'의 부정적인 영향으로 사회보장과 복지서비스 비용이 2030년까지는 지속적으로 상승할 수밖에 없는 전망이 나오고 있다. 벨기에, 덴마크, 독일, 핀란드 4개국의 장기예측에서도 이런 공통점을 발견했듯이, OECD 국가들 가운데 예외가 될 국가는 없다고 볼 수 있다. 그만큼 정부정책의 자유도가 예산관계로 크게 위축될 수밖에 없는 것이다.

인구의 고령화

출생과 사망의 동시적 감소가 인구의 고령화라는 결과를 낳고 있다. 65세 이상 인구층이 65세 이하 인구층에 의존하는 비중, 즉 '고령의존율'이 전대미문의 최고치에 달해 있는 것이 서구의 현실이다. 지속적인 인구의 고령화는 공공서비스와 사회보장에 대한 요구를 지속적으로 증대시킴으로써 정부 예산에 근본적인 구조조정을 요구하고 있다. 공공의료 및 연금의 경우가 인구의 고령화에 직접적인 재정적 압력을 받고 있다. 기대여명 자료를 살펴보면, 65세 이하 인구층의 기대여명 연장보다 65세 이상의 고령층의 기대여명 연장이 더욱 두드러지게 나타나고 있다(Joo 1987; OECD 2002).

연금의 경우, 1995~2030년 기간에 기존의 연금체계가 현상대로 유지될 경우, EU 전체의 GDP대비 연금지출액이 평균 3~4% 증가할 것이라는 예측이 나오고 있다. 의료보험 또한 고령층, 그 가운데에서도 80세 이상의 최고령층에 대한 의료부담이 크게 늘 것으로 내다보인다. 이들은 더욱 오래 장수할 것이며, 더욱 장수하기 위해 의료지원이 뒷받침되어야 할 것이다. 어느 인구층보다 이 고령층이 가장 많은, 가장 비싼 의료서비스를 요구하고 있다.

또 제7장에서 살펴보겠지만 지금 장년층 노동인구를 점하고 있는 '베이비붐' 세대가 퇴직기에 접어드는 2010년부터 서구 국가들은 고용불안과 더불어 이들 노인층의 노후 사회보장을 뒷받침해줄 재원확보에 많은 어려움을 겪고 있다. 이미 한계에 달하고 있는 세금을 지속적으로 인상할 수만은 없는 일이다. 2030년이 되면 지금의 노인 1명을 직장인 2명의 세금으로 뒷받침해야 하는 비관적인 전망이 나오고 있다. 게다가 많은 55~64세 연령층이 조기퇴직으로 이동하고 있는 추세는 고용불안과 사회복지 재정위기를 충분히 예측하게 만드는 불안한 조짐인 것이다.

가족구조의 변화

가족구조가 더욱 핵가족화로 변화되는 추세는 인구의 고령화 속도만큼이나 급진적이다. 가족 구성에서 한쪽 부모만이 주소득원이 되는 강한 추세와 함께 가족의 수가 점차 줄어들면서 복지서비스의 절대적인 요구가 늘어나며, 복지국가의 재정부담을 크게 압박한다. 가족 가운데 노인 단독가구와 아동의 빈곤, 청소년의 교육과 고용 지원 등 복지서비스 요구가 새로운 유형으로 바뀌가고 있다. 핵가족화는 가구중심의 지원체계가 개인중심의 지원체계로의 전환을 의미하며, 이 개인중심 체계는 '수평적 형평성'(동일 상황에 대한 동일한 대우)에 비추어 볼 때 엄청난 비용부담을 가중시킨다.

대량실업, 장기실업

서구의 실업은 대량으로 장기화되고 있다는 특성을 보여준다. 1960년에 EU 평균 2.4%에 불과하던 실업률이 30년이 지난 1990년에 10.9%로 4.5배가량 뛰었고, 2007년에는 5.8%로 다소 진정되었다. 그간의 대량실업과 장기실업은 실업급여를 지급하고 재고용·훈련비를 제공하는 등 고용보험을 위태롭게 만들었고, 나아가 연금보험까지 궁지로 몰아갔다. 고실업 상태에서 조기퇴직이 크게 늘면서 퇴직연령이 점차 하향되고 연금보험 지출이 급증되고 있다. 법적으로 퇴직연령을 높임으로써 연금지출을 삭감하려는 개혁의 성공률도 그만큼 줄어들고 있다. 일종의 딜레마 상태인 것이다.

복지서비스비용 증가

복지국가가 직접 공급하거나 재정을 지원하는 서비스의 생산은 '개인서비스의 보몰 병'(Baumol disease of personal services)을 앓게 된다. 이 병은 다음과 같은 뚜렷한 증세를 보인다. 복지서비스는 주로 노인, 장애인 등의 개인에 집중된 개인서비스로서 서비스가 주로 노동의 투입으로 제공되기 때문에 서비스의 생산성은 점진적으로 더디게 향상된다. 따라서 복지서비스에 드는 비용은 다른 생필품의 가격상승에 비례해서 증가하는데, 이는 곧 증가하는 복지서비스 요구를 만족시키기 위해서는 점차 더 많은 국민소득의 몫을 복지서비스에 투입해야 한다는 것을 의미한다. 서비스의 세계화, 또 지식집약적인 테크놀로지의 진전으로 일부 서비스 영역에서 비용절약효과를 기대할 수도 있지만, 다른 한편으로는 새로운 '생산품 개발'이 보다 많은 요구를 유인하는 효과도 낳는다. 의료서비스 비용에서 고전적인 사례가 되어 왔듯이, 새로운 공급이 새로운 수요를 부추기고 있는 것이다.

공공 및 민간 의료비는 지난 2000~2013년 기간에 많이 상승하였다. GDP에서 차지하는 의료비 비중이 2013년 OECD 평균이 8.9%인데, 미국(16.4%)을 비롯해 네덜란드, 스위스, 스웨덴, 독일, 프랑스가 의료비 지출 상위 그룹을 이루고 있고, 한국(6.9%), 룩셈부르크, 폴란드, 멕시코가 하위 그룹을 형성하고 있다. 의료비의 공공과 민간 구성비로 보면, 공공지출이 가장 많아 서구 국가들에서는 70~80% 정도지만 민간 지출비가 더 높은 국가들로 미국과 칠레가 있고, 한국도 민간 비중이 상당한 국가로 꼽힌다.

국민 일인당 지출비(PPP 구매력평가 적용)에서도 공공지출비보다 민간 지출비가 더 많은 미국이 가장 높은 연간 9450불에 달하고, 뒤이어 스위스, 노르웨이, 네덜란드, 독일, 스웨덴 등이 연간 5000불을 상회한다. 한국은 연간 2490불로 하위 그룹에 속한다(OECD 2016c).

제5장

빈곤과 재분배정책

1. 빈곤과 불평등의 해소

빈곤이란 무엇인가? 빈곤의 개념은 '경제적' 시각에서 정의하는 것이 일반적이지만, 가정과 사회화 과정 등 문화적 조건에 초점을 맞춰 문화적 특성에 따라 정의하기도 한다. 전자는 소득 등 경제적 수치에 의해 쉽게 측정할 수 있는 장점이 있어 국가의 공식 통계에서 널리 활용되고 있다. 소득 또는 지출이 최저생활을 하는데 필요한 생계비에 미달된 상태를 빈곤으로 본다. 반면에 후자는 경제적 조건보다 문화적 조건을 더 중시하며 빈곤층이 공통적으로 갖고 있는 빈곤문화(poverty culture)의 특성을 분석한다(최일섭 2000: 92). 그 밖에도 '절대 빈곤'(absolute poverty)과 '상대 빈곤'(relative poverty) 개념으로 빈곤을 정의하는 것이 국제적 관례가 되고 있다.

1) 빈곤의 개념 : 권리기초적 접근

빈곤의 개념은 가장 일반적으로 '절대 빈곤'과 '상대 빈곤'으로 구분해 정의한다. 먼저 '절대 빈곤'이란 "기본적인 인간의 요구를 충족시킬 수단이 없는 상태," 이 상태는 "인간의 체면을 살리는 수준에 못미치는 영양실조, 문맹, 질병, 열악한 환경, 높은 영아사망률, 낮은 기대여명 등의 상태"라고 볼 수 있다(UNDP 1998: 15). 절대 빈곤은 로운트리(Rowntree 1901)가 1899년 뉴욕시 조사에서 "총수입이 육체적 효율성의 유지에 필요한 최저 수준을 획득하기에 불충분한 가구"를 일차적 빈곤(primary poverty)이라 규정한 데서 유래한다(박순일 2007: 178). UN의 천년개발목표가 설정한 국제적인 '절대 빈곤'의 기준은 적절한 영양 섭취를 할 수 있는 하루 세 끼의 식사비용에 해당되는 1.25달러 수입도 안 되는 상태를 말한다(UNDP). 세계적으로 절대 빈곤 인구는 1990년 19억 명에서 2015년 8억 3600만 명으로 크게 줄었다(UNDP).[3]

그러나 '육체적 효율성을 유지하기 위한 최소한의 수입'도 사람, 시대, 장소에 따라 변할 수밖에 없다. 따라서 빈곤은 "주어진 사회에서 한 명 이상의 사람이 사회적 기준으로 합리적으로 설정된 최저의 물질적 안녕(well-being) 수준을 성취하지 못한 상태"(Viet-Wilson 1998)로 정의할 수 있다. 최저생계비에 대해 한국의 국민기초생활보장법은 "건강하고 문화적인 생활을 유지하기 위해 소요되는 최소한의 비용"으로 정의한다.

이와는 대조적으로 '상대 빈곤'은 "단순히 생존의 문제뿐 아니라 그 공

---

3 http://www.undp.org/content/undp/en/home/sustainable-development-goals/goal-1-no-poverty.html

동체의 기준에 의해 판단되는 최소한의 수용가능한 생활수준을 영위하지 못하는 상태"를 의미한다. 여기에서 생활수준은 "평균소득 수준에 의해서가 아니라 사회구성원들이 가치를 두는 삶을 영위할 능력에 의해 판단되어야 한다"고 볼 수 있으므로 "건강, 지식, 자긍심, 또 공동체 생활에 적극적으로 참여할 수 있는 능력 등 역량을 높일 수 있는 수단으로 간주되어야 한다"(UNDP 1998: 15). 흔히 '빈곤선'을 정해두고 상대빈곤을 얘기하는 것이 일반적인데, 평균 국민소득의 1/2 수준으로 한다.

나아가 빈곤의 새로운 척도로서 '역량빈곤 척도'(Capability Poverty Measure)가 UNDP에 의해 제시되고 있다. 인간개발은 소득 이외에 많은 다양한 측면들과 관련되기 때문에, 빈곤 또한 비슷한 관점에서 새로 정의되어야 한다는 것이다. 아래의 세 차원에서 수치적으로 추산할 수 있는 '역량빈곤척도'는 "수용가능한 최저생활 수준을 영위하는 데 필요한 자원에 접근할 수 없는 무능력으로, 인간의 박탈감을 측정하는 복합지수"다(앞글: 17). '역량빈곤척도'는 ① 충분히 영양을 섭취하고 건강할 능력으로, 이는 5세 미만 아동 중 저체중아의 비중으로 측정될 수 있고, ② 건강한 재생산 능력으로, 이는 훈련받은 보건요원이 담당하지 않은 출산건수의 비율로 측정되며, ③ 교육받고 지식을 터득할 능력으로, 이는 사회적으로 취약한 위치에 있는 여성의 식자율(literacy)로 측정될 수 있다. UNDP(2010)는 "2010년 인간개발 보고서"에서 새로운 빈곤지수로 '다차원빈곤지수'(MPI: Multidimensional Poverty Index)를 제시한다. MPI는 영양실조, 5세 이하 아동사망률, 임산부사망률, 안전한 식수, 위생시설 등 10개 항목들로 측정해서 '심각한'(acute) 빈곤 상태를 보여주는 지표로, MPI는 세계은행이 하루 1.25달러 이하로 생활하는 빈곤 상태를 지칭한 '극심한'(extreme) 빈곤과는 다르다.

빈곤은 이상과 같이 소득, 사회적 지표 이상의 의미를 갖고 있다. 빈곤에 대한 '권리기초적' 접근(rights-based approach)은 빈곤에 대해 권력 부재의 상태, 즉 사람들이 자신들의 삶의 주요부분을 통제할 수 있는 능력을 거부당한 상태라 정의한다(그린 2010: 41). 빈곤은 국가, 사회, 가계, 모든 차원에서 정책과 관행으로 제도화된 뿌리깊은 불형평성과 불균등한 권력관계 현상이다. 사람들이 자주 돈이나 토지 또는 자유를 결여하고 있는 것은 그들의 계급, 성, 인종, 연령 등 개인적 정체성의 하나 이상에서 차별을 당해 삶의 여러 선택을 할 수 있는 자원을 주장하고 통제하는 능력을 제약받기 때문이다. 권리기초적 시각은 1948년 세계적인 '보편적 인권선언'에 기초한다.

권리기초적 접근법에서 빈곤은 우선 '식량에 대한 권리'(right to food)에 초점을 맞춰, 사람들이 그 권리를 취득하는 능력을 갖도록 하는 데 방해하지 않는 '권리존중'의 원칙, 사람들이 식량 이용을 방해하지 못하도록 하는 '권리보호'의 원칙, 그리고 사회적, 경제적 환경을 조성하는 식량에 대한 '권리실천' 원칙들이 중요하다(Chilton and Rose 2009: 1203-4). 빈곤은 국가적 복지정책이기 때문에 정부의 중앙집중적 재정과 행정을 통해, 식량불안으로 인한 빈곤의 실태와 빈곤층의 특성을 정확히 파악함으로써 이를 바탕으로 빈곤해소를 위한 복지정책을 추진해 실제로 빈곤해소의 성과를 달성하는 정부의 '책무성'(accountability)이 강하게 요청된다(앞글 1204-7).

'권리기초적' 접근에 따르면, 빈곤층 개인 또는 집단이 사회복지에 대한 권리를 거부당한 정치적 이유 때문에 빈곤이 발생하고 확대된다. 보수주의자들은 빈곤은 일면 자연적인 현상이며 빈곤층은 나태나 무능 등 개인적 문제로 발생한 것으로 보지만, 진보주의자들은 불평등의 심화, 양극화, 경제위기, 사회적 배제, 정보부족, 시민권에 대한 무지 등 사회, 정치, 경제 전반의 구조적 모순을 빈곤의 근원적 원인으로 지적한다. 권리기초적 접근법은 빈곤층 스스로가 자신들의 권리를 인식해 능동적인 역할을 하고, 이에 대한 정부의 효과적인 정책 추진이 결합될 것을 주문한다(그린 2010; Chilton and Rose 2009).

빈곤의 세계화 문제에 초점을 맞춘 옥스팜(Oxfam)의 빈곤해소 접근법도 권리기초적 전략에서 추진되고 있다. 개발에 대한 '권리기초적' 접근법의 주요목적은 빈곤, 탈권력화, 갈등의 영속적인 악순환에 대해 모든 사람들이 권리보유자로서 의무부담자인 국가에 대해 책무성을 요청할 수 있고 의무부담자들이 인권을 실천하고 보호하고 증진하는 의지와 능력을 갖도록 하는, 일종의 선순환으로 전환시키는 방법을 탐구하는 일이다. '권리기초적' 접근법은 빈곤상태에 생활하는 사람들은 수동적인 자선의 수혜자로서 자신들의 기본적 욕구를 충족시킬 따름이라는 주장을 거부한다. 사람들은 누구나 자신의 권리를 실현하려는 노력을 하며 자신의 개발에 능동적인 주체자 역할을 한다. 국가를 포함한 개발 행위자들은 교육, 의료, 식수와 위생, 또 폭력, 억압 또는 재앙으로부터의 보호 등 인간다운 삶의 핵심부분들에 대한 권리를 보장해줌으로써 사람들이 자신의 권리실현의 역량을 구축하도록 지원을 아끼지 않아야 한다.

이처럼 권리기초적 접근법은 형평성과 정의의 논의를 국제공동체가 지지하는 원칙들과 국제법에 명시된 원칙들에 초점을 맞춘다. 시민들의 욕구를 반영하는 국가의 역량에 영향을 미치는 다양한 세력들에 국가가 의존하는 지금 시대에는 인권의 기본틀은 정부와 시민들이 함께 정의를 추구하도록 도움을 준다. 권리기초적 접근법은 국제구호 NGO인 Oxfam이나 다른 권리기초적 기관들로 하여금 자신들도 모르는 사이에 케케묵은 자선의 원리를 고수해 차별과 배제의 현실을 무시하고 기존의 권력불균형을 강화시키는 실책을 범하지 않도록 책무성을 강화하게 만드는 압력을 행사한다.

2) 빈곤의 요인들

빈곤의 원인은 무수하며, 세계화 등 시대상황이 급변함에 따라 전혀 새로운 요인들이 빈곤의 요인 목록에 추가된다. 아래에서 지적되는 빈곤의 요인들은 최근 연구자들이 빈곤에 직접적인 영향력을 행사하는 주요 요인들로 꼽는 것들이다(Moller et al. 2003; 그린 2010). 그럼에도 연구자들 사이에도 경험적 분석의 결과에 대한 논의는 지속되고 있다. 어느 국가들을 대상으로 어느 시점에서 어떤 독립변수들을 어느 자료를 활용해서 분석했느냐 등에 따라 상이하거나 대립적인 결론이 제시되고 있기 때문에 아래의 주요 요인들은 경험적으로 더 검증되어야 할 것들이다. 특히 '권리기초적' 접근법이 제시하는 '능동적 시민권'의 개념은 빈곤에 대해 새로운 정치경제적 시각을 요청한다.

산업화

산업발전과 빈곤의 관계가 역사적으로 뜨거운 논쟁이 되어 왔다. 초기 산업화 단계에 관한 논쟁에서는 예를 들면 마르크스(Marx)는 산업자본주주의의 발전이 대중의 빈곤을 확대시킬 것으로 보았다. 그렇지만 20세기에 와서 이런 현상은 실제 일어나지 않았고 그 반대로 산업발전이 빈곤해소에 직접적으로 기여했다. 따라서 산업화가 진전된 국가에서 빈곤이 완화된 사실은 역사적으로 검증되었다고 볼 수 있다. 국가 간 차이를 비교한 일부 경험적 연구들은 1인당 총생산으로 지칭되는 경제발전의 수준은 낮은 빈곤수준과 밀접히 관련된다고 검증한다.

탈산업화

탈산업화(deindustrialization)는 제조업에서 서비스 산업으로의 산업구조의 이동을 의미하는데, 이 이동이 소득불평등을 더 심화시켰고 빈곤의 확대에 기여했다는 분석들도 있다. 따라서 제조업 중심의 사회가 서비스업 중심의 사회보다 빈곤으로부터 비교적 자유롭다는 지적이 있고, 서비스업으로 한창 이동하는 전환기적 사회에서 빈곤의 위협이 도사린다고도 볼 수 있다.

세계화

세계화는 가장 최근의 강력한 추세로 빈곤과 직접적으로 관련되는 것으로 드러나고 있다. 제3세계로부터의 수입이 늘어나고, 자본의 유동성이 증가하며, 또 외국인 이주가 늘어남으로써 더불어 빈곤이 확대된다는 가설이다. 제3세계로부터의 값싼 수입품의 증가는 국내 저임금 저기술 노동자의 일자리를 빼앗아가고 임금을 낮춤으로써 이들에게 빈곤의 위협이 된다고 볼 수 있다. 또 선진 외국자본이 제3세계로 많이 이동하는 것은, 제3세계가 이들에게 세제 지원과 저임금으로 강한 인센티브를 제공해주므로 선진기업들은 자국에서 제3세계로 제품공장을 이동시킴에 따라 자국의 탈산업화, 일자리 불안, 그럼으로써 빈곤 확대를 부추긴다. 마지막으로 세계화에 따른 외국인 이주의 확대는 이주자들이 국내 일자리를 차지해가고 임금을 낮추는 부정적인 효과를 낳기 때문에 국내 노동자의 빈곤을 위협한다고 볼 수 있다.

실업과 노동유연성

실업은 최근 경제위기의 상황에서 가장 심각한 빈곤의 요인으로 꼽혀 왔다. 노동자의 일자리 손실 또는 감소와 빈곤은 직접 관련된다. 일자리를 갖고 있는 노동자의 경우도 높은 실업의 상황에서는 실질 임금이 떨어지면서 빈곤선 이하로 몰릴 가능성이 높아지게 된다. 여성의 노동시장 참여확대는 빈곤과 어떤 관계가 있는지, 아직 명확하게 밝혀지지 않고 있다. 여성이 일자리를 갖고 소득을 올리면 가계 소득에 기여하며 빈곤의 위협을 극복할 수 있다고 볼 수 있다. 그럼에도 많은 여성들이 저기술 저임금 계층으로 머물러 있고, 일자리도 비정규직으로 불안한 상태에 있기 때문에 결국 여성의 노동시장 참여 확대는 빈곤의 퇴치보다 빈곤의 확대와 관련된다는 분석도 가능하다.

한 가지 심각한 논쟁이 되는 것은 '노동유연성' 문제다. 가난한 사람들에게는 일자리가 소득의 핵심적 원천인데, 노동유연성 정책은 낮은 임금을 조장하며 빈곤을 부추기는 경향이 있다. 적정 임금을 받지 못하는 노동자는 적게 소비하고 그럼으로써 많은 기업들에게 필수적인 국내의 재화와 서비스 시장을 위축시키며, 또 빈곤에 처한 가계들은 보건과 교육에 소비할 능력이 없기 때문에 미래 세대들의 전망과 생산성을 약화시킨다(그린 2010: 193).

소득불평등

소득분배와 관련된 빈곤의 현실은 더욱 복잡하다. 미국의 경우 지난 25년 기간에 경제성장이 소득분배 하위층의 실질 임금을 올리는 효과가 나타나지 않아, 경제성장이 빈곤해소에 기여한 것이 없다는 경험적 연구도 있다(Tobin 1994). 따라서 소득분배의 불평등 구조가 심한 국가에서 빈곤의 수준이 높고, 빈곤해소의 가능성이 낮다는 분석이 나오고 있다(Alderson and Nielsen 2002). 앞서 살펴본 '권리기초적' 시각은 불평등 해소가 빈곤의 근본적인 치유방법이라고 본다.

인구 동태

인구동태도 빈곤과 밀접히 관련된 것으로 알려지고 있다. 핵가족화와 고령사회의 진전은 노인인구의 빈곤을 부추긴다(노인의 빈곤에 대해서는 제7장을 참조). 청년층의 경우, 인구의 특성이 독립적이기보다 의존적 인구이자 노동예비군(labor reserve)으로 소득분배 구조에서 하위 소득층에 해당된다. 따라서 청년층 인구의 규모는 소득불평등과 관계가 있고, 빈곤의 수준과 관련된다고 볼 수 있다. 최근 OECD에서는 청년빈곤 문제가, 한국에서는 노인 빈곤 문제가 심각하게 제기되어 있다(OECD 2016a).

교육

교육은 전통적으로 빈곤퇴치와 밀접한 관계가 있는 것을 알려져 왔다. 교육의 확대가 노동생산성을 높여 빈곤수준을 낮춘다는 것이 역사적 분석이다. 또 교육은 숙련직과 전문직의 공급을 늘림으로써 숙련직과 비숙련직 사이의 소득 격차를 줄여 소득분배의 평등화와 빈곤수준의 하향화에 기여한다는 것이 경험적 분석들의 연구결과로 제시되었다. 그럼에도 미국의 사례에서는 숙련노동직에 대한 수요가 공급을 앞서가는 현상이 일어나, 숙련직과 비숙련직 사이의 소득불평등이 심화되었다는 분석도 있다. 특히 직업교육은 정규 교육과정을 받지 않은 노동자들에게는 유럽의 경우 직업기술을 익히고 향상시켜 생산성과 급여를 높이는 중요한 수단이 된다. 비숙련직 또는 저숙련직 노동자가 직업교육을 이수해 소득을 높임으로써 소득분배와 빈곤감소에 기여하는 것으로 조사되었다. 최근 교육수준이 낮은 NEET 청년 문제가 OECD에서는 주요 정책과제로 제시되어 있다(OECD 2016a).

정치

정치적 요인들도 매우 중요하다. 정치적 요인들은 정부로 하여금 빈곤퇴치에 적극적이거나 소극적으로 대처하는 실질적인 정책과 관련되기 때문에 다른 요인들보다 더 직접적인 요인이 될 수 있다. 정부정책에 직접적으로 많은 영향력을 행사한 것은 노동조합이다. 노동조합에 가입한 노동자의 수가 많으면 노조의 압력으로 정부의 빈곤퇴치 성과가 두드러지게 나타난다는 가설이 유력하다. 특히 노사협상이 중앙집중화된 국가에서 노조의 영향력이 더 지배적이라는 것이 서구사회의 분석 결과로 제시된다.

여성의 노동시장 진출이 늘어나면서 여성단체들의 역할도 주목을 받는다. 여성단체들의 활동이 활성화된 국가에서 빈곤의 위협에 있는 여성들의 빈곤퇴치에 기여한다는 가설이 설정될 수 있다. 여성의 일자리 보장과 같은 일반적인 요구뿐 아니라 일용직, 비정규직 여성의 직업안정 보장, 아동보육의 확대 등의 요구는 여성단체들의 지속적인 활동 목표가 되어 왔다.

또 좌파 정당의 지배도 매우 중요한 정치적 요인이다. 사회당, 노동당, 사회민주당 등 좌파 정당들은 빈곤과 직접 관련되는 최저임금제와 적극적 노동시장 정책에 적극적이기 때문에, 좌파정당의 집권과 정치적 영향력은 빈곤해소에 직접 관련된다고 볼 수 있다. 복지국가 18개국의 성인 빈곤을 비교분석한 결과에 따르면, 복지국가의 노조가입률과 좌파정권의 집권기간이 빈곤해소와 밀접한 관계가 있다는 것을 입증한다(Brady et al. 2009). 복지국가를 지지하는 노조활동이 활발하고 좌파 정권의 집권기가 길면, 복지국가의 빈곤해소 성과가 더 높다는 결과다.

그럼에도 민주화 등 시민참여의 정치에만 기초하는 복지정책의 추진은 실패할 수 있다. 브라질이나 볼리비아의 경우처럼 강력한 리더십의 등장과 '능동적 시민'의 역할이 잘 결합되었을 때 효과적인 빈곤해소 정책이 추진될 수 있다(그린 2010; Robinson 2010). '권리기초적 접근'이 중요한 것이다.

한국에서는 지난 2012년 대통령선거부터 점화된 치열한 복지공약 경쟁이 일면 복지정책의 발전에 기여하기도 했다. 그럼에도 복지공약으로 집권한 박근혜 정부는 4대 중증질환의 국가 책임, 의료비 본인부담 상한선 인하, 노인 기초연금 20만 원 지급 등의 공약을 제대로 지키지 않았다. 복지재원에 필요한 증세를 거부했던 것이다.

빈곤해소정책

보다 직접적인 빈곤해소 복지정책들을 살펴볼 수 있다. 실업급여, 공적부조 등이 확대되면 빈곤퇴치와 어떤 관련이 있는가? 일반적으로 빈곤상태에 처한 사람들에게 공적부조 등의 복지혜택을 제공해줌으로써 빈곤의 악화를 완화시키는 효과가 있다고 보지만, 일부 연구자들은 복지지원이 필요 이상 확대되면 수혜자들이 일할 의욕을 갖지 않고 복지수혜에 안주하게끔 만들어 이들을 빈곤상태에 묶어두게 된다고 분석한다. 그럼에도 다른 경험적 분석들은 관대한 복지국가 정책이 빈곤의 확대를 부추기는 것은 아니라는 결과를 보여준다. 아동 및 가족수당, 출산수당, 실업수당 등 복지수당의 관대성이 빈곤퇴치에 기여하는 분배정책의 수단들로 꼽히며, 이 복지프로그램들의 확대는 빈곤층 감소에 기여한다고 볼 수 있다(OECD 2008b, 2009b).

3) 소득불평등의 원인들

소득불평등의 원인으로는 우선적으로 글로벌 테크놀러지와 경제의 변혁에 초점을 맞춰볼 수 있다. 빈곤의 원인으로 살펴보았던 테크놀러지 중심의 세계화가 소득불평등에 가장 중요한 임팩트를 미친 것으로 논의되고 있다(Keeley 2015; OECD 2017c).

세계화

세계화(globalization)는 경제, 문화 등 다방면에 해당되는데, 소득불평등의 원인으로는 경제적 세계화를 가장 중요한 원인으로 꼽을 수 있다. 세계 경제는 점차 통합되며 높은 수준의 상호 연계성을 가진다. 테크놀러지와 정보, 무역, 금융과 투자, 생산, 국제 이주 등이 경제 세계화의 5대 글로벌 흐름이 되고 있다.

이상의 5대 흐름 모두가 소득불평등에 적지 않은 임팩트를 갖고 있는데, 그 중 테크놀러지와 정보가 가장 중요한 요인으로 꼽을 만하다(Keeley 2015: 44). 19세기 영국의 섬유 노동자들이 섬유 기계를 파괴시키는 러다이트(Luddite) 운동은 테크롤러지에 대한 비이성적인 두려움을 나타낸 것으로 볼 수 있지만, 숙련 노동자들의 입장에서는 평생 또는 장기간의 시간 투자로 익힌 장인기술이 기계로 무용지물이 된 데 대한 분노의 표시였다. 물론 기계화로 산업혁명을 일으킨 영국 등 서구 사회는 상당한 삶의 질 향상을 이뤘지만, 노동자들의 희생의 대가를 치뤄야 했다. 오늘날도 마찬가지다. 전화 교환원, 타이피스트 등 무수한 직종이 사라지고, 이제 로봇, 인공지능의 확대로 많은 일자리들이 사라질 위협을 받고 있다.

전통적인 '기술 대 테크놀러지' 경쟁은 불가피하게 소득불평등을 심화

표 5-1 세계화가 임금에 미치는 임팩트

OECD에서 세계화가 임금에 미치는 임팩트는 국가에 따라 혼합적이다. 이제 비경쟁적인 분야에서 일자리 질은 악화되고 있지만, 많은 국가들이 국제시장에서 경쟁적 어드밴티지를 갖고 있는 분야에서 많은 양질의 일자리가 창출되어 왔다. 수요 측면에서는 BRICS 등 신흥 개발도상국의 급성장으로 OECD 기업들에게는 새로운 기회를 제공해, 제품과 서비스의 경쟁력을 갖추며 새로운 훈련된, 생산적인 노동력을 고용하는 기회가 늘었다. 기업들은 지속적으로 전문 기술직의 고용을 확대해간다. 2006년 미국에서 기업의 구인 일자리의 40% 이상은 고수준의 판단력을 요하는 일자리로 1998년 이래로 새로 창출된 일자리의 70%가량을 차지한다. 그 결과 OECD에서는 한편으로는 저숙련 노동자 임금은 줄고, 다른 한편으로는 고교육과 기술직의 임금은 치솟고 있다. 이들 사이의 임금 격차는 점차 벌어져, 소득불평등의 구조화로 나타난다.

자료 OECD 2013. "OECD Insights: Economic Globalisation." p.98.

시키는 가장 중요한 요인으로 꼽힌다. 네덜란드 경제학자 틴버겐(Jan Tinbergen)은 '테크놀러지 대 교육'의 경합이라 표현해, 테크놀러지는 주도하고 교육은 뒤쳐져 보조를 맞추지 못한다고 설명한다. 결과적으로 교육으로 역량을 갖추지 못하는 저교육 노동자들의 일자리는 테크놀러지로 대체되는 위험에 처해 있고, 반면에 교육으로 역량을 갖춘 고교육 노동자는 테크놀러지를 활용하는 교육의 투자비를 고임금으로 돌려받는 혜택을 누린다.

표 5-2 디지털 데이터 디바이드(digital data divide)

빅 데이터 활용 등 데이터 분석으로 저비용의 빠른 실험 능력이 증대되고 자동화 장치나 시스템의 활용은 효과적인 의사결정 기회 확대 등, 경제와 사회에 많은 혜택을 준다. 생산성 증대 임팩트도 상당하다. 그럼에도 데이터의 속성, 데이터 수집과 활용 등은 심각한 문제들을 야기한다. 데이터 주도의 혁신은 방치해두면 민주적 시장경제가 기반을 두는 사회적 통합을 저해하기도 한다.

빅 데이터의 등장으로 인한 정보 비대칭 문제의 심각성은 권력 이동의 효과로 나타난다. 개인들 → 조직으로, 소비자 → 비즈니스로, 시민들 → 정부로 권력이 이동하고 있다. 또 전통적인 비즈니스에서 데이터 주도의 비즈니스로 권력이동이 이뤄져, 시장 집중과 지배의 리스크가 증대된다. 또 정부에서 데이터 주도의 비즈니스로의 이동은 후자가 전자에 비해 시민들의 관한 지식과 정보를 더 많이 갖게 되면서 발생하는 것이다. 이런 데이터 혁명의 추세는 기존의 불평등을 더 심화시키며 새로운 디지털 데이터 디바이드(digital data divide)를 이끄는 경향이 강하다.

자료 OECD, 2017. "Bridging the Gap: Inclusive Growth 2017 Update Report." pp.29-30.

테크놀러지 다음으로 세계화의 흐름 중 강력한 소득불평등 요인들은 무역과 투자로 꼽을 수 있다. 무역 이론에서는 글로벌 무역의 확대는 개발국에서는 임금 격차의 심화로, 개발도상국에서는 임금 격차의 축소가 일반적이다. 그런데 실제로는 분명하지 않다. 국가에 따라 무역의 임팩트가 다르게 나타난다. 일부 국가에서는 고용보호 입법이 느슨한 경우 무역 증대로 소득불평등이 심각한 영향을 받는다. 고용과 실직 모두가 비교적 용이한 노동유연성 정책이 지배적인 국가에서 무역 증대는 계층간 소득 격차는 많은 영향을 받는다. 선진국들과 개도국들 사이의 교역이 확대되면서 개도국의 저임금 노동과 경쟁해야 하는 선진국의 저숙련 노동의 임금이 하방압력을 받게 된다(유종일 2016).

다음으로 투자 또한 소득불평등에 많은 영향을 미친다. 오늘날 해외직접투자(FDI)는 가장 두드러진 세계화의 흐름으로 나타난다. 기업들이 공장을 해외로 이전시켜 국내 일자리가 사라지는 경우는 많은 국가들에서 글로벌 공급사슬 확장 때문이다. 노임이 가장 저렴한 개발도상국에서 공장을 세워 제품을 생산해 글로벌 시장에 판매하는 투자의 세계화가 지배적이다. 위에서 제시한 테크놀로지와 무역과 투자는 서로 밀접히 연관되어 복합적인 소득불평등에 대한 세계화의 임팩트를 보여준다.

노동 대 자본의 균형 이동

국가 소득의 몫이 노동에서 자본으로 이동하는 추세 또한 소득불평등의 심화와 밀접히 관련된다. 경제활동으로 생산되는 소득 가운데 노동자의 노동임금은 줄고 비즈니스를 소유하는 자산가들의 소득은 더 늘어나, 노동에서 자본으로의 이동 현상이 뚜렷하다(앞글: 47-48).

제품 생산활동에서 생산 요인들은 토지, 노동, 자본, 기업가정신 등 네 가지로 꼽힌다. 이 네 가지 중 소득불평등 요인으로 꼽히는 생산 요인은 노동(labor)이고, 두 번째는 자본(capital)이다. 자본은 금융자원과 기업가 등의 자산을 말하는데, 자본은 개인, 가족 또는 주주들이 소유한다. 이 모든 경제적 활동은 소득을 창출하는데, 경제학자들은 노동소득과 자본소득으로 가는 비중은 크게 변하지 않을 것으로 가정하였다. 1950년대 경제학자 니콜라스 칼도어(Nicholas Kaldor)가 제시한 장기 경제성장 일반론에 근거한 것이다.

그런데 지난 수십 년 새에 칼도어의 일반화를 깨는 심각한 변화가 일어났다. 국민소득 가운데 자본으로 가는 비중이 점차 늘면서 노동의 비중이 줄고 있는 것이 새로운 글로벌 동향이 된 것이다. OECD 국가들에서 1990년대 초 노동의 비중(66%)이 2000년대 말 61.7%로 크게 줄었다. 이런 노동 비중의 위축에는 여러 요인들이 있는데, 개발도상국 수출품과의 경쟁, 일자리와 고용 관련 규제의 약화 등이 있지만, 가장 핵심적인 것은 다시 테크놀러지라 볼 수 있다. OECD는 테크놀러지가 노동 비중의 위축에 약 80% 가량 임팩트를 가진 것으로 분석한다. 로봇과 자동화 설비, 정보 처리의 전문화 등이 노동의 비중을 점차 위축시킨 것이다. 그 결과 노동자들에게 돌아갈 소득이 노동자들을 대체하는 기계나 소프트웨어에 자본을 제공하는 자본 소유자에게로 돌아가는 소득 이동이 진행된 것이다. 2008년 금융위기 직후에 전개되었던 99% 운동이 던지는 메시지도 1% 고액 자산가들의 자본소득을 위해 99% 노동층이 상대적으로 빈약한 노동소득으로 어려운 삶을 살고 있다는 것이다.

이처럼 노동 → 자본 이동이 소득불평등에 주요 원인인지, 정확한 분석이 필요하다. 초기 산업화 시기에는 공장에서 일하는 노동자와 공장을 소유한 개인이나 가족이 비교적 명확하게 파악되었지만, 지금은 노동자도 주주로 참여하는 등 복합적인 요인 때문에 노동과 자본의 명확한 구분은 쉽지 않다. 그럼에도 국민소득 중 노동 비중의 위축은 소득불평등을 낳는 주요 요인이라는 분석들은 적지 않다. 국제노동기구(ILO)의 G20 연구보고서에 따르면, 노동 비중의 1% 감소는 시장소득 불평등의 0.1%에서 0.2% 증대를 낳는다.

노동력 : 전통적인 일자리의 위축

지난 수십 년간 전통적인 9-to-5 일자리가 많이 사라졌고 노조가입률도 위축되었다. 이 두 요인들도 소득불평등의 심화에 적지 않은 임팩트를 가진 것으로 분석되고 있다(앞글: 49-51). 비전통적인 일자리(파트타임과 단기 일자리, 자영업 등)가 널리 확대되고 있다. OECD 국가들에서 새로운 일자리 전체의 절반 이상이 이런 비전통적인 일자리이다.

이런 결과는 소득불평등 심화로 나타난다. 첫째는 노동력의 공동화 현상이다. 전통적인 노동력의 중심이 되었던 중간기술 수준의 일상적인 업무 수행을 하는 평생 직원의 위축이 그것이다. OECD에서 이들의 비중은 1995~2010년 사이에 53%에서 41%로 크게 줄었다. 그런데 숙련직의 상위

■ **그림 5-1** 직업기술 수준별 일자리 증감의 극단화: 2002~2015

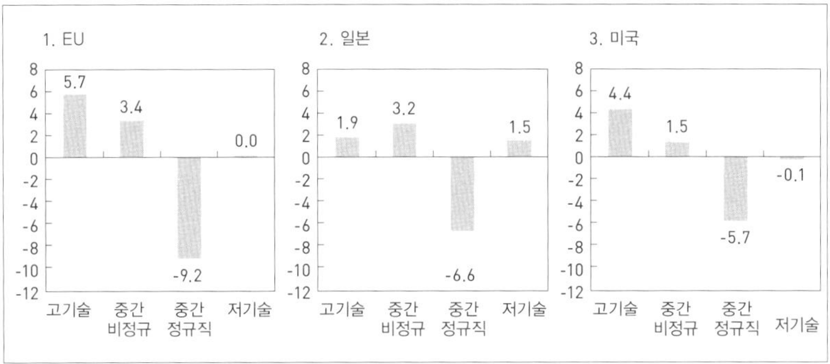

자료 OECD, 2017. "Bridging the Gap: Inclusive Growth 2017 Update Report." p.34.

기술직과 하위 저숙련직의 비중은 늘었는데 이들의 고용은 파트타임 또는 임시직 또는 자영업으로 고용불안을 안고 있는 계층들이다. 이런 구조적 변화에서 소득불평등은 심화되고 있다. EU, 일본, 미국에서 중간기술의 정규직 일자리가 많이 줄고, 저기술은 큰 변화가 없는 가운데 고기술과 중간기술의 비정규직 일자리만 늘어난 혁명적 변화를 주목해볼 만하다.

둘째는 비전통적 노동의 임금수준과 고용조건이다. 특히 저숙련직은 정규직에 비해 노동시간이 줄어들면서 연간 임금이 낮고 또 시간당 임금수준도 낮다. 또 이런 일자리는 일반적으로 노동조건이 취약하고 고용불안도 높은 편이라, 이들을 '프레카리아트'(precariat)라 부르기도 한다. 고용이 불안하다(precarious)는 의미와 프롤레타리아트(proletariat)를 합성한 말이다 비전통적 노동의 증대는 테크놀러지가 파트타임, 임시직의 수요를 증대시키고 이들의 고용을 용이하게 만들고 있기 때문이다. 또 다른 요인은 여성의 구직 활성화 때문이다. 많은 여성들이 자발적으로나 선택의 자유가 없이 가족의 욕구와 개인 경력을 위해 파트타임 일자리를 선택하고 있다. 또 정규직 보호는 엄중하면서 비정규직 보호는 느슨한 국가들의 법적 장치 문제도 있다. 그래서 강한 보호를 받는 정규직 '내부자'와 약한 보호를 받는 임시직 '외부자' 사이의 균열 상태에서 고용주들은 고용과 파면이 용이한 비정규직 채용을 선호한다.

지난 수십 년간 노조가입률이 크게 하락하였다. 노동층의 소득불평등 문제 해결을 중시해온 노조의 역할이 위축된 것으로 해석될 수 있다. 뉴질랜드의 노조가입률은 1980년 70%에서 2000년대 말 17%로 크게 줄었다. 다른 OECD 국가들의 노조가입률도 크게 하락한 것은 노조가입이 많은 전통적인 제조업의 쇠락과 관련되며, 또 일부 국가에서는 노조의 협상력을 약화시킨 노동법의 변화와도 관련된다. 그런데 일부 경제학자들은 노동자들이 노조가 자신들의 임금 이해를 대표하는 역할을 제대로 하지 않아 소득불평등이 늘고, 그래서 노조를 탈퇴한다고 주장한다. 한국에서도 노조의 위상 위축이 노동소득 불평등 문제를 야기한 요인이라 볼 수 있다. 유종일(2016)에 따르면, 임금결정에서 통상 협상력에 가장 큰 영향을 미치는 것은 노동시장의 수급상황과 고용보호 등 정부규제, 노동조합인데, 이 요인들이 모두 자본에 유리하고 노동에 불리한 방향으로 변화했다. 유종일은 세 가지에 대해 상세히 설명한다. 첫째, 대기업들의 아웃소싱과 정리해고가 확산되고 성장 동력이 약화되면서 고용시장 상황이 악화되고 자영업이 과잉 팽창하였다. 둘째, 노동시장 유연성이라는 미명하에 추진된 일련의 규제완화 정책으로 집단해고에 대한 보호 수준이 OECD 국가들 중 가장 낮고, 간접고용이 만연하게 되었다. 셋째, 노동조합의 조직률이 매우 낮고 자본과 정부의 공격적인 태도에 밀려 교섭력이 저하되고 있다. 이렇게 노동의 교섭력이 하락한 결과 전반적인 노동소득분배율이 하락했고, 동시에 자본의 '분할 정복'이 용이해지면서 노동시장 분절이 심화되고 임금의 불평등이 확대되었다.

4) 불평등 해소의 복지정책

세계적으로 사회적, 경제적 양극화의 심화 문제가 갖고 있는 도덕적 모순은 세계인 모두의 오랜 관심사가 되어 왔다. 세계적으로 10억의 사람들이 굶주리도록 방치되고 있는 지금의 세계에는 심각한 불의가 존재한다고 볼 수 있다.

불평등과 양극화에 대한 관심이 높아지는 이유는 그것이 사회통합을 위협하는 핵심이기 때문이다. 불평등은 모든 사람들이 어느 지역에 살든 누구나 특정한 기본권을 누린다는 '보편적 인권' 원칙에 위배된다. 동등한 시민적, 정치적 권리를 보장하기 위해 또 경제적, 사회적, 문화적 권리의 '진보적 실현'을 추구할 목적으로 UN이 설정한 국제인권기본원칙에 국가들이 의무를 다하도록 하기 위해서는 불평등과 양극화 해소가 필수적이다.

불평등을 외면하는 현실

그럼에도 불평등과 재분배 문제는 서구에서도 방치되어온 이슈들이다. 신자유주의 세계관은 빈곤해소가 경제성장만으로도 충분하다고 믿었기 때문이다. 그러나 2005년에 와서 그런 접근법이 명백히 실패했다는 반증이 세계은행의 여러 보고서에 등장했고, UN은 불평등 문제해결이 우리 시대의 가장 긴급한 과제 중 하나라 강조하였다(그린 2010: 18).

세계적으로 불평등 문제에 대한 관심은 높아지고 있지만, 복지국가의 정책결정자들은 대대적인 재분배정책을 외면해왔다. 세계은행은 (교육의 접근, 차별로부터의 자유, 법 앞의 평등 등) 기회의 균등을 주장하지만, 그보다 더 큰 결과의 평등에 대해서는 절대적 박탈의 회피라는 관련성만 언급하고 있을 따름이다(앞글: 19). 누진세 또는 급진적 토지개혁을 통한 자산의 재분배에는 매우 소심하며 (투자자에 대한 위협과 같은) 재분배의 위험부담을 지속적으로 강조한다. 부유국 사람들이 개발을 얘기할 때는 불평등보다 빈곤을 얘기하는 것이 더 편안하게 생각하고 또 재분배보다는 불평등 얘기를 선호한다.

불평등해소와 사회통합

그간 학계는 불평등이 '부의 창조자'에게 상을 주고 그럼으로써 혁신과 경제성장을 돕는 긍정적 잠재력이 있다고 주장해왔다. 그러나 지금의 학계는 불평등이 아니라 평등이 성장에 도움을 주고 성장이 빈곤해소를 더 효과적이라는 데 의견일치를 하고 있다(앞글: 19).

- 불평등은 재능을 낭비한다. 여성이 고위직에서 배제되면 국가의 재능 절반이 낭비된다. 만약 인도의 모든 주들이 가장 실적이 좋은 카르나타카(Karnataka) 주만큼 직장내의 성차별 철폐에 높은 실적을 내면 국민총생산이 1/3 가량 증가할 것이라는 추산도 있다.
- 불평등은 사회와 사회의 제도들을 해친다. 불평등한 사회에서 엘리트들은 정부와 다른 기관들을 쉽게 '장악해' 전체 다수의 경제적 선보다는 자신들의 편협한 이해를 추구하는 수단으로 이용한다.
- 불평등은 사회적 유대를 해친다. 개인들 사이의 '수직적 불평등'은 범죄율 증가와 연관되고 반면에 (예를 들면 다른 인종집단들 사이의) '수평적 불평등'은 국가발전을 수십 년 후퇴시키는 갈등의 가능성을 높인다.
- 불평등은 빈곤에 대한 경제성장의 효과를 제약한다. 1%의 성장이 빈곤층에 혜택을 주는 효과는 불평등한 사회에서보다 평등한 사회에서 더 크게 나타난다.
- 불평등은 한 세대에서 다음 세대로 빈곤을 물려준다. 가장 잔인한

것은 엄마의 빈곤이 자식들 모두의 생애 전체를 파멸시킨다는 것이다. 개발도상국에서는 매년 3000만 아동들이 태아단계에서 빈약한 영양섭취 때문에 성장장애를 가진 채 태어난다. 체중미달의 신생아들은 사망가능성이 높고 살아서도 생애 전반에 질병과 빈곤에 직면한다.

불평등해소 사회투자정책

복지국가는 '포용적 성장'(inclusive growth) 정책으로 불평등 해소에서 중요한 역할을 한다. "정부는 사람 중심의 경제와 사회를 증진시키는 임파워링 환경(empowering environment) 창출에 핵심 역할을 한다"(OECD 2017c: 41). 취약층에 타깃을 맞춘 사회적 투자, 재분배적 재정정책과 종합적인 노동시장 지원을 통해 "정부는 개인들이 자신들의 삶에 대해 완전한 의사결정을 할 수 있는 역량을 갖게 할 수 있다"는 의견이 수렴되어 있다. 특히 일생에서 첫 몇 년 기간이 삶의 기초를 마련하는 데 결정적으로 중요한 시기로, 정부가 확고한 보육과 교육 투자로 지속가능한 복지국가를 지향할 수 있다.

2. 빈곤과 소득불평등의 특성

1980년 이래로 유럽과 북미 국가들에서는 임금소득자의 고용과 임금의 안정이 감소되며 소득불평등이 증가해 왔다는 자료들이 쌓이고 있다. 앞에서 서술한 피어슨(Pierson) 등의 '복지국가 부활' 학자들은 바로 이 점을 고려하지 않았다. 이들의 주장을 반박하며 오히려 복지국가의 쇠퇴를 제기할 수 있는 단서로 빈곤과 불평등의 확대를 우선 꼽을 수 있는 것이다(Clayton & Pontusson 1998).

복지국가의 활동은 노동시장의 작용에 영향을 미칠 수밖에 없기 때문에, 빈곤과 불평등의 문제는 곧 복지국가의 규모와 특성 등 핵심 원리를 파악하는 데 중요한 단서가 될 수 있다. 예컨대 스웨덴은 1980년대의 대량 실업문제를 타개하기 위해 1990년 초에 이전 실업급여의 소득대체율을 90%에서 75%로 하향 조정시켰고, 그 수준은 2007년 다시 66%로 하향조정되었다.

1) 경제위기와 빈곤의 확대

세계는 지속적인 경제성장을 이룩해왔지만, 그 성장의 결과가 공평하게 공유되지 않고 있다는 것이 세계인의 공통된 의견이 되고 있다. 일례로 2008년 2월 BBC가 37개국 국민 대상으로 실시한 여론 조사에 의하면 3분의2 정도는 지난 수년 간의 경제발전이 공평하게 공유되지 않았다는 견해로, 이에 대해 한국, 포르투갈, 일본, 터키에서는 설문응답자 80% 이상이 동의하였다(OECD 2008).

그렇다면 세계는 점차 '빈익빈, 부익부' 현상으로 빈곤층이 늘어나고 있는가? 세계적인 빈곤의 심화를 분석한 그린(2010: 15)은 세계적 차원의 빈익빈, 부익부 현상은 단일 국가보다 훨씬 더 심각하다고 보며, "이런 끔찍한 불공정성이 한 국가 내에서 발생했다면 아마도 사회적, 정치적 혼란을 야기했을 것"이라고 본다. OECD의 빈곤조사 또한 세계적인 '빈익빈, 부익부' 현실을 부인하지는 않는다. 1990년대부터 20년 동안 중위소득의 50%가 안되는 가구 비중을 나타내는 빈곤율과 소득불평등이 OECD 전체 2/3에 해당되는 국가들에서 모두 늘었다. OECD(2008)는 "세계의 불평등이 심화되었다는 점은 인정할 수 있으나 세계화가 불평등의 유일한 원인"이라기보다는 여러 요인 중 하나라고 본다. 인터넷을 다룰 줄 아는 사람은 이익을 보고 그렇지 못한 사람은 손해를 보는 숙련노동 편향적 기술 변화, 그리고 노조세력이 약화되어 근로자 보호는 예전보다 취약해진 상황 등이 불평등의 심화를 설명하는 요소라 지적한다.

OECD(2008)는 OECD 전체에서 소득불평등이 적어도 1980년대 중반부터 계속 심화되었다고 본다. 거의 모든 국가가 심화 현상을 겪었는데, 특히 캐나다와 독일은 최근에 크게 심화되었던 반면 멕시코, 그리스, 영국은 다소 완화되었다. OECD 국가들은 불평등 심화 추세를 상쇄시키기 위해 세금부담과 정부지출을 늘리고 있는데, 이 때문에 사회복지지출은 전대미문의 높은 수준에 올라 있다. 또 급속한 고령화로 인해 의료와 연금 지출을 늘리는 등 많은 지출 부담을 안고 있는 것도 사실이다. 정부지출의 소득재분배 효과로 1980년대 중반에서 1990년대 중반까지 10년간 빈곤의 증가 추세는 진정되었으나 이후 10년간은 빈곤층이 혜택대상에서 점점 밀리면서 빈곤이 확대되었다는 것이 OECD의 분석이다. 만약 정부가 사회보장혜택 지출을 줄이거나 빈곤층을 위한 세금과 혜택을 줄이는 등 소득불평등 상쇄를 위한 노력을 멈춘다면 불균형은 더 빠른 속도로 심화될 것이다.

또 계층별 차이가 심화되고 있음을 주목해볼 수 있다. 일부 계층은 다른 계층보다 사정이 더 나아졌음을 주목해볼 수 있다. 퇴직연령에 근접한 55~75세 연령층은 지난 20년 동안 소득증가율이 가장 높았는데 실제로 많은 국가에서 연금수급자 빈곤율이 급감하여 현재 OECD 전체 인구의 평균 빈곤율보다 낮은 수준이다. 이에 반해, 아동 빈곤율은 늘어나 현재

OECD 전체 인구의 평균 빈곤율을 웃돈 수준이다. 아이가 성인이 되어 받게 될 급여수준이나, 건강상태 등 아이를 완숙된 성인으로 만드는 데 있어 아동복지가 결정적인 요소라는 정책 주장이 있지만 정책 현실은 다르다.

소득불평등에 대응하기 위한 세금부담 증가와 정부지출 확대 조치는 일시적일 수 있다. 불평등을 지속적으로 줄이려면 임금과 자산소득 차이 증가를 멈추는 방법밖에 없다. 특히 개인이 취업능력과 소득능력을 갖추게 함으로써 자신과 가족이 빈곤에 빠지지 않도록 정부가 지원하는 일이 중요하다.

OECD(2008)는 빈곤과 소득불평등의 심화에 대한 요인들을 다음과 같이 지적한다. 첫째, 인구구조 변화는 소득불평등을 심화시키는 요인이다. 인구의 고령화보다는 독신 가구의 증가가 더 심각한 문제로 드러난다. 둘째, 대다수 OECD 국가에서 상시근로자 간의 급여격차는 갈수록 심해지는데, 이는 고임금자 소득이 더 높아졌기 때문이다. 이런 빈익빈 부익부 문제는 세계화, 숙련노동 편향적 기술변화, 노동시장 기관 및 정책 모두가 관련된 요인들이다. 셋째, 임금격차가 소득불평등에 끼친 영향은 고용증가로 상쇄되었다. 그러나 저학력자 취업률은 낮아졌고 실직 가정은 여전히 높다. 넷째, 자본소득과 자영업 소득 분포는 매우 고르지 못한 상태를 보이는데, 지난 10년 간 상태가 더 심해졌다. 이 추세가 소득불평등을 심화시킨 주원인이다. 다섯째, 빈곤해소에는 취업이 효과적이지만, 무직가구의 빈곤율은 근로자 가구보다 무려 6배나 높다. 여섯째, 그럼에도 빈곤에서 벗어나려면 취업만으로는 충분치 않다. 실제로 빈곤인구의 절반 이상이 저임금 그리고/또는 적은 시간의 연간 노동으로 생계의 어려움을 겪고 있다. 노동 빈곤층을 줄이려면 이들의 소득을 노동연계 복지제도로 보충해야 된다.

2) 상대적 빈곤율 국제비교

OECD 국가에서 일반적으로 적용되는 상대적 빈곤선을 적용한 상대적 빈곤율은 〈표 5-3〉에서 살펴볼 수 있다. 2007년 금융위기 직전에 비해 2014년에 빈곤율이 다소 높아졌고, 30개국 중 18개국이 증가를 경험했다. 한국은 1997년 말 IMF 외환위기 직후에 치솟은 빈곤율이 다소 진정된 결과를 보여주지만 터키보다 못하고 미국과 멕시코 등과 같은 최하위 빈곤국에 속해 있다. IMF 외환위기가 갖다준 심각한 폐해가 빈곤과 실업의 확대로 결과된 것이다.

OECD 분석에 따르면, 빈곤율은 일하는 가계에 비해 일하지 않는 가계가 여섯 배가 높다지만, 일자리가 항상 빈곤을 회피하게 해주지는 않는다. "빈곤층의 절반 이상이 일정한 소득이 있는 것으로 파악된다. 노동층의 빈곤(in-work poverty)을 해소하려면 소득을 보충하는 현금이전이 필요하다(OECD 2008: 5-6). "저소득층에게 혜택을 주는 고용과 소득 성장을 진흥하는 것이 정책의 핵심과제"라 볼 수 있다(OECD 2011: 293).

3) 소득불평등의 심화

소득불평등이 개선보다는 심화되고 있다. 지난 30년(1985~2014년)의 OECD 22개국 사례를 보면, 지니(Gini) 계수로 측정한 소득불평등은 가장 극심한 터키를 제외한 모든 국가에서 소득불평등은 개선되지 않았다.

소득불평등의 심화 원인으로는 앞서 살펴보았던 세계화, 실업의 확대 등으로 복합적이다. 소득불평등에 대한 정부의 정책으로는 아래에서 논의

표 5-3 상대적 빈곤율: OECD 30개국, 1985~2014 (단위: %)

	1985	1995	2005	2014	2007~2014
한국	–	–	14.6	14.4	−0.4
호주	–	11.4	12.4	12.8	−2.1
오스트리아	6.1	7.4	6.6	9.0	−0.8
벨기에	14.6	10.8	8.8	10.0	0.5
캐나다	10.7	9.5	12	12.6	0.4
체코공화국	–	4.3	5.8	6.0	0.5
덴마크	6	4.7	5.3	5.4	−0.5
핀란드	5.1	4.9	7.3	6.8	−1.0
프랑스	8.3	7.5	7.1	8.0	0.4
독일	6.3	8.5	11	9.1	0.1
그리스	13.4	13.9	12.6	15.1	1.8
헝가리	–	7.4	7.1	10.1	3.7
아이슬란드	–	–	7.1	4.6	−2.3
아일랜드	10.6	11	14.8	8.9	−0.7
이탈리아	10.3	14.2	11.4	13.3	1.3
일본	12	13.7	14.9	16.1	0.4
룩셈부르크	5.4	5.5	8.1	8.4	1.2
멕시코	20.7	21.7	18.4	16.7	−1.8
네덜란드	–	6.3	7.7	8.4	1.8
뉴질랜드	6.2	8.4	10.8	9.9	−1.1
노르웨이	6.4	7.1	6.8	7.8	0.0
폴란드	–	–	14.6	10.5	1.0
포르투칼	–	14.6	12.9	13.6	0.8
슬로바키아	–	–	8.1	8.4	1.5
스페인	14.1	11.8	14.1	15.9	1.7
스웨덴	3.3	3.7	5.3	8.8	0.4
스위스	–	–	8.7	8.6	–
터키	16.4	16.2	17.5	17.2	0.2
영국	–	10.9	8.3	10.4	−2.4
미국	17.9	16.7	17.1	17.5	0.1
OECD평균	–	–	10.58	10.8	–

자료 OECD 2010; OECD 2016, *Society at a Glance*.

그림 5-2 소득불평등의 심화(Gini 계수 상승): OECD 22개국, 1985~2014

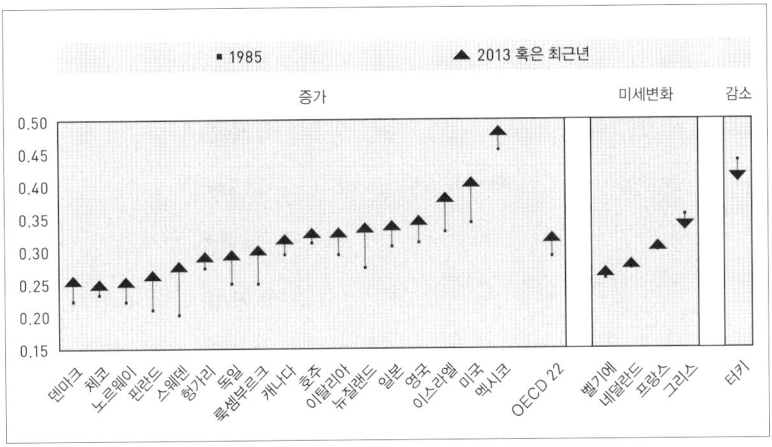

자료 OECD 2015. Government at a Glance 2015.

하는 소득보장정책의 강화에 초점이 맞춰진다. 애킨슨(Atkinson 2015)은 2차 대전 이후 유럽의 복지국가의 특징 중 하나는 소득불평등의 증가라 꼽으며, 그 요인들로 국가 연금 정책의 변화, 노조 가입의 감소, 노동친화적이지 않은 입법, 자산조사에 의한 복지지원 의존 상승을 꼽는다.

첫째는 국가 연금정책의 변화이다. 영국에서는 1984년 이후 시장소득의 불평등 상승과 세금과 이전지출의 감소로 가처분소득의 불평등이 확대되었다. 국가 연금의 관대성 감소로 연금수령자와 노동인구 사이의 갭이 늘었고, 또 민간연금을 가진 연금자와 국가연금만 의존하는 연금자 사이의 갭도 늘었다. 연금이라는 이전소득의 가치가 시장소득의 가치에 비해 하락한 결과이다.

둘째는 노조가입률과 노동법의 변화이다. 미국, 영국, 독일 등지의 노조가입률의 지속적인 감소로 소득불평등이 늘었다는 분석이다. 독일의 노조가입률은 1980~2004년 기간에 33% → 22%로 크게 줄었다. 영국에서도 유사한 추이가 있었는데 영국의 노조는 복지국가의 정책결정에서 어떤 역할도 하지 못하는 처지에 이르러, 소득불평등 상승을 이슈화하는데 한계가 있었다는 분석이다. 조합주의적인 유럽 대륙의 국가들에서는 일반적으로 노조가 연금, 질병보험, 실업수당 정책결정에 공식적인 참여자 역할을 하지만 영국에서 완전히 배제되었다는 것이다(앞글: 128-9).

셋째는 자산조사에 의한 타기팅 정책이다. 복지국가가 지원하는 복지수준의 문제보다 더 중요한 것은 복지수혜의 자격의 범위이다. 자산조사 등의 엄격한 심사를 거쳐 자격을 제한하는 것이 여러 국가들의 1995~2001년 기간의 동향이다. 오스트리아, 벨기에, 체코, 덴마크, 에스토니아, 핀란드, 헝가리, 이탈리아, 네덜란드, 폴란드, 슬로바키아. 스위스, 스웨덴, 영국, 미국 등 많은 국가들이 여기에 해당된다. 자산조사로 소득하위층 위주의 지원을 한 타기팅의 결과, 소득불평등이 늘었다는 분석이다. 소득 타기팅으로 정당화되지 않은 지출을 거부한다는 엄격한 자산조사의 결과, 지원이 필요한 많은 사람들이 배제되었다는 것이다(앞글: 205-6). OECD(2011: 263) 또한 소득불평등 해소에 가장 중요한 요인은 복지혜택의 수준이 아니라, 복지수혜의 자격을 가진 사람들의 수라고 설명한다. 실업급여의 경우도 수혜율(recipiency rates)이 하락한 국가들이 적지 않으며(이탈리아, 영국, 스페인, 대부분의 노르딕 국가들), 반면에 수혜율이 증가한 국가들은 적은 편이다(벨기에, 독일, 포르투갈). 1990년대 이래 10여년 기간에 '재분배의 감소가 가계소득의 갭을 확대시킨 주요 근원일 때가 적지 않았다"고 OECD(2011: 292)는 밝힌다.

사례로 독일과 핀란드가 주목을 받는다(EU 2016: 61). 2차 대전 이후 독일에서 시장소득 불평등이 상당히 증가되었다. 그런데 독일의 세금과 이전 시스템의 관대성 때문에 가처분소득의 불평등은 늘지 않았다. 독일의 사회보장시스템은 1973~1993년 기간에 대부분 목표에 달할 정도였고, 이는 노르웨이에도 해당된다. 시장소득의 불평등이 늘면서 가처분소득의 불평등도 다소 늘었지만 심각한 수준에 달한 것은 아니었다. 핀란드의 경우 1990년대의 심각한 경기침체 기간에 소득불평등은 이를 보상하는 현금이전의 재분배정책 덕분에 큰 변화가 없었지만, 경기침체 이후에는 현금이전의 재분배가 줄면서 소득불평등이 늘었다. 핀란드는 1995년까지 조세와 이전지출을 통한 광범한 평등화 정책이 시장소득 불평등의 23% 증가 중 3/4 이상을 상쇄시켰지만 이후 2004년까지 상쇄의 비중은 50%로 크게 줄었다.

따라서 소득불평등 해소 대안으로는 현금이전(cash transfer) 제도의 정착이 주목을 받고 있다. OECD(2008)의 〈불평등의 확대(Growing Unequal?)〉 보고서는 복지국가의 사회 프로그램의 불평등 해소 임팩트를 대상(targeting), 누진세(progesssivity), 재분배(redistribution)를 통한 임팩트로 분석한다. 애킨슨(Atkinson 2015: 77)은 실업보험의 보편적 적용과 관대한 대체율이 불평등 해소에 기여한다며, "낮은 수준의 사회지출로 낮은 수준의 불평등과 상대적 소득 빈곤을 달성한 국가는 하나도 없다"고 지적한다. 복지국가의 현금이전 제도는 세제보다 소득불평등 해소에 더 효율적이라는 것이 OECD(2008: 115) 분석에서도 확인된다.

복지국가의 현금이전제는 보편적 제도와 선별적 제도로 구분될 수 있다. 전자의 경우 모든 시민들이 시민권이라는 권리로서 수혜자격이 주어지며, 후자의 경우 수혜 자격이 소득조사 결과 취약층에게만 주어지는 제도이다. 빈곤층에 대한 현금 이전의 관대성은 일반적으로 선별제가 보편제보다 높지만 복지 프로그램에 대한 지지도는 보편제가 선별제보다는 높다(Korpi and Palme 1998; OECD 2008: 102). 이는 또한 재분배의 패러독스로 알려져 있는데, 선별적 복지정책은 광범한 대중적 지지를 받지 못해 낮은 관대성과 스티그마 문제를 보여주지만, 보편제는 광범한 대중적 지지지를 받으며 지원이 필요한 취약층에게 더 관대한 혜택을 준다(Esping-Andersen and Myles 2009: 642).

유럽 국가들 사례를 살펴보면 매우 대조적이다. 최하위 10%의 소득층이 모든 이전지출의 30% 이상의 혜택을 받아 하위 20% 소득층의 혜택이 많은 국가로는 덴마크, 핀란드, 네덜란드, 아일랜드, 영국 등이며 반면 폴란드의 경우 모든 이전지출의 10% 미만을 하위층 20%가 받으며 관대성이 매우 낮다(OECD 2008: 116). 노르딕 국가들은 저소득층에 많은 이전지출을 하지만 그들에게 상당한 과세를 하는 반면에, 앵글로 색슨 국가들은 적은 이전지출을 하지만 낮은 과세를 한다(앞글: 116-7). 이처럼 과세 등 제도적 요인들을 불평등 해소 정책에 고려해야 한다.

3. 빈곤해소 재분배정책

빈곤과 소득불평등을 해소하는 재분배정책은 빈곤층의 '사회적 배제'에 맞서 사회적 통합으로 이끌기 위한, 복지국가의 가장 핵심적인 정책임에 틀림없다. 이는 단순히 사회적 형평성을 추구한다는 당위론에 그치는 것이 아니라, 어려운 경제현실을 고려해서 이들 계층이 재분배정책의 지원으로 실업을 극복하고 경제를 회복하며 국제적 경쟁력에 뒤지지 않는 생산성 향상에 기여하는, 즉 효율성에 기여하는 생산적 계층으로 진전되도록 지원하기 위한 현실론에서 비롯된 정책이다.

앞에서 일부 살펴보았듯이 정부의 소득재분배 정책은 세금과 이전소득을 통해 가장 효과적으로 나타나고 있다. 이를 보다 면밀히 살펴보기 위해 앞에서 정리한 세금과 이전소득의 추이를 우선 정리해본 다음, 두 가지 다른 자료들을 보충적으로 살펴볼 필요가 있으며, 최근 각국의 빈곤과 소득불평등해소 정책방향과 과제를 차례로 정리해본다.

1) 시장소득과 가처분소득

일반적으로 '세금과 이전소득' 이전의 소득을 '시장소득'(market income)이라 하며, 그 이후의 소득을 '가처분 소득'(disposable income)이라 한다. 최근 통계청이 가구소비지출조사에서 제시한 가구의 소득 구성을 보다 자세히 살펴보면 〈표 5-4〉와 같다. 1) 총소득은 시장소득과 이전소득으로 나뉘며, 2) 시장소득은 근로소득과 재산소득으로 구성되는데, 3) 근로소득에는 임금, 사업, 농어업, 부업소득이 있고, 4) 재산소득에는 이자와 배당소득, 그리고 임대소득이 있다. 5) 이전소득에는 공적 이전소득과 사적 이전소득으로 구분되는데, 전자에는 공적 연금과 사회보험 급여 및 공공 부조가 있다. 6) 공공부조에는 생계급여가 가장 중요하며 그 밖에 경로연금, 장애수당, 국가유공자 보조금 등이 있다. 7) 사적 이전소득에는 가구주의 배우자, 부모 또는 자녀 등으로부터의 이전소득, 기타 친인척과 시민사회단체로부터의 이전소득 등이 있다.

한편 시장소득과 세금 및 이전소득의 관계는 복잡한 상호 인과관계를 갖기 때문에 자료들을 해석하는 데 주의를 기울여야만 한다. 시장소득과 세금과 이전소득은 거의 자동적으로 변화한다고 볼 수도 있다. 그 변화의

표 5-4 한국 가구의 시장소득과 이전소득의 구성

<table>
<tr><td rowspan="23">총소득(GI)</td><td rowspan="6">시장소득(MI)</td><td rowspan="4">근로소득</td><td colspan="3">임금소득</td></tr>
<tr><td colspan="3">사업소득</td></tr>
<tr><td colspan="3">농어업소득</td></tr>
<tr><td colspan="3">부업소득</td></tr>
<tr><td rowspan="2">재산소득</td><td colspan="3">이자 및 배당소득</td></tr>
<tr><td colspan="3">임대소득</td></tr>
<tr><td rowspan="17">이전소득</td><td rowspan="12">공적이전</td><td rowspan="5">공적연금</td><td colspan="2">국민연금</td></tr>
<tr><td rowspan="4">특수직역연금</td><td>공무원연금</td></tr>
<tr><td>사학연금</td></tr>
<tr><td>군인연금</td></tr>
<tr><td>별정우체국연금</td></tr>
<tr><td rowspan="2">기타 사회보험</td><td colspan="2">실업급여</td></tr>
<tr><td colspan="2">산재급여</td></tr>
<tr><td rowspan="5">공공부조</td><td colspan="2">기초생활보장제도 생계급여</td></tr>
<tr><td colspan="2">경로연금</td></tr>
<tr><td colspan="2">장애수당</td></tr>
<tr><td rowspan="2">기타 보조금</td><td>국가유공자 보조금</td></tr>
<tr><td>기타</td></tr>
<tr><td rowspan="5">사적이전</td><td colspan="3">가구주 배우자</td></tr>
<tr><td colspan="3">가구주 부모</td></tr>
<tr><td colspan="3">가구주 자녀</td></tr>
<tr><td colspan="3">기타 친인척</td></tr>
<tr><td colspan="3">시민사회단체</td></tr>
</table>

자료 박순일 등 2002: 81.

핵심에는 얼마나 많은 사람들이 이전소득의 혜택을 받으며 또는 얼마나 많은 사람들이 노동하며 세금을 납부하는 납세자로 이동하느냐 하는 데 있기 때문이다. 또 그 반대의 흐름도 거의 자동적이다. 세금과 이전소득은 시장소득의 변화를 갖다주는 경제적 인센티브를 제공해서, 일부 세금과 이전소득은 노동 인센티브를 감소시켜, 그 결과 고용률이 떨어지고 특히 저소

■ **그림 5-3** 개인 노동소득부터 가계 최종가처분소득까지의 복지정책

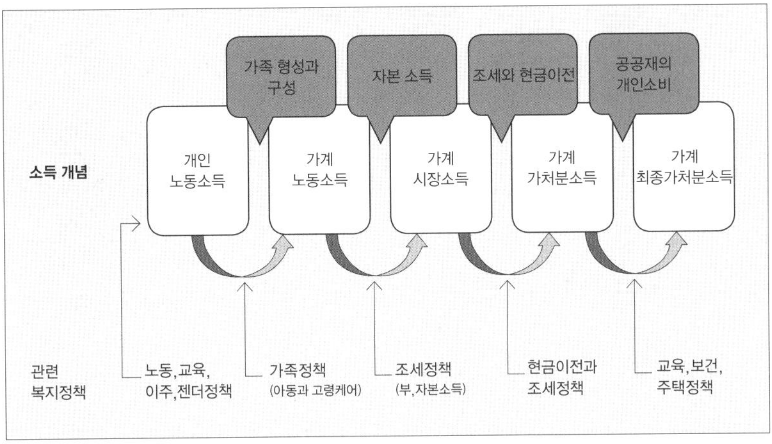

자료 OECD 2012c : 184.

득층의 노동의욕과 노력이 저하되면 결국 시장소득의 분배가 불평등해지게 된다.

또 한 가지 주목해야 할 사항이 있다. 모든 자료에서 세금과 이전소득이 모두 현금만을 계산하였기 때문에 서비스 등의 현물(in-kind) 형태의 이전소득을 계산에 추가하면 결론이 불평등이 아니라 다소 평등으로 바뀔 수도 있다. 또 세금에는 직접세인 소득세만이 포함되어 있기 때문에 예컨대 소비세와 같은 저소득층에게 세부담이 상대적으로 높은 세금을 계산에 포함시키면 자료에서 나타나는 재분배 효과는 줄어들 수밖에 없다. 이런 점들이 자료에는 포함되어 있지 않다는 것을 주의해서 해석해야 한다.

이상과 같은 노동소득이 가처분소득으로 남는 과정을 개인 소득과 가계 소득으로 구분해 이에 대한 정부의 복지정책과 관련지어 서술하면 〈그림 5-3〉과 같다. 왼편의 개인의 노동소득으로부터 오른편의 가계의 가처분소득에 이르는 과정에는 다양한 복지정책들이 결합된다. (1) 개인의 노동

소득을 지원하는 노동, 교육, 이주, 젠더 정책들이 노동소득 지원정책을 대표하며, (2) 개인이 가계를 구성하면 가계의 노동소득을 지원하는 (아동과 노령케어 등) 가족정책들이 추진되며, (3) 가계의 자본소득으로 가계의 시장소득이 발생해 부와 자본 소득에 대한 과세 정책들이 추진되며, (4) 조세뿐 아니라 소득지원이 필요한 가계에 대한 현금이전 정책이 추진되면 가계의 가처분소득이 결정되고, 마지막으로 (5) 교육, 보건, 주택 등 개인의 공공재화 소비를 제외한 최종의 소비가 가계의 최종가처분소득(adjusted disposable income)이 된다.

2) 세금과 소득이전 지출

빈곤이 심화되고 있다는 객관적인 자료는 아래의 자료를 통해 다시 확인할 수 있다. 빈곤에 미치는 가장 실증적인 영향은 소득불평등의 심화다.

세금과 이전소득의 재분배 효과

세금과 이전소득 중 OECD 국가들에서 소득보장 등을 통한 이전소득의 재분배 효과가 훨씬 큰 것으로 확인되고 있다(OECD 2017c: 27). 한국은 멕시코, 칠레, 터키와 함께 OECD 평균에 훨씬 못 미치는 최하위의 재분배 성과를 보여준다.

세금과 이전소득 전후의 빈곤율과 소득불평등

다음으로 〈표 5-5〉는 OECD 5개국의 세금과 이전소득 이전과 이후의 빈곤율과 빈곤율의 변화추이를 보여준다. 여기에서 '빈곤율'은 중위소득의

■ **표 5-5** 세금/이전소득 전후의 빈곤율과 소득불평등(Gini): 1985~2014

		상대적 빈곤율(중위, 40%, 50%)*				소득불평등(Gini)			
		1985	1995	2005	2014	1985	1995	2005	2014
스웨덴	전	23.8	26.5	24.1	26.7	0.40	0.44	0.43	0.44
	후	1.5	2.0	2.5	8.8	0.20	0.21	0.23	0.28
덴마크	전	18.0	22.8	21.3	24.9	0.40	0.42	0.42	0.44
	후	1.8	1.5	2.1	5.4	0.23	0.21	0.23	0.25
노르웨이	전	16.6	21.7	21.2	24.4	0.35	0.40	0.43	0.41
	후	1.9	3.1	3.5	7.8	0.23	0.26	0.28	0.25
독일	전	24.2	26.1	30.3	32.8	0.44	0.46	0.51	0.51
	후	3.1	4.9	6.3	9.1	0.26	0.27	0.30	0.29
프랑스	전	31.7	31.7	27.7	35.4	0.52	0.48	0.48	0.50
	후	4.9	3.2	2.8	8.0	0.31	0.28	0.28	0.29
네덜란드	전	–	20.3	21.3	25.9	0.47	0.48	0.42	0.44
	후	–	3.4	4.0	7.9	0.26	0.28	0.27	0.28
미국	전	21.3	22.0	21.7	27.6	0.40	0.45	0.46	0.51
	후	11.8	10.7	11.4	17.2	0.34	0.36	0.38	0.39
영국	전	–	24.9	23.2	30.3	0.44	0.48	0.46	0.53
	후	–	4.4	3.7	10.4	0.33	0.35	0.34	0.36
이탈리아	전	–	28.0	29.6	33.8	0.42	0.51	0.56	0.52
	후	–	9.0	6.6	13.3	0.31	0.35	0.35	0.32
포르투갈	전	–	–	24.4	36.2	–	0.49	0.54	0.55
	후	–	–	7.4	13.6	–	0.36	0.38	0.34
일본	전	–	15.2	23.0	32.8	0.35	0.40	0.44	0.49
	후	–	8.7	9.5	16.1	0.30	0.32	0.32	0.33
한국	전	–	–	12.4	16.9	–	–	0.34	0.34
	후	–	–	9.8	14.6	–	–	0.31	0.30

참고 * 중위소득 1985년,1995년,2005년 40%, 2014년 50%.
자료 OECD.StatExtracts. "Income distribution – Poverty – Country tables." OECD 2016. "Social Expenditure Update."

50% 이하의 가처분소득에 상응하는 소득에 머물러 있는 인구의 비율을 지칭한다. '세금과 이전소득 이전'이란 세금부과를 하기 이전의 소득과 정부로부터의 각종 보험급여 및 공적부조 등의 현금을 계산하기 이전의 소득을 말하며, '세금과 이전소득 이후'란 세금과 이전소득을 계산에 포함시킨 것이다. 따라서 세금과 이전소득 '전'과 '후'의 차이는 일반적으로 정부의 개입에 의한 소득재분배 효과를 지칭한다. 이런 재분배 효과에 대해서는 뒤에서 상세하게 살펴볼 것이다.

세금과 이전소득 이후의 재분배 효과는 〈표 5-5〉의 상위 그룹에 있는 스칸디나비아 복지국가에서 가장 두드러지게 나타난다. 빈곤 감소율이 가장 높으며 소득평등화 지수(Gini)도 가장 높게 개선된 것을 알 수 있다. 다음으로, 유럽 대륙형인 독일, 프랑스, 네덜란드, 그리고 영국과 미국 순서이지만 영국의 경우 빈곤 감소율이 2000년과 2005에 매우 컸다는 것을 알 수 있다. 일본과 한국은 세금과 이전소득 이후의 빈곤율은 비슷하지만, 일본이 재분배 효과가 훨씬 높다는 것을 알 수 있다.

소득재분배에서는 일부 국가들이 개선된 성과를 보여주지만, 2008년 경제위기 이후 많은 국가에서 소득불평등이 오히려 심화된 결과도 보여준다. 북구에서는 노르웨이가 개선된 반면에 스웨덴과 덴마크가 악화되었다. 미국과 영국도 일본도 악화된 것을 알 수 있다.

3) 가처분소득의 불평등

소득재분배의 임팩트에서 연금, 실업급여와 아동수당 등의 현금이전은 전체의 3/4 정도로 높은 비중을 차지하고, 조세는 나머지 1/4 정도에 해당된다(OECD 2012: 6). OECD 국가들 사이에는 이전과 조세 정책에 따라 재분배 효과가 두드러진 격차를 보여준다. 현금이전 중에는 연금이 다른 이전에 비해 대부분의 비중을 차지한다. 고소득자가 더 많은 기여를 하지만 더 많은 연금을 받기 때문에 실제 연금의 소득계층간 재분배 임팩트는 제한적이다. 연금은 다만 개인의 생애주기에 걸쳐 개인소득을 재분배할 따름이다. 연금보다 가족수당과 주택수당이 재분배 임팩트가 더 뚜렷하다. 국가에 따라 소득연계(자산조사) 이전 또는 균등 금액 이전 방식으로 구분된다. 대부분의 국가에서 가족수당이나 주택수당은 보편적이거나 선별적인 자산조사에 기초한다. 가족수당이나 주택수당은 연금과 실업급여 등 과거의 임금 수준을 보전하는 목적의 보험 원칙에 기초하는 현금이전보다는 재분배 임팩트가 더 높다.

한편 조세의 재분배 임팩트는 국가 간 차이가 크지는 않다. 일부 고세금국에서 급진적 누진과세는 흔하지 않는데, 그 이유는 다음과 같다. i) 누진적 개인 소득세에 비해 소비세와 사회조장기여금을 선호하며; ii) 세금의 누진과세는 제한적이며; 또는 iii) 고소득층에 유리한 세금지출로 의무적 누진과세는 약하다(앞글: 7). 2000년대 말, 가계 세금의 재분배 임팩트는 독일, 이스라엘, 이탈리아에서 가장 높았고, 스위스에서 가장 낮았으며 뒤이어 칠레, 아이슬란드와 한국이 낮은 국가 그룹에 속한다.

가계 세금은 가계 가처분소득의 35% 이상이 과세된 오스트리아, 덴마크, 스웨덴이 고과세국이지만, 이들의 재분배 임팩트는 호주, 이스라엘, 미국에 비해 훨씬 낮다. 많은 고과세국에서 누진과세가 약한 것이 일반적인데, 특히 덴마크, 아이슬란드, 네덜란드가 대표적이다. EU 국가들보다 미국에서 가계의 누진과세가 강하다. 칠레, 한국, 일본 등 일부 국가들은 약한 누진과세로 세금을 적게 거두는 저과세국에 해당된다.

사례가 되는 OECD 18개국을 다음의 다섯 유형으로 구분해볼 수 있다.

a) 가장 낮은 수준의 가처분소득 불평등 그룹: 여기에는 북유럽의 보편적 복지국가들과 스위가 포함된다. 소득계층간 임금 분산도가 낮고 고용률이 높은 덕택에 가처분소득의 불평등 수준이 가장 낮다. 그럼에도 스웨덴을 제외한 모든 국가에서 파트타임 고용률이 평균 이상의 수준에 있는 문제가 있다. 현금이전은 보편적이며, 가계세금은 가계소득에 비례적으로 보통수준의 재분배 임택트만을 갖고 있다.

b) 비교적 낮은 수준의 가처분소득 불평등 그룹. 유럽 대륙의 국가들이 해당된다. 노동시장에서 비롯된 소득불평등은 OECD 평균수준 이하이다. 임금 분산이 낮지만 낮은 고용률로 노동소득의 불평등이 평균 이상이다(특히 벨기에, 프랑스, 이탈리아, 슬로바키아). 자본과 자영 소득의 높은 집중도 때문에 가계의 시장소득 불평등 수준이 OECD 평균에 근접해 있다(슬로바키아와 슬로베니아 제외). 그럼에도 조세와 현금이전의 GDP 비중이 높아, 가계의 가처분 소득 불평등을 OECD 평균 이하로 낮춰주고 있다.

c) 보통 수준의 가처분소득 불평등 그룹. 다른 7개 유럽 대륙 국가들과 일본과 한국이 포함된다. 노동시장에서의 불평등이 OECD 평균 또는 그 이상이다. 모든 국가에서 임금 비율 분산이 광범하지만 일부 국가(그리스, 헝가리, 한국, 룩셈부르크, 폴란드, 스페인)에서 고용률은 낮은 반면 오스트리아와 일본에서는 파트타임 고용률이 높다. 현금이전은 거의 재분배 임팩트가 없다. 그 규모가 적어서(한국) 또는 주로 보험 기반으로 급진적이지 않기(오스트리아, 독일, 그리스, 헝가리, 일본, 폴랜드, 스페인) 때문이다. 가계의 가처분소득의 분산과 빈곤율은 OECD 평균 수준에 있다.

d) 비교적 높은 수준의 가처분소득 불평등 그룹. 영어권의 5개국과 네덜란드가 여기에 해당된다. 이들 모두가 거대한 규모의 파트타임 고용으로 노동소득의 불평등 구조가 심화된 경우다. 반면에 이들 모두가 OECD 평균 이상의 높은 고용률을 유지한다. 현금이전은 네덜란드를 제외한 모든 국가들이 규모가 작아서 취약층에 타깃을 맞춘다. 세금은 다른 OECD 국가들에 비해 누진세가 높은 편이라 소득재분배 임팩트가 상당한다. 그럼에도 가계의 가처분소득 불평등은 네덜란드를 제외하면 OECD 평균 이상에 머물러 있다.

e) 높은 수준의 가처분소득 불평등 그룹. 마지막으로 가장 높은 불평등 국가 그룹에 이스라엘, 멕시코, 포르투갈, 터키, 미국이 있다. 여기에서는 미국을 제외한 낮은 고용률로 매우 넓은 임금 분산을 확인할 수 있다. 적은 그룹의 가계들만이 자본과 자영 소득의 혜택을 누린다. 현금이전은 규모도 작고 주로 보험 기반이므로 거의 재분배 임팩트가 없다. 일부 국가에서 누진과세가 평균 이상 수준에 있지만 과세 시스템의 규모는 대부분 국가에서 작다. 가계 가처분소득의 불평등과 빈곤율은 OECD 평균 이상에 있다.

4) 재분배정책의 형평성과 효율성

OECD(1997, 2009c)는 빈곤과 소득불평등의 심화를 차단하기 위한 방안으로 이전소득의 확대를 권고하고 있다. 그만큼 이전소득의 강한 재분배 효과를 발견했기 때문이다. 그럼에도 이전소득의 확대는 세부담이 한계에 달한 국가에서는 권장할 만한 정책수단이 되기는 어렵다. 높은 세부담은

표 5-6 가처분소득의 불평등: OECD 5대 유형 분류

가처분 소득의 불평등 낮은 수준 ← → 높은 수준				
덴마크, 아이슬랜드, 노르웨이, 스웨덴, 스위스	벨기에, 체코, 에스토니아, 핀란드, 프랑스, 이탈리아, 슬로바키아, 슬로베니아	오스트리아, 독일 그리스,헝가리, 일본, 한국, 룩셈부르크, 폴란드, 스페인	호주, 캐나다, 아일랜드, 네덜란드, 뉴질랜드, 영국,	칠레, 이스라엘, 멕시코, 포르투갈, 터키, 미국
낮은 노동소득 분산. 높은 고용률과 임금분산 낮음.	보통의 노동소득 분산. 임금 분산 거의 없지만 낮은 고용률 또는 높은 파트타임 고용률. 높은 집중도의 자본과 자영소득.	개인 노동소득의 집중(평균 수준 이상 의 임금 분산과 낮은 고 용률 또는 높은 파트타 임 고용률).	평균 이상의 임금 분산. 높은 파트타임 고용.	노동, 자본, 자영업 소득의 높은 집중도
보편적 현금 이전과 높은 누진과세	현금이전 (주로 보험 기반), 누진세 보통 수준.	현금이전과 누진세 보통 수준.	선별적 현금 이전, 누진과세.	높은 빈곤율

자료 OECD 2012. "Income inequality and growth: The role of taxes and transfers"

경제성장에 방해가 되며 효율성을 떨어뜨리기 때문이다. 세부담을 주지 않는 방안으로는 정부지출구조를 변화시켜 다른 지출을 줄이고 이전소득을 늘리는 방안을 고려할 수 있지만 현실적으로는 어렵다. 그럼에도 직업교육과 고용기술훈련 등과 같은 인적자본의 투자를 미룰 경우 장기적으로 생산성에 악영향을 미치므로 일정한 투자가 바람직하다고 볼 수 있다.

정부의 지원을 가장 필요로 하는 빈곤층과 장기실업자 등의 특정 집단에 집중하는 '타깃' 이전소득은 재분배를 통해 형평성을 높으면서도 동시에 세부담을 초래하는 경제적 비효율성을 회피할 수 있는 방안이다. 그

럼에도 이 방안은 일반 노동계층에게는 한 가지 치명적인 문제를 초래한다. '타깃' 이전소득은 이들에게 이전소득의 혜택을 줄이며 노동 인센티브를 감소시키는 효과를 발휘한다. 이들 노동계층의 소득이 높아지면 금전적 이전소득뿐 아니라 주택수당 또는 수당 등의 복지혜택이 줄어들게 되므로 소득증가분 만큼의 또 다른 세금부담 효과로 나타나게 되고, 그럼으로써 노동 인센티브를 잃게 된다. 아래에서 정리하겠지만 OECD 복지국가들의 5대 사회보험 모델의 비교에서도 '타깃 모델'이 빈곤과 소득불평등 해소에 별다른 성과를 거두지 못한 것으로 조사되고 있다.

이전소득이 노동에 미치는 악영향을 해소하는 방안은 복지의존층에 대한 저임금 노동을 정부가 보조하는 형태가 될 수도 있다. 그럼으로써 시장임금의 불평등을 해소하며 가처분소득을 늘려줄 수 있다. 앞의 빈곤 문제에서도 살펴보았듯이 이들 저소득층의 빈곤해소에는 상당한 효과를 발휘하면서 효율성을 저해하지 않는다. 이 방안도 결점이 없는 것은 아니다. 정부의 재정을 압박하면서 세부담을 늘리게 만드는 문제가 있다.

이상과 같은 관점에서 OECD는 '생산적' 복지정책의 핵심이 되는 '적극적' 노동시장정책을 가장 바람직한 중장기 전략으로 제시하고 있다. 이 정책은 다음 제6장에서 자세히 살펴보겠지만, 최근 대부분의 OECD 국가들이 실업극복 복지정책으로 적극적으로 추진 중인 전략방안이 되고 있다. 이 정책은 고용 확대를 최우선으로 하면서 고용안정을 통해 대량실업과 장기실업을 해결할 뿐 아니라 빈곤과 소득불평등을 해소하며, 결과적으로 '파지티브 섬'을 창출하는 것으로 평가되고 있다.

또 다른 빈곤과 소득불평등 해소정책으로 '공적부조'(social assistance)를 들 수 있다. 이는 '사회배제'의 위험성이 높은 대상에 대한 공적지원으로 '사회보험'으로부터 구별되는 복지정책이다. 따라서 '공적부조'는 "자원조사에 기초해서 욕구를 갖고 있는 사람들에게 최소 수준의 생계를 보장하는 데 유용되는 복지수혜와 서비스"다. 물론 호주와 뉴질랜드의 경우, 사회보험이 존재하지 않은 가운데 거의 전적으로 공적부조로써 빈곤층 등의 '사회적 배제' 대상 집단들에 대한 사회보장을 대신하는 제도를 갖고 있다. 아래에서 살펴보겠지만 이들은 '타깃' 모델을 대표하는 국가들로, 다른 3가지 모델들과의 비교분석 결과, 빈곤과 소득불평등 해소의 성과가 상대적으로 낮은 것으로 평가받고 있다(Korpi & Palme 1998). 공적부조가 사회보장비에서 차지하는 비중을 1992년 현재의 자료에서는 아일랜드(45.9%), 영국(33%), 미국(39.8%) 등도 공적부조 의존도가 높은 것을 보면 '타깃' 모델에 근접하는 국가로 볼 수 있다.

사실 공적부조 지출액은 사회보장비 전체에서 차지하는 비중에서 지속적인 성장세를 유지해 왔다. 자료가 유용한 OECD 18개국의 1980~1992년 자료를 보면, 15개국에서 1980년에 비교해서 증가했다는 것을 알 수 있다. 이런 증가 이유에 대한 각국의 사정을 OECD가 조사한 사례로 살펴보면 아래처럼 세 가지 유형으로 구분될 수 있다(Kalisch et al. 1998: 23-4).

① 새로운 '사회배제층' 지원:사회보험이 없는 청년실업자와 이민자에 대한 부조(스웨덴);

② 글로벌 경제의 악영향에 대한 보상:장기실업자(스위스)와 경제악화에 심각한 영향을 받은 계층(핀란드);

③ 사회보험의 변화와 급여 삭감 보충:고용보험의 변화 영향(벨기에), 사회보장급여의 삭감(핀란드, 스웨덴, 영국).

또 다른 국가 간의 '공적부조' 정책의 차이점은 정책결정, 예산, 집행 구조상의 차이다. 중앙정부의 중앙집중적 정책결정과 예산지원으로 이뤄지는 국가는 일부 국가에 지나지 않는다. 호주, 뉴질랜드, 멕시코, 영국이 이 그룹에 속한다. 반면에 오스트리아와 캐나다는 전국적 기준이나 입법이 없기 때문에 각 주/지역에 따라 수혜액, 자격요건이 다른 차이를 낳고 있다. 이 두 그룹 사이에 많은 국가들이 끼워 있다고 볼 수 있다. 중앙정부와 지방정부가 공적부조의 책임을 공유하고 있는 그룹으로, 덴마크, 핀란드, 독일, 헝가리, 노르웨이, 폴란드가 여기에 해당된다. 여기에서는 일반적으로 전국적으로 공적부조 자격요건, 수혜금액이 규정되어 있고, 재정은 중앙과 지방이 분담하며, 정책집행에서 지방정부들이 개인사정과 지역실정에 따라 수혜금액을 조정하는 재량권을 갖는다.

실제로 자산조사에 기초한 공적 부조는 OECD에서 광범위하게 확대되어 있다. 그 정도가 스웨덴 등의 보편적 복지국가에서는 제한적이지만, 미국과 한국 등의 선별적 복지국가에서는 광범위하다. 앵글로 색슨(미,영,캐나다,호주,뉴질랜드,아일랜드)뿐 아니라 아이슬란드, 멕시코, 한국 등이 자산조사 기초의 선별적 국가 그룹이다. 대부분의 국가들이 노동계층의 소득지원에 초점을 맞추면서 연금에도 적용해 보충적 연금 형태로 지원한다.

5) 정부의 책무성과 수혜율

빈곤이나 실업 상태에 있는 사람들 중 상당 부분은 자신이 공공 복지 수혜를 받을 수 있는 자격을 갖추고 있음에도 실제로 복지수혜를 받지 못하는 문제가 발생하고 있다. 그 규모는 국가에 따라 상당한 수준에 달한 것으로 분석된다. 영국의 경우 공식적으로 복지수혜율(take-up rate)에 대해 다음과 같은 2001년 기준의 정보를 제시해준다. 최대와 최소 범위를 보면, ① 생계비 지원 87~77%, ② 주택 지원금 95~89%, ③ 실업자 수당 78~67%로 나타났다(OECD 2004: 13). 실업자 수당의 경우, 사회보험제로 운영되기 때문에 다른 복지 프로그램에 비해 수혜율이 높을 것으로 볼 수 있지만, 영국뿐 아니라 미국, 캐나다 등지에서도 최대 80%를 넘지 않고, 최소 60% 정도에 머물러 있다는 분석이 제시되고 있다(앞글: 11-2).

이처럼 복지수혜율이 저조한 문제는 복지수혜에 관한 정보가 부족한 빈곤층에서 심각하다고 볼 수 있다. 미국의 경우 극빈층(빈곤선의 50% 이하 가계)이 다양한 복지수혜를 받게 되면, 절반 이상이 빈곤에서 벗어날 수 있고, 일반 빈곤층 가계의 경우 400만 가량이 빈곤에서 탈출할 수 있다는 것이다(앞글: 9).

따라서 복지행정의 '책무성'(accountability)을 제고하는 방안이 빈곤해소 정책의 주요 전략으로 부각되고 있다. 복지수혜율을 최대 100%까지 높여야 하는 복지행정의 책무성 과제는 다음 몇 가지 측면에서 필요하다고 볼 수 있다(앞글: 9). 첫째, 다양한 복지 프로그램들은 자체 정책목표를 설정해두고 있는데, 이처럼 대상층의 복지수혜율을 최대한 높이지 않은 상태에서 정책목표를 달성한 것으로 볼 수는 없다. 둘째는 복지수혜를 받는 가계나 개인과 그렇지 못한 가계나 개인 사이의 형평성 문제다. 양자의 개인의 정보 입수 등의 차이가 있음에도, 복지행정의 책무성이 강화되지 않은 상태에서 부당하게 불이익을 받는 가계나 개인들이 있다고 볼 수 있다. 한국에서도 이명박 정부의 출범으로 '찾아가는 복지'와 원스톱 서비스 제공 등을 강조했지만, 한국의 복지수혜율은 어느 수준에 있는지에 관한 어떤 정보도 존재하지 않은 상태에 있다.

4. 사회보험모델의 성과 비교

마지막으로, 위에서 서술한 '타깃' 모델 복지정책이 빈곤과 소득불평등 해소에 바람직한 모델인가 하는 문제를 살펴볼 필요가 있다. 최근 OECD 국가들의 다양한 복지정책 모델이 빈곤과 소득불평등 해소에 기여한 효과를 분석한 결과, '타깃 모형'보다 다음에서 소개하는 '포괄 모형'이 더욱 효과적인 것으로 나타났다(Korpi & Palme 1998). 이 분석은 아래처럼 사회보험 모델을 다섯 유형으로 구분한 다음(〈표 5-6〉과 〈그림 5-4〉 참조), '포괄 모형'을 대표하는 핀란드, 노르웨이, 스웨덴 복지국가가 빈곤과 소득불평등 해소에 가장 좋은 성적을 보여주었고, 이와는 대조적으로 '타깃 모형'을 대표하는 호주가 가장 나쁜 성적을 올렸다고 결론짓고 있다. 그렇지만 이 분석에 사용된 자료는 비교적 오래된 1985년 자료로, 위에서 소개한 최근의 자료와는 상당한 차이가 있다는 것을 주목해볼 수 있다.

1) 사회보험 5대 모델

아래의 5대 모델들은 협의의 재분배정책을 추진하는 '타깃' 모델부터 광의의 재분배정책을 추진하는 '포괄' 모델의 순서로 정리되어 있다. '사회보장권의 기초'와 '복지급여수준' 양면을 함께 살펴보면 다음과 같다(앞글: 666-8).

① '타깃' 모델이 사회보험 체제를 갖추지 않으며, 최소한의 공적부조를 통해 빈곤, 실업 등의 사회적 위협을 보장하며,

② '자원 모델'은 정부의 재정지원을 받아 자원단체별로 조직화된 회원들에게 사회 보험을 균등제 또는 소득연계제로 급여나 수당을 지급하며,

③ 유럽의 많은 국가들에서 찾아볼 수 있는 '조합주의' 모델은 기본적으로 직장별로 사회보장권이 주어지며, 그럼으로써 소득과 밀접히 연계되어 복지급여나 수당이 지급되고,

④ '기초보장' 모델은 보편주의에 기초해서 시민 누구에게나 사회보장권이 부여되지만 복지수혜는 균등제로 국한되며,

⑤ 마지막으로 '포괄' 모델은 시민 누구에게나 보장하는 보편주의를 기초로 하지만 노동의 참여, 고용경력을 중시하며 균등제와 소득연계제를 병용하며, 저소득층과 실업자에 대해 '적극적' 노동시장정책 등 가장 포괄적인 정책을 추진하는 모델이다.

표 5-7 다양한 사회보험 모델과 특징

모 델	보장권의 기초	복지수혜*	노사합의#
타깃 모델	욕구측정	최소한	없음
자원 모델	회원제/기여도	FR 또는 ER	없음
조합주의 모델	산업/직종별	ER	있음
기초보장 모델	시민권/기여도	FR	없음
포괄 모델	노동 참여	FR 및 ER	없음

참고 * FR(fixed rate)은 고정균등 급여; ER(earnings-related)은 소득연계 급여.
프로그램 의사결정에 노사합의 조건.

자료 Korpi & Palme 1998, Table 1.

이상과 같은 5대 모형의 차이를 그림으로 나타내면 〈그림 5-4〉와 같다. 각 그림의 4각 다이아몬드 모형은 소득계층을 상, 중, 하로 구분하여 상위 고소득층과 하위 저소득층이 각기 수적으로 작은 비중을 차지하고, 중간계층이 상대적으로 많은 비중을 차지하는 것을 상징해준다. 따라서 그림 5개 모두가 그림의 상중하 각 부분에 초점이 맞춰져 있다. 먼저 각 그림에서 나타나는 빗금의 모양에 주목할 필요가 있다. 수직빗금은 소득수준에 따라 복지급여나 수당이 결정되는 '소득연계' 특징을 보여주고, 수평빗금은 소득수준에 관계없이 어느 계층에게나 동일하게 적용되는 '균등제' 특징을 보여준다.

① '타깃 모델'은 복지정책이 저소득층에 집중되면서 중저소득층까지만 해당되는 모형이며,

② '자원 모델'은 소득의 상, 중, 하 구분 없이 고루 분포되어 있지만 각 소득층 전체를 포용하지 않고 각 소득층의 일부만을 부분적으로 대표하는 한계를 보여주고,

③ '조합주의 모델'은 블루칼라와 화이트칼라 노동자를 거의 모두 포용하지만 여기에 포함되지 않은 계층은 고소득층뿐 아니라 빈곤층, 자영업자 등이다.

④ '기초보상 모델'은 소득계층 구분 없이 고른 균등제로 보편주의를 지향하며,

⑤ '포괄 모델'은 중소득층과 고소득층에 대해서는 '소득연계'를 적용하지만 하위 저소득층에 대해서는 '균등제'로 보완하며 이들의 빈곤해소에 대처하고 소득불평등을 해소하는 모형이다.

그림 5-4 사회보험 5대 모델 비교

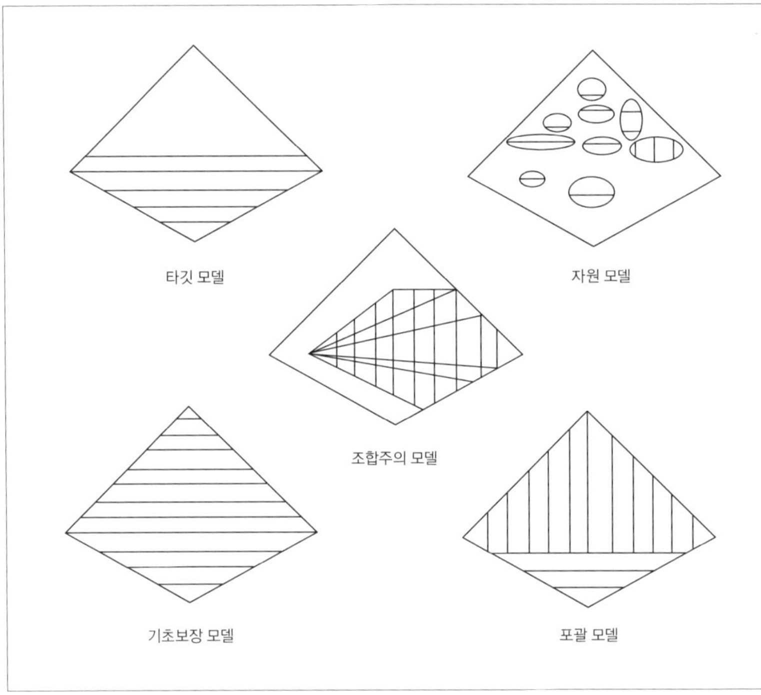

자료 Korpi & Palme 1998, Figure 1.

2) 빈곤과 소득불평등 성과

이상과 같은 5대 모델의 분석틀을 이용하면서, 아래의 〈표 5-8〉에 제시된 11개국의 자료와 최근의 OECD 자료를 비교해봄으로써, 빈곤과 소득불평등 해소에 대한 4대 모델의 성과를 객관적으로 검증해볼 수 있다.

〈표 5-8〉에 제시된 빈곤율과 소득불평등 자료들은 코르피와 팔머(Korpi & Palme 1998)가 평가한 것과 유사한 결론을 보여준다. 각 모델의 국가

표 5-8 4대 사회보험 모델의 빈곤과 소득불평등 성과 비교: 1985~2014

	빈곤율				소득불평등(Gini)			
	1985	1995	2005	2014	1985	1995	2005	2014
포괄모델								
핀란드	5.1	4.9	7.3	6.8	0.21	0.23	0.27	0.26
노르웨이	6.4	7.1	6.8	7.8	0.23	0.25	0.27	0.25
스웨덴	3.3	3.7	5.3	8.8	0.19	0.21	0.23	0.28
조합주의								
프랑스	8.3	7.5	7.1	8.0	0.30	0.27	0.27	0.29
독일	6.3	8.5	11.0	9.1	0.25	0.27	0.30	0.29
기초보장								
캐나다	10.7	9.5	12.0	12.6	0.29	0.28	0.32	0.32
네덜란드	-	6.3	7.7	7.9	0.26	0.28	0.27	0.28
스위스	-	-	8.7	8.6	-	-	0.27	0.28
영국	-	10.9	8.3	10.4	0.32	0.35	0.33	0.36
미국	17.9	16.7	17.2	17.2	0.34	0.36	0.38	0.39
타깃모델								
호주	-	11.4	12.4	12.8	-	0.31	0.30	0.34

참고 빈곤율은 중위소득의 50% 이하의 개인별 자료.
자료 OECD 2009a; OECD 2010, 2016a.

들의 평균치를 계산해보면 '포괄 모델'에서 빈곤율과 소득불평등지수(Gini)가 상대적으로 낮고, 다음으로 조합주의, 기초보장, 타깃 모델 순위로 빈곤율과 소득불평등 지수가 높아진다. 미국의 경우 호주보다 빈곤과 소득불평등 양면 모두가 훨씬 높은 심각한 결과를 보여주는 예외는 있다. 다음으로 나타나는 특징은 1985~1995년 기간에 비해 2005년에 대부분의 국가들의 빈곤율이 높아졌고, 소득불평등도 다소 심화되었다는 점이다. 북유럽 3국 모두가 성과가 다소 악화된 반면에 프랑스만이 빈곤과 소득분배 모두에서 상당한 진전을 이룬 예외적인 국가이다.

한편 사회보장지표(social protection index)에 의한 복지국가의 복지실적을 평가한 자료를 참고해볼 수 있다(표 5-9). 지표는 상대적 빈곤율(중위소득 60% 기준), 소득불평등(Gini), 고실업(1년 이상 장기실업자 비율), 저학력(고교 이상 고학력 이탈자 비율), 기대여명(출생시 기준)으로 OECD 15개국의 2006년 실적을 보여준다. 북유럽의 보편적 복지국가들이 높은 실적으로 보여주며, 남유럽의 4국이 가장 저조한 실적으로 보여준다. 유럽 대륙 국가들 중에서는 프랑스, 네덜란드, 오스트리아가 상위 그룹에, 룩셈부르크, 독일, 벨기에가 중위 그룹에, 그리고 아일랜드와 영국이 하위 그룹에 있다.

사회보장지표 측면에서 실적을 비교해보면, 빈곤퇴치에서는 네덜란드가 가장 우수했고, 소득불평등과 고실업 문제해결에서는 덴마크가 가장 우수했으며, 저학력과 기대여명에서는 핀란드와 스페인이 가장 좋은 성적을 기록했다.

사실 사회보장지표의 다섯 항목들 사이에는 밀접한 상관관계가 있다는 것을 알 수 있다(표 5-10). 2006년을 기준으로 과거 12년간 15개국의 자료를 종합해보면, 빈곤과 소득불평등은 가장 높은 상관관계를 보여주며, 빈곤과 저학력, 소득불평등과 저학력 사이에도 통계학적으로 의미 있는 상관관계를 보여준다.

표 5-9 복지국가의 사회보장지표 실적 비교: OECD 15국, 2006

국가	빈곤율	불평등	고실업	저학력	기대여명	종합실적	순위
스웨덴	0.82	0.97	0.94	0.88	0.96	0.91	1
덴마크	0.82	1.00	1.00	0.92	0.00	0.75	6
핀란드	0.73	0.94	0.77	1.00	0.44	0.78	4
프랑스	0.73	0.82	0.79	0.87	0.93	0.83	2
네덜란드	1.00	0.88	0.81	0.85	0.59	0.83	2
오스트리아	0.73	0.91	0.89	0.96	0.63	0.82	4
룩셈부르크	0.64	0.76	0.87	0.71	0.37	0.67	7
독일	0.73	0.79	0.00	0.82	0.56	0.58	8
벨기에	0.55	0.76	0.28	0.86	0.41	0.57	9
아일랜드	0.27	0.56	0.57	0.87	0.48	0.55	10
영국	0.18	0.41	0.91	0.85	0.33	0.54	11
그리스	0.00	0.21	0.87	0.75	0.41	0.45	12
이탈리아	0.09	0.38	0.34	0.60	0.63	0.41	13
스페인	0.09	0.44	0.15	0.30	1.00	0.40	14
포르투갈	0.27	0.00	0.36	0.00	0.19	0.16	15

참고 수치는 최저(0)부터 최고(1)까지의 실적 점수.
자료 Lefebvre et al. 2010: 303.

표 5-10 사회보장 지표(빈곤, 불평등, 고실업, 저학력) 상관관계: OECD 15개국

	빈곤	불평등	고실업	저학력
빈곤	1.000			
불평등	0.908	1.000		
고실업	0.397	0.390	1.000	
저교육	0.647	0.774	0.272	1.000

자료 Lefebvre et al. 2010: 302.

3) 복지국가 모델 성과 비교

결론적으로 이상과 같은 결과에 대한 해석을 정리해볼 필요가 있다. 코르피와 팔머(1998)는 첫째, 재분배 예산의 규모는 고정적인 것이 아니라 각국의 복지국가 모델에 크게 의존하며 둘째, 저소득층을 대상으로 하는 타깃 정책과 재분배 예산 사이에는 일종의 '트레이드 오프'가 존재하다고 본다. 또 일반 시민들은 시장에서 소득연계제 보험을 구매할 수도 없고 그럴 의향도 없기 때문에 시장주도적인 분배의 결과는 소득연계 사회보험 프로그램에서 나타나는 분배의 결과보다 불평등지수가 높게 나타난다고 해석한다. 이 세 가지 결론들을 함께 고려해보면 결국 '재분배의 패러독스'(paradox of redistribution)를 잘 이해할 수 있다는 것이다. 그들의 결론에 따르면, "빈곤층만을 수혜대상으로 집중하면 할수록 그리고 모든 시민에게 균등한 공공 이전소득을 통해 평등을 이룩하는 데 더욱 많은 관심을 기울일수록, 빈곤과 불평등을 해소의 성과가 더욱 낮아지게 된다"(앞글: 661).

사실 빈곤과 불평등 해소의 성과가 가장 높은 국가들은 포괄 모델 국가들이며, 가장 낮은 국가들이 기초보장 모델로 나타났고, 호주의 경험에서는 타깃 모델이 비교적 저조한 성과를 거둔 것으로 평가된다. 그 밖에도 정치적 환경을 고려해 보면, 재분배에 대한 여론지지가 가장 높은 곳이 포괄 모델이며, 미국의 경우 인종갈등이 소득과 상관관계를 가지면서 재분배 정책을 저해하는 제도적 장애로도 나타난다(이에 대해서는 제9장을 참조).

일부 학자들의 주장과는 반대로 '소득연계' 재분배정책이 소득불평등에 장애요인이 아니라 유리한 조건이 된다는 점을 주목해볼 만하다. '소득연계'를 갖고 있지 않은 타깃 모델과 기초보장 모델에서는 중산층의 이탈을 조장하며 민간보험의 수요를 높인다. 재분배의 관점에서 볼 때, 조합주의 모델은 소득연계 사회보험을 갖고 있다는 것이 문제가 아니라 산업별 및 직종별 사회경제적 구분에 따라 다양한 이해관계를 양산시킨다는 점에서 저소득층을 중시하는 평등지향적 재분배정책을 추구하는 데는 일정한 한계가 드러난다. 또 포괄 모델은 높은 세금으로 많은 사회보장 이전소득을 공급하는 모델로, 경제적 비효율성, 예산적자, 조세저항 등의 심각한 문제들 때문에 존속되기 어렵다는 지적이 많았지만, 동전의 다른 측면을 면밀히 살펴보면 소득연계 이전소득과 공적부조를 병용함으로써 노동 인센티브를 제공하면서 동시에 '빈곤의 덫'을 피해갈 수 있다는 것이 코르피와 팔머(1998)의 연구결과다.

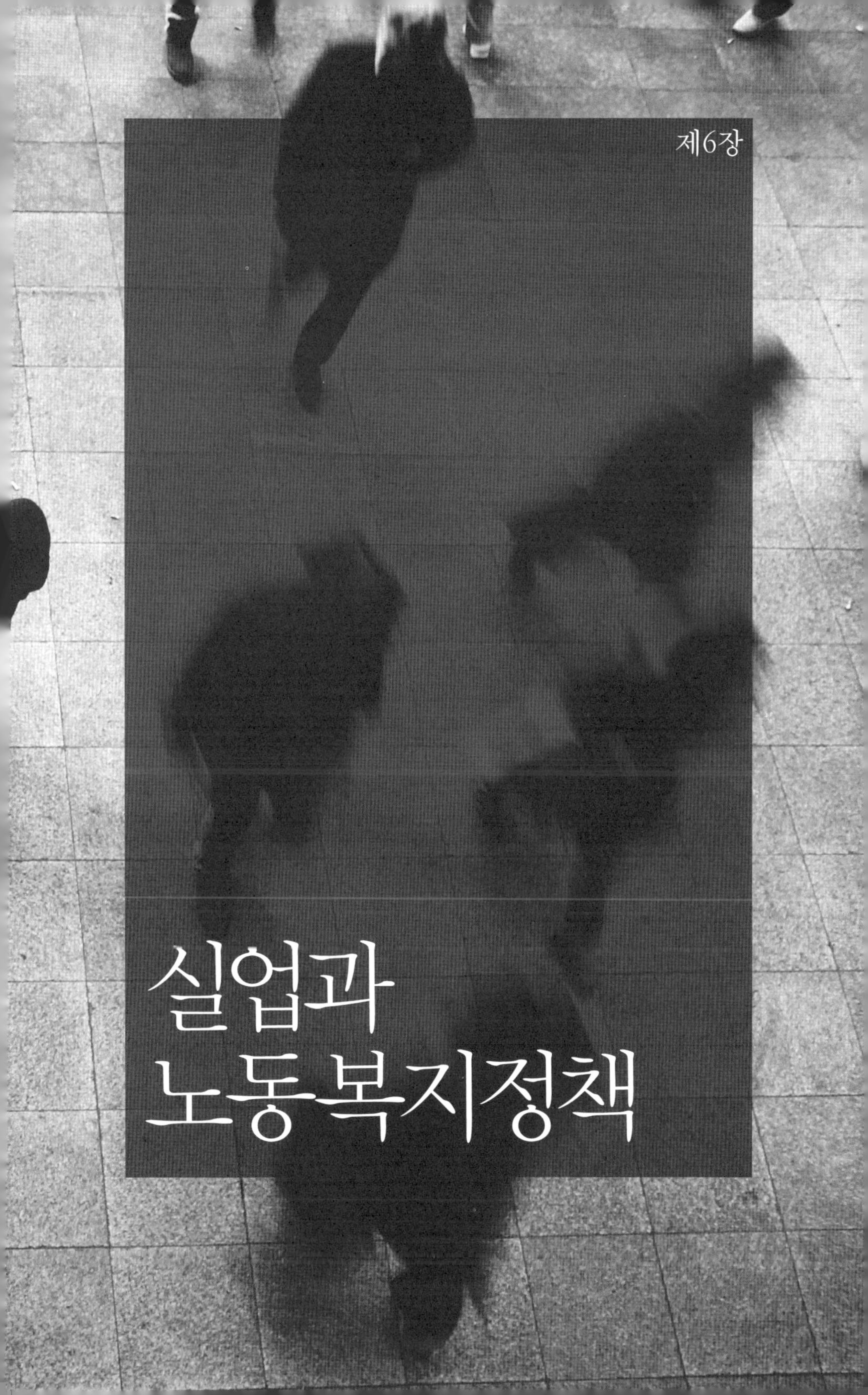

제6장

실업과 노동복지정책

1. 실업, 빈곤, 재분배정책

불경기의 시대였던 1980년대부터 서구에서는 실업이 장기화, 구조화되는 특징을 보였다. 실업과 빈곤 또한 구조화되면서, 이는 마치 서구 복지국가의 또 다른 특징이 되어왔다. OECD 대부분의 국가들은 1990년대 중반을 기점으로 그 전까지는 지속적인 실업의 증가를 경험하다, 2008년 경제위기 이후 최근까지도 실업이 지속되면서, 실업으로 이한 빈곤의 확대에 대한 복지정책의 추진이 OECD 대부분의 국가에서 일반화되고 있다. 2007~2016년 기간에 실업률이 개선된 국가는 OECD 34개국 중 10개국에 지나지 않는다(OECD 2017d).

1) 실업과 빈곤

서구 복지국가의 빈곤과 실업의 현실은 이제 미시적 차원에서 가구별 특성에 초점을 맞춰 정리해볼 필요가 있다. 먼저 가구의 특성을 보면, 1950~1960년대를 통해 지배적이었던 '1가구1소득자' 모델은 점차 붕괴되고 있다는 것을 알 수 있다. 영국의 경우, 1962~1963년 기준으로 10가구당 7명꼴이던 것이 1990년대 초에는 10가구당 3명꼴로 대폭 줄면서, 배우자 두 명이 소득을 올리는 '1가구2소득자' 모델이 같은 기간에 28%에서 55%로 두 배 가량으로 늘었다. 이 추세는 또 다른 노동분포의 양극화 현상과 병행해서 발전되고 있다. '비근로자 가구'의 비중이 같은 기간에 4%에 13%로 세 배 이상 늘어난 것이다. 위에서 '1가구2소득자'의 경우에서도 두 번째 임금소득자는 점차 고용위험도가 높고 점차 임금수준이 낮은 파트타임 노동자로 전락해가고 있다는 것이다(Buti et al. 1997).

실업과 빈곤과의 관계를 보다 자세히 살펴볼 만하다. 〈그림 6-1〉이 보여주듯이 OECD 국가들에서 빈곤과 고용은 밀접한 상관관계를 보여준다(빈곤율은 중위소득 50% 기준; 노동인구 고용률은 2003년, 엄마 고용률은 2002년 자료). 빈곤율은 고용이 높은 곳에서 낮고, 고용이 낮은 곳에서 높은 경향이 있지만, 미국과 캐나다, 멕시코 등 예외적인 국가들도 있다. 또한 심각한 아동 빈곤율은 엄마가 일하면 낮고, 일하지 않으면 높은 경향이 있는 것도 확인해볼 수 있다.

그림 6-1 빈곤율과 고용률: 노동인구와 여성 및 아동, 2005

노동인구(15~64세)

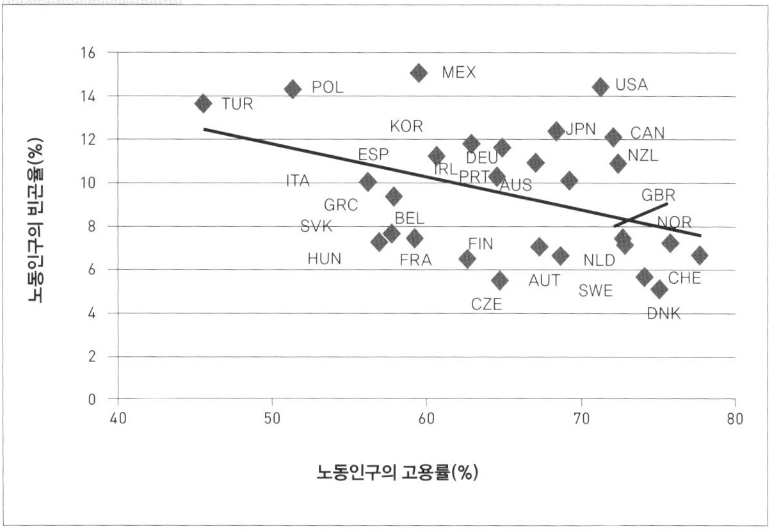

여성과 아동

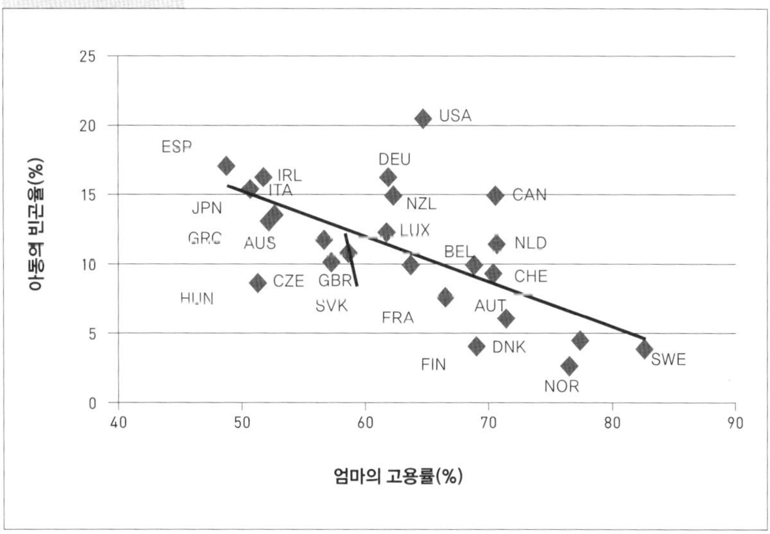

자료 OECD 2008.

2) 비숙련, 저학력 노동층

OECD 국가들의 최근 정책 사례들에서는 숙련노동자를 요구하는 강력한 추세를 보여주고 있다. 숙련직 노동에 대한 수요의 증가는 숙련직과 비숙련직의 임금격차를 더욱 크게 벌려놓고 있으며, 그럼으로써 비숙련노동자의 실업을 부추기고 있다는 것이 확증되고 있다(OECD 1997). 앞장에서 살펴보았던 시장소득의 불평등화가 심화되고, 일부 국가에서는 세금과 이전소득 정책에 의한 정부의 재분배정책이 강력한 효과를 낳지 못하는 한계가 드러나며 최종 가처분소득에서도 분배의 불평등화가 심화되고 있는 것이다. 지난 4반세기 동안 세금부담과 이전소득이 동시에 증가되었지만, 그에 따른 재분배 효과에 가장 이득을 본 계층이 노인층으로 밝혀지고 있어, 상대적으로 젊은층과 한부모 가구의 상대적 빈곤이 더욱 심화되었다는 것을 간접적으로 입증하고 있다.

따라서 비숙련노동자는 숙련노동자에 비해 실업자가 될 확률이 높으며, 또 실업기간이 더 오래 지속되는 것으로 나타난다. 한 가지 변화요인으로 '교육불평등' 효과를 꼽을 수 있다. OECD에서는 1970년대 말부터 노동참여에서 교육불평등이 심화된 것으로 나타나, 나이가 많은 비숙련 노동자일수록 노동참여를 포기하는 경향이 뚜렷하다. 대졸 학력의 남성 임금노동자의 고용비율을 고교 중퇴 이하 학력의 남성 임금노동자의 고용비율에 나눠 백분율로 계산한 다음, 여기에 전자의 평균임금을 후자의 평균임금에 나눈 비율을 곱하는 방식의 계산법으로 산출한 '고용소득의 교육불평등'(EDDIE: Educational Disparities in income from employment) 지수를 창안한 글린(Glyn)의 비교분석 결과를 참고할 만하다. 1979~1991년 기간에 영국과 미국이 27%씩 증가해서 고학력자를 우대했고, 독일과 스웨덴은 각기 다른 1978~1987년과 1987~1993년 기간에 각기 3%씩 증가해서 영국과 미국에 비해 고학력자 우대가 상대적으로 약했다(Buti et al. 1997).

OECD(2009a) 자료에서도 교육 수준별 차이에 따른 실업률이 두드러지게 나타나고 있다. 2007년 OECD 30개국 평균에서 교육 수준별로 고졸 이하, 고졸, 대졸 이상으로 구분된 실업률이 각기 10.3%, 6.2%, 3.9%로 뚜렷한 차이를 보여준다. 한국의 경우 2.6%, 3.5%, 2.9%로 차이가 거의 없지만, 다른 OECD 국가들에서 교육수준별 차이는 매우 뚜렷하다.

그럼에도 교육수준과 빈곤선 이하의 소득과의 관계에서 국가마다 차이를 발견할 수 있다. 3개국의 자료에서 항상 빈곤선 이하의 소득에 머물러 있는 계층을 교육 저/중/고 수준으로 나누어 살펴보면, 영국에서는 중학력층(39.8%)이 저학력층(36.9%)보다 약간 높은 기록을 보여주지만, 미국에서는 저학력층(58.5%)이 중학력층(30.3%)보다 상당히 많지만, 독일에서는 중학력층이 65.9%로 오히려 다수를 이루고 있다.

3) 노동 빈곤층

고용은 빈곤을 벗어나기 위한 주요 수단이지만, 고용이 항상 생계유지를 보장하는 것은 아니다. 서구 복지국가들은 대부분 일하는 노동자의 빈곤문제에 직면해 있다. 일하는 노동층의 빈곤이 심화되고 있는 것이다. 많은 노동인구가 일자리를 잃고 또 풀타임이 아닌 파트타임 비정규직으로 전락하면서 심각한 빈곤의 위협에 직면한 것이다. 그렇다고 풀타임 고용직이 확고한 빈곤탈출의 보장이 되는 것도 아니다. 경제위기 상황이 지속되면서 이들의 노동시간이 줄어 비정규직으로 바뀌면 빈곤의 위협은 높아진다.

OECD 평균을 보면, 노동인구(15~64세) 열 명 중 한 명은 빈곤층이다. 이들은 중위소득의 절반도 안 되는 소득으로 생활하고 있다. 덴마크가 가장 낮은 4.5% 빈곤율을 보여주지만, 반면에 미국과 멕시코는 15%로 높은 빈곤율을 보여준다(OECD 2008). 한국과 일본, 캐나다도 노동인구 빈곤율이 12%로 비교적 높은 편이다. 일자리를 갖고 있지 않은 가계의 개인 37%가 빈곤층으로, 이는 한 명 이상 일을 하는 가계의 개인 빈곤율(7%)에 비하면 다섯 배 이상 높다.

일자리가 빈곤탈출의 주요 수단이 된다는 근거다. 한 사람이라도 일하는 가계의 빈곤율은 일본, 멕시코, 폴란드, 터키, 미국에서는 10% 이상이다. 따라서 일하는 노동층의 빈곤문제에 대한 대책 마련이 복지국가의 새로운 빈곤대책으로 부각된다. 특히 집에 아동이 있지만 일자리를 상실한 가계의 개인 절반 가량이 빈곤층이다. 이에 비해 아동이 있지만 일을 하는 가계의 개인 빈곤율은 7.8%로, 이는 아동이 없는 일하는 가계의 개인들에 비교하면 2.4% 차이가 있다.

한국의 경우도 노동층의 빈곤은 심각한 정책과제가 된다. 통계청의 자료에 따르면 2인 이상 도시근로자가구 대상 빈곤율이 2003~2007년 사이에 9% 수준을 유지하고 있다(보건복지부 2010b: 177). 이는 1997년 외환위기 직전의 7% 이하의 수준에서 2% 이상 상승한 것이다.

일하는 노등층의 빈곤에 대한 복지국가의 대책은 무엇인가? OECD(2009c)에 따르면, 세금과 이전소득 지원으로 통한 '순사회이전소득'(net social transfers) 재분배 정책이 거의 모든 국가들에서 가장 효과적인 것으로 분석한다. 이 대안은 노동인구의 빈곤율을 절반 가량, 그리고 덴마크, 스웨덴, 프랑스에서는 절반 이상 감소시키는 효과를 발휘한 것으로 조사되었다. 이런 세금과 이전소득에 의한 재분배정책의 효과가 1/3 이하로 저조하게 나타난 것이 캐나다, 일본, 한국, 멕시코, 스페인, 미국의 문제다(표 5-4 참조).

따라서 OECD는 "국가 이전지출 체계의 디자인이 OECD 국가들의 빈곤율 랭킹을 결정하는 핵심 요인으로 보여진다"고 설명한다. 또한 '사회이전소득' 재분배 정책은 한부모 가계를 제외하면, 아동이 있는 가계나 아동이 없는 가계나 빈곤해소에 별 다른 차이가 없다는 점이다. '사회이전소득' 정책은 일하지 않는 실직자의 빈곤율을 감소시키는 데는 결정적인 역할을 하지만, 일하는 개인들의 빈곤율을 줄이는 데는 비교적 저조한 효과를 낳는다.

노동빈곤층에 대한 소득지원 정책으로 최저임금제를 들 수 있다. 각국의 실정에 따라 최저임금제 시행이 다양한데, 최저임금제를 시행 중인 국가들은 전체 34개국 중 8개를 제외한 26개국이다. 시행 중인 국가들 중에도 최저임금제가 노동빈곤층의 소득지원에 적절한 지원이 이뤄지고 있는지를 비교하는 방법으로 중위 임금(median wage)과 최저 임금(minimum wage)을 비교하는 방법이 있다. 그런데 그 비중이 2007~2013년 기간에 개선된 국가들이 후퇴한 국가들보다 약간 더 많다. 또 2013년 기준, 최저임금이 중위임금의 절반도 안되는 국가들도 한국을 포함해 과반수 이상을 차지한다. 가장 낮은 비율의 체코를 비롯해서 멕시코, 미국에서 벨기에까지 해당된다. 그런데 2007년 경제위기 이후 최저임금의 상승이 많은 국가들에서 이뤄진 반면에, 일부 국가(체코, 스페인, 아일랜드, 터키)만 후퇴하였다.

2. 고용보험의 성과와 한계

고용보험은 단순히 소극적인 차원에서 노동자가 실업의 위험을 당한 데 대한 사회보장 장치 역할에 그치는 것이 아니다. 고용보험은 실업자가 보험급여를 통해 기본적인 생계를 유지하며 복지의존에 안주하지 않고 고용교육훈련 등에 참여하며 재취업할 수 있도록 지원하는 '적극적' 노동시장 정책의 일환으로 추진되고 있다. 그럼에도 기존의 고용보험이 오히려 복지의존을 부추기며 실업률을 높여 경제적 효율성을 떨어뜨리고 있다는 비판론이 지배적이다. 여기에 고용보험의 한계가 있으며, 이에 대한 대안들이 각국의 정책사례로 누적되어 왔다.

1) 사회정책과 고용보험

사회정책의 주된 목표는 취약계층을 지원하는 것이다. 여기에는 빈곤층에 대한 공적부조, 빈곤층과 노인층에 대한 특별한 의료보장, 장애인과 위기에 처한 아동에 대한 공적부조와 사회서비스의 제공 등이 있다. 취약계층의 기본적인 인간적 존엄을 보장하기 위한 목표가 사회복지정책이 추구하는 으뜸의 목표인 것이다. 다른 하나는 누구나 최소한의 생계를 유지할 수 있도록 보장하는 보편적 사회보장으로, 노인층에 대한 기본적인 생계급여로서의 연금보장, 실업자에 대한 실업보장 및 보편적인 의료보장 등이 여기에 포함된다.

그럼에도 보편주의에 기초하지 않고 빈곤층 등 취약계층에 집중된, 즉 '타깃'에 의존하는 공적부조 및 사회서비스 프로그램들은 한편으로는 빈곤층 등 취약계층을 '빈곤의 덫'에 빠지게 하는 문제가 있고, 다른 한편으로는 대상집단에서 벗어나는 자족을 노력하는 집단들은 그 수혜를 받지 못하는 문제를 안고 있다(Buchele and Scherer 1998). 따라서 취약계층이 자구노력으로 생활안정을 추구하는 것이 사회 프로그램에 의존하는 것보다 더 바람직하지 않은 결과를 낳을 수 있다. 이런 문제들 때문에 고용을 통해서 또는 보험금 납부실적으로 사회보장을 수급하기 위한 사회보장권을 획득하도록 하는 '사회보험' 정책을 활용한다.

고용보험은 주로 비자발적인 고용중단으로 인한 소득손실에 대해 사회보험과 최저생계수단을 제공해주는 사회보장을 기본적인 목표로 삼는다. 공적 고용보험의 제공은, 보험시장에 관한 통합적인 정보부족 등의 문제로 시장이 성립될 수 없는 이유에서도 경제적 효율성을 인정받게 된다. 또 실업급여는 노동자들이 보다 생산적인 노동활동을 할 수 있는 일자리를 구하는 데 개인적으로 소비하는 많은 시간을 줄여서 일자리를 연결시켜줌으로써 인적자본의 축적을 증대시킨다.

그럼에도 고용보험과 세제지원 및 사회보장프로그램은 복지의존에 의한 자발적인 실업 등 실업률을 증가시킴으로써 노동시장의 작용에 심각한 왜곡현상을 초래하게 된다. 장기간 높은 실업급여를 받으며 생활하는 실업자일수록 일자리를 찾는 노력을 게을리 하게 되며, 일을 하고 있는 노동자에게도 노동의욕을 저하시키게 된다. 특히 임금수준이 낮은 노동계층의 경우에서 실업상태에 안주하려는 '실업의 덫', 또 만성적인 저소득으로 빈곤을 극복하기 어려운 '빈곤의 덫'에 빠지는 경우가 고질적인 문제로 제기된다. 다른 한편으로는 실업보장을 위한 재정을 확보하기 위해 부과되는 세금과 부과금이 늘어남으로써 기업들이 지불할 수 있는 실질임금을 낮추게 되는 결과, 노동에 대한 수요에 부정적인 영향을 미치게 된다.

2) 고용보험 제도의 발전

오늘날의 고용보험제도가 도입된 배경을 살펴보면, 먼저 노동조합 주도의 실업공제기금이 19세기부터 일부 국가에서 시행되다, 여기에 정부가 부족한 재원을 충당해주기 위해 재정지원을 하면서 새로운 모델로 등장한 것이 '자발적 실업보험제'다. 또 노동조합의 가입과 관계없이 노동자 누구나 강제적으로 고용보험에 가입하도록 법적으로 의무화한 '강제적 실업보험'이 있고, 마지막으로 단순한 실업급여의 제공뿐 아니라 실업 예방 차원에서의 고용교육훈련을 중시하는 고용정책이 현대형 고용보험이다. 이 제도들을 차례로 정리해보면 아래와 같고, 그 발전과정을 〈그림 6-2〉와 같이 요약할 수 있다(노동부 2002a).

노동조합의 실업공제기금제

고용보험제도가 처음 등장한 것은 19세기 후반이었다. 유럽의 일부 노동조합이 실직조합원에게 실업급여를 지급하던 자체적인 실업공제기금에서 출발한 것이다. 이후 19세기말에는 벨기에, 프랑스, 독일, 영국, 노르웨이, 스웨덴, 스위스, 미국 등 서구 주요 도시에서 보급, 실시되었다. 그러나 노동조합에 의한 자주적인 실업공제기금제도는 근로자가 모든 비용을 부담하므로 충분한 실업급여가 이루어지지 못하였다. 또 가입이 임의적이었기 때문에 비교적 고용이 안정된 근로자는 가입을 회피하고, 실업의 위험이 상대적으로 높은 근로자만이 가입하게 되어 공제기금의 재정난이 심각하였다. 이에 따라 19세기말에는 재정난을 겪고 있는 공제기금에 지방자치단체가 보조금을 지급하는 사례들이 점차 늘기 시작하였다. 1893년 스위스 베른(Bern)시는 세계 최초로 노동조합의 임의적인 실업공제기금에 보조하면서 노동조합원이 아닌 근로자도 희망하면 실업공제기금에 가입할 수 있게 하였다. 이 제도는 스위스의 다른 도시는 물론 프랑스, 독일 등에도 파급되었다.

자발적 실업보험제도

20세기 들어 1910년까지 실업보험제도를 입법화한 프랑스, 노르웨이, 덴마크는 노동조합 중심의 자주적인 실업공제기금에 국가의 보조원칙을 구체화한 '자발적 실업보험제도'를 채택하였다. 프랑스는 1905년에 제정된 '프랑스 재정법'에 의해 세계 최초로 노동조합의 실업공제기금에 국가 보조금을 지급하였고, 노르웨이는 1906년 실업공제기금에 의해 지급되는 실업급여액의 4분의 1에 해당하는 금액을 정부에서 보조하는 법률을 제정하였으며, 그 비율을 점차 3분의 1, 다시 2분의 1까지 증액하였다. 1910년대에는 노동조합 중심의 실업공제기금제도의 전통이 많은 영향을 미침으로써 프랑스, 노르웨이, 덴마크의 뒤를 이어 네덜란드, 스페인 등의 국가가 노동조합 중심의 실업공제기금에 보조금을 지급하는 자발적 실업보험제도를 도입하였다. 임의적인 실업보험제도는 현재에도 그 유형이 남아 덴마크, 핀란드, 스웨덴 등의 국가에서는 노동조합원에게는 가입이 강제되지만 비조합원에 대해서는 가입이 임의적인 자발적 실업보험제도 그대로 유지되고 있다.

의무적 실업보험제도

영국은 1911년 노동조합에의 가입유무와 관계없이 일정 요건에 해당하는 근로자를 의무적으로 보험의 적용을 받도록 하는 국가에 의한 의무적 실업보험제도를 도입하면서, 실업보험의 비용을 노·사·정 3자의 부담을 원칙으로 하였다. 특히 1차 세계대전 이후의 대규모 실업사태는 많은 국가에서 실업보험제도의 도입을 촉진하는 계기가 되었다. 1920년대에는 벨기에와 스위스는 노동조합 중심의 실업공제기금에 정부가 보조금을 지급하는 자발적인 실업보험제도를 채택하였으나, 오스트리아, 독일 등은 의무적 실업보험제도를 도입하였다. 한편 룩셈부르크는 1921년에 저소득실업자에 대해 국가 재정에서 실업수당을 지급하는 실업부조(unemployment assistance) 제도를 도입하였다.

1930년대에는 세계적인 경제불황으로 인한 심각한 대량실업 사태에 직면하면서, 많은 국가들이 보다 체계적이고 종합적인 실업보험제도의 도입을 적극적으로 검토하게 되었다. 1934년에는 국제노동기구(ILO)가 '비자발적 실업자에 대하여 급여 또는 수당을 보장하는 협약'을 채택하여 이를 비준한 국가에 대해서는 실직자에게 실업급여를 지급하는 의무적 또는 자발적 실업보험제도를 유지할 수 있도록 하고, 실업보험제도의 적용범위, 수급요건 및 급여기간에 대한 최저기준 등을 명시함으로써 실업보험제도의 도입 및 발전에 많은 영향을 미쳤다. 스웨덴은 1934년에 자발적인 실업보험제도를 도입하였으며, 미국은 뉴딜 정책의 일환으로 1935년에 사회보장법이 제정되어 각 주가 운영하는 실업보험제도에 대해서 연방정부로부터의 보조금제도가 신설됨에 따라 1937년까지 모든 주에서 실업보험제도가 시행되었다. 그리스는 1945년에 의무적인 실업보험제도를, 일본도 1947년에 이 제도를 도입하였다. 프랑스는 1951년에 국가부담에 의한 실업부조제도를 실시하고 1958년에는 종래의 노동조합 실업보험제도를 의무적 실업보험제도로 전환하였다.

실업보험과 고용정책의 통합

이상과 같은 실업보험제도들은 실직자에게 실업급여를 지급하는 데 주목적이 있는 '사후구제적' 제도다. 그러나 산업구조의 고도화에 따라 고용조정이 급격히 이루어지면서 실직자에 대한 실업급여만으로는 실업을 예방해서 고용안정을 유지하는 데에는 미흡하기 때문에 실업보험에 고용정책을 통합하는 '고용보험'이 등장한 것이다. 특히 고용조정과정에서 발생하는 사양산업 근로자, 잉여노동력 등에 대한 전직훈련과 인력재배치를 통하여 근로자의 고용안정과 산업구조의 원활한 조정을 가능하게 하고 근로자의 직업훈련사업 등 적극적인 고용정책과 실업급여를 연결시키는 '고용보험'으로 전환하는 추세가 최근의 일이다.

스웨덴이 일찍이 1940년대 중반부터 노동시장의 유연성을 제고하기 위한 취업알선서비스를 강화하고 근로자에 대한 교육훈련을 고용보험재원에 의해 지원하기 시작하였다. 독일은 이전의 실업보험제를 1969년에 '고용촉진법'으로, 일본은 1947년의 '실업보험법'을 1974년에 '고용보험법'으로 대체하였다. 영국과 미국은 실업급여 중심의 순수실업보험제도를 시행하고 있는 대표적인 나라였다. 그러나 이들 국가에서도 단순히 실업급여만을 지급하는 것으로는 근로자의 고용안정을 실질적으로 보장하는 데 한계

그림 6-2 고용보험제도의 발전과정

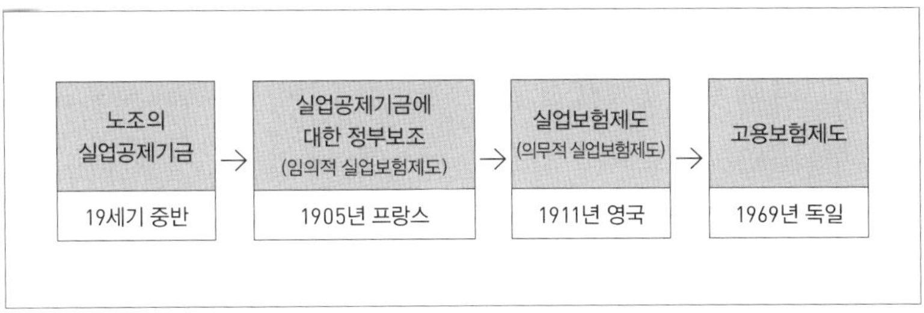

가 있기 때문에 실업을 예방하는 차원에서 각종 직업능력 개발제도를 고용보험제도 내에 포함시키고 고용조정과정에서 발생하는 잉여노동력에 대한 전직훈련을 지원하는 제도적 장치를 강구하고 있다.

3) 고용보험정책의 변화

실업급여 기간의 축소

고용보험의 개선안은 실업급여를 받는 기간의 축소가 공통적인 특징으로 부각되어 있다. 1990년대 초부터 서구 국가들은 급여 기간 축소부터 단행하였다. 영국에서는 12개월 기간을 6개월로, 캐나다는 50주에서 45주로 낮추는 정책을 추진했다. 스웨덴은 3년 상한 기간을 두고 있지만, 실업자의 과거 고용경력이 좋고 고용교육훈련 참여가 있는 경우 4년까지 연장해준다. 덴마크는 7년까지 상한선을 두었으나, 최근 5년으로 상한선을 크게 낮추었다. 스위스, 이탈리아, 한국, 미국 등 실직 첫해만 실업급여를 지급하는 국가들도 늘었다.

이런 상한선을 두는 정책을 보완하기 위해 일부 국가들은 직업교육훈련의 참여 등 '적극적' 노동시장 프로그램의 참여를 조건으로 실업급여를 재신청할 수 있는 기회를 제공한다. '적극적' 노동시장정책을 고수해온 스칸디나비아 국가들에서 적극적으로 추진되고 있으며, 또한 재정지원을 받지 않는 노동의 참여를 통해 실업급여 자격을 부여하는 경우도 덴마크, 핀란드, 아이슬란드, 노르웨이, 스위스 등에서 찾아볼 수 있는 정책사례다.

실업급여 자격 강화

다음으로 일반화된 고용보험의 변화로는 실업급여를 받기 위한 자격 요건을 강화시킨 것이다. 오스트리아, 덴마크, 아이슬란드, 스웨덴, 스페인, 핀란드, 노르웨이, 네덜란드, 캐나다 등이 실업급여를 받기 위한 조건으로 일정한 고용기간과 일정한 고용보험금의 납부를 제시하고 있다. 또 다른 사례들은 고용교육훈련의 참여 등의 조건을 '적극적 노동시장' 정책과 연계시켜 요구하고 있다.

실업급여의 보장성은 실업급여를 받기 위한 조건들(노동경력이나 보험 기여)을 충족시켜야 한다. 실업급여 현황을 살펴보면, 실업 급여를 받기 위해서는 최소한 6개월 이상 일을 했거나 고용보험 기여를 해야 한다(OECD 2016a: 38). 벨기에, 터키, 아일랜드, 슬로바키아에서는 최소 14개월에서 24개월까지의 경험/기여를 요구한다. 한국을 비롯한 네덜란드, 오스트리아, 미국 등은 6개월 정도를 요구한다. 그런데 이런 엄격한 자격기준에 맞춰 수혜기간도 불과 6개월밖에 되지 않는 국가들이 절반 가량되고, 북구 복지국가들이 1년 이상의 소득지원을 제공한다.

고용보험을 둘러싼 정책논의는 하나는 실업자의 복지의존을 고용안성으로 유도하는 방향에서 다른 하나는 긴축재정을 추구하는 방향에서, 실업급여 수준의 인하, 수혜기간의 단축, 자격조건의 강화 등 개선안들이 변화의 수류를 이루고 있다. 실업급여 수준은 전직 급여의 28%(미국)로부터 86%(룩셈부르크)에 이르기까지 두드러진 차이를 보여준다. 또 그 비율은 5년 기간에 평균 72%(노르웨이)로부터 6%(한국, 미국)에 이르기까지 심각한 차이를 보여준다. 일반적으로 배우자가 있는 가구와 부양아동을 가진 가계에 높은 급여가 지급된다. 생산직 노동자의 평균임금의 2/3 수준을 기준으로 볼 때, 국가 간의 차이가 두드러지게 나타난다. 가장 낮은 53%(한국)로부터 가장 높은 95%(덴마크)에 이르는 폭넓은 분포를 보여준다. 이처럼 비교적 높은 실업급여 때문에 실업자들이 강한 고용 인센티브를 갖지 못한다는 것이 일반적인 분석이다. OECD 국가들의 동향분석의 결과도 관대한 실업급여가 실업의 주기적 증가뿐 아니라 경기회복기에도 높은 실업률의 유지라는 악영향을 미치는 것으로 파악하고 있다.

일부 국가들의 정책대응을 정리해보면 아래와 같다. 오스트리아는 1993년에 최고 급여수준을 낮추었고, 캐나다는 1993년과 1996년 두 차례에 걸쳐 부부에 대한 실업급여 수준을 대폭 낮추었고, 뉴질랜드는 독신 청년층에 대한 급여수준을 25% 인하시켰으며, 스웨덴은 실업급여의 소득대체율을 1990년 초 90% → 1996년 75% → 1998년 80% → 2007년 66%로 심각한 하향의 조정을 거쳐 왔다.

3. 고용안정과 노동복지정책

1) 복지국가의 고용안정정책

스웨덴 복지국가는 시민(거주자) 누구에게나 차별없이 복지혜택을 부여하는 보편주의(universalism)에 기초하지만, 그 핵심에 접근해보면 사회보험 대부분이 사실상 고용과 밀접히 연계되어 운영되고 있다(Esping-Andersen 1996b). 기초연금보험, 의료보험, 가족수당 등 3대 프로그램은 시민 누구나 혜택이 주어지는 보편적인 프로그램들이지만, 질병수당과 출산휴가수당은 정부의 복지재원으로 지원되는 것으로 직장을 갖고 있는 노동자들에게만 적용되는 프로그램이다. 법적으로는 그렇지 않지만 실제적으로는 정부재정 지원을 받는 아동보육 프로그램도 마찬가지다. 1994년 정부재정으로 지원받는 보충연금제도(ATP)는 전체 연금급여 지출의 60%를 차지하는 주요 프로그램이지만 고용기간과 고용기간의 소득에 의해 급여수당이 결정된다.

1970~1980년대의 특징이 되는 스웨덴 복지국가의 보편주의적 사회보장은 스웨덴 복지국가의 전통이 되는 '고용의 보편주의'에 근거한 것이다. 1990년에 15~64세 노동인구 중 남성 고용인구가 88.4%를 기록했고, 여성의 경우 1970년 59.4%에서 1990년 83.2%로 급증하였다(Clayton & Pontusson, 1998: 77). 이 기간에 실업률이 2% 이하를 기록하면서 1990년 남녀 전체의 고용비율이 84.4%로, OECD 평균치 67.5%를 크게 능가하는 높은 고용비율을 고수해왔지만, 1990~95년 기간에 실업률이 이미 10% 두 자리 숫자에 육박하면서 전체 고용비율이 1996년 72.7%로 급락하는 일대 혼란에 들어선다(OECD 평균은 66.5%로 하락하였다). 1990년대의 절반 기간에 실업자 수가 두 배로 늘어나면서, 이들 모두가 보편주의적 복지혜택을 받을 수 없는 심각한 문제가 발생한 것이다. 국민과 정치인의 지지가 뒷받침되지 않은 상태에서 보편주의 프로그램에서 외면을 당한 실업자들은 '자산조사'를 통해 공적부조 지원을 받을 수밖에 없었다.

그럼에도 OECD 평균에 비교하면, 스웨덴의 실업률은 낮고 고용비율은 높은 수준에 있다. 이런 스웨덴의 경험이 시사하는 것은 대량실업이 상대적으로 늦게 찾아와서 일순간 갑자기 나타난 현상으로, 스웨덴보다 더욱 심각한 대량실업을 경험하며 복지프로그램을 고용 중심으로 더욱 밀접히 밀착시켜왔던 다른 유럽 국가들에서는 실업이 복지프로그램에 미치는 영향이 매우 일반적인 것으로 유추해볼 수 있다(앞글: 77). 1997년까지 9.9%에 이르는 실업률의 증가는 98년부터 8.3%로 떨어지기 시작해서 오늘에 이른 것이다. 이는 곧 스웨덴의 적극적 노동시장 정책의 성과라고 볼 수 있을 것이다.

노동시장과 복지국가는 역동적으로 밀접한 관계를 유지한다. 노동시장이 변화되면 복지요구에 영향을 미치고 복지지출을 뒷받침하는 정부재정에도 영향을 주지만, 다른 한편으로는 세금과 이전소득 구조는 개인의 노동시장에서의 행위(일자리 찾기 또는 실업상태로 안주하기 등)에 영향을 미치게 된다. 그럼에도 실업상태에 있는 노동자에게 실업급여를 제공하고 높은 고용안정을 보장하기 위한 사회보장법 체계를 갖추고 있는 복지국가는 낮은 고용과 고용의 주기적 변화, 표준화된 생산을 비숙련노동자들이 담당하고 있는 상황, 한쪽 배우자의 주소득에 의존하는 가구 등의 특성을 보여준다.

한편 노동시장은 다음과 같은 거시경제 구조의 변화에 많은 영향을 받고 있다. 산업화 시대의 대량생산이 이제 소비자 중심의 탄력적인 생산으로 급격히 대체되면서, 전통적인 테일러 방식의 공장들이 탄력적인 수평구조의 특성을 갖춘 '전방위적'(holistic) 기업들에게 자리를 물려주고 있다. 이 기업들은 다양한 기술력을 갖춘 노동자에게 높은 수당을 지불하므로, 같은 부류의 노동자 가운데에도 노동 용도에 따라 점차 차등적인 임금구조가 성립되어, 기술편향적인 테크놀러지의 발전과정이 소득불평등을 조장하고 있다. 이 테크놀러지 발전과정은 개별화된 임금인센티브의 중요성을 높이면서 '동일노동, 동일임금'(equal pay for equal work) 원칙에 기초하는 단체임금협상에 적지 않은 악영향을 미친다. 또 1970년대 이래로 제조업을 포함한 거의 모든 기업규모가 지속적으로 줄어들고 있는 추세, 그리고 전체 고용의 절반 이상을 차지하며 지속적으로 팽창하는 서비스 분야의 비중증가 추세가 전통적인 단체임금협상에 커다란 걸림돌로 부각되고 있다.

고용과 해고에 관한 노동시장 규제정책은 일반적으로 실업보장의 도입취지와 운영원칙에 따른다. 그럼에도 이 기본전제들은 무수한 압력을 받으며 근본적으로 변화되어야 할 개혁과제로 부각되고 있다. 거시경제적 혼란이 매우 불확실하며, 고실업과 장기실업이 만연되어가며, 일자리와 노동자의 이질화 또는 복잡화와 다양화 등이 주요 요인들로 꼽힐 수 있다.

2) 적극적 노동시장정책

일반적으로 '적극적' 노동시장 정책이란 "정부가 노동시장에 선택적으로 개입하여 노동시장의 유연성을 제고하고 노동력의 수급을 원활히 함으로써 완전고용의 달성과 경제의 안정적 성장을 도모하기 위한 노동시장정책을 말한다"(유길상 1997). '적극적' 노동시장정책은 '소극적' 노동시장정책으로부터 구별된다. 후자가 고용보험을 통해 실업자에게 단순히 실업급여와 이와 관련되는 조기퇴직연금 및 기타 공적부조만을 지원하는 데 그치지만, 전자는 실업자의 기본적인 생계유지를 위협하지 않으면서 실업자가 일자리와 노동시장에 쉽게 접근할 수 있도록 지원하는 각종 고용촉진정책을 지칭한다. 이 두 정책은 두드러진 차이를 갖고 있지만, 상호 밀접히 연관되어 추진되고 있다. 실업급여 지급이 교육훈련 등의 참여를 조건으로 규제하고 있고, 실업기간 중 실업급여를 받으며 교육훈련을 받은 실업자가 재취업해서 실업급여에 기여하는 등의 순환적 연계성을 갖기 마련이다.

많은 OECD 국가에서 발견되는 몇 가지 주요 '적극적' 노동시장정책 사례들은 다음과 같다. ① 능력을 갖춘 구직자들을 고용하는 고용주에 대한 임금지원 또는 사회보장세의 감면, ② 직업훈련, 전문교육 등의 프로그램 운영, ③ 지역사회 개발 등에 참여하는 자원봉사활동, 공공근로 활동, ④ 창업지원금 보조, ⑤ 직업알선활동 지원 등이다(Kalisch et al. 1998). 또 최근에 와서 널리 활용하고 있는 '적극적' 노동시장정책의 영역으로는 공공고용서비스, 노동시장 훈련, 청년실업자 프로그램, 재정지원 고용 및 특수 프로그램으로 장애인고용 등을 꼽을 수 있다(Martin 1998).

대부분의 국가들이 이상 다섯 정책수단 중 하나 이상을 추진하고 있지만, 국가 간의 유사성보다 상이성이 두드러지게 나타나고 있다. 이 다섯 영역을 구체적인 정책수단으로 분리해 살펴보면, 최근 OECD 국가들의 동향을 정리해볼 수 있다. 특히 '적극적' 노동시장정책이 가장 많은 비중을 차지해, OECD 국가 대부분이 2000년대 초에 정책을 추진한 것으로 조사되었으며, 다음으로 고용보험의 행정 강화(남용, 오용 등을 방지해서 비용절감), 장애인에 대한 적극적인 개입정책, 고용보험의 자격요건 강화 등이 과반수 이상의 국가에서 추진한 주요 정책들이다.

최근의 OECD 각국의 자료를 살펴보면 국가들의 문화와 역사적 전통의 차이를 엿볼 수도 있다. 스웨덴, 덴마크, 핀란드, 노르웨이 등의 스칸디나비아가 전통적으로 다른 국가들에 비해 '소극적 정책'보다 '적극적 정책'에 더 많은 재원을 투입해 왔는데, 실업이 증가한 1990년대 중반 이후에는 실업급여 지출이 크게 늘면서 소극적 노동시장의 지출증대 추세를 보여준다. 하위 그룹에 속하는 한국, 호주, 헝가리, 영국, 그리스, 룩셈부르크, 체코, 미국, 일본, 멕시코는 GDP의 0.5% 수준 이하에 머물러 있다. 한국의 경우 1997년 고용보험이 전면 확대 실시되면서 소극적 노동시장 지출뿐 아니라 적극적 노동시장 지출비도 급증한 결과를 보여준다. 전자에 못지 않게 후자, 즉 적극적 노동시장에 대한 투자가 더 많다는 것을 주목해볼 만하다.

글로벌 경쟁이 강화되는 추세에서 적극적 노동시장정책은 기술 역량

강화에 초점을 맞춰 국가 전략으로 추진되는 동향이다. 기술 역량강화는 새로운 일자리 창출과 생산성 증대에 직접적으로 기여한다. 글로벌 가치사슬(global value chains: GVCs)의 혜택을 누릴 수 있도록 이에 적합한 노동자의 기술 역량의 교육과 훈련에 경쟁적인 투자가 필요한 것이다(OECD 2017). 이 같은 적극적 노동시장정책(ALMP)은 현직의 직장인뿐 아니라 실업자와 은퇴자 등 비활성적 노동인구 모두에 해당되는 국가 차원의 ALMP이다.

글로벌 가치사슬 GVCs는 여러 국가 노동자들이 단일 제품을 디자인, 제조 및 판매하는 과정에 기여하는 관계망이다(OECD 2017: 2). GVCs는 작은 규모의 기업들과 소국가들이 글로벌 마켓에 연계되어 생산성 증대와 일자리 창출의 혜택을 누리는 기회를 제공한다. 그럼에도 노동자들이 글로벌 시장의 변화하는 수요에 대응하는 기술 역량을 갖추지 못하게 되면 GVCs에서 일자리 손실이나 임금 정체와 같은 경제적 타격을 받는다. OECD는 "최종 제품이 소비자에게 건네지기 전에 무수한 투입들이 여러 차례에 걸쳐 국경을 넘나들게 되는데, 평균적으로 기업 부문의 일자리 1/3 가량이 외국의 수요에 의존하므로 혁신이 고용의 핵심이 된다."며, "어떤 혁신도 적합한 기술과 기술 융합이 부재한 상태에서는 일어나지 않는다."고 강조한다. OECD 국가들 평균에서 국가 수출품의 가치의 30%는 해외에서 이뤄지고 있다.

OECD의 〈2017 기술역량 전망〉 보고서에 따르면, 1995~2011년 기간에 GVCs를 강력하게 수용한 국가들이 산업에서 노동생산성 증진을 기록했다. GVCs의 혜택을 최대화하기 위해서는, 산업체들은 문자해득, 수리해득(numeracy), 문제해결 기술, 관리와 커뮤니케이션 능력, 그리고 지속적인 학습의 준비 등 기술력을 갖춘 노동자들을 필요로 한다. 보고서에 따르면, "선진 테크놀러지 산업에서 전문화를 확장시키고 노동자의 기술 융합의 개선시켜 바람직한 사회적 또는 경제적 실적을 올려 GVCs의 혜택을 가장 많이 누린 국가들은 독일, 한국, 폴란드이다." 또 핀란드와 일본은 고도의 기술 역량을 가진 노동자들을 갖고 있어 하이테크 산업에 전문화를 심화시켜 GVCs의 혜택을 더 확장시킬 수 있는 여유를 가진 국가들이다. 하이테크 산업들의 욕구와 가장 잘 적합한 노동자들을 갖고 있는 국가들로 한국과 일본을 포함한 체코, 에스토니아, 뉴질랜드로 꼽힌다. 글로벌 가치사슬의 하부에서 노동자의 취약한 노동이 이뤄지는 개발도상국의 경우, GVCs 참여의 확대뿐 아니라 기술 역량에 대한 투자가 특히 중요하다.

OECD 국가별 GVCs 성적표를 살펴보면 한국은 전체 9개 지표에서 상위가 5개로 비교적 좋은 성적을 받고 있다. 기술력에서는 선진 테크놀러지 산업의 전문화가 상위 25% 그룹에 속하고, GVCs 개발에서는 참여 확대와 전문화 수준이 상위 25% 그룹에 속해 있다. 특히 경제적, 사회적 성과에서는 노동생산성 성과가 상위권이며, 사회적 성과인 소득불평등, 노동안정성과 직업긴장도에서도 상위권 성적을 보여준다. 첫째, 기술(skills)에서는 1) 저기술 인구의 낮은 비중 지표로는 테크놀러지 환경에서의 문자해득, 수리해득, 문제해결 기술 역량이 낮은 인구의 비중. 2) 글로벌 가치사슬(GVCs)의 도전에 대한 대응 지표는 국제학생평가(PISA) 성적의 변화와 고교졸업률 변화. 3) 선진 테크놀러지 산업의 전문화 수준 지표는 OECD 국가들의 '성인기술 서베이'(Adult Skills Survey) 설문 결과이다. 둘째, GVCs에서는 1) GVCs 참여 확장 지표는 수출품의 해외 투입물 수입 의존, 제3국 수출을 위한 투입물의 생산이다. 2) 선진 테크놀러지 산업의 전문화 지표로는 2011년 선진 테크놀러지 산업의 상대적 어드밴티지 지표이며, 3) 선진 테크놀러지 산업의 전문화 변화 지표는 2002~2011년 기간의 변화이다. 마지막으로, 경제적, 사회적 실적에서 1) 경제적 실적 지표는 노동생산성 증대와

표 6-1 기술 역량과 글로벌 가치사슬 개발의 경제/사회적 성적표

	기술			GVCs 개발			경제적, 사회적 성과		
	낮은 비중의 저기술 인구	GVCs 대응기술 개발	선진 테크산업 전문화	GVCs 참여 확대	선진 테크산업 전문화	선진 테크산업 전문화 변화	노동 생산성 증대	고용 증대	소득 불평등/ 노동의 질 개선
한국			상위	상위	상위		상위		상위
호주	상위	하위			하위	하위			상위
벨기에			상위		상위				
칠레		상위		상위			상위	상위	
체코				하위		상위	상위		
핀란드	상위	하위	상위			하위			상위
독일				상위				상위	
일본	상위		상위	상위		하위		하위	하위
네덜란드	상위	하위	상위	하위		상위	하위		
뉴질랜드	상위	하위		하위	하위	상위			
노르웨이	상위		상위	하위	하위	하위	하위	하위	
스웨덴	상위	하위	상위						하위
영국					상위				
미국				상위	상위			하위	하위

참고 34개국 상위(25%), 하위(25%), 빈칸은 중간 수준.
자료 OECD 2017: 21.

고용률 증가, 2) 사회적 실적 지표는 소득불평등 지수(Gini)와 노동시장 안전성과 직업긴장도(job strain)이다.

그런데 25~64세 노동인구 중 '지난 1년간 교육훈련 경험자' 비중에서 한국은 OECD 27개국 중에서 1) 현직 직장인은 56% 참여율 15위로 평균 이하이지만, 2) 실업자는 51%로 9위, 3) 비활성층은 31%로 8위로 비교적 높은 수준에 있다.

3) 성장과 소득불평등 해소

전통적인 경제학 이론은 소득불평등은 경제성장을 위해 불가피한 현상으로 간주하는 경향이 있다. 이른바 '형평성 대 효율성' 트레이오프가 대표적인 논지이다. 그럼에도 최근의 연구들은 성장과 소득불평등의 관계는 OECD 비교국가 분석에서는 거의 무의미한 관련성을 보여준다. 성장지향적 정책들이 소득불평등 해소에 장애가 되는 사례들도 있지만, 반면에 도움이 되는 사례들도 적지 않다. 그런 성장지향적 정책에는 교육과 훈련 정책 등 광의의 적극적 노동시장정책(ALMP)과 여성과 이주자 등 취약층의 노동참여 지원정책이 포함되어 있다.

대표적인 연구결과로 OECD(2012c)의 〈경제정책 개혁〉 보고서에는 인적 자본(human capital)의 중요성이 경험적 분석 결과로 제시되어 있다. 인적자본은 안정적인 생계 유지와 삶의 질 개선에 기초 자산으로 노동소득 불평등 해소에 긍정적인 영향을 미치므로, 국가 차원에서 '사회투자'의 복지정책으로 추진될 필요성이 있다. 〈표 6-2〉에서 확인할 수 있듯이 대학과 고교 졸업률과 교육의 형평성을 지원하는 사회투자는 고용소득과 전체 노동소득 평등화뿐 아니라 동시에 경제성장에도 기여한다. 표의 중간에 위치하는 최저임금부터 노조가입률, 단체임금협정, 고용보호법, 실업수당 등은 국가별 경험적 연구 결과가 긍정 또는 부정으로 분명하게 드러나지 않은 가운데, 하단의 적극적 노동시장정책부터 이주자 통합과 반차별 정책과 여성의 노동시장참여 등은 전체 노동소득 평등과 GDP 성장에 기여하는 것으로 제시되고 있다. 특히 조세정책의 중요성이 연구결과로 부각되는데, 일부 조세 개혁 사례들은 노동의 활용과 생산성에 영향을 미치며 일인당 GDP 성장과 소득재분배에 긍정적인 영향을 미친다고 알려져 있다(앞글: 195). 주

표 6-2 사회투자와 경제성장 정책이 소득불평등 해소에 미치는 영향

	고용률	고용소득	전체노동 소득 평등*	일인당 GDP
대학 졸업률	~	+	+	+
고교 졸업률	~	+	+	+
교육의 형평성	~	+	+	+
최저임금(중위임금 대비)	0/-	+	~	0/-
노조가입률	~	+	+	~
단체임금협정의 법적 지원	-	~	-	-
고용보호입법(EPL)의 수준	0/-	+	~	-
EPL의 정규직과 비정규직 격차	-	-	+	-
실업수당 대체율과 지급기간	-	+	~	-
적극적노동시장정책 지출비	0/+	~	+	+
이주자통합	+	+	+	+
반차별 정책추진	+	+	+	+
여성의 노동시장참여	+	+	+	+

참고 *전체노동소득 평등은 전체 노동인구의 고용과 임금 평등 효과를 반영.
+상당한 성장 -상당한 하락 또는 정체 ~변화 없음 0/-, 0/+ 연구결과가 대조적.
자료 OECD 2012c : 195.

로 고소득층에 혜택이 되는 조세지출을 재평가하는 개혁을 통해 한계세율의 감소로 일인당 GDP 성장뿐 아니라 소득재분배의 평등을 이룰 수 있다는 분석이다. 조세지출을 줄이면 세제의 복잡성을 간소화해서 조세 준수와 징세 비용을 줄일 수도 있다.

4) 실업급여의 보장성

실업급여 보장에서 급여의 관대성, 적절성, 노동 인센티브가 가장 중요한 근거가 되며, 여기에 소득보장정책의 초점이 맞춰지고 있다.

급여의 관대성

첫째, 급여 관대성(benefit generocity)은 가장의 실직으로 가족의 소득은 얼마나 감소되는지를 보여준다. 순대체율(Net replacement rates: NRR)은 실직후 유지되는 순노동임금(net income in work)의 비중을 보여준다. 부부 중 일인 소득자와 두 자녀의 4인 가족의 NRR의 5년 평균을 보면, OECD 평균은 58%이다. 이를 훨씬 상회해서 관대성이 비교적 높은 국가 그룹에 오스트리아, 덴마크, 핀란드, 아일랜드, 네덜란드, 룩셈부르크, 영국이 포함되어 있다, 반대로 비교적 낮은 하위 그룹에 칠레, 그리스, 헝가리, 이탈리아, 그리스, 터키 등이 있고 한국은 46%로 중하위 그룹에 있다.

급여의 적절성

둘째, 소득 적절성은 이전소득이 빈곤의 리스크를 얼마나 경감시켜주는지를 보여준다. 저임금 소득자가 빈곤에서 벗어나려면 주간 몇 시간 노동을 해야 하는지도 중요한 지표가 된다. 중위소득의 50%를 빈곤선으로 보면, 최저생계비가 이에 미치지 못하는 국가들이 대부분이다. 칠레, 그리스, 헝가리, 이탈리아, 터키, 미국 등이 가장 하위 그룹을 이루고, 한국은 중간 수준에 있다. 또 빈곤탈출을 위한 주당 노동시간에서는 한국과 미국 등 일부 국가들이 풀타임(50시간 이상) 노동을 해야 한다.

노동 인센티브

셋째, 노동 인센티브(work incentive)는 실직자가 새로 구직하면 높은 세금과 실업급여 등의 감소로 인한 참여세율(participation tax rate)을 보여준다. 사회보장급여 수령자의 경우와 실업급여 수령자를 구분해 보여준다.

실업급여와 기타 복지급여

한편 실업급여 이외에 국가에서 제공하는 다른 복지급여를 포함할 경우 순대체율은 많이 개선된다. 그러나 한국의 경우 실업급여 수급자 가운데 기초생활보장 제도상의 의료, 주거 등 개별급여를 수급하는 비율은 1% 미만이다. 이처럼 실업급여의 보장성이 낮은 것은 제도 자체가 그렇게 설계되어 있기 때문이다. 현행 고용보험법상 노동자가 실직할 경우 직장을 다닐 때 받던 임금의 50%를 실업수당(구직수당)으로 받도록 되어 있다.

5) 청년실업 사회안전망

최근에는 청년실업, 특히 NEET(not in employment, education, training) 청년에 대한 사회안전망 이슈가 제기되어 있다. 저소득 청년들이 정부의 소득 지원을 받을 수 있는 기회는 다른 인구층에 비해 극히 제한적이다. 먼저 실직을 하면 실업수당 등의 소득 지원을 받는 청년들은 별로 많지 않다.

OECD 국가들의 현황을 살펴보면, 실업 급여를 받기 위해서는 최소한 6개월 이상 일을 했거나 고용보험 기여를 해야 한다. 벨기에, 터키, 아일랜드, 슬로바키아에서는 최소 14개월에서 24개월까지의 경험/기여를 요구한다(OECD 2016a: 38). 한국을 비롯한 네덜란드, 오스트리아, 미국 등은 6개월 정도를 요구한다. 그런데 이같은 엄격한 자격기준에 맞춰 수혜기간도 불과 6개월밖에 되지 않는 국가들이 절반 가량되고, 반면에 북구 복지국가들이 1년 이상의 소득지원을 제공한다.

또 실제로 실업급여와 장애 수당 지원을 받는 청년(15~29세)의 규모도 국가에 따라 커다란 차이를 보여준다. 그 비중이 가장 많은 아이슬란드(27%)부터 핀란드(20%), 오스트리아(19%), 이탈리아(16%)가 상위 그룹을 형성하고, 미국(1%), 칠레(2%), 터키(2%), 슬로바키아(3%)가 하위 그룹에 있다(앞글: 39).

청년(15~29세)의 소득지원 수혜범위를 다른 주근로층(30~64세)과 비교해보면, 뚜렷한 격차를 보여준다. 2014년 실업 급여에서 전자와 후자는 각기 평균 32%와 44%로 차이가 있고, 실업급여, 장애급여, 기타 다른 소득지원 중 하나 이상을 지원받는 경우에서는 각기 평균 43%와 52%로 큰 차이를 보인다.

끝으로 수혜층의 비중만큼 중요한 자료는 소득의 적정성이다. OECD에서 동구 일부 국가들과 영국을 제외한 대부분의 국가에서 청년(16~29세)이 주근로층(30~64세)에 비해 훨씬 더 낮은 소득지원을 받고 있다. 가장 높은 성과를 보여주는 노르웨이와 독일에서는 80% 가까이, 네덜란드, 덴마크, 핀란드, 아일랜드에서도 70% 이상의 빈곤 탈출률을 보여준다. 그럼에도 과반수 이상의 국가에서 빈곤 탈출률이 50% 이하에 머물러, 소득지원만으로 청년빈곤 문제 해결이 부족하다는 것을 알 수 있다. 그 결과, 청년빈곤의 구조화가 지속되고 있다. 노인 빈곤보다 심각한 사회적 이슈가 되고 있는 것이 대부분의 OECD 국가의 실정이다. OECD 31개국 평균에서 청년빈곤율(13%)이 노인 빈곤율과 노동인구 빈곤율보다 3% 더 높다.

청년빈곤에 대한 정부대책으로는 무엇보다도 안정적인 고용 보장에 있고, 여성 청년의 경우 보육 서비스의 추가 지원도 중요한 것으로 제시된다(OECD 2016a: 43). 특히 NEET 청년들의 경우 대부분이 고교 중퇴가 가장 심각한 이슈가 되면서 이들의 학업 유지와 졸업을 지원하는 다양한 방안들과 기술훈련 등의 적극적 노동시장정책이 바람직한 대안으로 제시되어 있다(앞글: 44-45). 한국의 경우, 학교 중퇴의 문제는 별로 없으며, 오히려 고학력자의 안정된 일자리 제공과 적절한 기술훈련이 정부대책으로 요청받고 있다.

제7장

고령사회의 노인복지정책

1. 고령사회와 노동의 변화

인구의 고령화는 세계적인 추세다. 한국은 서구 복지국가가 고령사회로 진입해온 속도보다 훨씬 빠른 속도로 고령사회로 진입해가고 있다.

1) 가족구조와 노인인구

고령사회의 핵심적인 특징은 인구구조의 변화이며, 인구구조를 변화시키는 일차적인 요인은 가족구조의 변화다. 가족구조의 변화란 가족 구성원 중 비노인이 줄어드는 특징이다. 고령사회는 기존의 노인인구의 교육과 건강의 향상으로 노인 기대여명의 획기적인 연장으로 나타난다.

노인인구의 증가

서구 복지국가에서 65세 이상의 노인인구는 전체 인구의 20%를 접근하고 있다. 스웨덴, 일본, 스페인, 이탈리아 등이 선도국들이며, 뒤를 이어, 벨기에, 스위스, 프랑스, 그리스 등이 있다(OECD 2007: 2). 2000년대 초의 노인인구는 지금의 고령화 속도를 감안하면 2050년이 되면 OECD 대부분의 국가들이 전체 인구에 30%를 넘을 것으로 전망된다. OECD 국가 중에서 고령화 속도가 가장 빠른 한국의 경우, 2000년 7%(고령화 사회)에 도달한 이래 계속 상승하여 2018년 14.3%(고령사회), 2026년 20.8%(초고령사회), 2050년 38.2%로 높아질 것으로 내다보인다(보건복지부 2010b: 11).

인구 노령화 지수로 꼽히는 고령의존율(65세 이상 인구의 20~64세 인구 비중)은 지속적으로 높아진다. 1970년 OECD 34개국 평균 18%에서 2015년 28%로 크게 늘었고, 향후에도 지속적인 증가세를 보여줄 것이다(그림 7-1). 한국이 가장 급상승할 것으로 주목을 받고 있다.

가족구조의 변화

가족구조의 변화를 가져온 여러 요인들에 대해서는 OECD의 가족 통계를 우선 정리해볼 수 있다. 첫째는 여성이 아이를 갖지 않아, 가족 구성원에서 영유아들이 줄어드는 문제다. OECD에서 출산율은 지속적인 감소 추세를 보여, 2008년 현재 거의 대부분의 국가들에서 대체율(replacement rate) 이하 수준으로 떨어졌다. 여성들이 첫 아이를 갖는 연령도 점차 높아져, OECD 평균이 1970년 27.4세 → 1995년 28.3세 → 2014년 30.3세로 상승했고, 한국도 1995~2014년 기간에 28세 → 31.5세로 높아졌다.

둘째는 한부모 가정의 아이가 증가하는 추세다. OECD 평균으로 보면, 아이 여섯 명 중 한 명이 한부모 가정의 아이이다. 그 비중은 라트비아

■ **그림 7-1** 고령 의존율: 1960~2060년, OECD 34개국

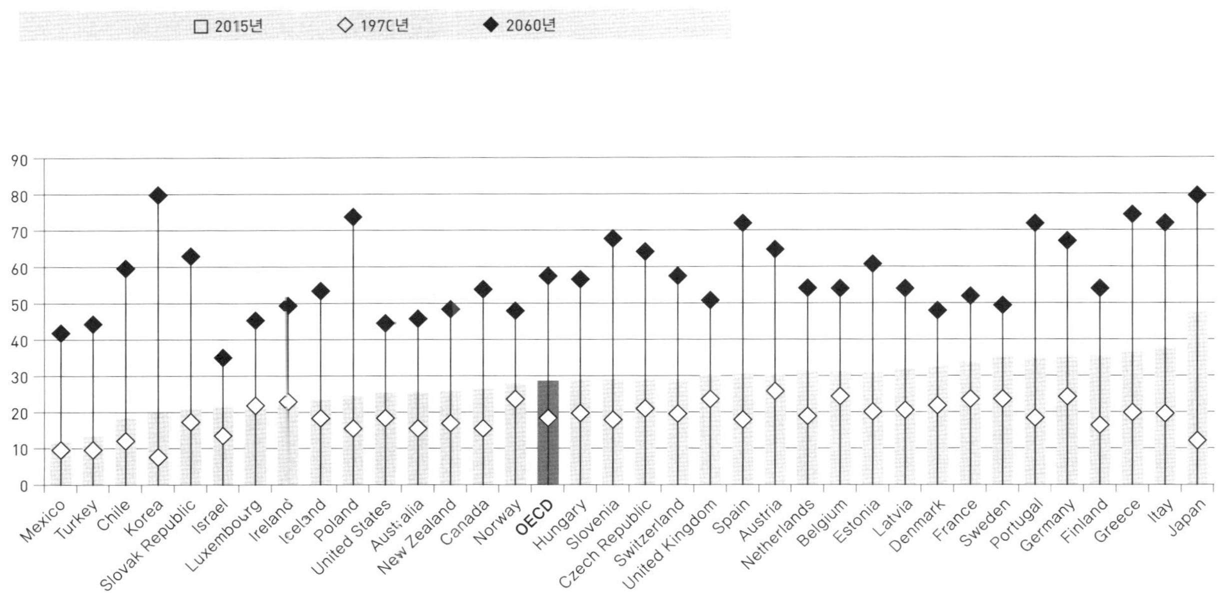

자료 OECD 2016. *Society at a Glance*.

(30.6%), 미국(27.5%)이 높다.

셋째는 이혼율의 증가다. OECD 국가들의 이혼율은 지속적으로 상승해 26개국 평균이 2.1명으로, 이혼율이 1000명당 러시아 4.5명, 덴마크 3.4명, 미국 3.2명, 한국 2.3명 분포로 국가 간 큰 차이를 보여준다.

넷째는 1인 가계의 구성이다. OECD에서 고령화와 이혼율 상승으로 1인 가계도 점차 늘면서, 전체 인구의 40%를 넘는 국가들(핀란드, 노르웨이)부터 일본(32.4%), 한국(23.9%), 그리고 최저 멕시코(8.9%)에 이르는 분포를 보여준다.

마지막은 혼인율의 감소 추세다. 혼인율은 1970년 이래로 지속적인 감소 추세를 보여준다. 남녀 파트너에 의한 결혼이 줄면서 동성간 결혼이나 동거 등의 다른 형태의 혼인의 증가가 서구의 일반적인 동향이다.

기대여명의 연장

물질적으로 풍요한 현대사회는 개인들의 교육수준을 높이고 의료 서비스를 확대시켜, 획기적인 기대여명의 연장을 추구해가고 있다. 기대여명은 남녀 모두가 크게 늘어, 2014년 OECD 평균이 80.6세로 1970년에 비해 10년이 연장되었다. 남성 77.8세, 여성 83.1세를 보여준다. OECD 평균에 비해 한국의 남성은 78.5세, 여성은 85.1세로 차이가 크다. 일본, 스페인, 스위스 국민이 가장 높은 기대여명을 누리고 있다.

출생 시 기대여명의 연장과 마찬가지로 65세 노령에서의 기대여명도 연장되는 추세다. 남녀 노인들 모두가 과거에 비해 훨씬 더 긴 삶을 누리고 있다. 2014년 현재 일본의 할머니가 세계에서 가장 긴 수명을 누리고 있다. 65세의 일본 여성은 평균 24.2세를 프랑스 남성은 19.7세를 더 살 수 있다. 한국의 경우, OECD 평균보다 높은 22.8세와 18.3세를 보여준다.

2) 고령사회의 노동과 고용

노인의 고용 추이(1960~2030) 추가

OECD가 추산한 자료에 근거해서 아래와 같은 〈그림 7-2〉을 살펴보면, 1995년 기준에서 35년 전 1960년과 35년 후 2030의 노동인구의 삶의 변화가 엄청난 차이를 보여주는 것을 알 수 있다. 남성과 여성 모두에서 고용기간은 점차 짧아지고 고용외 기간은 점차 늘어나는 추세가 지배적이다. 따라서 〈그림 7-2〉가 보여주는 1995년 현재와 30년 전의 1960 그리고 30년 후의 2030년에 보여주는 전형적인 OECD 국가의 고용 현실은 아래처럼 요약해볼 수 있다.

① 1960년

- 남성은 68세까지 살면서 50년을 노동으로 생활한다.
- 나머지 18년은 유년기부터 학령기까지 교육 및 퇴직 후의 여생이다.
- 여성은 평균 20년 정도 임금직 노동기간을 갖는다.

② 1995년

- 남성은 76세까지 살면서 38년을 노동으로 생활한다.
- 나머지 38년은 더 많은 교육, 실업 및 퇴직 후의 여생 기간이다.
- 여성의 노동기간은 더욱 연장되어 이 추세는 2010년 남성의 90%에 이른다.

③ 2030년

- 남성의 노동기간이 33년 정도로 단축된다.
- 교육, 실업, 퇴직 등으로 노동 이외의 기간이 45년 이상을 늘어난다.
- 여성의 노동기간은 30년 정도를 한계로, 노동 이외의 기간도 55년까지 달한다.

그림 7-2 노인인구/노동인구, 노인인구/고용인구 비율

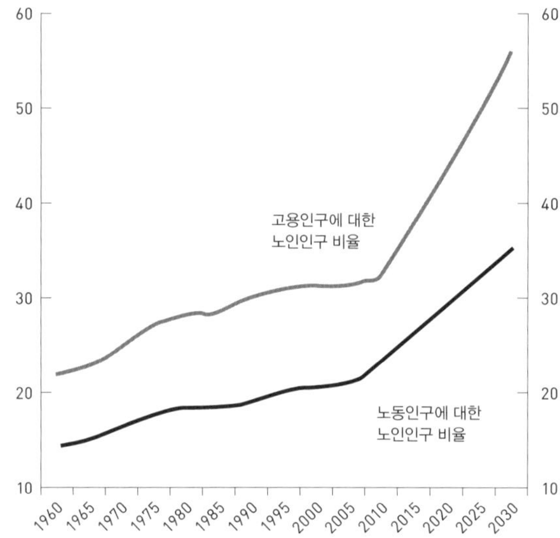

자료 Hicks 1998.

인구의 고령화는 노인인구의 증가와 동시에 노동인구(15~64세)와 실제로 노동활동 중인 고용인구의 상대적 감소를 의미한다. 위의 〈그림 7-2〉에서 보여주듯이 1960년에는 65세 이상 노인인구가 노동인구의 15%에 지나지 않았지만 1995년에는 20%, 그리고 2030년이면 35%로 증가한다. 노인 1인당 노동인구가 1960년 7명, 1995년 5명, 그리고 2030년에는 3명으로 크게 줄어드는 것이다.

장년/노인층의 고용률과 실제 퇴직

고령층의 고용과 퇴직 결정은 공급측 과 수요측 요인들의 복합으로 나타나는데, 많은 연구들은 공급측 요인들이 상대적으로 더 중요한 것으로 제시한다. 연금체제, 조기퇴직 체계, 장애급여, 실업급여와 공적 부조 급여 등 공공 사회보장의 관대성 또는 대체 소득의 접근 용이성이 중요하다는 것이다(Sonnet et al. 2014: 317). 과거에는 유럽 국가들에서 청년 고용을 확대한다는 기대에서 조기퇴직 인센티브가 활용되었지만, 청년 일자리 확대에 실패한 정책이 되고 말았다(OECD 2013). 조기퇴직의 대안으로 활용되었던 사회이전 프로그램에 대한 자격기준 강화와 연금 개혁으로 사실상 조기퇴직의 시대는 점차 마감되고, 오히려 퇴직연장 정책이 새로운 고용과 연금 정책으로 정착되어 있다.

나이가 들면서 노동 현장을 떠나는 노인들이 많다. OECD 고용률 평균으로는 55~59세 67% → 60~64세 42% → 65~69세 19%로 크게 낮아진다. 아이슬란드, 스위스, 스웨덴이 비교적 높은 장년층(55~64세) 고용률을 보여주며, 한국과 일본이 노인층(65~69세) 고용률이 높게 나타난다. 연금 등의 복지급여가 부족해 더 일할 수밖에 없는 실정으로, 유럽 서구의 대부분의 노인층은 연금 수령이 가능한 65세 이후에는 일하지 않는 것과는 대조적이다. 덴마크, 독일, 핀란드, 체코, 네덜란드, 프랑스, 슬로바키아, 호주, 이탈리아, 벨기에, 헝가리, 폴란드, 룩셈부르크, 스페인, 슬로베니아, 그리스 등이 그런 국가 그룹이다.

정규 퇴직과 실제 퇴직연령

대부분의 서구 노인들은 연금 소득으로 노후생활을 할 만한 경제적 여유 때문에 연금 수령이 가능한 연령에 퇴직하는 것이 일반적이지만, 한국과 일본은 이례적으로 연금 연령 이후에도 더 오래 일하며 퇴직을 늦추는 게 일반적이다. 따라서 정규(normal) 퇴직연령과 실제(effective) 퇴직연령 사이에는 상당한 격차가 있다. 한국과 일본처럼 정규 퇴직연령을 넘는 실제 퇴직의 경우는 예외적이지만, 반대로 실제 퇴직이 정규 퇴직연령 전에 이뤄지는 국가들도 적지 않다. 오스트리아, 벨기에, 프랑스, 헝가리, 룩셈부르크, 슬로바키아 등을 예로 들 수 있다.

3) 예비노인층의 고용과 퇴직

국민의 물질적 풍요는 고용에서 나온다. 인구 가운데 일하는 고용인구가 많고 이들의 생산성이 높을 때 사회 전반에 물질적 풍요를 갖다 준다. 서구 사회에서는 일반적으로 베이비붐 세대가 생산적인 노동인구를 차지하면서 이런 물질적 풍요를 갖다주는 역할을 했다. 그러나 이제 이들 또한 퇴직연령기를 맞이하는 현실을 감안하면, 인구의 고령화의 의미를 고용과 생활수준에 초점을 맞춰 사회복지정책을 조망해야 하는 중대한 시점에 이르렀다.

'베이비붐' 세대가 퇴직시기를 맞아 고용소득에서 사회보장으로 이동하는 시기는 서구 사회의 경우 2010년부터 본격화되었다. '베이비붐' 세대의 노령화가 사회 전반에 미치는 영향은 대단히 심각하다. 노동의 생산성이 1973년 이래로 연간 1.5%씩 증가해 왔지만, 2010년부터 본격화되는 고용인구의 대량감소는 물질적 생활수준의 향상률을 절반 이하로 떨어뜨리고 말 것으로 추산된다(Hicks 1998). 노후 생활안정을 보장하는 연금과 의료보험의 지출증가의 폭은 다른 어느 사회복지 프로그램에 비해 급진적일 것이다. 노인세대의 생활안정을 뒷받침해줄 고용인구는 점차 줄어들고 그만큼 세수가 줄어들면서 정부재정의 적자가 다시 연례화되는 악순환을 보여줄 것이다.

특히 개인의 입장에서는 조기퇴직 인센티브가 강하게 작용할 것이다. 기존의 연금과 의료보험 등의 사회보장급여 때문에 직장에 오래 머물면서 일하려는 인센티브를 갖게 되지 않을 것이다. 사실 '조기퇴직'은 OECD 국가들 전체에서 이미 강한 추세를 보이고 있다. 이런 조기퇴직 인센티브가 지속노동 인센티브로 바뀌질 수 있도록 하는 노동정책과 복지정책이 새로 마련되어야 하는 상황에 처해 있는 것이다.

이제 '베이비붐' 세대가 55세 노인층으로 이동하는 시기가 막 시작되었다. 2010년부터는 본격적인 인구의 고령화 시대가 개막된다고 볼 수 있다. 이 점에서 지금의 55세 이상 예비노인층의 고용실태와 노동생산성을 면밀히 분석해서 인구의 고령화에 대비한 정책수단을 강구할 필요가 있다. 55세 이상 고용인구는 다른 연령층에 비해 직장에서 중진의 위치를 차지하면서 비교적 높은 임금을 받고 있다. 그렇지만 이들이 당면한 문제들은 하나 둘이 아니다. 이들은 젊은 세대에 비해 다른 직장으로 옮기기가 매우 어려우며, 노동생산성 또한 상대적으로 낮기 때문에 하이테크 시대를 맞아 생산성이 높은 젊은층에게 자리를 양보해서 일찍 퇴직하거나 고용주로부터도 쉽게 해고통지를 받을 수가 있다.

그럼에도 55세 이상 노동자의 생산성이 젊은층의 생산성보다 낮다는 것을 객관적으로 입증하기는 어렵다. 한 가지 분명한 것은 이들이 젊은층에 비해 교육을 받은 기간이 짧다는 점이다. 따라서 55세 이상 노동자들이 젊은층에 비해 해고를 당하는 경우가 많은 것은 이들이 전문능력이 떨어지는 등 노동생산성이 낮다기보다는 교육수준이 낮으면서 상대적으로 높은 임금을 받고 있다는 사실에 있다고 볼 수 있다(Vanston 1998).

또 다른 거의 확실한 증거는 기술습득 면에서 찾아볼 수 있다. 55세 이상 노동자는 젊은층에 비해 컴퓨터 등의 새로운 기술을 습득하려는 의욕과 노력이 상대적으로 저조하다. 새로운 기술을 습득하는 데는 오랜 시간과 노력의 투자가 필요하기 때문에 정년을 앞둔 55세 이상 세대들은 그런 투자를 계속 유보할 수 있을 때까지 유보하게 될 것이다. 합리적 의사결정이라고 볼 수 있다. 이런 상황에서 견디기 어렵거나 굳이 그렇게 하지 않아도 연금 등의 급여를 받으면서 평안한 노후생활을 보낼 수 있다면 퇴직을 앞당기게 되는 경우가 된다. 실제로 이런 추세가 거의 모든 OECD 국가들에서 일반화되고 있다.

그럼에도 55세 이상 노동자는 한번 직장을 갖게 되면 직장을 옮기는 경우가 드물기 때문에 고용주의 입장에서는 새로운 교육과 훈련의 투자비용을 들이지 않고서도 이들을 계속 활용할 수 있다는 장점도 있는 것이다. 지금은 첨단의 노동생산성을 요구하는 일부 직종을 제외하고는 급진적인 변화가 일고 있지는 않지만 상당부분 테크놀로지의 영향권에 휩쓸리면서 중장기적인 추세는 55세 이상 노동자가 젊은 세대들에게 일찍 자리를 물려주고 직장을 떠나야 하는 시장변화가 일고 있다. 이런 시장변화는 사회복지정책의 개혁에 심각한 압력을 행사하고 있다.

실제로 지난 10년 기간, 예비노인층의 고용은 거의 모든 국가에서 크게 늘었다. OECD 평균 증가율이 8%에 달하고, 한국도 7% 가량 증가했다. 독일과 오스트리아에서는 15% 이상 상승했고, 그리스와 포르투갈에서만 감소된 결과를 보여준다.

고령 노동자의 노동시장 상황은 지난 10년 기간에 개선되었다. 경제위기가 지속되는 상황에서 고령층 참여가 위기 이전에 비해 그리고 다른 연령층에 비해 개선된 것이다. 이런 결과의 일부는 위기 이전에 연금 개혁이 이뤄지면서 조기 퇴직이 마감되는 추세 정책 성과이다(Sonnet et al. 2014: 337). 그럼에도 이는 일자리를 상실한 고령층 노동자 중 상당수가 장기 실업자로 전락하는 높은 리스크가 있다는 것을 의미하기도 한다. 이들이 보다 적극적으로 일자리를 탐색하고, 정부도 적합한 고용 서비스, 경력 자문과 재고용 인센티브를 제공할 필요가 있다. 프랑스, 네덜란드, 노르웨이, 스위스에서는 고령층 고용의 최우선순위는 OECD 정책과 일치하는 '재정 인센티브 강화' 정책이었다. 두 번째인 고용주의 고용 장애 제거, 세 번째인 고용가능성 분야는 거의 활용되지 않았다.

그런데 장년층의 고용가능성 이슈는 이들이 장기 실업자가 되는 상황이 전개되는 너무 늦은 시기에 관심을 갖기 시작한 점이다. 이들의 수요측 이슈들에 특별한 관심을 가질 필요가 있다. 특히 50대 후반에 실직한 인구층은 장기 실업을 감수해야 하는 문제가 있다. 퇴직하기는 너무 젊고, 새로운 일자리를 찾기에는 너무 나이든, 샌드위치 상황이다. 따라서 이들의 고용 개선과 노동 유동성 개선에 초점을 맞출 필요가 있다(앞글: 337). 고령 노동자의 유동성을 촉진하거나 방해가 되는 요인들에 대한 파악과 증거 수집이 중요하다. 특히 훈련기회의 확대 개선이 필요하며 노동 조건의 개선과 함께 가족친화적인 고용 정책으로 여성 고령층의 안정적인 노동을 지원할 필요가 있다.

2. 노인의 빈곤과 소득

1) 빈곤율과 독거노인

복지국가의 점진적인 고령화 추세는 독거노인들의 증가 추세를 보여준다. OECD 국가들에서 퇴직연령의 가장이 구성하는 가계의 비중은 24개국 평균에서 18%를 차지한다. 퇴직 노인의 가족 구성을 보면, 노부부 또는 노부부와 자녀와 동거하는 가계의 비중은 그리스, 멕시코, 터키, 포르투갈에서는 노인가장 가계의 80%를 차지하지만, 북유럽 국가들에서는 60%도 되지 않는다(OECD 2005: 39).

특히 독거노인의 수는 노인가장 가계의 1/3에 해당되며, 독거노인은 거의 일하고 있지 않다. 노인가장 가구 전체의 1/4 정도만이 일을 하고 있다. 독거노인들 대부분은 여성으로 기대여명의 연장과 고령으로 인한 희박한 재혼 가능성을 감안하면 여성 독거노인에 대한 복지정책이 복지국가의 큰 부담으로 부각되고 있다. 이들 독거노인들이 빈곤층을 형성하며, 특히 더 고령인 독거노인들이 빈곤의 위협에 취약한 것으로 나타난다(앞글: 42). 인구의 고령화가 지속되면서, 주로 노인단독 가구를 구성하는 비율도 점차 늘고 있다. OECD 국가에서 노인 1인 세대를 중심으로 하는 단독 세대는 향후 20~30년 기간(2000년대 중반부터 2025~2030년)에 걸쳐 증가율이 한국(43%), 호주(48%), 영국(60%), 뉴질랜드(71%), 프랑스(75%)로 추산되고 있다(OECD 2011: 10).

인구의 고령화는 앞으로도 노인단독 세대의 증가를 비롯한 노인소득의 감소와 노인 빈곤을 확대로 이어지는 특징이 있다. 노인 빈곤율은 전체 인구 빈곤율에 비해 다소 높은 경향이 있지만(OECD 33개국 평균 12.4%와

11.3%), 복지국가가 발달한 국가에서는 노인 빈곤이 전체 인구 빈곤에 비해 더 양호한 상태를 보여준다. 반면에 한국을 비롯한 일본, 미국, 멕시코 등 복지국가가 발달하지 않은 국가에서 노인 빈곤과 전체 인구 빈곤이 모두 높은 수준에 있다. 한국의 빈곤율은 전체 인구(14.6%)에 비해 노인인구(49.6%)가 세 배 이상 높은 특이한 국가에 해당된다.

표 7-1 노인 빈곤과 전체인구 빈곤율 비교: OECD 33개국, 2014

<table>
<tr><th colspan="2" rowspan="2"></th><th colspan="3">노인 빈곤</th></tr>
<tr><th>낮은 수준
(9% 미만)</th><th>평균 수준
(9~20% 미만)</th><th>높은 수준
(20% 이상)</th></tr>
<tr><td rowspan="3">전체인구
빈곤</td><td>낮은 수준
(9% 미만)</td><td>덴마크, 체코,
핀란드, 프랑스.
그리스, 아이슬란드,
아일랜드, 네덜란드,
노르웨이, 슬로바키아,
룩셈부르크</td><td>독일, 헝가리,
슬로베니아</td><td></td></tr>
<tr><td>평균 수준
9~14% 미만</td><td>캐나다, 뉴질랜드,
폴란드, 포르투갈</td><td>오스트리아, 벨기에,
에스토니아, 스웨덴,
영국</td><td></td></tr>
<tr><td>높은 수준
14% 이상</td><td></td><td>터키</td><td>호주, 이스라엘, 일본,
멕시코, 스위스, 미국
한국(14.6%, 49.6%)</td></tr>
</table>

2) 이전소득, 근로소득, 자본소득

노후 소득과 빈곤

노후의 소득은 전체 인구의 소득에 비해 감소하는 것이 일반적이다. 전체 인구의 소득에 비교해보면, 2014년 OECD 평균에서 전체 65세 이상

■ **그림 7-3** 노후 소득과 노인 빈곤율: OECD 33개국, 2014

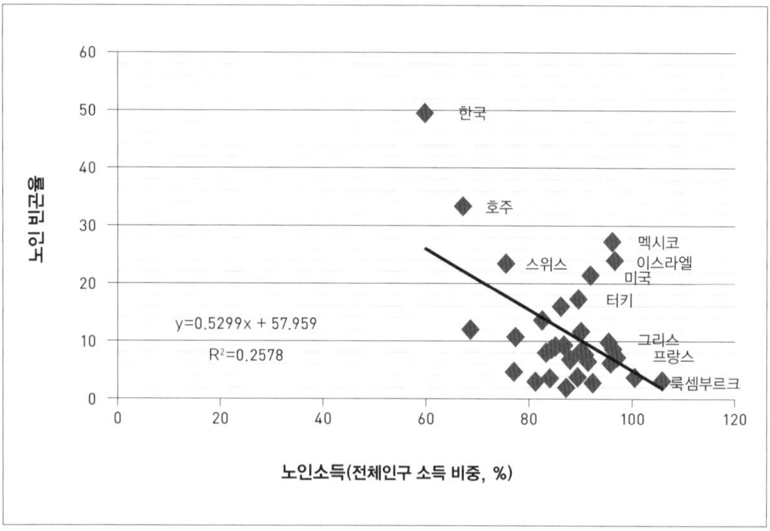

■ **그림 7-4** 노인 고용률과 노인 빈곤율: OECD 33개국, 2014

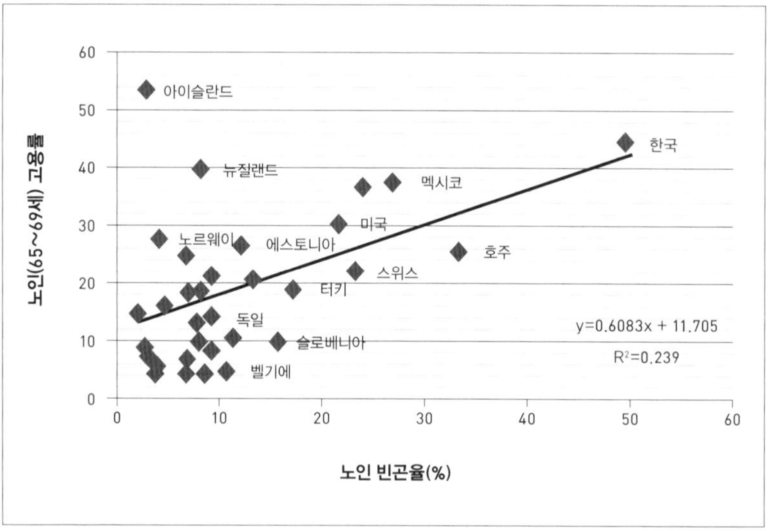

노인의 소득은 87%인데, 65~75세 소득이 92%로 높지만 76세 이상에서는 80%로 크게 감소된다.

노후 소득의 감소는 노인 고용의 감소로 인한 노인 빈곤의 증가의 주요 원인이 된다. 노후 소득과 노인 빈곤율의 관계를 살펴보면(그림 7-3), 양자는 비교적 밀접한 상관성을 보여준다. 노후 소득이 전체 인구의 소득에 비해 높(낮)은 국가에서 노인 빈곤율이 낮(높)은 반비례 관계를 보여준다. 노인 소득이 전체 인구 소득보다 높은 국가에서는 노인 빈곤율이 전체 인구 빈곤율보다 낮다(룩셈부르크, 프랑스, 그리스). 반면에 한국과 호주의 경우 노인 소득이 전체인구 소득의 70% 이하이며 노인 빈곤율도 각기 49.6%와 33.5%로 매우 높다.

다음으로, 노인 빈곤은 노인고용과도 어느정도 관련이 있는 것을 확인해볼 수 있다. 노인고용률이 낮(높)은 국가에서 노인 빈곤율이 낮(높)은 비례적 관계를 확인할 수 있다(그림 7-4). 한국은 고용률도 높고 빈곤율도 높은 선상에 위치하지만, 선 아래의 호주, 스위스 등의 국가들이 고용률이 낮고 빈곤율이 높은 국가 그룹이며, 선 위의 아이슬란드, 뉴질랜드, 노르웨이 등이 고용률이 높으면서 빈곤율이 낮은 이상적인 국가 그룹이다.

이전소득, 근로소득, 자본소득

노후의 소득원을 구분해보면, 이전소득(공공 및 사적 연금), 근로소득, 자본소득 등이 있다. 먼저 공적 연금을 살펴보면, 독거노인 등 취약한 노인들의 빈곤 문제를 해소하는 정책들 중 연금은 분석결과 커다란 기여를 하지 못한 것으로 나타났다. 대부분 고용기간의 소득과 연계된 '소득연계적' 연금이 적용되면서 고용 소득이 적은 노인들은 퇴직 후 연금급여로 생계를 유지하는 데 충분하지 않다는 객관적 증거가 제시된 것이다. 독일, 프랑스,

이탈리아 등 연금 지출이 많은 국가에서 그렇지 않은 국가에 비해 노인 빈곤율이 더 높은 것으로 나타난다. 이처럼 '소득연계형' 연금은 노후의 재분배정책으로 긍정적인 평가를 받지 못하고 있지만, 연금을 제외한 다른 세제와 소득이전의 재분배정책들은 근로층에 비해 노인층의 빈곤해소에 비교적 높은 효과를 발휘한 것으로 분석된다.

노인의 소득구조를 살펴보면, 공적 연금 등의 공적 이전소득은 노인의 가처분소득의 58.7%를 차지할 정도로 높은 비중을 차지한다. 나머지는 사적 이전(10.3%), 근로소득(20.8%), 자본소득(10.4%)으로 구분해볼 수 있는데, 이들도 점차 노후 소득의 주요 부분으로 확대되는 추세다. 근로소득은 자영업 등의 노동을 통한 소득의 증가로 나타나며, 자본소득은 성격상 노인

그림 7-5 노후의 소득계층별 소득 구성비: 공적 이전, 근로소득, 자본소득

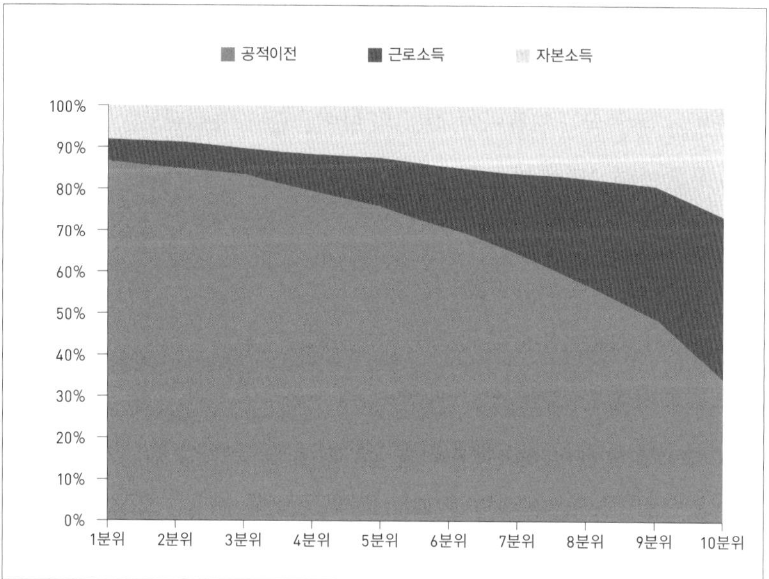

자료 OECD, *Pension at a Glance* 2013 : 72

층의 소득불평등을 조장하는 주요 소득으로, 고소득 노인들에게는 주요 소득원이 된다.

한편 〈그림 7-5〉를 살펴보면, 노인의 소득은 저소득층과 중간소득(1분위-6분위)에게는 공적 연금과 이전소득이 절대적으로 중요한 높은 비중을 차지한다. 반면 고소득층(7분위 이상)에게는 공적, 사적 연금과 자본소득, 근로소득 등 세 가지가 고른 비중을 차지한다.

3. 퇴직연금과 의료복지정책

1) 노인복지지출과 공적 연금

인구의 고령화는 노인인구에 대한 사회복지지출을 높이고 비노인 인구에 대한 사회복지지출을 낮추는 추세를 보여줄 것이다. 이는 인구의 '생애과정'에 사회복지정책 비용을 대비시켜 보면, 10~20세 인구에 대해서는 높은 교육비의 부담으로 나타나고, 60~80세 인구에 대해서는 높은 연금과 의료보험 지출의 부담으로 나타나는 것이 일반적이다. 아래의 일부 자료들이 이런 연령 관련 사회복지정책 비용을 보여주며, 특히 고령화의 직접적인 영향을 받는 연금과 의료보험의 엄청난 공적 부담률을 부각시켜 보여준다.

먼저, 퇴직노인에 대한 공공 사회/교육지출을 살펴보면, OECD의 평균은 2009년 GDP의 11% 수준을 넘어섰다. 높은 지출을 하는 국가들로는 초고령사회에 진입하는 일본, 독일, 이탈리아, 스웨덴 등이다. 일본과 독일

그림 7-6 노인층에 대한 공공 사회/교육지출비: OECD 32개국, 2009

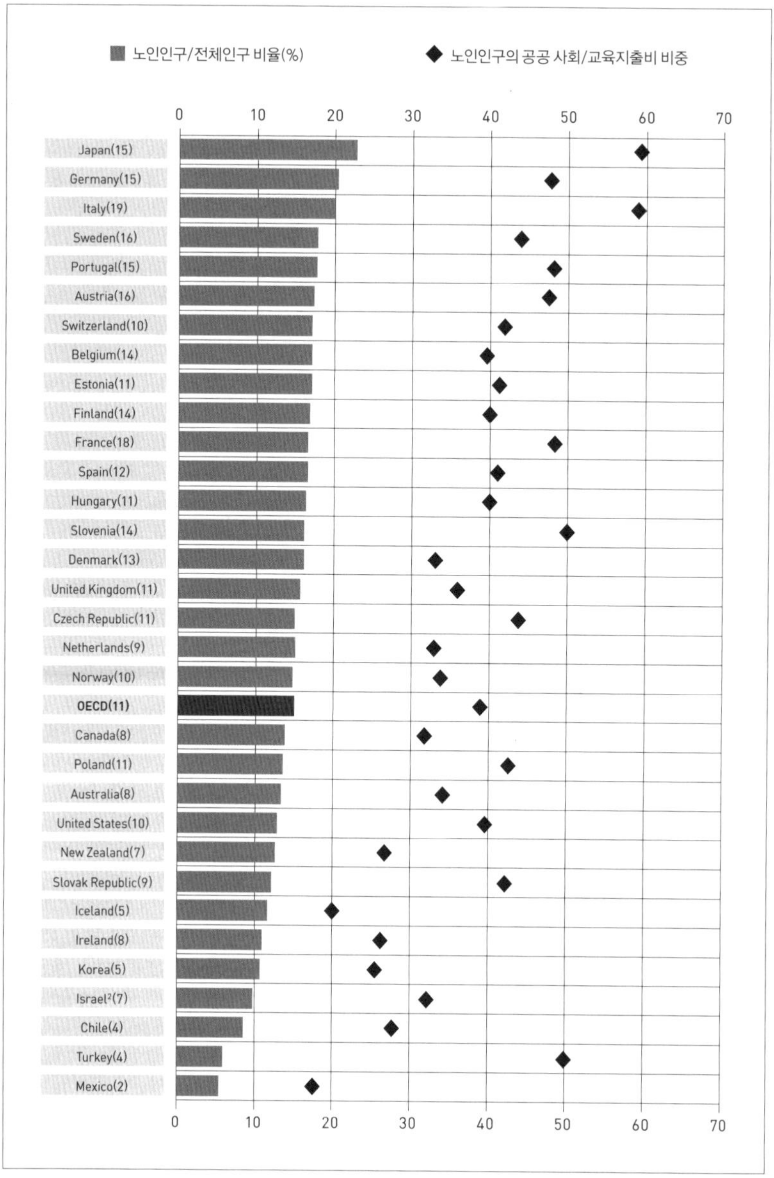

참고 괄호안은 노인인구에 대한 공공 사회/교육지출비의 GDP 비중(%).

자료 OECD 2012, "Social Spending during the Crisis." p.6.

에서는 노인인구가 전체 인구에 대한 지출비의 60% 가량을 차지하고, 대부분의 국가들이 노인인구 비례를 훨씬 초과하는 30% 이상의 지출비를 차지할 정도로 고령사회의 재정적 부담은 상당하다. 한국을 포함한 하위 고령사회에서는 그 부담이 아직은 30% 선에 미치지 못하지만, 한국처럼 고령화 속도가 빠른 국가들은 곧 30% 선을 상회할 것이다.

한편 공적 연금의 경우, 많은 국가에서 노인소득의 상당 부분을 차지하는 주소득원이 된다. 먼저 평균소득의 50%에 해당되는 저소득층의 경우, 독일과 일본에서는 퇴직 후 소득의 절반도 안 되는 연금소득을 받지만, 아이슬란드와 덴마크에서는 100% 이상의 추가 소득 지원을 받는다. 한편 평균 소득층의 경우는 저소득층에 비해 조금 낮은 소득대체율을 보여주지만 독일, 오스트리아, 스페인, 그리스에서는 같은 비율의 균등정책이 추진되고 있다. 한편 영국에서는 소득의 30%에 지나지 않고 미국과 일본에서는 40%도 미치지 못하지만, 그리스와 아이슬란드에서는 90% 이상의 소득 지원을 받는다. 한국의 경우, 저소득층 64%, 평균소득층은 42%로 OECD 평균에 비해 비교적 낮은 수준의 소득대체율을 보여준다.

2) 연령 관련 사회복지지출

다음으로 〈표 7-2〉에서 연령 관련 공공 사회복지지출 추이를 살펴볼 만하다. 노년층의 복지에 직접 관련이 되는 의료보험과 연금보험이 점차 상승하는 반면에 비노인층의 복지에 투자되는 교육, 고용보험, 아동청소년 복지지출이 점차 줄어드는 추세를 보여준다. 2010년에 연금과 의료보험이 총지출의 1/2(핀란드)에서 2/3(독일)에 이르기까지 막중한 비중을 차지하면서

■ **표 7-2** 연령 관련 공공 사회복지지출: GDP 비중(%), 1995~2030

	벨기에			덴마크			독일			핀란드		
	1995	2010	2030	1995	2010	2030	1995	2010	2030	1995	2010	2030
의료보험	5.4	5.6	6.5	6.2	6.4	7.7	6.5	7.3	8.6	5.1	5.6	7.3
연금	10.3	11.9	15.1	14.2	16.6	19.3	10.1	11.7	14.6	14.0	16.0	17.5
고용보험	3.3	3.4	3.1	3.4	3.1	3.0	1.8	1.6	1.5	4.9	4.7	4.2
교육	4.5	4.4	4.4	7.4	7.8	7.4	3.7	3.5	3.4	5.9	5.6	5.7
아동청소년	2.5	2.3	2.2	1.4	1.4	1.3	1.3	1.2	1.1	2.9	2.5	2.4
총지출	28.8	29.3	34.1	35.0	37.9	41.5	25.0	27.0	31.2	43.0	44.9	49.5

참고 1) 연금은 낙관적 예측과 비관적 예측의 중간치; 총지출 또한 이에 준한 예측치.
2) 아동청소년은 가족수당(벨기에), 아동 및 청소년(덴마크, 독일), 아동수당(핀란드)

자료 Franco & Munzi 1997, Table 9.

총지출 상승을 주도한다. 고용보험이 1995년 수준에 준하거나 더욱 낮게 책정된 것은 실업률이 평균 두 자리 숫자에 달한 현상태보다 악화되지 않을 것으로 예측한 결과이다.

인구의 고령화는 또 의료복지비용을 높이는 효과를 낳는다. 고령화가 가속되면서 의료비용이 얼마나 증가할 것인지를 정확히 알 수 있는 객관적인 자료는 존재하지 않는다. 노인층이 더욱 건강을 유지하며 오랜 산다는 것은 한편으로는 그만큼 더 많은 또는 더 양질의 의료서비스를 받고 있기 때문이라고도 볼 수 있고, 다른 한편으로는 퇴직 후 노인층의 건강상태가 더 양호해졌기 때문에 그 이전 세대의 노인들보다 더 적은 의료서비스를 요구하는 것으로 볼 수 있다(Vanston 1998). 따라서 전자 또는 후자 어느 것이 객관적으로 입증되느냐에 따라 중장기 의료복지비용의 예측이 크게 달라

표 7-3 한국의 연령 관련 사회복지 예산: 2009, 2010

	2009 예산액	(구성비)	2010 예산액	(구성비)
노인	3조 1,213억	(50.7%)	3조 4,040억	(47.6%)
아동/청소년	1,933억	(3.1%)	1,619억	(2.3%)
가족	1,139억	(1.9%)	1,510억	(2.1%)
보육	1조 7,104억	(27.8%)	2조 1,275억	(30.0%)
장애인	5,565억	(9.0%)	6,475억	(9.1%)
사회서비스	4,598억	(7.5%)	6,519억	(9.1%)
전체	6조 1,553억	(100%)	7조 1,438억	(100%)

자료 국회 예산결산특별위원회, 2010.

질 수 있다. 또 공급측 변수 또한 고려해보아야 할 것이다. 의료기술의 발달로 노인층의 건강을 증진시켜 수명을 더욱 연장시킬 수 있지만, 이런 의료기술은 일반적으로 고가의 비용을 요구하기 때문에 의료비 증가를 주도하는 것으로 알려져 있다(Joo 1987).

한국의 경우도 정부의 복지예산이 노인 중심으로 치중된 추세를 자료로써 확인해볼 수 있다. 퇴직연금뿐 아니라 새로운 노령연금과 장기요양보험의 실시로 노인관련 예산이 급증한 것이다. 특히 의료비의 경우 전체 의료비에서 차지하는 노인 의료비의 비중이 2003년부터 2008년까지 21.3%에서 29.9%로 지속적인 상승세를 보였다(보건복지부 2010b: 129). 〈표 7-3〉을 살펴보면, 노인복지 예산은 전체 복지예산의 절반을 차지하며, 다음으로 보육이 30% 가량을 차지한다. 이와는 대조적으로 아동과 청소년, 가족복지 예산은 2~3%에 지나지 않는다.

또한 인구의 고령화는 세대간 자원분배의 문제를 야기시킨다. 세금으로 지원되는 사회복지 프로그램들이 아동-청소년-장년-노인 등 연령별로 적절히 잘 분배되어야 할 것이다. 예컨대 노인의 장기요양에 막대한 재원을 지속적으로 투입함으로써 청년층의 교육과 생산성 향상 투자를 경시하게 되면, 장차 생활수준이 향상되기보다는 심각한 '삶의 질' 저하를 낳을 수도 있다. 그러나 세대간 자원분배를 인구구조의 변화추이에 조화시키는 일이 쉬운 일만은 아니다.

3) 노인의 의료와 장기요양

고령사회는 특히 공공의료비 부담을 크게 늘린다. 각국마다 사정은 크게 다르지만 의료서비스에 대한 공공지출이 지속적으로 큰 부담을 준다.

고령사회의 의료비 부담은 전체 의료비 중에서도 의료보험제가 정책된 OECD 대부분의 국가에서 공공 의료비 부담이 크다. 2014년 공공(정부와 법정) 의료비의 GDP 비중은 OECD 34개국 평균 6.6%에 달해, 전체 의료비(9%)의 약 72%를 차지한다. 미국이 가장 높은 의료비 부담(16.9%)을 안고 있지만 정부의 저소득층과 노인층 등 의료보장제 부담은 전체 의료비의 절반(8.4%)에 지나지 않아 나머지는 의료시장의 보험에 의존한다. 고령의존율이 높(낮)은 국가에서 공공의료비 지출이 높(낮)다(그림 7-7). 고의존/고지출 그룹에 일본을 비롯해, 독일, 스웨덴, 프랑스, 핀란드, 이탈리아 등이 있고, 저의존/저지출 그룹에 멕시코, 터키, 한국 등이 있다.

■ **그림 7-7** 공공 의료비와 고령의존율: OECD 34개국, 2014

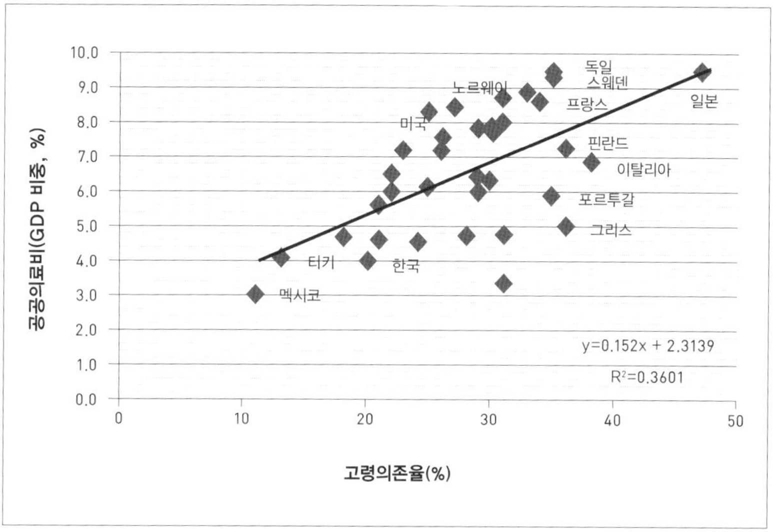

2015년 OECD 자료에서도 GDP 2% 비중을 상회한 국가들로는 네덜란드와 스웨덴을 비롯해 벨기에, 덴마크, 노르웨이 등이 있다(OECD 2016c). 이처럼 노인의 장기요양에 드는 공공비용의 증가는 각국으로 하여금 새로운 개혁방안을 모색하는 압력으로 작용해왔다. OECD 전체에서 제기된 개혁방안은 노인의 수요에 적절한 비용절감 방안을 모색하는 일이다. 아직 획기적인 개혁안이 제시된 것은 아니지만 한 가지 주목할 만한 대안은 탈중앙집중화 또는 지방분권화를 제시하는 방안이다. 중앙정부의 책임을 지방정부와 커뮤니티 그리고 가정 차원으로 분담하는 일이 그것이다. 호주의 사례가 모범적인 개혁안을 추진해 온 것으로 알려지고 있다. 장기요양의 수요가 늘어 실제 이용자가 크게 증가한 가운데 노인인구의 증가율보다 낮은 수준에서 공공지출이 집행되었다는 점에서 많은 국가들이 주목해왔다. 또 미국에서는 민영화 방안으로 커뮤니티 차원의 사적 보호기관의 역할을 강조하는 정책이 추진되고 있다.

한국에서도 노인의 치매와 중풍에 대한 공적 수요가 급증하면서, '노인장기요양보험'을 실시하고 있다. 수급대상자는 2009년 말 29만 명(노인인구의 5.6%)였지만, 1~3등급 대상자를 2010년 7월부터 4등급 대상자까지 일부 확대를 시작하면서, 2013년까지 57만 명(노인인구의 9.6%)으로 확대된다(보건복지부 2010b: 131). 이에 따라 소요예산도 2008년 8889억 원에서 2010년 2조 669억으로 두 배 이상 급증하였다. 한국형 장기요양보험제도는 고령화에 미리 대비하기 위해 조기 실시했다. 독일의 경우 장기요양보험이 실시된 1995년 당시 65세 이상 인구 비중은 16.1%, 일본은 개호보험이 실시된 2000년에 65세 이상 비중은 17.4%, 한국은 2008년 65세 이상 인구 비중은 10.3%였다. 장기요양보험의 또 다른 특징들은 제도의 필요성에 대한 인식이 낮은 상태에서 제도가 설계되어 혜택의 범위가 협소하다는 점이다. 장기요양보험에 대해 국민일반이 '지불할 의사가 있는 부담액'이 적었기 때문에 불가피하게 저비용구조로 설계되었다. GDP 대비 약 0.25%의 비용수준으로 다른 국가에 비해 상대적으로 저비용이다. 그러나 실제 부담률인 보험료율은 2008년 4%에서 2009년 4.78%, 2010년 6.55%로 급증하는 추세다.

4. 연금과 사회보험의 개혁

연금급여는 노후생계에서 가장 높은 비중을 차지한다. 저임금으로 노동해온 저소득층에게는 거의 생계를 좌우할 정도로 중요하다. 따라서 퇴직을 앞둔 노인은 언제 퇴직하는 것이 바람직한지를 합리적으로 계산해서 퇴직을 결정하게 된다. 계속 직장일을 하지 않아도 연금급여가 생계를 지탱할 정도로 보장된다면 퇴직을 결정해서 레저 등의 안락한 삶을 누리고 싶은 것이 개인의 합리적인 선택일 것이다. 연금을 포함한 관련 복지정책은 이런 개인 차원의 인센티브를 고려하고 새로운 지속고용 인센티브를 개발해서 연금과 관련 복지재정의 안정을 꾀해야 하는 과제를 안고 있다.

1) 노인인구의 의존율과 노동참여율

고령화는 복지국가에 심각한 압력을 행사하고 있다. 노인인구의 의존율(dependency rate)이 점차 높아지면서 공공복지지출의 심각한 '재정적' 지속가능성 문제가 제기되고 있다. 〈표 7-4〉처럼 OECD의 조사에 따르면, 고

표 7-4 고령의존율과 노동참여율: 2000~2050년, OECD 30개국

		고령인구의 의존율 예측 (2000~2050)		
		보통 수준	높은 수준	매우 높음
50-64세 노동참여율	높은 수준	덴마크, 아이슬란드, 노르웨이, 스웨덴, 스위스, 미국	캐나다, 뉴질랜드	일본
	중간수준	네덜란드, 영국	호주, 핀란드, 프랑스, 독일, 멕시코, 아일랜드	체코, 한국, 포르투갈
	낮은 수준	벨기에, 터키, 룩셈부르크	오스트리아, 헝가리	그리스, 폴란드, 이탈리아, 체코, 스페인

자료 OECD 2006: 20.

령인구의 의존율이 '매우 높음'의 심각성을 보여주는 국가는 한국과 일본을 포함한 9개국에 이른다. 또 '높은 수준' 심각성에 직면한 국가들도 10개국에 달한다. 이런 노인인구의 의존율과 함께 살펴볼 수 있는 정책 측면이 노동참여율로, 스칸디나비아 국가들과 미국, 스위스 등은 높은 참여율을 유지하며, 노인인구의 의존율도 비교적 낮은 '보통수준'에 있어, 고령화에 따른 심각한 노인복지정책 과제를 안고 있지는 않다. 그러나 한국 등 노인인구의 의존율은 높고, 노동참여율도 중간이나 낮은 수준에 있는 국가에서는 노인복지정책의 부담이 심각하다.

2) 연금보험의 개혁

OECD 국가들은 노인의 생활안정을 사회적으로 보장하기 위한 종합적인 연금제도를 갖춰두고 있다. 각국의 연금제도는 아래의 세 가지 중 하나 이상을 시행 중이다.

① 모든 시민에게 적용되는 고정된 균등제 기초연금;
② 고용기간의 보험료 기여에 따라 퇴직 후 수당을 받는 소득연계 연금;
③ 연금기금에 납부한 금액에 비례해서 연금급여와 배당금이 주어지는 기여제 연금.

OECD 국가들의 사례를 보면, 일부 국가들을 제외한 대부분은 '균등제'와 '소득연계' 연금을 동시에 갖추고 있다. 호주와 뉴질랜드는 '균등제' 연금만을 갖고 있는 국가들이다. '균등제' 기초연금은 대부분의 국가들이 장기간(10~40년 이상) 거주를 자격조건으로 하거나 그렇지 않은 경우 소득조사 또는 소득과 자산조사를 통해 욕구에 따라 제공하며, 수혜자의 보험료 기여도를 고려하지 않는다. 또 '기여제 연금'(contribution-based pensions)은 언제 퇴직을 할 것인가 하는 의사결정에 별로 영향을 미치지 않는다는 장점을 갖고 있기 때문에 많은 국가들에서 커다란 관심을 받고 있다. 지속적인 고용과 보험료 기여에 따라 연금급여로 보상을 받기 때문이다. 반면에 앞의 두 유형의 연금은 퇴직 시기에 많은 영향을 미치며 조기퇴직을 강한 인센티브로 갖게끔 만드는 약점을 갖고 있다.

OECD 국가들 거의 모두가 연금 개혁을 추진하였다. 개혁의 목표는 첫째는 연금 재정의 지속가능성이며, 둘째는 연금 소득의 적절성이다. 재정적 지속가능성과 연금 소득의 적정성은 일종의 트레이드오프(trade-off)가 일반적이다. 그럼에도 국가에 따라 양자의 관계는 다양하게 나타난다. 기여금과 수령액 사이의 연계가 약한 시스템에서는 연금 소득의 증가(감소)는 재정적 균형을 악화(개선)한다. 재정적 지속가능성과 연금 소득의 적정성, 둘 다 추진하는 국가들은 복합적인 처방으로 기여금의 증가와 연금 연령의 연장을 동시에 추진한다. 호주에서는 연금 기여율과 연금 연령 모두가 점차 늘어나는 것으로 계획되어 있다.

또 2013~2015년 기간 OECD 국가들의 개혁 추진의 특징은 다음과 같다(OECD 2015c: 19).

- 많은 수의 14개국에서는 노동 생활의 연장으로 재정적 지속가능성을 개선하는 정책을 추진하였다. 효과적인 퇴직연령이 비교적 낮은 경우 노동 생활의 연장은 설득력이 있지만, 노동자와 고용주 모두가 이에 합의해야 한다.

- 연금 소득 적정성의 개선은 11개국에서 진행되었는데, 최소한 특정 그룹의 대상층에 대한 연금 급여를 개선하는 방안에 초점을 맞추는 특징이 있다.
- 일부 국가들에서는 재정적 지속가능성과 소득 증대를 동시에 추진하였다.
- 대상층에 미치는 연금 개혁의 범위는 14개국에서 비교적 광범위하게, 9개국에서는 중간 수준, 3개국에서는 좁은 범위에서 추진되었다.

재정적 지속가능성 개선

첫째 추진 방안은 순연금급여의 감소 방안이다. 이는 여러 방법으로 추진되는데, 연금 급여 수준의 감소, 자동 조정 방식의 급여 물가연동(indexation)의 하향 조정, 급여 체계에서의 기여율의 증가, 연금소득에 대한 세금과 사회보장 기여금의 증가 등이다(앞글: 21). 그런데 연금소득의 적정 수준 증가 방안은 연금 시스템의 재정적 지속가능성에 직접적인 영향을 미치게 된다.

첫째는 연금 급여이다. 재정적 지속가능성을 개선하기 위해 명목적인 급여 수준 삭감을 방안으로 개혁을 추진하는 국가는 거의 없다. 호주에서는 2017년 1월부터 자산조사 방식으로 타깃 전략을 추진한다. 스페인에서는 2019년부터 매 5년 단위로 첫 연금 수령자의 급여는 기대여명 연장에 기초해 조정될 예정이다.

둘째는 물가 연동이다. 퇴직이 더 연장될수록 소득 적정성에 물가연동(indexation)이 더 중요해진다. 일부 국가에서는 경제위기로 인한 공적 연금 지출을 억제하기 위해, 연금 급여 물가연동제를 임시 방책으로 동결하였다. 그럼에도 물가와 임금의 동시 하락(디플레이션)을 경험한 그리스 등의 일부 국가들에서는 명목적 연금 급여의 동결은 급여의 상대적 가치를 높여 현행 연금 인구에 유리하게 조정하였다. 그 결과 GDP에서 차지하는 연금 지출의 비중이 높아졌다. 이런 방식보다는 다른 많은 국가들은 관대성이 낮은 물가연동제로 이동하고 있다. 체코의 경우 2015년까지 낮은 물가연동제를 도입했고, 핀란드는 소득 연계 연금의 연동제가 1%에서 0.4%로 하향 조정되었다. 또 연금 물가연동제는 그리스에서는 2011년 이후, 벨기에서는 2015년 이후 동결되었다. 체코에서는 연금 급여가 2013~2017년 기간에 일정 금액 증가되지만, 이후는 임금과 소비자 물가의 혼합 대신에 소비자 물가에 연동된다. 다른 국가들은 급여 물가연동제와 재정적 지속가능성 연계를 강화하기 위해 자동조정 메카니즘을 도입하였다. 스페인에서는 연금 기여금과 지출의 비율에 기초하는 물가연동제가 매년 조정되어 첫 연금수령자는 기대여명의 변화에 기반하는 연금 급여 수준의 조정이 이뤄질 예정이다.

셋째는 세금과 기여금이다. 세금과 기여금의 인상을 통한 연금 재정의 개선은 많은 국가들에서 추진된 일반적인 개혁방안이다. 현행 연금 소득에 대한 효과적인 과세, 연금 기여금의 인상, 그리고 연금 기여금이나 연금 자산에 대한 면세 축소 등이 그것이다.

또 다른 재정 지속가능성 방안으로는 노동 인센티브 강화와 고령층의 노동 기회 확대 등이 있다. 연금 시스템의 행정적 효율성 제고 방안도 포함될 수 있는데, 자동화와 새로운 테크놀리지의 도입으로 연금 시스템 운영비의 절감을 추진할 수 있다.

연금 연령 연장

모든 OECD 국가에서 정년 연령 직전까지 고용률은 점차 감소된다. 평균 고용률은 2014년 55~59세가 67%, 60~64세가 44%이며, 65~69세는

20%로 급감한다. OECD 국가들 대부분은 연금법을 개정해 노동 생활을 연장하는 정책을 추진하고 있다. 고령화로 기대여명이 점차 늘고 있는 동향을 반영한 것이다. 따라서 노동자는 더 길게 일하며 은퇴 생활자금을 보충하는 연금에 더 많이 기여하게 된다. 그럼에도 연금수령액은 일반적으로 순공공저축을 창출하기 위해 낮아진다. 한국이나 프랑스처럼 연금기여금과 연금 수령액의 관계가 미약한 연금체계에서는 정년연장의 기여금 증대 방안이 연금 시스템의 지속가능성을 제고하는 방안이 된다.

대부분의 연금 개혁은 노동 생활의 연장에 초점을 맞춰 추진된다. i) 법정 퇴직연령의 연장, ii) 조기 퇴직의 규제, iii) 연금수령 연령 초과 노동에 대한 인센티브와 조기 연금수령에 대한 벌금 부과, iv) 노동과 연금의 결합 가능성 확대 등이 추진되고 있다. 연금법 개정에서 나타난 20세에 노동시장에 진입한 남성 퇴직연령은 모든 OECD 국가에서 2014년 현재 평균 64세에서 2050년 평균 65.5세로 늘어날 것으로 예측된다. 연금을 수령할 수 있는 20세의 직장 생활을 시작한 개인의 퇴직연령은 점차 늘고 있다(앞글: 24-25). 2014년 현재 슬로베니아가 가장 낮은 58.7세이며, 아이슬란드, 노르웨이, 이스라엘이 가장 높은 67세다.

미래에는 체코, 아일랜드, 영국에서 68세에 퇴직하는 변화가 예측된다. 또 미래에 가장 낮은 연금 수령 퇴직연령은 슬로베니아와 룩셈부르크에서 60세이며, 그리스와 프랑스에서도 62세와 63세에 완전한 연금 수령을 받을 수 있다. 벨기에는 2030년 연금 연령을 67세로 늘렸고, 이후에도 기대여명의 연장에 따라 더 늘릴 수 있는 제도를 도입하였다. 캐나다도 2023년 65세 → 2029년 67세로 연금 연령을 늘릴 것으로 예고했고, 아일랜드 또한 2014년 65세 → 2021년 67세 → 2028년 68세로 늘릴 계획이다. 헝가리도 현행 62세에서 65세까지 연장하는 방안을 발표했고, 포르투갈은 66세로 늘리면서 이후에도 기대여명 연장에 비례한 연장을 발표하였다. 네덜란드는 2018년 66세 → 2022년 67세로 연장할 계획이며 스페인도 2013년 65세에서 2017년 67세로 연장된다. 영국은 2026년 66세 → 2028년 67세로 연장하고, 호주는 2017년 65세 → 2023년 67세로 연장할 것을 2012년에 공표하였다. 프랑스는 최소 기여 기간을 현행 41.5년에서 2035년 43년으로 연장할 것으로 알렸다.

연금 소득의 적정성 개선

퇴직 소득의 적정성을 개선하는 방안으로는 적용범위나 혜택의 수준 또는 양자 모두가 해당된다. 또 퇴직자의 가처분소득 불평등 개선을 위해 노인층에 타깃을 맞춘 세금 인하 정책이 있다. 연금 기여금과 연금 수령액 사이의 관련성이 직접적으로 강력한 시스템에서 퇴직소득 적정성은 개선되는 경향이 있다(앞글: 27). 높은 기여율 또는 기여기간 연장으로 연금 시스템에 높은 기여금이 이뤄지기 때문에 적정성도 개선된다. 이른바 대체율이 적정성의 주요 지표가 된다. 순대체율(net replacement rate: NRR)은 평생 평균 소득에 비례한 순 연금 소득 비율(ratio of the net pension entitlement to life-time average net earnings)이 된다. 연금 수령이 가능한 연령은 20세에 완전한 직장 생활 경력을 시작해 완전한 연금 급여를 수령할 수 있는 연령을 의미한다. OECD 평균 소득자의 NRR은 2014년 63%로, 최저 멕시코 28%부터 최고 터키 105%의 분포를 이룬다. 세금-연금 급여 시스템의 누진성 때문에 저소득 층이 평균 소득층보다 더 높은 NRR 혜택을 누린다. 덴마크, 룩셈부르크, 네덜란드, 터키 등이 높은 저소득층 NRR을 제공한다.

모든 OECD 국가들은 노후 빈곤을 감소하기 위한 공공, 사적 연금 계획의 높은 적용 범위 확장을 위해 법정 또는 준법정 연금 시스템을 갖추고 있다. 많은 국가들이 적용 대상층 확대를 위한 정책을 추진해왔는데, 연금 기여 기간을 단축하는 방식을 추진하였다. 일본의 경우 2017년부터 국립 연금의 자격 기간이 25년에서 10년을 대폭 단축시켜 단기 경력자의 적용을 확대할 예정이며, 2016년부터는 파트타임 노동자의 적용 확대를 위해 연금보험을 개정했고 2014년부터는 유족 연금을 엄마 없는 가정에까지 확대 적용시켰다(앞글: 28). 또 영어권의 캐나다, 영국, 아일랜드, 미국에서는 공적 연금을 보충하는 자발적 사적 연금에 많이 의존해 왔다.

연금 급여의 증액이 연금 소득 적정성을 보장하는 가장 직접적인 방법이다. 특히 취약층의 소득 보장을 위한 타깃 방식의 연금 급여 개선이 일부 국가들에서 추진되었다. 2014년 아일랜드가 취약 가계의 연금급여 증액을 추진했다.

제8장

복지국가의 복지정책 파트너십

1. 복지국가의 파트너십

서구 복지국가는 정부 주도의 '공적' 사회복지에 크게 의존하면서도 기업과 제3섹터가 기여하는 '민간' 사회복지에 적지 않게 의존한다. '민간' 사회복지는 정부가 아닌 기업(사용자)이 주요 역할을 하며 여기에 제3섹터의 역할이 점차 늘고 있는 추세다. 미국의 경우 1960년대 이래로 사회복지의 서비스 제공에서 기업과 제3섹터에 크게 의존해 왔고, 또 TANF 제도의 도입을 계기로 사회복지 프로그램의 운영 책임을 기업과 제3섹터에 위임하는 광범위한 민영화를 추진해 왔다.

1) 민간 사회지원

국가복지를 근간으로 하는 유럽의 경우 미국과 같은 광범위한 민영화 사례를 찾기 어렵지만 일부 국가에서 진행된 작은 실험들을 주목해볼 수 있다. 가장 광범위한 사례가 공적 연금을 보충하는 각종 민간연금 제도를 진흥시키는 정책으로, 대부분의 국가들이 시행해온 사례다(Adema & Einerhand 1998). 또 일부 국가들은 기존의 부과제도와 정부재정 지원을 받는 민간연금 제도 사이의 상대적 비중을 점차 후자 쪽으로 옮겨가고 있다. 후자, 즉 정부지원 민간연금의 역할 증대에 대해 공감대가 확대되고 있다. 일반적으로 부과제도는 빈곤해소 측면에서, 또 인플레이션과 투자위험에 대한 보험제공 측면에서 정부지원 민간보험에 비해 월등한 역할을 해내지만, 인구의 고령화와 고용감소 등과 같은 문제에는 상대적으로 취약하다. 이에 비해 정부지원 민간보험은 노동시장에 대한 왜곡효과가 약하며, 또 민간보험시장의 형성에 기여하며 실질이자율이 고용성장률과 임금인상률에 비해 높은 상황에서 노동자에게 보험료보다 높은 보험급여를 제공해줄 수도 있지만 인플레이션과 투자위험에 상대적으로 취약하며 높은 행정비용을 요구한다.

아래에서 살펴보겠지만 민간 사회복지의 점진적인 확대가 서구 복지국가의 추세로 나타나고 있다. 특히 기업이 부담하는 기업복지는 생산적 사회복지정책에서 중요한 부분이 되고 있다. 국가복지가 노령, 실업, 질병, 사망 등의 사회적 위험에 대한 사회보장으로 발전되고 있다면, 생계지원과 복지서비스 제공 등 추가적이거나 보충적인 복지수요에 대해서는 기업복지의 공급을 통해 이뤄질 수 있을 것이다(방하남 2003). 앞에서 살펴보았듯이 공적 사회복지의 부담은 점차 늘어나고 효율성이 감소해가는 상황에서 근로자의 노후생활 안정과 의료보장의 필요성이 점증하기 때문에 기업복지에 대한 의존도 역시 점차 증가할 것이다.

특히 사회복지정책에 대한 기업의 기여를 살펴볼 만하다. 유럽의 경우 기업이 적극적 노동시장정책에 여러모로 기여하는 사례들이 늘고 있다. 적극적 노동시장정책의 새로운 정책대안들이 제시되어 추진되는 데 기업의 강력한 지지가 뒷받침되며, 또 기업이 주도하는 고용교육훈련의 효과는 안정적인 일자리 제공에 기여한다는 것이다(Swank & Martin 2001: 891-4). 뒤에서 살펴보겠지만 많은 유럽들에서 추진된 '사회 파트너십'(social partnership)은 기업의 적극적인 동참이 없으면 어렵고 또 실질적인 실업극복의 효과가 발생될 수 없을 정도로 기업의 사회적 책임이 중시되고 있다. 나아가 기업은 복지국가의 개혁에 주요 이해관계자 역할을 한다. "관례적인 판단과는 대조적으로, 오늘날 복지국가에 대한 인구적, 경제적 및 정치적 도전들은 실제로 일부 정책에서 기업의 복지개입 지지를 확대시킬 수 있다"(앞글: 892). 적극적 노동시장정책에 대한 기업, 노조, 국가 삼자 사이의 '사회협약'이 체결되며 성장의 전략과 노동자에 대한 사회적 보호에 삼자가 협력하는 '새로운 경쟁적 조합주의'(new competitive corporatism)가 등장하고 있다(Rhodes 2001: 893). 덴마크 정부는 "경제적 시각에서 볼 때, 기업의 보다 증진된 사회적 책임의 목적은 사회에 대한 최소의 비용으로 사회저 결속을 성취하도록 사회정책을 생산적으로 만드는 데 있다"(앞글: 894).

기업뿐 아니라 제3섹터와 개인 및 가계 등 민간부문 전체의 사회복지 기여를 주목해볼 만하다. 연금을 포함한 사회보험 전반에서 기업과 제3섹터의 지원에 의한 '민간' 사회지원(private social support)이 점차 확대되어 온 것이 서구 복지국가의 현실이다. 개인과 가계는 민간 사회지원을 받는 수혜자이고, 기업과 제3섹터 및 사회기금은 사적 사회지원에 기여하는 기여자

그림 8-1 민간 사회지원: 수혜와 기여

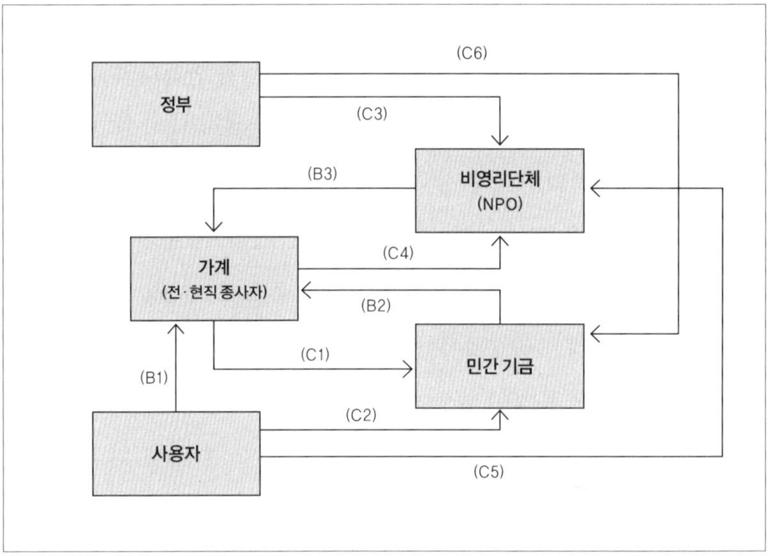

자료 Adema & Einerhand 1998: 10.

이며, 정부는 법에 의해 또는 협의에 의해 기여자로 하여금 민간 사회지원에 강제적으로 또는 자발적으로 기여하도록 중재하는 중개자 역할을 한다. 아래와 같이 수혜자와 기여자 및 중개자 사이의 관계의 특성, 그리고 여기에서 나타나는 민간 사회지원의 유형에 살펴볼 필요가 있다.

정부, 사용자, NPO, 민간 기금, 그리고 개인과 가계로 구분되는 이해관계자 모델로 민간 사회지원의 수혜와 기여를 〈그림 8-1〉과 같이 표시해볼 수 있다. 먼저, 수혜를 받는 수혜자 입장에서 살펴보면, 개인과 가계는 ① 과거 또는 현재의 사용자로부터 제공되는 사회수혜(B1), ② 민간 기금에서 제공되는 사회수혜(B2), ③ NPO가 제공하는 사회수혜(B3)를 받는다. 다음으로 사회지원에 기여하는 기여자 입장에서 보면, ① 개인과 가계는 민간 기금에 보험료 등의 일정액을 납부하고(C1), ② 사용자도 이 민간 기금에 기여하며(C2), ③ 정부는 NPO에 보조금 등의 재정을 지원하고(C3), ④ 개인과 가계도 NPO에 기부 등으로 기여하며(C4), ⑤ 사용자인 기업도 NPO에 기부금 등의 재정 지원을 하고(C5), 끝으로 ⑥ 정부가 민간 기금에 보조금 등의 재정지원을 한다(C6).

2) 공공 및 민간 사회지출

복지국가의 사회지출비(social expenditure)는 OECD의 표준화된 통계에서는 공공(public)과 민간(private) 사회지출비로 구분된다. 복지영역으로는 노령(old age), 유족(survivors), 장애(incapacity-related benefits), 보건(health), 가족(family), 적극적 노동시장(active labour market programmes), 실업(unemployment), 주거(housing), 기타 사회서비스 등이다.

'민간' 사회지출은 민간부문에서 공급된 사회적 혜택(개인간 이전이 포함되지 않음)으로, 법정 의무와 개인간 재분배 요소가 포함되어 있다. 연금이 공공, 민간 사회지출비의 가장 큰 비중을 차지하는데, 민간 연금 지불은 법정, 자발적 고용주 기반의(네덜란드와 영국 등에서는 산업 전반, 직군별) 프로그램을 통해 또는 세제지원의 개인 연금계획(미국의 개인퇴직금 등)에서 이뤄진다. 민간 연금 급여는 2013년 캐나다, 아이슬란드, 일본, 스웨덴에서 GDP의 3~4%, 덴마크, 스위스, 영국, 미국에서는 5% 정도, 그리고 최고 6%는 네덜란드가 기록했다.

연금 다음으로 민간 사회 혜택은 비영리단체(NGO)들이 제공하는 사회적 혜택으로, 질병과 장애 혜택은 GDP의 1~2% 수준에 머물러 있다. 아이슬란드가 2%로 가장 높고, 오스트리아, 프랑스, 독일, 네덜란드, 노르웨이, 스위스가 1% 가량 된다.

의료보험의 경우 단체 의료보험 계획에서 보험인구 사이의 기여금 풀링(pooling)과 리스크 공동부담이 있다. 2013년 OECD 평균 GDP의 0.6%로 낮은 수준이지만, 그 비중이 미국에서는 5.8%로 최고 수준이며, 프랑스에서도 1.5%로 높은 편이다. 미국의 경우 민간 의료보험지출비(GDP의 8%)와 면세 혜택으로 감소된 수입(GDP의 1.2%)을 합치면 전체 의료비는 GDP의 15%를 상회해, 세계 1위 고의료비 국가가 된다.

세제는 사회지출비에 많은 영향을 미치고 있다. 첫째는 정부가 현금 이전을 받은 개인 수혜자에 대해 직접적인 소득세와 사회보장기여금을 부과한다. 2013년 덴마크 정부는 개인 수혜자에 직접세를 부과해 GDP의 5%를 거둬들였고, 그 비중이 3% 이상인 국가들은 핀란드, 이탈리아, 네덜란드, 스웨덴 등이다(그림의 하단). 둘째는 사회적 지원 소득의 소비세를 간접적으로 부과한다. 세수의 GDP 비중이 유럽 국가들에서는 1.6~3.8% 수준으로 높지만, 비유럽권에서는 1% 미만으로 저조하다. 셋째는 사회적 목적의 세제혜택(tax breaks with a social purpose: TBSP)이다. 아동이 있는 가계에 대한 아동세제혜택이 대표적이다. 체코, 프랑스, 독일, 헝가리 등이 시행 중인데, 그 비중은 GDP의 1% 정도다. 미국은 1.4%로 세계 최고 수준이다.

이상과 같이 직접세와 간접세를 부과해 거둬들인 세입은 TBSP를 훨씬 능가한다. 사회적 현금 소득과 혜택에 대한 직접세와 간접세의 GDP 비중이 되는 순세금효과(net tax effect)은 덴마크가 8%로 가장 높고, 5% 이상 되는 국가들도 적지 않다(오스트리아, 핀란드, 룩셈부르크, 네덜란드, 노르웨이, 스웨덴). 반면에 한국과 멕시코와 미국에서는 순세금효과는 거의 없다(그림 8-2 하단).

■ **그림 8-2** 사회지출비: 순총(순공공, 순민간), 순조세효과, OECD 34개국, 2013

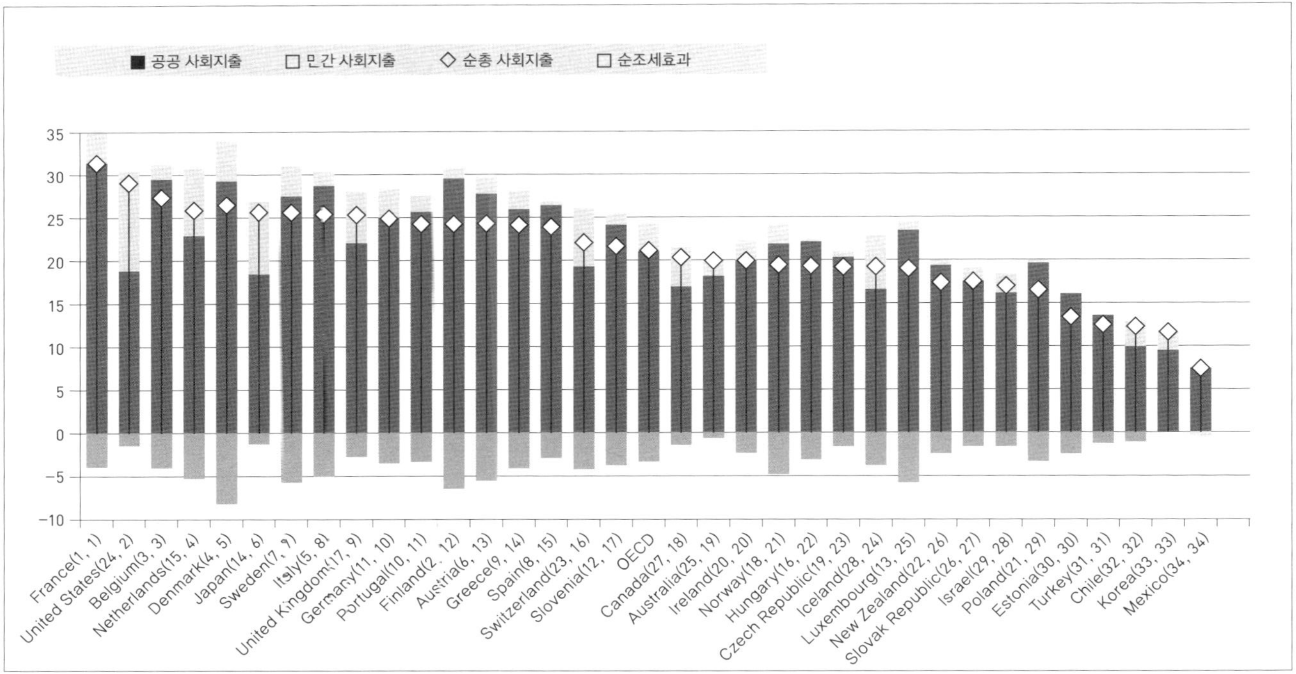

참고 괄호안 수치는 34개국 순위로, 공공 사회지출과 순총사회지출을 지칭하는데, 미국(24,2)는 공공 사회지출은 34개국 중 24위이지만 순민간사회지출을 합친 순총사회지출은 2위로 높아짐.
자료 OECD 2016. "Social Expenditure Update."

2. 정부-제3섹터 파트너십

정부와 제3섹터, 그리고 기업 사이에서 추진되는 파트너십에 초점을 맞춰볼 필요가 있다. 현대의 사회복지는 국가복지 중심에서 기업과 제3섹터의 참여와 기여에 의존하는 파트너십 모델로 점차 이동하고 있다는 것을 서구와 한국의 사례에서 충분히 살펴볼 수 있다. 먼저 정부와 제3섹터 관계 유형에 대해 알아본다.

1) 정부-제3섹터 관계 유형

정부-제3섹터 관계를 연구한 기드론 등(Gidron et al. 1992)은 재정부담과 공공서비스 공급, 두 가지 측면에서 정부와 제3섹터의 관계를 네 가지 모델로 구분지어 일부 국가들의 사례를 소개하고 있다. 재정과 공급 양면 모두를 정부 또는 제3섹터가 주도하는 정부주도 모델과 제3섹터 주도 모델이 있고, 그 사이에 정부와 제3섹터의 재정과 공급이 혼합된 이중혼합 모델과 상호공조 모델이 존재한다.

표 8-1 정부-제3섹터 관계 4대 유형

기능	1) 정부 주도	2) 이중 혼합	3) 상호 공조
재정	정부	정부/제3섹터	정부
공급	정부	정부/제3섹터	제3섹터

자료 Gidron et al. 1992.

정부 주도 모델

제3섹터에 대한 재정부담과 공공서비스 공급 양면에서 정부 중심으로 진행되는 모델이다. 일반적으로 '복지국가' 모델이라고도 볼 수 있지만, 그렇지도 않다. '복지국가' 모델에 속하는 국가 중에도 복지서비스 공급 수준이 커다란 차이를 보여주고 있는 것을 알 수 있고, 독일과 같은 국가는 일반적으로 '복지국가'로 분류하고 있지만 정부보다 제3섹터가 복지서비스 공급에서 더 많은 역할을 하고 있다.

제3섹터 주도 모델

공공서비스의 공급과 재원 양면 모두에서 정부보다 더욱 두드러진 역할을 맡고 있는 모델이다. 복지를 포함한 일반 공공서비스의 공급에서 정부의 역할을 크게 신임하지 않으며 비판하는 분위기가 팽배한 국가에서 두드러지게 나타나는 모델이다. '작은 정부'와 같은 신보수주의 이데올로기 또는 지역주의와 같은 정치이념 문제가 심각한 사회문제가 되고 있는 국가에서 찾아볼 수 있는 모델이다. 또 AIDS 퇴치 등과 같은 새로운 사회문제의 등장과 해결방안을 둘러싸고 정부보다 제3섹터에 더욱 높은 기대가 모아지고 있는 일부 국가에서 기대되는 모델이다.

이중혼합 모델

재원과 공급 양면에서 정부와 제3섹터가 적절한 비중으로 역할을 공유하고 있는 형태이다. 복지와 같은 휴먼서비스 공급과 재정부담에서 두드러지며, 다른 영역에서는 각기 독립적인 위치를 유지하는 모델이다. 여기에서 제3섹터의 주된 역할 하나는 정부의 공공서비스 공급과 같은 서비스를 공급하지만 정부의 혜택을 받지 않은 계층에 대해 제3섹터가 주요 역할을 맡는 '보충적인' 것이다. 다른 하나는 정부의 재원부족 또는 정책의 부재로 추진되고 있지 않은 영역에서 제3섹터가 독자적인 공공서비스 공급 및 재원을 자체 부담하고 있는 것이 그것이다.

상호공조 모델

정부와 제3섹터가 각기 독자적인 역할을 수행하는 것이 아니라 상호분담을 하는 형식이다. 여기에서 주의할 것은 제3섹터가 정부의 일을 하청을 받아 대행하는 경우를 생각해볼 수 있다. 그렇게 되면 '상호공조'라고 볼 수 있지만 제3섹터는 정부의 공공서비스를 공급하는 대리점 역할을 함으로써 '공조-대리점'(collaborative-vendor)이 된다.

이와는 대조적으로 제3섹터가 정책결정과 집행 과정에 동참해서 정부와 실질적으로 함께 일하는 모델이 될 때 일반적으로 '공조 파트너십'(collaborative partnership) 모델이라고 부른다. 정부가 재정을 부담하면 제3섹터가 공공서비스 공급 책임을 맡는 형식으로 역할을 분담하는 경우가 일반적이며, 반대로 제3섹터가 재정을 부담하고 정부가 공급을 맡는 경우는 거의 없다. 상호공조 모델이 샐러먼(Salamon 1995)의 '제3자 정부'(third-party government) 모델이며, 대표적인 국가가 미국이다.

2) 미국의 사회복지 파트너십

유럽에서보다 미국에서 정부와 기업, 그리고 제3섹터 사이에 제도화된 사회복지 파트너십이 추진되어 왔다는 것을 아래에서 살펴볼 수 있다. 샐러먼(Salamon 1995)이 제시한 '제3자 정부'는 실제로 1960년대 이후의 미국의 정부(연방정부, 주정부, 시정부 모두 포함)를 지칭한 것으로, 특히 1996년에 도입된 TANF 제도는 보다 확고한 사회복지 파트너십 사례가 된다.

신보수주의와 제3자 정부

1980년대부터 산업구조조정에 착수한 서구 국가들은 대량실업과 실업자의 복지서비스 문제 등을 해결하기 위해서도 민간자원을 적극 활용할 수밖에 없는 사회복지정책을 추진하였다. 미국에서는 1980년 "민간 창의력을 활용하는 대통령 태스크 포스"가 레이건의 집권과 동시에 설치되었다. 많은 지방정부들이 재정적자 위기에 몰리고, 무역적자까지 심화되는 상황에서 레이건 행정부는 민간부문의 힘을 빌려 국가재건을 한다는 청사진을 제시했다. 이 태스크 포스는 "파트너십 구축"이라는 제목으로 최종보고서를 내놓았는데, 거기에는 다음 다섯 가지가 핵심 전략으로 제시되었다. ① 성공적인 또는 발전전망이 높은 민간창의 방안과 '파트너십' 사례들을 발굴해서 전국으로 응용할 수 있도록 추진하며, ② 종교기관, 기업, 노조, 재단, 공익단체의 인적, 물적 자원을 효과적으로 활용하고, 리더십, 관리 기술, 교육 및 자원봉사 업무의 창의적인 방안을 활용하며, ③ 지역사회 욕구를 파악하고 인적, 물적 자원을 투입하기 위한 '파트너십', 특히 민간기관이 지방정부와 공조하는 파트너십의 구축과 유지를 지원하고, ④ 민간 창의성을 방해하는 정부 장애물을 파악해서 장애제거 방안을 건의하며 민간부문이 새로운 창의력을 발휘할 수 있도록 진흥시키는 인센티브를 마련하며, ⑤ 이 위원회에 관련되는 영역에서 공공정책의 개발을 추진한다.

이런 민간자원을 활용하는 정책은 최근의 일만은 아니었다. 1960년대 케네디와 존슨 행정부에 와서는 빈곤과의 전쟁, '위대한 사회' 프로젝트에서 널리 활용되었다. 또 레이건과 부시 행정부에 와서는 비정부, 비영리 기관단체들의 역량을 확인하며 이들을 정부의 파트너로 삼아 지역개발과 국가발전의 전략으로 적극 활용하였고, 클린턴 행정부에 와서는 '국가지역사회봉사단'이라는 연방조직을 창설하는 등 더욱 적극적인 민간부문 활용정책을 전략화시켜 왔다. 그 후 청소년 선도와 교육, 전과자 후원, 빈곤층 옹호, 노인 보호 등 사회복지 영역에서 정부보다 비영리 시민사회단체의 역할이 더욱 증대되어 온 것이 사실이다. 정부는 시민사회단체(NGO)에 프로젝트를 공모해서 재정지원을 하며 감독하는 역할을 맡으며 실제 운영의 책임은 이들이 대행한다. 이처럼 정부의 업무가 NGO에 위임되는 추세에서 '제3자 정부' 이론(Salamon 1995)이 등장한 것이다.

미국 정부의 NGO 지원정책의 역사는 이미 18세기부터 교육기관에 대한 면세와 각종 재정지원을 시작으로 19세기에는 병원 등 의료기관에 대한 지원이 제도화되었다. 그 후 대부분은 정부의 역량만으로 해결하기 어려운 사회복지서비스 제공에 필요한 NGO 지원정책이 주류를 이루었다. 아래에서 살펴보겠지만 1980년에 보건, 의료, 사회서비스, 연구, 문화와 예술 분야에 대한 NGO 사업 지원은 연방정부 총지출의 36%에 달했고 NGO 전체 수입의 35%가 연방정부 지원금이었으며, 미국 16개 도시에서 NGO가 수행한 공공서비스는 전체의 42%로서, 정부(39%)와 영리영역(19%)에 비해 훨씬 많은 역할을 했다(Salamon, 1995: 84-6). 샐러먼(1995)은 미국 정부의 NGO 지원정책은 역사적 전통에 의존하면서도 '휴먼 서비스 문제'를 해결하기 위한 전략이 되어 왔다고 강조한다.

TANF 사회복지제도

미국은 1996년 "빈곤가정에 대한 임시지원"(TANF) 제도를 새로운 복지모델로 도입해서, 연방정부의 복지책임을 주정부와 지방정부로 이양시켰다. 연방정부는 자체 규모를 확장하지 않고서 더 많은 복지 프로그램을 운영하고 관리하는 체제를 갖추게 되었다. 연방정부로부터 사회복지 업무를 이양받은 주정부는 다시 지방정부에, 또 지방정부는 지역의 영리 또는 비영리 용역기관에 용역을 줘서 사회복지 업무를 추진하도록 하고 있다. 전통적인 의료부조인 메디케이드(Medicaid)와 식량지원 프로그램인 푸드스탬프(Food Stamp)뿐 아니라 직업 조사, 직업훈련, 가족 지원 프로그램 등의 사회복지 프로그램들은 제각기 다른 지방정부와 용역기관들이 분담해서 업무를 추진하는 사회복지 네트워크에 의존한다. 지방정부 차원에서는 메디케이드나 푸드스탬프 지원을 받는 노동자를 제외하면 전통적인 복지수혜자가 정부관리를 직접 만나는 일이 사라지게 된 것이다. 수혜자를 만나고 관리하는 일은 용역기관들이 수행하며, 정부관리들은 이 용역기관의 선정, 이들과의 계약체결과 이들에 대한 관리와 평가 업무를 주로 담당한다. 이들이 빈곤층을 상대로 부당한 이득을 취한다는 말이 나오지 않도록 재무를 감사하는 일도 중요하다. 용역기관들은 다시 하청기관들을 두고 있을 정도로 사회복지의 용역사업은 번성하고 있다.

이런 일이 처음 있는 일은 아니었다. 1960년대 모델시티(Model Cities)와 빈곤퇴치 프로그램을 시행하면서 연방정부가 지방정부로 하여금 지역의 비영리 NGO들과 공조해서 프로그램을 운영하도록 많은 재정지원을 했던 역사적 전통이 있었다. 그 후 1970년대 말 정부재정 적자의 심화로 인한 복지서비스 제공이 어려워지면서 지역 NGO들의 사회복지 활동이 활성화되었고, 레이건 정부에 와서는 민간복지를 더욱 활성화시키기 위한 여러 방안들이 추진되기도 했다. 오늘날 미국에서 사회복지 프로그램의 주요 전달자는 영리 또는 비영리 용역기관들이다. 그럼으로써 정부는 "자체 규모를 확장시키지 않고도 통제력을 증가시키고, 행정 책임을 분산시키며 또 정치적 부담도 분산시키고 있다"(Kettl 2000: 491).

사회복지서비스 이양에 의한 민영화는 용역과 바우처(voucher)에 의해 진행되는데, 최근 미국에서는 영리 기업들이 사회복지 영역에 진출해서 시장을 개척하는 일이 일반화되고 있는 추세다. 이 기업들은 사회복지서비스 프로그램을 운영하고, 수혜자에게 사회복지서비스를 직접 제공할 뿐 아니라 보육원과 노인시설, 홈리스 쉼터, 장기 실직자를 위한 교육훈련 프로그램을 담당한다. 어메리카 워크스(America Works)라는 영리기업은 정부가 담당한 실직자 교육훈련보다 더 싼 비용으로 더 높은 취업 실적을 올린 것으로 명성을 얻었다고 한다(Savas 2000: 280-1).

또 바우처도 점차 활성화되고 있다. 바우처는 "특정 소비자 집단에 의한 특정 재화의 소비에 보조금을 지원"하는 제도로, 미국의 푸드스탬프는 빈곤층이 식량과 음식을 자유롭게 구입하도록 지원하는 현금과 같은 바우처이며, 그 밖에도 아동보육, 노인돌봄, 장애인돌봄, 실직자의 고용교육훈련 등에도 바우처가 널리 활용되고 있다. 미국에서는 장애인을 위한 가정방문 돌봄, 아동보육 등에 바우처 제도를 활용하는 주정부와 지방정부들이 늘고 있다. 뉴욕시의 경우 1998년에 아동보육센터의 아동 8만 7000명 중 46%가 바우처를 이용하였고, 실직자의 교육훈련에도 뉴욕시의 고용교육훈련비 전체의 7%를 바우처에 사용한 것으로 알려지고 있다(앞글: 281).

공공서비스 파트너십

일반 시민에게 공공서비스가 전달되는 지방정부의 실태를 살펴봄으로써 미국의 사회복지 파트너십 사례를 보다 구체적으로 확인해볼 수 있다. 미국 정부의 공식 집계에 따르면 1990~1996년 기간에 아동보육, 아동복지서비스, 빈곤가정에 대한 지원 등의 복지서비스를 영리기업과 비영리

표 8-2 미국의 정부–기업–제3섹터의 공공서비스 파트너십 (단위: %)

부문	제3섹터	영리기업	정부
사회복지	56	4	40
고용/훈련	48	8	43
주택/지역사회개발	5	7	88
보건	44	23	33
문화/예술	51	–	49
합계	42	19	39

자료 Salamon 1995: 88.

NGO들에게 이양해 용역을 체결한 주정부와 지방정부가 절반 이상이 된다고 한다(앞글: 281).

미국 지방 도시에서는 정부와 제3섹터, 그리고 영리기업 사이에 확고한 복지서비스 파트너십이 추진되고 있다. 일례로 16개 주요 도시에서 정부재정으로 지원되는 공공서비스의 공급을 제3섹터, 영리기업 및 정부로 구분해서 보여주는 〈표 8-1〉의 자료를 살펴보면, 제3섹터가 정부와 밀접한 파트너십을 갖고 있다는 것을 알 수 있다. 16개 도시 평균을 보면, 도시의 공공서비스에 대해 시정부가 39% 정도의 서비스 공급의 책임을 맡고 있고, 제3섹터가 그보다 더 높은 42% 그리고 영리기업이 19% 몫을 분담하고 있다.

각 영역별로 살펴보면, 탁아 등 사회서비스 영역, 고용/훈련 영역, 예술/문화 영역 등 세 영역에서 제3섹터가 일차적인 서비스 공급자가 되고 있다. 사회복지 부문에서 제3섹터가 가장 높은 비중(56%)을 차지하며, 영리기업은 4%, 그리고 시정부는 40% 정도의 공급 책임을 맡고 있다.

미국 지방정부에 관한 다른 자료를 보면, 영리기업은 전기, 가스 등 공익 설비, 탁아와 병원 등 보건/휴먼서비스와 법률서비스에서 두드러진 역할을 하며, 제3섹터는 탁아, 약물 및 알콜치료 프로그램, 홈리스 숙소, 문화 및 예술 프로그램에서 주된 공공서비스 공급자로 나타나고 있다. 또 긴급 의료서비스의 경우, 영리기업과 제3섹터가 각기 14%, 8% 서비스 공급원이 되었다.

3) 유럽의 사회복지 파트너십

위에서 정부-제3섹터 관계 모델을 제시한 기드론 등(Gidron et al. 1992)은 각국의 실정을 아래처럼 소개한다. 아울러 일부 국가에서 조사한 '사회 파트너십'(social partnership) 사례 연구결과를 함께 정리해본다. 아래에서 살펴보겠지만, 덴마크는 지역과 지방에서의 정부-기업 파트너십이 강하게 나타나 있고(Bach 2000), 프랑스의 경우 전통적으로 기업의 사회적 책임을 불신하는 풍조가 강했지만 최근 실업문제와 고용훈련 측면에서 기업의 사회적 역할이 늘어나고 있으며(Paquiet 2000), 독일에서는 정부-기업-제3섹터 파트너십 관계가 노사의 안정적인 협력관계를 바탕으로 사회복지와 청소년 영역에서는 정부와 제3섹터 파트너십, 실업과 고용 영역에서는 정부와 기업의 파트너십 등, 다양한 역할분담으로 추진되고 있다(Linkelmann 2000). 한편 아일랜드는 보건과 교육 영역에서 특히 지방 차원에서 정부-기업-NGO 파트너십 특징을 보여주며(Roche 2000), 네덜란드는 가장 공조적이며 안정적인 파트너십을 바탕으로 세계로부터 '네덜란드 모델'(Dutch model)의 부러움을 사고 있고(Spapens 2000), 영국의 경우 노동당의 집권으로 새로운 국가발전의 전략으로 '뉴딜'(New Deal) 파트너십이 추진되었다(Jordan 2000).

덴마크

1994년 정부가 주도한 '사회 파트너십'에서 기업들은 작업, 노동시간, 휴가 등의 노동유연성 정책으로 실업 방지에 노력하며 실직자를 대상으로 고용교육훈련을 확대하는 자발적 노력을 하도록 요청을 받았다. 덴마크에서는 지역과 지방 차원에서 정부-기업 파트너십이 강한 전통을 갖고 있지만, 광범위한 복지국가 체제에서 기업의 역할은 제한적이었다. 그러다 1998년에 법에 의해 모든 시정부가 '사회조정위원회'를 조직해서, 기업들과 노동시장 안정을 위한 사회 파트너십을 추구하도록 하였다.

덴마크의 사회 파트너십 접근방식은 전통적으로 중앙정부보다 더 많은 세입으로 사회복지에 기여하는 지역과 지방 정부 차원에서 실업과 복지문제를 극복하는 '상향식' 정책 추진방식을 채택하는 특징이 있다. 실업문제를 해결하고 실업으로 인한 사회적 비용을 줄이는 실용적 접근법이 중요하기 때문에, 또 복지서비스에 대한 수요는 증가하지만 정부의 역할만으로는 한계가 있으므로 국민의 복지욕구를 충족시켜주기 위해 사회 파트너십이 필요하다는 것이 덴마크 정책결정층의 지배적인 의견이다.

프랑스

프랑스만큼 강력한 정부주도 모델은 발견하기 어렵다. 중앙정부의 막강한 위상이 크게 변화되지 않은 채, 제3섹터는 정부정책과 프로그램이 미치지 않는 영역에서 제2의 역할 또는 정부의 공공서비스 공급의 보조 역할에 그치는 경우가 많다. 그러나 거대정부와 관료제에 대한 심각한 비판적인 여론이 형성됨으로써 정부의 사회복지 업무를 중앙집권에서 지방분권으로 변화시키는 일대 정부개혁이 1982년에 단행되었다. 그 결과 지방정부 차원에서 지방정부와 제3섹터 사이에 새로운 관계를 형성해서 실험하는 사례들이 늘었고, 성공적인 사례들이 축적되면서 제3섹터의 역할에 대한 신뢰감이 구축되었다. 지방정부들은 한편으로는 사회복지 등의 공공서비스 공급의 책임의 확대와 다른 한편으로는 열악한 재정과 인력 문제를 동시에 극복하기 위한 전략으로 지역 제3섹터 기관들과의 상호공조 관계를 모색한 것이다. 따라서 기드론 등(Gidron et al.)의 모델에서 프랑스는 초기 '정부주도' 모델에서 '이중혼합' 모델을 거쳐 이제 '상호공조' 모델을 지향하고 있다고 볼 수 있다.

프랑스의 전통에서 기업과 사회의 관계는 공조와 협력보다는 대립과 갈등의 관계가 강하게 부각된다. 그만큼 기업에 대한 시민의 인식이 다분히 부정적이다. 이는 1970년대와 80년대를 통해 기업이 위기를 자초한 상황과도 밀접히 관련된다. 1970년대 경제불황의 상황에서 대량해고가 발생했고, 1980년대에 이어진 구조조정에 의한 대량해고, 노조와의 심각한 갈등, 경영실패, 부패 스캔들 등으로 기업에 대한 이미지가 매우 부정적이었다. 1980년대 중반에 와서 정부는 기업이 고용창출과 장기 실업자를 대상으로 고용훈련에 기여하도록 하는 사회 파트너십을 추진하였다. 프랑스 사회당은 기업의 사회적 책임을 강력히 요구하며 기업의 동참을 유도했고, 이에 호응하는 대기업과 기업재단들이 주도하는 고용 프로그램, 도시재개발 프로젝트들이 추진되었다. 그럼에도 정부의 역할이 지배적인 복지국가의 전통이 있어 많은 기업들이 소극적으로 공조하고 있다. 이는 프랑스 정부가 "시장경제에는 긍정적이지만, 시장사회에는 부정적이다(yes to the market

표 8-3 프랑스의 복지혼합 파트너십(정부-기업-제3섹터) (단위: %)

부문	제3섹터	영리기업	정부
복지서비스	62	10	28
문화	27	37	36
교육	19	5	76
보건	12	23	65
고용	7.5	67	25.5

자료 Archambault 2015: 6.

economy, no to the market society)"는 정치구호에도 잘 나타나 있다. 시장의 경제적 기여는 긍정적으로 평가받고 있지만 시장의 사회적 영향에 대해서는 경계하는 분위기가 강한 것이다.

그럼에도 최근의 프랑스는 상당한 수준의 복지혼합을 이룬 국가로 나타난다. 전국적으로 135만개의 비영리조직들이 복지 파트너로 참여해, 복지서비스에서 가장 많은 역할을 분담한다(Archambault 2015: 5). 정부는 교육과 보건에서 전통적인 높은 비중의 책임을 분담하지만 고용과 문화에서는 영리기업들의 수익활동도 두드러지게 나타나 있다.

독일

독일은 사회복지서비스 재정부담과 공급 양면에서 비영리 제3섹터 기관들의 역할이 활발해서 제3섹터가 정부의 정책결정 단계서부터 정부와 동등한 관계를 유지하며 정부와 공조하는 파트너십(collaborative partnership)을 유지하는 국가다. 역사적으로 정부와 교회 관계에서 분출되었던 갈등관계를 해소하는 정부의 정책이 교회와 다른 제3섹터 기관들에 대해 정부가 재정을 지원해서 이들이 정부가 할 수 없는 많은 영역에서 공공서비스를 공급할 수 있도록 관계를 유지해 온 역사를 갖고 있다. 이런 제3섹터의 역할이 일반 시민의 든든한 지지를 받으면서 무수한 사회문제를 해결하는 데 중요한 비중을 차지해왔다. 이런 의미에서 독일의 제3섹터는 사회복지를 우선적으로 주도하는 역할을 하고, 그 역할이 부족하거나 대안이 없는 경우 정부가 개입해 복지정책을 추진하는 이른바 '보충주의 원칙'(subsidiarity principle)이 강하다. 탁아, 청소년 보호와 선도 등의 영역에서는 제3섹터가 독보적인 전문성과 창의성을 발휘해서 일종의 독점권을 획득해 놓고 있는 실정이라고 볼 수 있다.

이처럼 정부와 제3섹터뿐 아니라 기업과도 협력하는 파트너십 사례는 독일의 전통에서 쉽게 찾아볼 수 있다. 기업과 노조는 노동자위원회를 통해 노사가 주요 정책결정의 파트너로 서로를 인정하는 사회적 분위기가 강하며, 정부는 사회복지와 청소년 영역의 사회서비스를 제3섹터에 위임해 공공서비스를 전달하도록 하는 파트너십을 맺고 있다. 전국 단위의 조직을 갖춘 카리타스(Caritas), 디아코니(Diakonie), 적십자 등 6대 비영리 시민사회 조직들이 자신들의 150만 명의 전문 인력과 200만 명의 자원봉사자의 참여로 사회복지와 청소년 서비스 전달의 주도적인 역할을 하며, 여기에 연방정부가 재정 및 행정 지원으로 보조하는 '보충주의' 원칙이 시행되고 있다. 또 지역과 지방정부들이 제3섹터와 든든한 파트너십으로 사회복지를 집행하는 책임을 공유하는 것이 독일의 독특한 사회 파트너십이다.

노동시장에서의 노사 협력관계가 확고한 독일에서 일례로 1994년 구조조정이 심각했던 상황에서 주당 20% 작업시간을 단축시켜 3만 명의 해고대상자를 해고하지 않는 공동의 의사결정을 할 수 있었다. 특히 1990년

통일 이후의 독일은 정부재정의 수요가 급격히 증가하면서 기업과 NGO의 파트너십 참여가 자연스럽게 확대되는 계기가 되기도 했다. 제3섹터는 전통적인 사회복지 영역에서, 기업은 고용과 교육훈련 영역에서 정부의 부족한 역량을 보충하거나 대신하는 파트너 역할을 수행하고 있다.

아일랜드

전통적으로 정부와 노사가 사회 파트너십을 맺어온 전통이 있지만, 최근에는 비영리 제3섹터도 포함시켜 범사회적인 파트너십을 추진한 특징이 있다. 1993년에 전국경제사회포럼(NESF)이 조직되면서 제3섹터를 주요 사회 파트너로 인정하는 새로운 변화를 맞게 되었다. 또 1996년에 체결되어 2000년까지 한시적으로 지속된 '파트너십 2000'은 정부, 노사, 제3섹터가 참여해서 사회적 배제를 극복하고 사회적 포용을 실천하기 위한 파트너십 전략으로 추진되었다. 따라서 장기 실업자를 구제하기 위한 일자리 창출, 고용교육훈련 등이 집중적으로 실행되면서 아일랜드의 실업률은 1990년대 10%대에서 2000년 4.7%로 안정되는 커다란 효과를 낳기도 했다.

기업의 사회적 책임을 강화하는 방안으로 각종 세제혜택과 재정지원이 주어지면서 고용증대와 고용교육훈련에 대한 기업의 지속적인 투자가 이뤄질 수 있었다. 중앙정부기관인 보건부는 "보건서비스 증진을 위한 협력" 프로그램을 통해 보건서비스에 대한 기업의 파트너십 기여를 유도했다. 또 지방정부들은 기업과 지방 학교와의 파트너십을 추진해온 오랜 전통을 갖고 있다. 일례로 더블린 시에서는 더블린 교육청이 기업들과 파트너십을 통해 도심 지역의 실업 청소년의 고용 기술훈련을 맡아 이들을 지역 기업이 고용하는 프로그램을 추진하며 높은 고용실적을 올리기도 했다. 정부와 기업의 파트너십을 대표적인 전국적인 조직인 지역사회투자재단이 수십여

기업들의 연맹 형태로 1998년에 창설되었다. 이 재단은 지역사회에서의 사회적 배제 상태에 있거나 그런 위협에 처한 대상을 위한 복지서비스 활동을 하는 프로그램과, 또 전국적으로 지역사회에 투자하고 지역사회 활동을 하는 제3섹터 조직을 지원하기 위해 개인과 기업의 기부를 모금하는 전국기금, 그리고 아동보호 연구 및 프로그램 개발에 특수한 목적사업을 하는 프로그램을 갖고 있다.

이탈리아

위에 제시된 기드론 등(Gidron et al.)의 모델에서 보면, 이탈리아는 '이중혼합' 모델을 대표하는 국가로 볼 수 있다. 역사적으로 종교 기관들이 자체 재원을 갖고 공공서비스 공급을 담당했던 전통을 갖고 있지만, '복지국가'가 도입되면서 이들의 역할이 점차 정부로 넘어가며 정부 업무를 보충하는 위상에 있었다. 정부-제3섹터 관계가 제도화된 흔적이 없으며, 상황에 따라 영역별로 특별한 관계를 형성해온 것이다. 그럼에도 1970년대 말과 80년대에 와서 활성화되었던 제3섹터 기관들의 분출에 따라 환경, 여성인권, 자족단체 등이 정부정책에 대항하거나 정부정책이 없는 곳에 독점적인 역할을 수행함에 따라 정부의 법적, 제도적 기초가 마련되는 획기적인 변화를 맞게 되었다.

1990년대에 와서 이탈리아는 사회적 경제 분야에서 선도적 역할을 하였다. 오늘날의 사회적 기업이 공식적으로 등장하기 시작한 것은 1991년 이탈리아 의회가 '사회적 협동조합'을 후원하는 법안을 도입하면서부터였다. 공공서비스에 의해 공급되지 않거나 공급미달 상태에 있는 서비스 공급을 위해 사회적 협동조합이 등장한 것이다. 또 2006년에는 사회적 기업의 개념정의부터 목표, 비영리 수익활동 재정, 회계. 취득 등 전반에 관한

'사회적 기업 규제' 법을 만들었다.

네덜란드

네덜란드의 정부-제3섹터 관계는 '상호공조'(collaborative) 성격이 강하다고 볼 수 있다. 정부는 공공서비스에 대한 재정을 부담하고 있지만, 공급은 대부분 제3섹터 기관들이 담당하는 일종의 역할 분담이 뚜렷하게 구분되어 있다. 제3섹터가 정부업무를 대행하는 대리자 역할만을 하는 것도 아니다. 제3섹터 기관들은 정부 프로그램의 기획단계부터 참여해서 상당한 창의력을 발휘하고 있으며, 정책결정과 집행에 있어서도 상당한 자율성을 확보하면서 정부와 파트너로 공조한다.

네덜란드는 다민족, 다종교로 인해 사회갈등이 심각했던 역사를 경험하면서 정부가 민족과 종교 관련 제3섹터 기관들에게 예컨대 종교교육 등에서 자율적으로 프로그램을 마련해서 시행하도록 최대한의 자율권을 보장하며 재정을 지원해왔다. 그럼으로써 사회통합 정책을 유지해 올 수 있었다. 따라서 독일에서처럼 네덜란드 모델은 사회갈등을 해소하고 사회통합을 유도하기 위해 제3섹터와 동등한 파트너 관계를 유지하는 역사와 전통에서 정부 정책이 추진되고 있는 것이다.

네덜란드가 다른 어느 국가보다도 낮은 실업과 낮은 빈곤율로 높은 경제성장을 이룩할 수 있었던 이유는 무엇인가? 이런 네덜란드의 기적에 대해 세계는 '네덜란드 모델'(Dutch model 또는 Polder model)이라 불렀다. 정부와 기업이 투명하며 부정부패가 존재하지 않고, 사회기반시설이 확고한 물적 자본이 든든하며 국민의 지식과 기술력으로 경쟁적인 인적 자본을 풍부하게 갖추었을 뿐 아니라 시민과 기업의 공익정신이 투철해서 사회자본도 풍부하다는 것이 '네덜란드 모델'의 장점으로 꼽힌다. '네덜란드 모델'은 기업과 노조, 정부가 정책결정의 책임을 공유하는 '조합주의'(corporatism)의 전통에 기초한다.

정부-기업-제3섹터 사이의 파트너십은 정부의 책임을 전가하는 형태가 아니라 정부와 기업과 제3섹터 각각이 갖고 있는 자원과 역량을 효과적으로 조합해서 사회적 시너지를 창출하는 전략의 차원에서 추진되는 특징이 있다. 정부가 파트너십을 추진하는 주요 동기도 사회문제 해결과 서비스 제공의 차원을 넘어서 이제는 기업과 제3섹터의 참여에 의한 정책혁신, 사회실험의 단계로 발전되고 있다. 새로운 사회 파트너십을 추구하는 프로그램으로 '사회통합을 위한 파트너십'이 정부-기업-제3섹터 파트너십으로 추진되고 있다. 지역사회에서 실업상태에 있는 청년층, 빈곤의 위협에 처한 청소년, 교도소에서 나와 취업과 사회 적응에 어려움을 겪고 있는 청소년을 위해 기업과 직원들이 자원봉사자로 나서 멘터링(mentoring)을 하고, 이들의 고용교육훈련을 지도하거나 상담하며, 일자리를 갖도록 주선해주는 역할을 맡는다.

노르웨이

'복지국가' 노르웨이에서는 정부-제3섹터 관계를 역사적으로 갈등의 관계로 보는 시각이 있었으나, 전문 연구자들(Selle & Kuhnle)은 갈등보다 '상호공조'의 전통이 더 강하다는 근거를 지적해준다. 첫째는 복지국가의 초기에 사회복지 영역에 국가의 개입의 폭이 확대되는 문제에 일부 기관들이 반대와 비판을 하고 나섰지만 많은 제3섹터 기관들은 오히려 국가개입의 확대를 강하게 요구했다는 전통이 있다는 점이다. 둘째는 복지국가의 확대기에도 정부주도가 확대 심화되고 있었음에도 정부는 제3섹터 기관들과의 긴밀한 상호신뢰와 공조를 바탕으로 복지정책을 추진해갈 수 있었다는 점이다. 셋째는 독일과 네덜란드의 사례에서처럼 제3섹터가 사회갈등이 심각한 경우에 많은 역할을 한 것과는 대조적으로 사회갈등기와 사회안정기 어떤 경우에도 역할이 확대되어 왔다는 점이다. 복지국가가 확대되면서 정부가 제3섹터의 역할을 무시하거나 경시하지 않고 제3섹터와 공동의 목표를 공유하는 전통을 유지해 왔다는 점이 노르웨이의 특징이다.

영국

보수당의 대처 수상 등장 이전의 영국은 '정부주도' 모델에 안주해 있었으나, 대처 집권 이후 '신보수주의' 정책으로 '작은 정부'를 추구하면서 재정과 공급 양면에서 정부의 역할이 크게 줄었다. 그 공백을 제3섹터 기관들이 매우는 형태로 정부정책이 추진되었다. 그러나 대처의 신보수주의 정책은 부정적인 결과를 낳고 말았다. '복지국가' 모델이 제3섹터의 역할 확대로 대체되기보다는 일종의 '소비주의'(consumerism)에 치우쳐 수수료와 이용료를 개인이 부담함으로써 중산층과 빈곤층은 정부의 복지공급으로부터 외면당하고 더욱 빈곤해지는 결과를 초래했다. 제3섹터의 역할이 이런 정부정책의 공백을 매우는 역할을 함으로써 정부에서는 점차 제3섹터에 대한 재정 지원의 확대를 통해 제3섹터를 육성하는 정책을 추진해가고 있다.

1997년에 집권한 영국의 노동당은 선거공약으로 제시한 '뉴딜'(New Deal) 정책을 수행하는 구체적인 전략 수립을 하였다. 뉴딜 태스크 포스가 조직되어, '청년실업자를 위한 뉴딜'과 '지역사회를 위한 뉴딜'을 각각 추진하였다. 기업대표가 위원장직을 맡고 기업과 제3섹터 대표들로 구성된 태스크 포스는 정부-기업-제3섹터 파트너십을 통한 '신사회계약'으로 뉴딜을 제시하였다. 뉴딜은 무엇보다도 장기실업 문제에 직면해서 실업자 구직과 고용훈련을 지원하는 데 일차적인 목표를 두고, 사회적 배제를 극복하는 정책이라고 말할 수 있다. 1997년에 시작된 '실업청년을 위한 뉴딜'은 2000년까지 청년실업자 20만 명이 참여해서 각종 고용상담 서비스를 제공받고, 임시직 또는 일용직 일자리를 제공받기도 했으며 그렇지 않으면 장기적인 고용교육훈련을 받기도 하며, 또 이상 세 가지를 원하지 않은 실업자는 한국의 공공근로에 해당되는 공익봉사활동으로 급여를 지급받는다. 뉴딜은 정부가 독자적으로 추진할 수도 없는 방대한 사업이기 때문에 기업과 제3섹터 조직들이 대거 참여하며, 또 기업과 제3섹터로부터 전문 지식과 기술을 지원받으며 개방적인 학습과 정책결정을 추진함으로써 정부정책 수행에 많은 도움을 받는 효과를 낳는다.

영국의 경우 중앙정부의 강력한 민영화 정책으로 예를 들면 복지정책의 경우 정책집행에서 무수한 제3섹터 조직들의 참여로 복지서비스가 제공되어 왔다. 제3섹터에 의한 공공서비스의 전달은 영국 보수당 정권의 기본 정책으로 이때부터 무수한 제3섹터 조직들의 정부의 재정 지원으로 공공서비스 전달 기능을 맡아 왔다.

4) 제3섹터의 파트너십 역할

이상과 같이 제3섹터 조직들은 정책집행 측면에서 정부를 대신하거나 보조하는 역할, 특히 공공서비스의 전달 기능을 담당한다. 제3섹터의 서비스 제공 기능과 그에 따른 문제점들은 아래와 같이 몇 가지로 나누어 정리될 수 있다(주성수 2004: 228-30).

첫째, 제3섹터는 빈곤층에 접근하는 데 성공했는가? 일반적으로 빈곤층에 대한 서비스 제공에서 정부보다 제3섹터가 더 효과적인 역할을 한다. 그럼에도 정부의 역할에 비해 일부 인구층에 대해 서비스 제공을 하는 한계가 있다. 제3섹터의 역할이 일반 시민들에게 확대되어야 하는 문제가 있지만, 제3섹터의 활동이 지역사회에 기반을 두는 특성 때문에 일반 시민을 대상으로 하는 활동의 한계는 분명하다.

둘째, 제3섹터가 제공하는 서비스의 질은 어떤가? 제3섹터에 대한 지원을 확대하면 서비스 질이 높아지는가? 이에 대해서는 일반적인 확증은 없고, 대조적인 사례들이 제시되고 있는 실정이다. 시각장애인 등의 소외층을 위한 전문화된 서비스 제공에서는 서비스의 질적 향상을 갖다준 사례들이 많다. 정부가 해서는 안되고 잘 할 수도 없는 일부 전문 영역에서는 제3섹터 조직의 기능과 역할이 양질의 서비스 제공을 하게 된다. 그렇지만 제3섹터의 전문 영역이 아닌 다른 일반 영역에서는 정부가 제공하는 서비스의 질이 더 높다는 사례들도 있다.

셋째, 제3섹터의 서비스 전달은 효율적이고 또 비용효과적인가? 일반적으로 정부보다는 효율성과 비용효과성이 높다는 인식이 있지만 이를 객관적으로 증명하기란 쉽지 않다. 일반적으로 '규모의 경제'(scale of economy)를 고려하면 소규모 서비스에 치중하는 제3섹터보다는 대규모 서비스를 다루는 정부의 서비스 제공이 더 효율적이다. 그렇지만 불필요한 절차(red tape), 창의력의 부족 등의 관료화 측면을 고려하면, 정부의 서비스 전달이 제3섹터에 비해 효율적이거나 비용효과적이라 단정할 수 없다.

넷째, 제3섹터 조직들의 활동은 얼마나 지속가능한가(sustainable)? 제3섹터 조직들은 일반적으로 정부, 원조국, 국제사회 등의 원조, 프로젝트 지원에 크게 의존하기 때문에 활동의 지속가능성이 취약하다. 일부 지원기관들이 이용자부담(user fees) 방안을 제시하지만 이는 소외층 지원이라는 제3섹터 조직의 활동목표에 배치되는 것이다.

다섯째, 제3섹터의 서비스 제공과 정부 서비스 전달은 서로 어떻게 연계되는가? 서비스 전달자로서의 제3섹터의 취약점은 국가 차원 또는 지역 차원에서 포괄적인 전달체계 역할을 수행하지 못한다는 점으로, 전문화된 서비스 이외에 일반적인 서비스 전달에서 제3섹터 전달체계는 정부의 전달체계에 종속되는 하위 전달체계 역할을 수행할 수밖에 없다. 이런 공공서비스 대리점으로서의 제3섹터 위상은 자체 자율성을 훼손하며 정체성 문제를 야기하는 심각한 사안이다.

여섯째, 제3섹터 서비스 제공 용역사업의 동향은 무엇인가? 과거에는 제3섹터의 자율적인 서비스제공 역할이 많았지만 이제는 정부나 지원기관의 요청에 호응하는 서비스 제공이 점차 늘고 있다. 정책형성 과정에서 자발적 참여 조직으로서의 역할보다는 용역기관 역할을 하며 제3섹터 투입(input)이 감소되고 있다. 이는 제3섹터의 일차적인 기능이 되는 '권익주창' 기능의 약화에 따른 정체성 문제를 제기한다.

일곱째, 제3섹터에 관한 정부의 입법이 미치는 영향은 무엇인가? 제3섹터의 서비스 제공이 점차 증가되면서 제3섹터 조직들을 규제하는 긍정적인 '일출효과'(spillover effect)가 발생한다. 정부가 제3섹터 조직 활동의 규제완화를 통해 제3섹터 조직의 정치활동의 공간을 확대시켜줄 지는 아직 분명하지 않다. 서구와 한국에서는 이런 규제정책보다는 제3섹터의 공조를 유도하는 각종 유인정책이 더욱 활성화되고 있다.

여덟째, 제3섹터의 서비스 제공 역할이 확대되면 아울러 지역사회에서 이들의 정치적 영향력이 확대되는가? 이 문제는 서비스의 질, 서비스 전달 실적에 밀접히 관련된 문제로 제3섹터 조직의 전문성과 책무성 제고 과제가 된다. NGO는 지역사회에 기반을 두고 지역사회의 수요를 인지해서 호응하기 때문에 지역사회에서 확고한 정치적 기반을 구축할 수 있다.

3. 실업대책 파트너십

'적극적' 노동시장 정책은 직업알선, 직업훈련교육, 인턴십 등 매우 다양한 형태로 나타난다. 아래에서는 한국에서도 적극적으로 추진되고 있는 공공근로 활동을 추진해온 OECD 국가들의 사례를 살펴볼 수 있다. 공공근로는 실업자에게 일자리를 마련해주며 일정한 생계비용을 지원한다는 의미를 넘어서 공공근로를 통해 자신들의 인간관계 기술과 직업세계의 체험, 그리고 지역사회 봉사활동이라는 다양한 긍정적인 효과를 기대할 수 있는 '적극적' 노동시장 정책의 하나로 평가받고 있다. 오스트리아는 '적극적' 노동시장정책 비용의 20%를 청년실업자를 위한 프로그램에 투자하고 있다(Kalisch et al. 1998).

공공근로의 활동영역이 되는 비영리 제3섹터의 발전은 사회의 실업문제와 밀접한 관련성을 지닌다. 역사적으로 제3섹터와 유급노동은 일정한 긴장관계에 있어 왔다고 볼 수 있다. 과거에는 자원봉사활동이 임금노동의 영역을 침범하는 것으로 간주되었으며, 그에 따라 노동조합은 자원봉사 영역의 확대를 고용과 노동자들의 채용조건을 위협하는 요소로 인식, 경계를 늦추지 않았던 것이다(Smith & Weismann 1993). 그러나 이러한 경향은 변화를 맞게 된다. 제3섹터가 임금노동의 기회를 확장시켜줄 수 있다는 인식이 확산되기 시작한 것이다.

1) 유급노동과 자원봉사활동

영국은 1992년에 주요 노동조합, 자원봉사단체, 사용자 단체간의 협약을 공표하면서, 결론적으로 자원봉사활동이 임금노동에 대한 대체물이 아닌 보완물이 될 수 있음을 지적하였다. 이런 인식이 확산되는 가운데, 많은 유럽 국가들은 정책적으로 각종 협동프로그램을 개발하여 실업자의 공공근로 봉사활동 참여를 장려하고 있으며, 이를 통한 실업자의 생계보호와 직업창출을 꾀하고 있다. 1989년 덴마크에서 최초의 자원봉사센터가 설립되었을 때, 실업률은 전대미문의 최고치 9.5%를 기록했다. 완전고용을 추구하는 사회민주주의 복지국가 체제에서는 비교적 높은 수준이었다. 자원봉사센터가 이 시기에 개설된 것도 이런 대량실업의 충격을 흡수하는 장치로 그리고 자원봉사활동을 통해 실업자들이 대인관계나 개인 기술을 익혀 일자리를 찾을 수 있다는 기대에서였다(Henrikson 2008: 1). 독일의 자원봉사센터들도 일반 자원봉사자 활용뿐 아니라 실직자의 고용교육 훈련기관의 역할을 한다. 센터들의 가장 많은 재원은 공공고용 인센티브 프로그램(31%)로 실업자의 취업훈련의 기회로 자원봉사를 활용한다.

유럽에서 팽배해 있는 심각한 청년실업 문제는 최근의 상황만은 아니다. 1980년대부터 지속된 문제로, 정부로서는 각종 정책대안을 추진한 가운데 자원봉사를 실업문제 극복에 활용하는 방안을 추진해온 것이 사실이다. 뒤에서 자세히 살펴보겠지만 자원봉사가 실업대책으로 활용되면서, '유급봉사자'(paid volunteer), '자원노동'(voluntary work) 등 새로운 용어들이 통용되고 있다. 자원봉사가 실업문제 해결에 근본적인 대책은 될 수 없지만 실업문제를 방치해둠으로써 발생하는 심각한 사회문제를 방지한다는 측면에서도 자원봉사가 실업문제 해결에 기여하는 효과를 과소 평가할 수는 없는 것이다. 또 실질적으로 자원봉사가 이뤄지는 제3섹터 영역에서 일부 실업자가 일자리를 찾거나 새로운 기술, 인간관계의 습득 효과가 적지 않기 때문에 장기 실업을 겪고 있는 유럽 국가들은 적극적으로 활용할 수밖에 없는 것이다. 청년층의 실업이 줄어들기보다는 확대되고 있기 때문에 이들이 지역사회에서 공익활동을 하도록 유도해서 이에 상응하는 급여를 지불하는 방식이 유럽 각국에서 이제는 일반화되고 있다. 한국의 공공근로는 바로 이런 유럽식 실업대책을 원용한 제도다.

따라서 제3섹터가 임금노동의 기회를 확장시켜줄 수 있다는 인식이 지배적이다. "자원봉사 노동은 실업자에 기존의 기술을 활용하거나 새로운 기술을 습득하는 기회를 제공해줌으로써 이들이 장래의 고용주에게 더욱 시장성을 갖도록 해준다. 자원봉사활동은 매우 실질적인 의미에서 실업과 고용 사이의 갭을 메워줄 수 있다"(Smith et al. 1998). 유럽연합은 2008년 유럽의회의 결의안을 통해 "자원봉사는 기술을 습득하는데 중요한 역할을 하며 자원봉사자의 고용가능성을 개선시킨다"고 평가하였다(European Parliament 2008: 11). 청년실업자의 경우, 자원봉사활동으로 기술을 습득하는 교육을 통해 고용의 기회를 갖게 되는 주요 수단이 된다는 것이다. 그럼에도 자원봉사의 고용가능성에도 불구하고, 자원봉사를 대체적인 고용수단으로 활용해서는 안 된다는 것도 결의안에 포함되어 있다(앞글: 12). 또한 다른 사회적 취약계층의 경우, 봉사활동을 통해 자신들의 삶을 변화시키는 자치역량을 갖춰 사회활동에 적극적이며 자원봉사로 획득한 기술과 역량을 갖춰 더 높은 급여의 일자리를 찾게 되거나 교육과정에 진입하게 된다는 것이다. 이런 인식이 확산되는 가운데, 많은 유럽 국가들은 정책적으로 각종 협동프로그램을 개발하여 실업자의 자원봉사활동 참여를 장려하고 있으며, 이를 통한 실업자의 생계보호와 직업창출을 꾀하고 있다.

무보수 자원봉사활동은 유급 직장인의 일자리를 위태롭게 하는가? 이 문제가 노동계에서 많은 논란이 되어 온 것이 사실이다. 한편 유럽에서 조사된 여론조사의 결과를 보면 위협이 되지 않는다는 것이 일반적인 여론이지만, 위태롭게 한다는 의견도 적지 않다. 벨기에, 네덜란드, 영국 등지에서는 국민의 1/3 이상이 그런 불안한 견해를 밝히고 있지만, 덴마크와 스웨덴에서는 국민의 70%와 80%가 무보수 자원봉사활동이 유급 직장인의 일자리를 위협하지는 않는다는 강한 여론이 형성되어 있다(Gaskin & Smith 1997).

따라서 실업문제 해결과 같은 심각한 사회문제 해결에 제3섹터 영역이 중요한 역할을 하고 있다는 이론적 근거가 학자들에 의해 정리되어 왔다. 그 역할은 아래처럼 일곱 가지로 나누어 살펴볼 수 있는데(Grice 1999; NCVO 2000, 2001), 이들 각각의 역할을 청년실업 문제를 초점을 맞춰 한국의 사례에 응용시켜 볼 수 있을 것이다.

첫째, 제3섹터는 중앙정부와 지방정부의 정책을 지원하는 전략적 파트너(strategic partner) 역할을 한다. 외환 위기 직후 노숙자의 대량 발생과 같은 사회위기 상황에서 한국의 복지기관들과 무수한 시민사회단체들이 정부의 정책결정과 집행에 참여해서 중요한 전략적 파트너 역할을 했다. 지금의 청년실업 문제를 극복하는 사례에서 시민사회단체의 활용을 적극 검토해볼 필요가 있다. 시민사회 영역에서 무수한 일자리가 만들어질 수 있기 때문이며, 시민사회에서의 직장경험과 교육훈련이 일자리를 찾는 데 실질적인 도움을 줄 수 있다.

둘째, 제3섹터는 정부 사업을 대행하는 용역기관(contractor) 또는 하부용역기관(subcontractor) 역할을 수행한다. 노숙자 문제해결에서 쉼터의 운영과 후드뱅크 사업의 사례를 들 수 있고, 청년실업 문제의 경우 공공근로 형식을 채용해 기술을 습득하거나 일자리를 찾을 수 있는 준비를 갖추도록 하는 사업을 추진하였다.

셋째, 제3섹터는 전문 서비스를 제공한다. 상담, 간호, 알콜 치료 등 많은 전문서비스가 필요한 계층들에게 전문서비스를 제공해주는 역할을 한다. 청년실업의 경우, 청년층을 대상을 취업 상담, 진로상담 등의 중요한 전문 서비스를 제공해준다.

넷째, 제3섹터는 멘터(mentor) 역할을 맡는다. 멘터의 역할은 도움의 손길을 필요로 하는 요구호 대상자들에게 지속적으로 정신적인 지원을 하는데 있다. 청년실업의 경우도 안정된 직장을 구해 정상적인 직장생활을 하도록 제3섹터 영역에서 멘터들의 활동을 기대해볼 수 있다.

다섯째, 제3섹터는 문제를 안고 있는 집단들의 이해를 대변하고 이들의 권익을 옹호하는 주창(advocacy) 역할을 한다. 한국의 많은 NGO들은 소외층의 권익을 위해 사회복지의 발전에 적지 않게 기여하였다. 외환위기 당시의 실업극복국민운동의 전개와 국민기초생활보장법의 도입 등을 사례로 꼽을 수 있다.

여섯째, 제3섹터는 정부와 기업이 제공하기 어려운 일자리를 제공해주는 실질적인 역할도 한다. 정부와 기업에 비해 일자리가 매우 제한적이지만 제3섹터의 특성 가운데 하나인 개방성과 유통성 덕분에 다양한 형태의 파트타임, 인턴십, 공공근로 등이 제공될 수 있다.

일곱째, 제3섹터는 실업자의 고용기술훈련의 기회를 제공해준다. 정기적인 기술교육 과정을 실시하는 시민사회단체들이 무수하며, 또 이런 과정을 거쳐 일자리를 찾은 실업자들도 적지 않다. 따라서 유럽의 일부 국가에서는 실업자의 구직활동의 하나로 자원봉사를 통한 대인관계 등의 훈련을 지원하는 복지정책을 추진한다.

2) 영국의 뉴딜 정책

영국 정부는 1980년 이래로 수많은 조치를 통해 실업자의 공공근로 참여를 유도해 왔다. 1982년에는 보건 및 사회복지 프로젝트에 실업자들이 참여하는 것을 돕기 위해 보건성이 자원봉사활동 기금을 설치하였다. 또 1982년에는 인력서비스위원회가 자원봉사 프로그램을 설치하여 실업자들을 포함시키는 공공근로 프로젝트를 지원하기도 했다. 이것은 실업자로 등록된 사람들 가운데 기술개발을 필요로 하는 실업자에게 비영리기관 등에서 기술개발과 근로경험의 기회를 갖도록 하는 창의적인 프로그램이었다. 여기에는 한해 평균 1500여 명의 실업자가 참여하였다. 이 프로그램은 1988년에 일단 중단되었지만, 이를 대신하는 지역사회봉사 프로그램이 확대되어 시행됨으로써 다양한 비영리기관과 함께 실업자의 공공근로 참여를 지원해 왔다.

노동당의 블레어 총리는 집권과 동시에 종합실업대책으로 3단계의 뉴딜(New Deal) 정책을 추진하고 있다. 이 정책은 특히 청년실업문제 해결을 위한 네 가지 특별 프로젝트를 제시하였다. 제1단계에서는 18세에서 24세에 있는 청년 가운데 정부의 직업서비스청에 6개월 이상 서비스를 신청하고 대기 중인 실업자를 뉴딜 정책의 대상으로 선정한다. 2단계는 탈실업 기간으로 4개월간 지속되는데, 이 기간에 개인 상담원과의 상담을 통해 집중적으로 구직방안을 협의한다. 3단계는 앞의 2단계의 4개월간의 구직 노력에도 불구하고 직장을 구하지 못하면 아래의 4가지 대안 중 하나를 선택하는 것이다.

① 풀타임 직업교육훈련 : 12개월 기간까지 풀타임으로 기술개발 등 교육

훈련;

② 정부지정 직장고용 : 정부가 개인적성 등에 적합한 직장에 근무하도록 지정;

③ 환경정화단 : 지역사회, 국제사회 등지에서 주당 5일 30시간씩 6개월간 활동, 생계유지에 적절한 급여와 수당 지급;

④ 민간단체봉사활동 : YMCA 등 무수한 민간단체에서 봉사활동. 주당 5일 30시간 6개월간 활동, 주당 1일은 교육훈련일, 생계유지에 적절한 급여와 각종 수당 지급.

또 청년실업자가 지역사회 봉사활동으로 경험을 쌓고, 인간관계 기술 등을 습득해 장차 직장을 가질 수 있도록 지원하는 특별 프로그램으로 지역사회봉사단이 있다. 연간 3000명의 청년실업자가 참여해서 주로 노인, 장애인, 아동 등의 복지서비스 영역에서 봉사활동을 벌이고 있다. 참여자들은 4~12개월 동안 집단으로 숙식하며 주급으로 급여를 받는다. 이 프로그램의 거의 모든 사업이 정부의 재정지원으로 이루어지고 있다.

또 다른 조직인 전국청년봉사위원회는 1936년에 창설되었으며, 전국 140개 조직을 대표하는 단체이다. 주로 청년층의 지역사회봉사를 지원하고 있다. 전국 50만 명의 청년봉사자들을 회원으로 두고 있으며, 그중 실업자의 활동에 대해 수당을 지급하고 있다. 사업의 90% 가량이 정부 재정지원에 의존하고 있다.

실업대책을 중심으로 하는 영국의 '사회적 경제' 정책은 블레어 정권 등장 이후 10년간 국정의 중심으로 정착되는 획기적인 변혁이 일어났다. 2006년 전통적인 자선법을 개정해, 자선기관의 사회적 역할을 대폭 강화하기 위해 정부의 모금 관련 각종 규제를 해제하고 자선기관의 자율적인 운영과 정부의 지원역할을 강구하였다(UK Cabinet Office 2007: 8). 또 16~24세 청년들의 봉사활동을 진흥하기 위해 정부주도의 밀레니움 봉사단(Millennium Volunteers)을 창설했고, 또 50세 이상 장년층의 자원봉사 동참을 진흥하기 위해 경력봉사단(Experience Corps)을 설립하여 지원한다. 밀레니움 봉사단에는 1999년 이래 2003년까지 11만 명이 참여했다. 경력봉사단은 실업자가 많아 이들의 사회적 활동을 지원하기 위한 것이다. 실업극복 자원봉사활동을 포함한 제3섹터에 대한 중앙정부 지출의 실질적 증가는 2002~2003년 16%, 2003~2004년 12% 증가해, 1999년에 비하면 75% 이상 증가하였다.

3) 독일의 사회적 기업 정책

실업자에 대한 독일 정부의 지원은 일차적으로 세 단계로 진행된다(Bode et al. 2002: 5). 먼저 연방고용사무실은 사회보험에 의한 소득연계형 실업급여를 제공한다. 일정 기간이 지나면 실업구제 지원을 받고, 마지막 단계가 1년 이상 일자리를 찾지 못하고 실업급여나 구제금 지원이 끝난 실업자에게 사회적 지원이 이뤄진다. 이런 과정을 거친 대부분의 장기실업자는 사회적 기업에 취업해 1~2년 정도의 노동과 소득을 지원받고, 마지막으로 일자리를 찾아 독자적으로 생존해야 한다. 정부지원 3단계를 거친 실업자가 2001년에 300만 명에 달했다. 이들을 위한 2차 노동시장이 사회적 기업에서 제공되면서, 이런 목적에서 다양한 사회적 기업들이 정부재정 지원으로 창업되어 서비스 활동을 하고 있다.

장기실업에 대한 정부의 정책은 '소극적' 정책에서 '적극적' 정책으로 변화해왔다. 연방노동국은 주로 실업보험금 지급 등 소극적 노동시장정책을 주로 담당해왔고, 최근 취업알선과 일자리 마련 교육훈련에 업무를 확장해왔다(Schulz 2003: 5-6). 지방정부는 주로 실업자의 사회복지서비스 제공 책임을 맡는다. 실업보험 급여를 더 이상 받지 못하는 실업자의 기본 생계유지를 위한 경제적 지원이 주된 업무가 된다. 그러나 지방정부도 일자리 마련, 고용훈련 등 적극적 노동시장정책을 확대해왔다. 새로운 동향으로는 ⓐ 단순 재정지원의 소극적 정책에서 일자리 창출 등 적극적 정책으로, ⓑ 공공 재정지원에 의한 고용정책에서 정규 노동시장에서 일자리를 창출하는 프로젝트에 대한 지원으로, ⓒ 단기적 실업에 대한 대응뿐 아니라 실업 예방 노동시장정책 중시로, ⓓ 지방도시 중심의 적극적 노동시장정책 중시 등이다(앞글: 6).

또한 복지국가의 파트너인 거대 시민사회 복지조직들과 지방의 시민사회조직들도 실업타개 일자리 마련 사업에 파트너로 참여하고 있는 것도 커다란 변화다. 정부의 노동시장정책의 근본적인 변화는 실업타개 관련 이해관계자 조직들의 참여 변화와 대상집단의 변화다. 이 비영리조직들은 각기의 전문성을 가지고 특별한 대상에 대한 특수한 역할을 담당한다. 일부는 모집과 알선에 초점을 맞추고, 일부는 고용훈련을 전담하며, 일부는 일자리 마련 고용 프로젝트를 수행한다. 사회적 기업들은 이상과 같은 활동 전반에 관여해 역할을 수행한다.

독일의 적극적 노동시장정책에서 사회적 기업은 네 가지 유형이 각기 다른 사회적 경제조직을 대표한다. 각기 정부와 파트너십 조직으로 제도화된 것이다. 먼저 사회적 회사와 협동조합 유형은 장기실업자들이 주도적으로 조직해 운영하지만 정부지원이 점차 줄어들고 있다. 지자체 소유의 사회적 기업은 지방공동체의 장기 실업자들을 통합해 사회적 기업으로 해결하는 모델이다. 또 복지기관 운영의 사회적 기업은 빈곤퇴치와 사회적 배제 해소라는 사회적 목표에 초점을 맞춘다. 지방 주도의 사회적 기업은 일자리 창출 등 실업대책 목표를 수행하면서 지방사정에 적합한 복지, 문화 서비스 활동을 겸한다. 이 사회적 기업들은 실업타개를 일차적 목표로 활동하지만 정부재정 지원의 감소로 또 다른 목표, 즉 지자체의 경우 사회서비스 비용절감이나 복지기관의 경우 사회문제 해결 등 부수적인 목표를 지향한다.

지자체 소유의 사회적 기업

이 사회적 기업은 법적으로 '사회적 지원법'에 근거해 1980년대에 조직되었다. 독자적으로 자율성이 강한 지자체가 직접 사회적 기업을 소유해 사업을 하도록 제도화한 것이다. 일차적 목표는 사회적 지원을 받는 복지 수혜자이자 장기실업자를 일차 노동시장에 통합하는 일이다. 따라서 지자체 소유의 사회적 기업이 직접 고용교육훈련과 일자리 마련 활동을 한다. 동시에 여성의 일자리 마련이나 환경보호 등 사회적 목표를 추구한다. 지자체 소유의 사회적 기업에서 일하는 고용자들은 풀타임 또는 파트타임으로 일하며 고용기간은 1~2년으로, 정부가 일자리 재원을 지원한다. 지자체 소유의 사회적 기업은 체계적인 직업교육훈련을 실시하지는 않지만 직업과 직무와 관련된 기술교육을 실시해 자격증을 수여한다. '장기' 실업자란 1년 이상 일자리를 찾지 못한 사람들로, 보통 55세 이상의 장년층, 장애인, 직업교육훈련을 받지 못한 사람들이 대다수를 이룬다. 이들 대부분은 연방노동사무국의 지원도 받지 못하는 어려운 처지에 있기 때문에 여기에서 생계유지에 필요한 사회적 지원을 제공한다.

복지기관 주도의 사회적 기업

전통적인 여섯개 그룹의 전국적인 복지기관들인 카리타스(Caritas), 디아코니(Diakonie), DPW, AWO, DRK, 유태인복지협회 등이 주도하는 유형이다. 이들은 공통적으로 빈곤퇴치에 공동노력을 해오다 1980년대에 실업이 팽배하면서 노동시장 프로젝트들을 개시해, 청년실업, 장기실업에 사업영역을 확대해왔다. 유태인복지협회를 제외한 모두가 실업타개 노동시장 프로젝트에 적극적인 역할을 하지만 디아코니와 DPW가 장기 실업타개에 가장 적극적이다. 이들의 일차적인 목표는 빈곤퇴치와 사회적 배제에 대한 대처에 있다. 그 밖에도 고용훈련 노동시장 프로젝트를 수행하기도 한다. 노동자들은 1~2년 단기고용의 제약을 받으며, 전부 공공지원금에 의존한다. 또 체계적인 직업교육훈련을 실시하지는 않지만 직업과 직무와 관련된 기술교육을 실시해 자격증을 수여한다. 주로 청년실업자, 장기실업자, 사회적 지원에 의존하는 실업자를 대상으로 하지만, 보통 55세 이상의 장년층, 장애인, 직업교육훈련을 받지 못한 사람들이 대다수를 이룬다. 재원은 지자체 자원, 연방노동사무국 지원금, 유럽연합의 사회적 기금 등 다양하다. 또 사회적 기업의 생산활동을 통해 얻어진 시장소득과 기타 자원봉사활동 등 비시장소득도 있다.

지방 주도의 사회적 기업

독일은 오랜 결사체 전통을 가진 국가로, 결사체 활동은 지방단위에서 활성화되어 있다(앞글: 18). 지방주도의 사회적 기업이 등장하기 시작한 것은 다른 사회적 기업들과 마찬가지로 1980년대 대량실업의 확대라는 위기상황이었다. 지방주도의 사회적 기업은 특히 사회적 배제에 맞서는 실업과 빈곤극복 타개책을 마련하였는데, 이는 정부의 정책에 보완적인 수단이 되기도 하였지만 대안적인 대책이기도 하였다. 지방주도의 창안은 주로 프로젝트로 수행되었는데, 주로 사회적, 문화적 서비스 개선 활동, 이민자의 사회적 통합, 지방의 필요에 따른 다양한 서비스 활동이다. 법적으로 등록된 결사체 위상을 갖고 있지만, 일부는 사적 소유에 기초하는 사적 조직으로 존재하기도 한다. 사적 조직특성이 있으면서 조직의 소유와 운영, 추구하는 목표 또한 개인들의 집단에 의해 설정된다. 그러면서 고용자에 대한 공적 지원을 받기 때문에 고용자는 1~2년 제한된 고용에 머문다.

지방주도의 사회적 기업은 지자체 소유의 사회적 기업에서처럼 체계적인 직업교육훈련을 실시하지는 않지만 직업과 직무와 관련된 기술교육을 실시해 자격증을 수여한다. 실업자의 유형에 관계없이 모든 유형의 실업자들이 여기에 고용되어 일한다. 재원은 연방노동사무국 지원금, 유럽연합의 사회적 기금 등 다양하다. 또 사회적 기업의 생산활동을 통해 얻어진 시장소득과 기타 자원봉사활동 등 비시장소득도 있다. 문화와 스포츠 관련 사회적 기업들은 재화와 서비스를 생산하거나 판매하지는 않고, 서비스 제공 역할만 한다. 자율적인 운영을 하지만 연방, 주, 지방정부 지원에 의존하므로 제약을 받는다. 이사회는 주로 경영진뿐 아니라 회원들의 참여도 개방적이다. 자본투자가 취약하기 때문에 경제적 위험부담이 가장 높은 편이다.

사회적 회사와 협동조합

'사회적 회사'는 주(Lander) 차원에서 노동시장정책을 수행하기 위해 설립된 사회적 기업이다(앞글: 22). 1980년대 작센 주가 사회적 회사를 지원하기 시작해, 통독 이후에는 여러 주들이 동참하였다. '사회적 회사'와 협동조합은 노동시장의 통합을 위해 탄생한 사회적 경제조직들이다. 사회적 회사는 연방 노동시장정책을 뒷받침해주기 위해 탄생되었다. 또 협동조합은 노동시장정책과 통합 분야에서 활동하며 개별적인 노동시장 보조금에 의존하고 있다. 실업자 개인차원에서 정부보조금이 지원되지만 협동조합 단체로 지원되지는 않았다. 이런 점에서 다른 사회적 기업과 제도적으로 다른 형태라고 볼 수 있다.

사회적 회사와 협동조합의 일차적인 목표는 실업자들을 일차 노동시장에 통합시키는 일이다. 실업자 고용을 위한 재화와 서비스를 생산하는 활동을 하는 특징이 있다. 실업자의 고용에 목표를 두는 것이지 정부지원의 고용 프로젝트를 수행하는 것도 아니며 고용교육훈련 사업을 하는 것도 아니다. 실업자를 노동시장에 통합시키는 일에 대한 정부지원금을 받는다. 주로 55세 이상의 장년층, 장애인, 직업교육훈련을 받지 못한 사람들이 대다수를 이룬다. 또 특별 대상집단에 초점을 맞춰 이들의 고용에 우선적이다. 재원은 공적 지원에 일부 의존하거나 협동조합의 경우 개인별로 의존한다. 그나마 정부지원은 점차 감소되어 다른 시장소득에 의존하고 있다, 실업자의 고용에 드는 재화와 서비스 생산을 통해 수익을 만드는 것이다. 사회적 회사가 주정부의 정책과 관련된 지원금을 받지만 다른 사회적 기업과 달리 정부정책에 직접 연계되어 있지 않다. 사회적 회사는 주정부의 개입과 간섭에 자유롭지 못하지만, 첫 일 년의 창업과정을 거치면 완전한 자율권을 확보해 재정, 인사 등 모든 의사결정권을 누린다.

4. '사회적 경제' 파트너십

1) 복지국가와 사회적 경제

복지국가의 등장과 쇠퇴는 '사회적 경제'의 발전에 직접적인 영향을 미쳤다. 복지국가의 등장은 노동자조직 등 자발적인 사회적 경제조직에 의해 제공되었던 다양한 복지서비스 부문에 근본적인 변화를 초래하였다. 공제회는 자본주의의 발달과 더불어 유럽에서는 19세기초부터 노동자들의 산업재해, 질병, 노령연금 등 연대에 기초한 서비스 제공을 맡아왔다(Evers and Laville 2004: 25). 또 복지국가가 실업보험 또는 고용보험을 제도로 갖추기 전에 이미 공제조합에 의해 서비스가 제공된 경우도 많았다. 그러나 복지국가의 제도화로 전국 차원의 산업재해, 실업 또는 고용 보험의 표준화로 수용되어 복지국가의 보충적인 제도로 편입되었다. 독일, 프랑스, 벨기에 등 비스마르크 복지국가 유형에서는 복지국가의 일부로 제도화되어, 사회보장제도의 관리체제가 되었다.

한편 복지국가와 제3섹터 관계에도 세 가지 유형이 있다(앞글: 27-29). 하나는 스칸디나비아의 제도적인 '보편주의' 유형으로, 국가가 원칙상 복지서비스의 주도적 역할을 하기 때문에 제3섹터는 다양한 목소리를 모아 주창활동을 하거나 사회복지서비스 전달을 지원하는 역할에 지나지 않는다. 시장이나 제3섹터가 하는 역할을 국가가 대신 통합해 주도하는 역할을 한다. 반면에 영국과 같은 '자유주의' 복지국가 모형에서는 복지서비스는 국가보다는 개인들이 스스로 문제를 해결하거나 사장에서 서비스를 구매해야 하는 제한이 있다. 복지국가는 사회의 소외층이나 배제층 등 특정부문에 초점을 맞춰 국가의 용역을 받은 일부 복지조직들이 제공하기 때문에 광범위한 제3섹터의 역할은 제한적이다. 그러나 21세기에 와서 노동당의 집권으로 제3섹터 역할을 강화하는 구조조정을 단행한 특징이 있다.

이처럼 제도주의나 자유주의 모형 모두가 서로 다른 이유에서 제3섹터의 역할을 중시하지 않는다. 둘 다 높은 수준의 사회복지지출을 하지만 제3섹터에 대한 의존이 모두 빈약하다. 반면에 제3의 유형, '조합주의' 복지국가에서 제3섹터의 역할은 비교적 광범위하다. 복지서비스는 사회정책의 통합적인 부분으로, 국가를 대신해서 다양한 시민사회조직 또는 사회적 경제조직이 사회복지의 생산과 공급의 주역 역할을 수행한다. 국가는 서비스의 재정지원과 보증의 역할을 하며 동시에 서비스 제공 절차에 관한 규정으로 규제자 역할을 하지만, 시민사회조직의 자율성은 비교적 높은 편이다. 따라서 다양한 형태의 사회적 기업이나, 협동조합, 공제회뿐 아니라 준정부형, 준시장형 복지단체들이 다양한 전문적 서비스 생산자 역할을 한다. 이들은 교회나 종교적 뿌리를 가진 자선조직, 공동체 기반을 둔 조직, 시민운동의 전통에서 발전한 유형, 지자체나 공공기관이 설립을 지원한 조직 등 다양하다. 또 재원도 자체수입뿐 아니라 정부의 재정지원이나 기업의 후원, 개인적 기부나 자원봉사활동으로 충당된다.

1990년대를 통해 유럽의 거의 모든 국가는 나름대로 복지국가의 구조조정을 마쳤다. 그 과정 중 두드러진 공통점은 밖으로부터는 세계화로 국가 간 경쟁이 심화되고 안으로는 고령화 추세가 뚜렷하지만 유럽 전통의 사회복지모델을 유지하는 강력한 정책실천이라는 것이다. 구조조정이란 몇 가지 원칙들을 새롭게 중시한다. 권리보다는 책임, 결과보다는 기회의 균등이 그것이다. 이 둘은 부분적으로 사람들로 하여금 복지의존에서 노동활동으로 유도하며 또 다른 부분에서는 연금처럼 스스로 해결하는 자가제공의 요청이 되고 있다. 이런 변화를 '능동적'(active) 복지국가라 부른다.

'시장화'도 두드러진 동향이다. 연금처럼 공공제공이 시장제공으로 바뀌는 비율이 스웨덴 2%에서 영국 40%에 이르는 커다란 차이가 있지만, 모든 유럽 국가들이 경험하는 새로운 변화다. 또 더 중요한 것은 공공분야에 시장원리를 적용하는 변화다. '신공공관리' 개념이 이런 시장화를 대변한다. 이제 모든 유럽 국가에서 국가, 시장, 제3섹터 사이의 복지 파트너십은 일반화된 동향이다. 신자유주의 처방은 사회복지정책의 새로운 처방을 제시한다. "공공보다 민간 제공, 필요보다 시장에 기초한 배분, 보편보다 선별에 따른 제공, 세금보다 부담금제에 기초한 재원, 중앙집중적 기획보다는 분권화" 등이 그것들이다(Lewis 2004: 178). 신자유주의 처방은 복지국가의 행동변화를 정당화시키는 수단이 되기도 한다. 노동이나 교육의 조건을 복지수혜의 조건으로 접근하는 것이다. 세계화에 대한 논의는 정부의 관심을 노동시장의 유연성이나 경쟁력 강화 등의 이슈처럼 시장에 편향하도록 함으로써 소득재분배나 비정규직 등 주요 사회적 경제적 이슈들에 대한 정치적 논의를 회피하게 만들며, 동시에 이 과정에서 시민들의 의식과 규범의 변화를 조장한다.

그렇다면 사회적 경제의 '사회기업가정신'은 복지국가에 어떤 혁신을 일으키는가? 아서 등(Arther et al. 2005: 6-7)은 다음과 같은 변화가 일어난다고 주장한다.

ⓐ 복지국가 제도에서 활동하는 조직들은 때로는 기업들과 경쟁하는 경쟁의식을 갖고,

ⓑ 사기업의 모델을 따라 자신들의 내부 조직문화를 강화하며,

ⓒ (스웨덴처럼) 공공기관 독점을 마감하고, (독일처럼) 거대 복지기관의 독점도 폐지하면서 영리추구적 또는 비영리적 조직들의 혁신적 사업들이 확대

되며,

ⓓ 사회적 경제조직은 사기업과 마찬가지로 시장경쟁으로 소비자를 만족시키는 재화와 서비스를 생산해야 하므로 경제적 위험부담은 높아진다.

ⓔ 개인 소비자의 안정된 삶의 기대가 높아지면서 새로운 서비스 요구가 늘어나며, 특히 고령인구의 급증은 다양한 사회서비스 경쟁으로 새로운 시장관계가 형성된다.

아래에서는 유럽 국가들의 사례를 통해 복지국가와 사회적 경제의 역사적 관계를 정리해볼 수 있다. 이탈리아의 제3섹터는 1990년대 초만 해도 전혀 어떤 역할도 없었고 그런 기대도 되지 않았던 상태에서 이후 10년이라는 짧은 시간에 급성장하였다(Borzaga 2004: 45). 그 기간에 수만의 새로운 시민사회조직과 협동조합들이 신설되어, 종사원만도 두 배로 급증하는 놀라운 발전을 하였다. 전통적인 시민사회조직의 발전보다는 전혀 새로운 신생조직들의 등장이 그것이다. 무수한 사회서비스가 타국에서는 시민사회조직이나 복지기관이 담당하지만 현대 이탈리아의 특징은 협동조합이 주도적 역할을 한다는 것이다. 제3섹터에 대한 정부의 지원정책이 법률에서 규제적이고 세제혜택에 소극적이며 제3섹터의 성장을 재정지원 정책으로 규제하는 것은 사회서비스 부문을 확대하려는 것보다는 공공지출을 억제하려는 전략이 있다(앞글: 46). 이는 국가중심의 전통, 특이한 복지국가체제, 그리고 제3섹터에 관한 법적 제도적 장치의 미비에서 찾아볼 수 있다. 복지국가는 전통적으로 소외층 복지정책은 사회서비스 제공보다는 금전적 지원의 특징을 갖고 있어, 사회서비스의 생산과 공급에 전문성을 갖고 있는 제3섹터의 역할이 경시되어 성장에 방해를 받았다. 그러다 1990년대에 와서 사회서비스의 확대를 통한 복지국가의 개혁이 이뤄지고 동시에 비영리 조직의 역할을 중시하는 새로운 법률이 도입되며 제3섹터의 급성장에 기여하였다. 또 1960년대 말부터 1980년대까지 성장해온 다양한 사회운동도 이런 변혁에 기여한 역사적 배경이 된다.

네덜란드의 경우, 전통적인 사회복지분야와 제3섹터의 '하이브리드' 경향이 뚜렷하다. 한편으로는 제3섹터조직들의 상업화 경향과 다른 한편으로는 시장의 비영리분야 진출 경향은 제3섹터에 대한 정부정책의 법적 제도화를 재촉하였다(Dekker 2004: 155). 사회적 주택 분야에서는 지방정부 조직들의 민영화와 비영리조직에 대한 재정지원의 삭감으로 비영리조직들은 여전히 상당 부분의 주택시장에서 주도적 역할을 하지만 수익을 창출해야 하는 압력을 받고 있다. 정부의 역할은 비영리 주택조직들의 사회적 기능을 감독하는 정도에 그친다. 초등교육에서도 변화가 있다. 네덜란드 시 당국은 학교의 자율권을 확대해, 학교가 학부모위원회 거버넌스나 완전한 사립재단의 거버넌스 중 선택할 수 있도록 허용하였다. 준공립 학교의 동향이 두드러지게 나타나며, 한 학교가 공립과 사립 모두를 운영할 수 있도록 하는 법안이 제출되었다. 마지막 사례가 되는 양로사업은 비영리사업의 전통을 유지하며 1980년대까지 종교적 분할로 가톨릭, 신교 등 지역의 교파 영향에 따라 종교기관들이 주도적인 역할을 해왔다. 이런 지역기반의 분권적 형태는 중앙집중화되어 지역조직들이 전국 130개에 이르는 대형 양로기업으로 합병되는 변화가 일어났다. 이들은 모두가 사회보장 재원에 의존하지만 수익사업을 확대하고 이들에 의료진을 공급하는 전문의료진 고용도 비즈니스로 하는 전문업체들이 등장하고 있다. 따라서 상업적 수익창출이 민주적 거버넌스나 사회적 책무성에 우선하는 경향이 있다. 이런 문제에 대한 비난이 제기되고 있지만 이들의 상업화 추세를 차단하는 어떤 변화도 예측하기 어려운 상황이다.

전통적인 공공, 비영리, 영리 서비스 활동들이 '서비스 섹터' 하나로 수렴되는 모호한 섹터가 만들어지고 있다. 앞으로 사회정책은 법적으로 어떤 조직들이 사회서비스 허용을 받거나 경제적 배경이 무엇인지가 중요한 게 아니라 어떤 서비스가 필요하며 전문표준화와 소비자의 특성에 초점을 맞출 것이다. 사회정책은 질적 관리, 재정 책무성, 서비스 투명성을 중시할 것이다. 더 많은 사람들이 욕구에 따라 바우처나 현금을 받게 될 것이고, 전문표준화는 근로자의 작업현장에 적용되며, 환자들은 치료를 받은 의료기관에 권리를 주장하고, 보험은 서비스가 전달된 장소에서 환불보증을 할 것이며, 정부의 규제정책은 개별 조직들의 성공이나 실패 문제보다는 (예산문제로) 서비스의 총량이나 개인적 소비에 더 초점을 맞출 것이다(앞글: 157).

2) 복지혼합과 복지 파트너십

복지국가에서 '복지혼합'(welfare mix)은 이제 일반적인 용어로 통용된다. 많은 국가에서 법에 기초하는 복지국가제도보다는 법에 의하지 않고도 복지국가제도를 대신해 복지서비스를 제공하는 조직들이 많은 역할을 하고 있다. 이 조직들은 자체 '자원적' 조직, 인력, 자원을 갖추고 있거나 복지국가와의 용역이나 계약에 의해 양자의 '협력적' 관계로 유지되고 있다(Bode 2005: 1). 이 조직들은 법에 의하지 않고도 '사회복지의 생산을 통치하는 과정'에 개입하고 있다. 무엇이 사회복지로 생산되고 또 어떻게 실행되는지를 결정하는 구조가 정부와 비정부조직들 사이의 '민관 파트너십'이라는 형태로 진행되고 있는 것이다.

민관 파트너십에서 '민'이란 영리적 시장 영역뿐 아니라 비영리적 시민사회조직 전체를 포함하는 영역이다. 따라서 복지국가가 '다원적 체제'로 변화하고 있다고 단순화시킬 수 없는 이유는 주요 정책결정이 '거버넌스 레짐'(governance regime)에 의해 진행되고 있기 때문이다. '레짐'의 구조란 "공공기관과 비법적 기관들 사이의 상호작용의 변화"를 의미하는 것으로, 사회복지영역이 '근본적인 변혁'의 상태에 있다는 것을 지칭한다(앞글: 2). 또 사회복지의 '거버넌스'라 함은 "복지의 정의, 복지전달의 책임을 맡는 기관들, 거기에서 그리고 그를 통해 복지가 전달되는 실천" 등 사회복지정책 핵심 전반에 해당되는 개념이다. 또 국가 간의 법적, 제도적 차이가 있어, '거버넌스 레짐'이라는 공통성보다 상이성이 더 지배적이라고 볼 수도 있지만, 최근에는 오히려 공통성이 더 강해지고 있다. 같은 '복지혼합' 체제 중에서도 국가주도적인 프랑스, 조합주의적이거나 '제3섹터' 주도적인 독일, '자유주의적' 영국이라 얘기하지만, 이들 국가에서 사회복지의 '거버넌스 레짐'은 두드러진 추세가 되고 있다. 이들 국가에서 공공기관과 비공식적 비영리조직 사이의 거버넌스의 진전은 사회복지 영역이 근본적 변혁의 과정에 있다는 것을 보여주는 확증이 된다.

그 과정에서 다음과 같은 세 가지 두드러진 특징이 나타나고 있다(앞글: 2-3). 첫째, 협의에 의한 민관 파트너십을 통한 체제 전반에 걸친 조정이 장기적으로 구조화된 패턴을 보여주며, 그 패턴은 (서비스 전달 성과 등) 조직의 산출이 가변적이라는 원칙이 수용된 사실에서 볼 수 있듯이 보다 유동적인 시장과 같은 것으로 변하고 있다. 둘째, 새로운 '복지혼합'은 비영리조직들 사이의 커다란 차이를 낳으며 또 복지국가와 시민사회 사이에도 차이가 벌어지며 불안정성과 역동성이 늘고 있는 특징이 있다. 마지막으로, 시민의 참여와 행동 또한 더욱 간헐적, 분산적이고 동시에 창의적인 양면성을 보여준다. 따라서 지금의 "새로운 복지혼합은 창의적 역동성과 조직적 실패를 모두 보여주는 패러독스를 안고 있다"고 볼 수 있다(앞글: 3).

유럽에서 '복지혼합'은 최근의 추세만이 아니라 이미 20세기 초부터 진행된 역사적 동향이다. 일반적으로 '복지혼합'이 '복지국가'의 위기와 관련되어 1980년대에 본격화되었거나, 그와 동시에 신사회운동이 제기되며 시민사회의 역할이 확대되었던 그런 역사적 배경만으로 논의하게 되지만 그보다 훨씬 이전부터 진행된 것으로 볼 수 있다. 독일은 '복지 거버넌스'가 20세기 전체를 통해 확고히 정립된 대표적인 국가다. 사회복지를 통치하고 전달하는 책임이 제3섹터기관에 위임된 국가로 '조직화된 자본주의의 전형'이 된다. 스트릭(Streek 1997)은 시장경제의 조합주의적 조직이 사회복지의 파트너십에 기초한 거버넌스 패턴의 정립과 일맥상통하는 연계성을 갖는다고 설명한다. 샐러먼과 안아이어(Salamon and Anheier 1998) 그리고 짐머만(Zimmerman 1999)은 독일 비영리섹터의 '조합주의적 관계'가 1990년대까지 진행되었다고 분석한다.

이런 '조합주의' 전통과는 달리, '보편주의' 스칸디나비아와 '자유주의' 영국은 다소 다른 복지국가 패턴을 유지해왔다. '노동의 분업' 형태가 그것이다(Esping-Andersen 1990). 이런 분업은 의료나 연금 분야에서 두드러지게 나타났고, 2차 대전 이후에는 사회서비스 영역에서는 비영리조직들이 각 분야별로 분업적 서비스 전달자 역할을 수행하였다. 그럼에도 이들 모두가 '조직화된 자본주의'의 특성을 공유해왔다. 영국은 지방차원에서 사회서비스 부서가 사회복지영역의 핵심적인 부문이 되면서 1970년대에 강력한 국가주도적 역할을 했으나, 이 시기에도 그리고 그 이후에도 비영리조직들이 지방의 사회복지 서비스 제공에 적지 않은 영향력을 가졌다. 그래서 비영리조직들이 복지국가와 더불어 사회복지정책의 주도적 역할을 공유하는 '이중체제'가 유지되었다고 본다(Taylor 2002: 80). 또 1980년대에 와서 두드러지게 나타난 '용역국가'의 등장으로 많은 사회복지서비스가 비영리조직들의 사업으로 위임되며 '이중체제'는 더욱 강한 추세를 보였고, 여기에 1960년대부터 진행되었던 사회운동에서 성장한 무수한 시민사회단체들의 복지서비스 참여 또한 적지 않은 역할을 하였다(Bode 2005: 4-5).

나아가 프랑스와 독일의 사례를 살펴볼 수 있다(앞글: 5). 프랑스에서 비영리조직들이 사회복지영역에서 차지하는 위상은 더 대단하였다. 전통적으로 국가가 사회복지의 생산에 대한 강력한 지배력을 행사해왔지만 많은 사회서비스 영역의 생산과 전달은 국가로부터 자율성으로 유지하는 무수한 비영리조직(associations gestionnaires)의 활동으로 이뤄져 온 것이 사실이다. 따라서 사회복지의 '사회적 경제'가 프랑스에서도 강한 전통이다. 이 조직들은 국가로부터 재정지원을 받지만 자율성을 유지하기 때문에 서비스 생산에 자율적인 정치력을 유지한다. 그 전통은 20세기 초에 교회관련 조직들이 사회서비스 생산과 공급 역할을 했던 전통으로 거슬러 올라간다. 일종의 '사회계약'이었다. 프랑스 사회복지 영역의 특징은 '지방적 조합주의' 전통이 있어 지방에서 정치인이나 지방유지들 사이에 개인적 접목 등의 관계를 통해 지방의 사회서비스 공급에 교회나 비영리조직들이 참여해 역할을 분담하였다. 이런 전통 때문에 2차 대전후 1950년대에 새로 등장한 다양한 비영리조직들과 1970년대 신사회운동으로 성장한 시민사회조직들의 사회복지 활동은 일종의 '사회계약'과 같은 자연스런 현상이 되었다.

한편 독일의 경우 20세기를 통해 국가로부터 독립적인 무수한 비영리조직들의 사회복지 참여로 '민관 파트너십' 패턴을 보였다. 1920년대 사회복지 비영리조직들이 사회복지연대조직(Wohlfahrtsver bände)을 구성해 조직적으로 복지서비스 전달자 역할을 수행하였다. 이런 시민사회조직의 사회복지 역할은 1960년대 법률에 '보충주의' 원칙이 명시되어, 파트너십은 정부로부터 재정지원을 받을 권리, 법률제정에서의 시민사회의 전문적 자문 활용 등을 규정하는 특징을 보여준다.

이상과 같이, 복지국가 삼국에서 공통적으로 볼 수 있는 동향은 20세기초 복지국가가 등장할 때부터 시민사회조직들이 사회적 지원과 주창활동을 해왔다는 점이다. 이런 배경에는 시민사회 자체의 자원봉사나 사회운동 등의 환경적 분위기도 있었지만 시민사회의 동참을 진흥하는 복지국가의 사회정책과도 밀접한 관련이 있다. 이렇게 사회복지의 생산과 공급에 참여해 영향력을 행사해온 시민사회조직들은 점차 정책결정에 참여하는 '거버넌스' 파트너가 되었다. 복지국가는 사회복지의 문제, 수단, 책임에 관한 협력을 통해 체제 차원의 광범위한 조정을 지향해왔다. 이로 인해 비공식적 네트워킹이나 내부적 특권 문제가 있었지만 가치 있는 결과물, 또 심의적이고 전문성에 기초한 사회정책결정은 공식적인 규율로 정착되었다. 더불어 나타난 특징은 시민사회 자체가 이런 중요한 사회복지 역할을 수행하면서 많은 시민들의 기부나 자원봉사 참여가 활성화되며 시민사회의 인적, 물적 자원의 동원이 확보될 수 있었던 점이다. 이런 국가-시민사회 관계는 어떤 종합적인 책무성보다는 신뢰와 유대에 기초하였다. 시장관계나 조직간 경쟁이 확립된 것도 아니다. 이로써 복지국가와 시민사회가 서로 역할을 분담하는 '조직화된 복지혼합' 체제를 구축하고 있다.

따라서 사회복지의 '공동 거버넌스'가 대세를 이루고 있다고 볼 수 있지만(Kooiman 2003), 그래도 국가의 통제적 역할은 약화되지 않고 있다는 상이한 분석도 있다. 영국의 경우, 사회복지의 민영화가 준시장(quasi-markets) 형태로 간다는 주장도 있지만 기본적으로 '준네트워크' 형태의 '복지 거버넌스'가 지배적이라는 분석도 있다. 그러나 지금의 영국은 독일식을 따라 시민사회의 역할을 확대하고 있다고 보는 견해도 있다. 프랑스에서도 비영리조직의 역할이 전통적인 '비공식 협력'에서 1980년대 이후 '공식적 협력'으로 변화한다고 볼 수 있다. 그런가 하면 독일은 전통적인 조합주의 모델에서 '신공공관리'의 영향으로 비영리조직의 효율성과 책무성을 강조하는 새로운 변화를 맞고 있다는 분석도 있다. 이런 분위기에서 나타나는 공통점은 비영리조직의 역할이 더욱 강화될 것이지만, 영국에서처럼 효율성 평가를 받는다는 점이다. 프랑스에서는 '복지시장'의 경쟁이 없지만, 비영리조직들 사이의 경쟁으로 효율성이 강조되고 있다. 파리의 홈리스 지원 비영리조직들도 연간 안정적인 재정지원을 받는 전통과는 달리 이제 일부 조직들 사이의 경쟁적인 관계가 이뤄지고 있다. 또 정부가 실업자 직업교육 등을 담당하는 사회적 기업에 중장기에 걸쳐 안정적인 재정지원을 하던 것을 시장개방으로 바꾸면서 조직들 사이에 시장경쟁이라는 새로운 변화가 일어나고 있다. 독일에서도 안정적인 재정지원이 바뀌면서 조직들 사이의 경쟁이 불가피해지고 있다.

또 정부 재정지원을 받기 위한 요건으로 자체 기부나 자원봉사 등의 자원확보를 하기 위해 조직들이 '시민시장'(civic markets)에서 경쟁하는 변화도 일어난다(Bode 2005: 9). '사회적 마케팅'을 담당하는 새로운 비영리조직들이 등장한다. 이는 홈리스, 사회적 배제 프로젝트를 수행하는 삼국 모두에서 두드러지게 나타나는 추세다. 그러다보니 전문성을 요구하는 사회복지 분야에 비전문가 자원봉사자로 이뤄지는 사업수행의 문제들이 많이 제기된다. 또 자원봉사자들은 장기적이고 안정적인 인력으로서의 활용성이 뒤떨어진다(Smith 1998). 비영리조직들은 시장지향적 정부가 효율성을 강조하고 단기적 실적을 내라는 요청에 시달린다. '복지 거버넌스'가 재정권을 쥐고 있는 정부의 일방적인 주도에 의해 왜곡되고 있는 것이다(Bode 2005:

11). 정책비판의 주창활동을 하기도 어렵고 그렇다고 이같은 '불안정한 거버넌스'에서도 정부와의 관계를 벗어날 수도 없다. 따라서 정부와 시민사회의 불편한 관계를 바탕으로 하는 '비조직화된 복지혼합'을 유지할 수밖에 없다. 정부와 시민사회의 거리가 점차 멀어지며, 시민사회조직들 사이에도 거리가 벌어지는 '비조직화'가 심화되고 있다. 이런 비조직화가 '사회복지'에 미치는 영향은 먼저 사회복지의 생산이 불규칙적이며 이질적인 특성을 갖는다는 점이다(앞글: 13). 시장지향적이고 실적 중심의 신공공관리 수단은 빈약한 복지실현의 결과를 초래한다. 다양한 조직들의 조건에서 나타나는 결과물의 차이가 크다.

3) 사회적 경제의 고용창출과 노동통합

사회적 경제의 고용에 대한 기여 성과는 선행연구들에서는 긍정과 부정이 혼합되어 있다. 일부 연구들은 고용 등 경제적 성과가 있다는 분석이 있는가 하면, 다른 연구들은 고용 효과가 제한적이고 시계열로 분석해도 고용이 늘지 않고 있다는 분석결과를 제시해준다. 이같은 경험적 분석결과를 참고해보면, 사회적 경제의 고용에 대한 기여는 긍정도 부정도 하기 어렵다는 결론이 OECD(2013)의 〈사회적 경제를 통한 일자리 창출〉 보고서의 분석결과이다.

우선 선행연구들이 제시한 결과들을 살펴볼 만하다(OECD 2013: 20-21). 먼저 사회적 경제는 유럽의 경제 전반에 중요한 기여자이자 지속적인 기여자라는 긍정적인 평가들이 제시되고 있다. 또 사회적 경제 조직들이 일자리 창출로 사회적 통합의 기여를 할 수 있다는 분석도 있다. 그럼에도 일부 연구들은 사회적 경제에서 이뤄지는 노동의 상당 부분이 무보수 자원봉사 활동이라고 분석한다. 또 2002~2003년 자료분석 결과에 따르면, 사회적 경제 종사자는 1100만 명으로 EU 임금소득 인구 전체의 6.7% 비중을 차지한다. 한편 2010년에는 1400만 명이 사회적 경제 종사자로 통계가 나와 있는데, 이는 EU 임금소득 인구 전체의 6.5% 비중으로, 2002~2003년에 비해 사회적 경제의 고용 효과가 없었다는 것을 보여준다(앞글: 30).

한편 영국 사회적 기업의 2013년 서베이 결과를 살펴보면 사회적 기업들이 비교적 강한 고용창출의 역할을 수행한 것으로 평가받을 수 있다. 사회적 기업은 지역사회에서 직원을 채용해 일자리 마련에 기여한 것을 조사되었다. 사회적 기업의 84%가 지역사회 직원 고용을 했다고 답했다(Social Enterprise UK 2014: 46). 또 사회적 기업의 절반 이상(52%)이 취약층을 고용한 것으로 나타났는데, 이들은 장기 실업자, 장애인, 전과자 등이다. 특히 취약지역의 사회적 기업들이 비취약층 기업들에 비해 취약층 고용 비율이 높았다(64% 대 31%). 사회적 기업 고용 인력(풀타임 또는 파트타임)의 수는 1~9명 규모가 가장 많아, 절반 이상(57%)을 차지하고, 다음으로 10~49명(20%), 50~249명(5%), 250명 이상(1%)으로 나타난다. 향후 1년 내에 고용을 확대, 축소할 계획이라는 비중이 각기 33%와 18%를 나타나 비교적 밝은 전망을 보여주며, 중소기업 고용 확대 전망(20%)보다 훨씬 높은 것으로 나타난다.

사회적 경제 조직은 노동의 기회와 노동조건 개선에 기여하는가? 사회적 기업이 지역사회 취약층의 접근 기회를 확대할 수 있는 능력이 있는 것은 취약층 보호의 미션을 가진 유일한 조직이기 때문이라고 볼 수 있다. ILO의 2011년 보고서에는 사회적 경제 조직은 모든 시민을 위한 소득증대와 고용기회 창출에서 중요한 역할을 한다는 분석이 제시되고 있다. 사회적 기업들은 전통적 기업들로부터 차별을 받는 노동자들을 고용기회를 확대하는 혁신적인 제도적 개선방안으로 등장했다는 것이다. 연구자들은 사회적 기업의 기업가적 특성은 취약 노동자들의 역량을 개선하고, 생산성을 높여 적절한 노동조건을 제시한다고 설명한다. 그들은 포용적인 거버넌스 모델을 활용해 ILO의 적절한 일자리의 4대 기준 중 하나가 되는 참여와 '사회적 대화'를 증진할 것을 제안한다.

사회적 경제 조직들은 취약층을 위한 고용기회의 창출에 중요한 역할을 한다는 것이 일반적인 시각이다. 그럼에도 일부 연구자들은 이같은 주장이 다소 과장된 것으로 본다. 일부 작은 규모의 사례에서 수집된 자료들을 마치 전체 사회적 경제 조직의 특성처럼 논리적 비약으로 해석한 것이라 경계한다(Teasdale 2012). 사회적 경제 조직에서의 고용은 이들이 많은 영향을 받는 경제적, 정책적 맥락이라는 거시적 분석이 뒷받침될 필요가 있다는 것이다. "제도적 배경, 사회운동의 동학과 그들의 사회적 연대의 형성 역량은 어느 사회에서나 사회적 경제의 상대적 규모와 동학에 영향을 미치는 결정적인 요인들이다"(Laville et al. 2007: 180).

미국의 노동통합형 사회적 기업(work integration social enterprises: WISE) 연구에 따르면, WISE 절대 다수가 저기술 산업 분야와 직업에 쏠려 있다. 이것이 기술 자격을 갖추지 않은 취약층에게는 접근의 기회가 많은 것으로 볼 수 있지만, "딜레마는 저기술 직업에서의 노동 경험은 ... 정부보조가 없는 노동시장에서 저기술, 저임금 일자리, 그 일자리는 미국에서는 예측불가능한 노동시간과 빈곤선 이하의 임금의 특성을 가진 것"이라는 비판이 제기된다(OECD 2013: 11). 정부지원을 받은 사회적 기업에서의 노동 경험으로 정부지원이 중단되는 일반 기업에서 일자리를 찾기 위한 '전환적 노동 프로그램'이 취약층에게 더 좋은 일자리를 제공하기 위해서는 취약층의 노동 경험에 부가가치를 투자할 필요가 있다. 이 연구는 극히 일부의 WISE

만이 풀타임 (또는 일부 24시간 이상의 파트타임) 일자리를 제공하고 있다는 자료를 제시한다. 연구자는 전환적 일자리가 높은 수준의 고용창출 효과가 있기 때문에 사회적 경제 조직들이 고용창출에서 중요한 역할을 지속할 것을 제안한다.

한편 유럽 12개국 사례분석에서 WISE들이 유럽 노동시장에서 중요한 역할을 한다는 분석도 있다. 취약층에게 제공되는 노동통합이 사회적 기업에 따라 두드러진 차이가 있다는 분석도 있다(OECD 2013). 일부는 임시적인 훈련이나 고용을 제공하고, 다른 WISE들은 훈련을 제공하면서 지속적 고용을 보장하는 등 차이가 적지 않다는 것이다. 기술을 갖추고 고용가능성이 있는 노동자들이 지속적 일자리를 갖게 되고 반면에 임시 훈련이나 노동 프로그램을 이수한 다음 기술이 없거나 고용 가능이 없는 노동자들이 노동시장에서 구직에 어려움을 겪는다는 것이다. 취약층에게 혜택을 주면서 이들이 혜택을 받은 다음에 고용으로 점차 진전할 수 있는 가능성을 제공해주지 못하는 비융통적인 혜택 제도가 WISE들이 취약층을 효과적으로 완전고용에 통합시키지 못하게 만드는 장애요인이라 지적한다. 그럼에도 연구진은 "사회적 경제는 적절한 지원을 갖추게 되면 보다 효율적으로 방법으로 노동시장의 확대뿐 아니라 자격수준이 낮은 노동자들에게 새로운 가능성의 창출에 기여할 수 있다"고 분석한다(앞글: 35).

4) 사회서비스 파트너십

'사회서비스'(social service)는 사회적 경제의 핵심적인 활동영역이다. 복지국가에 의해 제공되는 공공서비스가 제3섹터 또는 사회적 경제조직에 위임되어 제공되고 있는 것은 이제 서구에서는 일반화된 추세다. 제3섹터 또는 사회적 경제에 의해 제공되는 공공 및 민간 서비스 전체를 '사회서비스'로 통칭되고 있다.

사회서비스는 광의로는 사회복지서비스, 의료서비스뿐 아니라 공공행정, 국방, 교육서비스 등을 포용하며, 협의로는 사회복지서비스에 국한해 "국가, 지방자치단체 및 민간전문가의 도움을 필요로 하는 모든 국민에게 상담, 재활, 직업소개 및 지도, 사회복지시설 이용 등을 제공하여 정상적인 사회생활이 가능하도록 하는 제도"(사회보장기본법 제3조)로 통용되기도 한다(정경희 외 2006: 38-39). 사회적 경제에서 논의되는 사회서비스는 광의의 개념으로 주로 사회적 일자리 창출과 같은 경제적 목적과 밀접히 관련되어 있다.

복지혼합의 사회서비스

서구 복지국가에서 추진되는 다양한 사회서비스의 유형을 우선 구분해볼 수 있다. 먼저 바알레(Bahle 2003)는 '복지혼합'의 4대 모형을 제시하고 각국의 복지혼합 사례를 영유아와 노인 서비스 등 사회서비스 측면에서 설명한다. 일반적으로 복지혼합이란 가족, 국가, 시장, 제3섹터 등 4대 섹터 사이의 자원과 서비스 제공의 혼합을 말한다. 가족은 전통적인 자급자족의 복지제공자 역할을 하며, 국가는 복지국가 등장 이후 공식적인 법과 제도에 기초한 복지제공자가 된다. 시장은 복지영역에서 이윤추구를 하는 기업이 대표하고, 제3섹터는 무수한 비영리기관 또는 사회적 경제조직들의 비영리적 활동이 이뤄지는 영역이다. 유럽 국가에서 이같은 복지혼합이 제도화되는 과정에서 교회의 복지기관들이 비영리기관 또는 사회적 경제 기관으로 제3섹터를 대표하는 중요한 역할을 해왔다.

■ **표 8-4** 복지혼합: 유럽 7개국의 영유아, 노인 서비스

	영아보육	유아보육	노인(시설)	노인(응급)
프랑스	PNF	PN	PNF	NPF
독일	PNF	NPF	NFP	NF
스웨덴	PNF	PNF	PFN	PF
덴마크	PNF	PNF	PN	PNF
스페인	NPF	PNF	NPF	NFP
이탈리아	PNF	PNF	NPF	–
영국	FP	FP	FPN	PFN

참고 P(국가), F(시장), N(제3섹터)의 1, 2, 3 우선순위.
자료 정경희 외 2006: 45.

각국의 사례를 〈표 8-4〉에서 살펴보면 몇 가지 두드러진 특징을 발견할 수 있다. 첫째, '제도적' 복지국가를 대표하는 스웨덴과 덴마크의 경우 공공기관에 의한 서비스 제공이 두드러지며, 다음으로 사익추구적 시장보다 공익추구적 제3섹터가 복지서비스 제공에서 우선적인 역할을 한다. 그러나 노인서비스에서 스웨덴이 제3섹터보다 시장에, 덴마크는 시장보다 제3섹터에 더 의존하는 두드러진 차이도 보여준다. 둘째, '비스마르크' 유럽 대륙형 복지국가인 독일과 프랑스의 경우, 공공기관과 제3섹터의 복지혼합이 두드러지게 나타난 가운데 독일의 노인시설과 응급서비스의 경우 공공기관보다 제3섹터와 시장이 주도적인 역할을 수행한다. 셋째, 남유럽의 스페인과 이탈리아는 영유아 서비스의 경우 일부 공공기관의 역할이 강하지만 노인시설이나 응급서비스는 제3섹터가 일차적 서비스 기관이 된다. 또

시장보다 제3섹터가 영유아와 노인서비스 모두에서 더 중요한 역할을 담당하는 공통점이 있다. 끝으로, 다른 유럽 국가들과 특이한 영국의 경우 시장이 주도적 역할을 한다. 그러나 20세기말 노동당의 집권 이후의 영국은 표의 자료와 달리 제3섹터에 많은 공공서비스 제공의 역할을 위임해, 영리적 시장보다 비영리적 사회적 경제기관들의 역할이 크게 늘어났다.

한편 먼데이(Munday 2003)가 제시하는 네 가지 유형 또한 각국의 사회서비스 제공에서 가족, 국가, 시장, 제3섹터 등 4대 섹터의 역할에 초점을 맞추고 있다. 그는 유럽의 사회서비스 체계를 ① 공공서비스(public service) 모델, ② 가족돌봄(family care) 모델, ③ 자산조사(means-tested) 모델, ④ 보충주의(subsidiarity) 모델로 분류한다(정경희 외 2006: 48-52).

첫째, '공공서비스' 모델은 사회서비스의 공급과 재원에서 정부주도적 모델이다. 앞의 정부-제3섹터 유형 분류에서 '정부주도적' 모델과 같다. 스칸디나비아의 스웨덴, 노르웨이, 덴마크, 핀란드가 여기에 해당된다. 사회서비스의 생산과 계획에서 지방정부의 역할이 주도적이기 때문에 시장이나 제3섹터의 역할이 미미한 수준에 머물러 있는 특징이 있다. 최근 복지국가의 보편주의 약화와 제3섹터의 역할이 상대적으로 늘고 있지만, 여전히 일반조세에 의해 재원이 뒷받침되는 사회복지서비스는 정부주도적 영역에 머물러 있다. 스웨덴의 경우, 2001년 GDP 대비 공공 사회정책지출의 비중이 29.7%로 프랑스 28.5%와 거의 비슷한 수준에 있지만, 사회서비스 지출은 5.9%로 프랑스 2%보다 거의 세 배가 높다.

둘째, '가족돌봄' 모델은 국가나 시장 또는 제3섹터보다는 가족의 돌봄에 의존한다. 복지국가가 발달되지 않은 남유럽 국가들이 여기에 해당된다. 전통적인 가족의 역할이 중시되기 때문에 복지국가에 의한 공공서비스나 시장이나 제3섹터에 의한 사회서비스가 발달되지 않고 있다(앞글: 50). 스페인, 포르투갈, 그리스 등 가톨릭의 전통을 중시하는 가족제도 체제에서 노약자나 어린이에 대한 서비스는 개인의 권리로 보장되고 있지 않으며, 가족의 책임에 속한다. 국가에 따라 제3섹터에 의한 사회서비스 제공이 확대되거나 부유층의 시장형 서비스 의존이 늘고 있지만, 국가의 보편적인 공공서비스 제공은 취약한 수준에 머물러 있다.

셋째는 '자산조사' 모델이다. 정부가 사회서비스 제공책임을 갖고 있지 않으며 개인이나 가족의 책임에 맡겨져, 소득 등 생계수단이 취약한 집단만을 대상으로 선별적인 서비스를 제공하는 모델이다. 대부분의 시민들은 소득과 능력에 따라 시장에 의존하거나 제3섹터조직이 제공하는 서비스에 의존하지만 제3섹터의 사회서비스 제공수준은 앞의 가족돌봄 모델과 비슷하다. 영국과 미국이 여기에 해당된다. 미국의 경우 정부보조금 지원에 의해 제3섹터가 사회서비스 제공을 맡아오다, 1990년대 시장의 사회서비스 시장개척에 따라 영리부문의 역할도 늘고 있다.

마지막으로, '보충주의' 모델은 정부-제3섹터 사이의 공조적 파트너십에 기초한 모델이다. 유럽 대륙 모델로 볼 수 있는데, 독일, 네덜란드, 오스트리아 등이 여기에 해당된다. '보충주의' 원칙은 개인이나 가족과 가장 가까운 사회기관인 제3섹터기관이 우선적으로 중요한 역할을 하고, 이들의 역할이 부족한 경우에만 정부의 개입 역할이 보충된다는 원칙을 말한다. 정부의 역할을 대신하는 제3섹터가 정부의 안정적인 재정지원에 의해 공식적으로 사회서비스의 대부분을 제공하는 모델이다. 여기에서 공공 사회지출의 비중은 비교적 높은 편이지만 서비스보다 현금급여 비중이 상대적으로 높기 때문에 사회서비스 제공의 수준은 비교적 낮은 편에 머물러 있다.

5. 사회임팩트 투자 정책

사회임팩트 투자(social impact investment: SII)가 경제위기를 극복하고 사회적 혁신을 갖다줄 수 있는 대안으로 제시되고 있다. 사회적 문제들이 다양하게 제기되며 심화되는 상황에서 정부의 긴축재정 압력이 심하게 가해지면서 SII의 필요성이 더욱 높아진다. SII에 대해 OECD는 "측정가능한 사회적, 재정적 수익에 대한 확고한 기대로 사회적 욕구 충족에 활동하는 조직들에 대한 금융의 제공"이라 정의하며, "혁신적 해결방안에 재정, 공급, 규모 확장을 할 수 있는 새로운 형태의 민관 파트너십(public and private partnership: PPP)"을 비롯해, 사회적, 경제적 도전들을 해결하기 위한 공공 및 민간 자본을 효과적이고 효율적으로 배분하는 새로운 방법들을 제공할 수 있는 잠재력을 갖고 있다고 평가한다(OECD 2015f: 12).

사회임팩트 투자(SII)의 타깃 분야는 배경에 따라 다양하고 복합적이다. 먼저 '사회적 욕구'에 초점을 맞춰보면, 장애와 실업 등 전통적인 여러 분야들에서 높은 사회적 임팩트가 생산될 수 있다. 보건, 주택, 교육 분야가 공통 분야로 꼽히며, 고령, 장애, 아동과 가족, 범죄, 실업 문제가 우선 상정될 수 있다(앞글: 46).

1) 사회임팩트 분야와 사회지출

사회적 결과는 다양한 사회분야에서 다양한 방향으로 발전하고, 사회서비스는 긍정적이고 부정적인 배경 모두에서 지원의 역할을 맡는다. 예를 들면, 기대여명의 연장으로 고령사회는 치매, 요양보호 등 다양한 유형의 장기요양에 대한 수요를 증가시키고 있다. 반면에 한부모 가정이나 부모 모두가 일하는 가정의 증가로 유치원교육과 방과후 학교에서 보육서비스가 지원될 필요가 있다. 나아가 보건, 고용, 교육, 주택, 공공질서, 가족서비스 분야에서의 사회적 욕구의 증대 사례들을 우선 살펴볼 수 있다.

보건과 노인 케어 욕구

보건 분야는 사회임팩트 투자(SII)의 우선 대상영역이지만, 특히 노인 보건과 케어 분야가 우선적인 관심을 끄는 데는 이유가 있다. 평균수명의 연장으로 고령사회가 급진전되면서 노인의 건강문제는 심각한 사회적 관심이 된다. 또 노인 영역에 대해 가장 높은 비중의 자발적인 민간사회지출(voluntary private social spending)이 이뤄지고 있다.

장기요양에 대한 사회적 욕구 범위가 넓고, 장래의 욕구 기대치가 높음을 확인할 수 있다. 요양기관과 가정에서 장기요양 서비스를 받고 있는 65세 이상 노인이 호주와 일본에서는 OECD 평균치 12% 이상 높은 비중을 보여준다. 또 치매노인의 비율도 OECD 평균인 5.5%보다 호주, 일본, 독일, 프랑스, 미국, 이탈리아에서는 평균 이상의 비중을 차지한다. 장기요양의 수요는 OECD 국가들에서 65세 이상 노인 8명 중 1명꼴로 높은데, 이 중 절대다수 2/3가량이 가정에서 요양서비스를 받고 있다. 또 60세 이상 노인의 절반 이상은 높은 수준의 요양서비스를 받아야 할 것으로 추산되고 있다.

가족서비스와 여성고용

아동의 발달, 가족 형성, 여성 고용 차원에서의 보육의 사회적 가치는 충분히 인정받고 있다. OECD 주요국에서 저출산임에도 불구하고 보육에 대한 공공지출과 공공투자는 2008년 금융위기 전까지는 증가 추세를 유지했다(앞글: 65). 보육을 통한 학교준비, 성인기의 생산성 증대, 그리고 반사회적 행태의 감소 등으로 보육은 사회시스템의 효율성에 기여하는 중요한 정책도구이다. 또 보육서비스 제공으로 여성의 고용과 양성 평등에 크게 기여한다.

공공 사회보장비 비중

OECD 주요국의 사례를 통해 주요 사회지출의 동향을 살펴보면, 노인복지와 서비스 지출과 보건지출이 공공 사회보장 지출에서 차지하는 비중이 가장 높고, 대부분의 국가에서 최근까지 빠른 증가세를 보여준다.

2) 임팩트 투자시장 생태계

사회임팩트 투자(SII) 시장에는 수요측과 공급측, 중개조직의 행위자들이 늘어나면서 SII 생태계가 조성되고 있다. 생태계는 1) 사회적 욕구, 2) 수요측, 3) 공급측, 4) 중간지원조직으로 구분되며, 5) SII 환경을 조성하는 사회적 체계, 세제, 규제 환경, 금융시장 개발이 진행되고 있다(앞글: 23-27).

수요 측면 : 서비스전달 조직

사회적 욕구를 파악하는데 핵심적인 역할 수행자는 사회서비스 전달 조직들이다. 여기에는 지역사회조직, 자선기관, 비영리조직, 사회적 기업, 사회적 비지니스, SII 중심의 비지니스 등이 있다. 수요측 참여자들은 소셜 벤처를 통해 새로운 시장을 창출하면서 사회임팩트도 추구하는 새로운 모델들을 탐색하고 있다.

■ **그림 8-3** 사회임팩트 투자시장 생태계

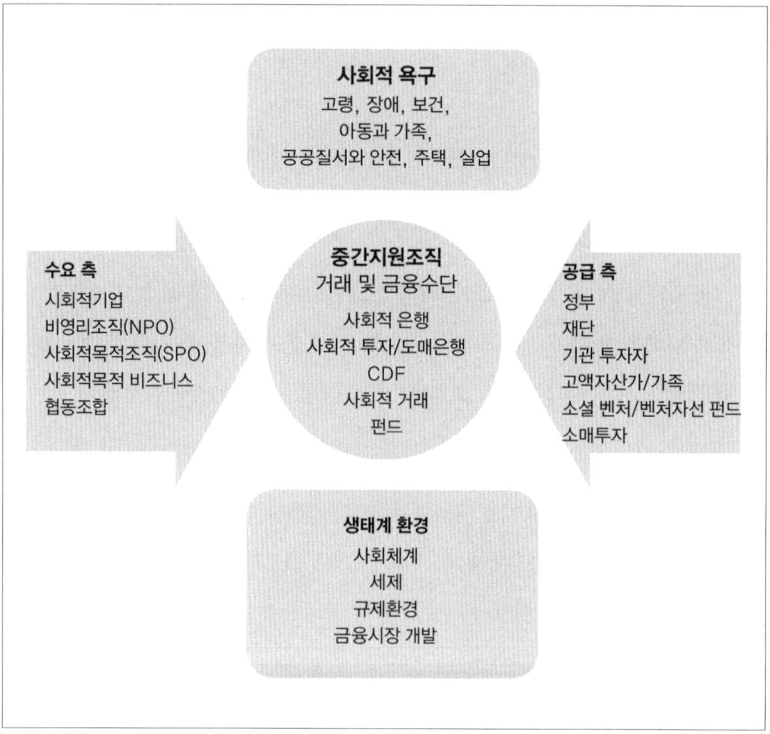

자료 OECD 2015f: 23.

사회서비스 전달 조직들은 다양한 차원의 지역별, 분야별로 광범위하게 활동하므로 다양한 파이낸싱 욕구를 갖고 있어, 이 욕구들을 충족시키기 위한 금융도구들의 개발이 필요하다. 다양한 발전단계에 있는 소셜 벤처들에 효과적인 금융 도구들과 펀딩 모델은 무엇인지에 대한 이해가 필요하다(앞글: 25).

사회임팩트 투자자들은 소셜 벤처의 효과성 개선에 중요한 역할을 할 수 있다. 사회서비스 전달 기관들에게 펀딩을 제공할 뿐 아니라 전략, 관리,

성장에 대한 지원도 할 수 있다. SII의 성공은 투자가 이뤄지는 영리 또는 비영리의 임팩트 기관들의 장기적인 지속가능성과 사회적, 금융적 성과에 크게 달려 있다(앞글: 25).

공급 측면 : 자본 제공자

공급측에는 재단, 개인 고액 자산가와 자선기관, 은행 및 기타 금융 서비스 회사와 중간지원조직들이 있다. 또 공공기관은 중앙 정부부처, 지자체 및 기타 정부기관들은 사회서비스의 위탁을 통해 그리고 SII 시장에 대한 직접, 간접적인 지원을 통해 중요한 역할을 맡는다. 민간 재단들은 SII 시장의 개발에서 핵심적인 역할을 맡는다. 민간 재단들은 정부와 시장으로부터 독립적인 위상을 갖고 민간 투자자들에 비해 더 많은 리스크를 안고 장기적인 '인내 자본'을 제공한다. 재단들은 사회적, 경제적, 환경적 문제들을 해결하는 창의적인 방안들을 탐구해 창출하는 많은 자유의 기회를 갖게 된다.

공공 및 민간 증여는 '처음 손실'(first loss) 또는 '촉매' 펀딩을 제공하는데 중요한 역할을 한다. 재단들은 시장구축 활동을 통해 또 미션 연계 또는 프로그램 연계 투자(PRI)를 통해 시장에 개입한다. 이 경우 재단들은 리스트를 수반하는 수익이 기대되는 투자에 비해 100% 지원금이 되는 증여를 구분하는 것이 중요하다. PRI 접근은 재단이 전통적으로 활용하는 증여 제공 모델을 초월해 직접적 부채, 지분, 보증 및 (부채나 지분) 펀드 등의 금융수단들을 구축한다(앞글: 27). 동시에 PRI는 재단의 증여 프로그램에 연계되고, 금융수단들이 재단의 프로그램과 자선 목표를 달성하는데 활용된다.

개인 투자자들도 SII에 참여한다. 프랑스의 '연대 펀드' 등 사회적 혜택을 가진 연금기금을 통한 방법이나 지역사회에 대한 투자 방법은 개인 투자자의 참여 방법이다. 연대기금은 90/10 펀드로도 불리는데, 고용자 연금 계획과 저축에 기초한다. 50인 이상의 고용자를 가진 회사가 정부 승인의 '연대 조직'에 펀드의 10%을 투자하게 되어 있다.

일반 시민들이 임팩트 투자자로 참여하도록 장려하는 일은 시민들이 서로 유대하는 기회를 제공해 사회적 가치를 창출한다. 돈으로만 연대하는 게 아니라 투자로써 사회적, 환경적 임팩트에 연대하는 것이다. 개인 투자자들이 임팩트 투자자로 많이 동참함으로써 유동성이 줄고 안정성이 높은 금융 시스템을 갖게 되어 사회 전체에 혜택이 돌아가는 선순환이 일어난다(앞글: 8).

크라우드 펀딩(crowdfunding) 플랫폼은 점차 사회적 기업을 지원하는 방식으로 개인 투자자들의 참여를 유도한다. 대부분 사회적 목적을 위한 크라우드 펀딩은 기부금 형태이지만, 이제 일부 국가들에서 지분형 크라우드 펀딩(equity crowdfunding) 플랫폼이 생겨 투자기회를 확장시켜주고 있다.

중간지원조직 : 은행, 금융기관, 브로커

중간지원조직(intermediaries)은 SII 생태계의 개발에 중요한 역할을 한다. 투자와 투자처와 시장의 다른 기관들의 연결, 시장의 효율성 개선을 위한 새로운 혁신적인 방안의 제공 등 다양한 역할을 수행한다(앞글: 27). 시장에서 비용 절감과 리스크 감소를 지원하는 기능들이 주된 역할이 된다. 중간지원조직의 역할이 부족하면 분절된 수요와 공급 그리고 복잡한 거래 구조 등으로 거래비용이 높아지는 비효율성이 발생한다.

중간지원조직으로는 상업적 은행, 금융자문기관, 브로커 등이 있다. 새로운 전문가 중간지원조직의 창출과 기존 기관들의 역량 강화가 SII 생태계 조성에 핵심 부분들이다. 다양한 중간지원조직들이 다양한 유형의 임팩트 수행 조직들에 서비스를 제공해주는 전략이 필요하며 생태계의 모든 행위자들이 공조할 수 있도록 인정과 인센티브가 제공되는 것이 바람직하다.

소셜 벤처 펀드(social venture funds)는 십여년 전에 시작되어 이제 상당한 인기를 모으는 펀드가 되고 있다. 소셜 벤처 펀드의 모델들은 다양하게 제시되고 있다(앞글: 29). 영국의 Bridges Ventures는 2002년에 창출된 투자회사로 투자자와 사회 모두에게 수익을 창출하는 임팩트 주도적 투자 접근법을 활용한다. Bridges Ventures는 취약 지역사회에서 활동하는 영리적 벤처에 투자를 시작해 이후에는 사회기업가 펀드를 만들었다.

사회적 증권거래소(Social Stock Exchanges)도 중요한 역할을 한다. 지난 수년간 OECD와 다른 지역의 국가들에서 사회적 증권거래소가 만들어졌다. 런던의 사회적 증권거래소(Social Stock Exchange : SSE), 남아공의 Nexii, 싱가포르의 아시아 임팩트 투자거래소(Impact Investment Exchange (IIX) Asia) 등이 있다(앞글: 30). 사회적 증권거래소는 금융수익과 사회적 수익 모두를 찾는 개인과 가족, 재단, 기관 투자자들로부터 사회적 비지니스를 위한 자본을 유치하기 위해 플랫폼을 구축하고 있다.

3) 임팩트 투자로서의 SIB

SIB 개념과 구조

'채권'(bond)이란 개념보다는 "사회적 결과에 대한 미래의 계약"이 적절한 표현이다(OECD 2015h: 5). 영국에서는 '결과 지불'(Pay for Result), 미국에서는 '성공 지불'(Payment-for-Success) 채권, 호주에서는 '혜택 지불'(Pay-for-

Benefits) 채권으로 부른다. 채권을 발행하는 기관은 민간부문의 투자자로부터 펀드를 조성해, 이 펀드가 서비스 공공기관에 분배되어 운영비용으로 사용된다. 계약대로 측정가능한 사회적 결과가 달성되면, 정부는 채권발행기관 또는 투자자들에게 비용을 지불하는 방식이다. SIB는 사회적 혁신 방안으로, 계획된 산출과 지표들을 중심으로 결과에 초점을 맞춰 계약 기간을 통해 그리고 계약 이후에도 독립적인 평가기관의 전문 역량을 활용해 서비스 공급에 효율성과 효과성을 지향하는 문화적 전환을 추진하는 것이다(앞글: 5).

국제사회는 SIB 개념에 대해 다음과 같이 정의하고 있다. SIB는 "정부 또는 위탁기관이 사회적 기업 또는 비영리조직 등의 사회서비스 전달기관 및 투자자들과 계약을 체결해 사전에 정의된 사회적 결과의 전달에 대해 지불하는 혁신적인 금융 메카니즘"이다(Social Finance 2011; OECD 2015g).

SIB의 정책 범위는 가족과 보육, 교육, 취약층 고용, 홈리스, 상습범행 등 다양한 분야에 이른다. 일부 국가들에서 SIB와 DIB(개발임팩트채권)가 시행 중인데, 그 중 호주, 벨기에, 캐나다, 독일, 포르투갈, 미국, 인도, 콜롬비아, 영국 등이 대표적이다(OECD 2015h: 6). 2016년 말 현재 세계적으로 54개의 SIB와 DIB가 시행 중이며, 시행전의 디자인 단계는 30개에 이를 정도로 이제 강력한 글로벌 동향이 되고 있다. 영국과 미국이 각기 33개와 21개를 시행 및 계획 중이며, 그 밖에도 이스라엘 5개와 호주 4개 등 전체 23개국이 하나 이상의 SIB 또는 DIB를 시행 또는 계획 중이다.[4]

---

4 http://www.instiglio.org/en/sibs-worldwide/

Career Connect의 New Horizon 프로그램 SIB

2011년 영국 총리실과 고용연금부(Department for Work & Pensions), 법무부(Ministry of Justice)가 공동으로 3000만 파운드의 혁신기금을 조성해, NEET(교육, 고용, 훈련 상태에 있지 않은) 청년이나 그 같은 리스크가 있는 취약 청년들이 생활 개선을 위한 프로젝트를 추진하였다. New Horizon 프로그램은 2015년까지 3년간 선금 지불과 프로젝트 기간의 각종 지원으로 운영되는 SIB로, Bridges Ventures와 기타 기관들의 임팩트 투자로 이뤄진다. 프로그램 시행기관은 a) 청년 대상자들이 학교 수업을 유지하고, 또는 b) 고용에 필요한 자격요건을 갖추거나, c) 취업한 청년들의 일정기간 일자리 유지를 하도록 지원하는 결과를 생산하면 대가로 지불을 받는다.

2012년 공모에 의해 리버풀의 자선기관인 Career Connect가 혁신기금에 의해 선정되었다. Career Connect는 청년 전과자, 양육원 시설 생활자 또는 시설 탈퇴 청년으로 교육의 어려움에 처한 청년층 등 세 그룹으로, 이들의 평균 NEET 비율은 전국 평균에 비해 높다(21% 대 16%). 정부가 설정한 금전가치에 대한 결과치가 되는 '요율 카드'(rate card)에 따라 3928명을 대상으로 4270건의 결과 지표(학교 수업 유지, 고용수준 획득, 취업자의 일정기간 고용유지)가 프로그램의 목표로 설정되었다.

프로그램 New Horizon은 일련의 '회복 코칭'(Resilience Coaching) 프로그램으로 진행되며, 온라인 '정서 강화'(Mental Toughness) 진단도구 등을 활용한다. 개인별 진단 이후 청년들은 각자가 당면한 상황과 문제에 대한 처방을 위해 1:1 코칭을 받는다. 그 밖에 고용자격수준 획득을 위한 집단수업이 13주간 진행되며 청년 각자의 대인기술과 역량개발에 초점을 맞춘다. 이런 과정을 거쳐 청년들이 학교수업을 유지하고, 웰빙 개선과 장래 직업에 대한 기대와 고용가능성을 높일 수 있다는 전망이 제시되었다.

New Horizon 프로그램 시행 1년만에 일부는 매우 효과적인 것으로 평가되었다. 그런데 다른 일부는 다소 비효과적인 것으로 밝혀지면서, 결과기반(outcomes-based) 용역의 특징이 되는 융통적인 프로그램 변경으로 더 좋은 결과를 낼 수 있게 되었다. 이 점이 기존의 '서비스 수수료'(fee for service) 용역과 크게 다른 점이다. 첫째는 관리정보의 개선이다. 실적 관리자를 선임해서 관련 자료의 효과적인 수집과 추적을 개선해 많은 좋은 결과를 생산하게 되었다. 둘째는 초기 개입의 개선이다. 이미 NEET 상태에 처한 청년들의 생활개선보다는 NEET 리스크에 처한 청년들을 대상으로 조기에 코칭을 수행하는 것이 더 효과적이라는 중간결과를 얻어, 조기개입으로 프로그램 수정이 이뤄지게 되었다. 셋째는 비교적 젊은층인 14~16세 대상층에게도 고용자격수준 획득을 위한 프로그램을 조기에 제공하며 NEET 리스크를 감소시키는 예방전략을 추진하였다.

New Horizon 프로그램은 계약기간 동안 4222명의 대상 청년층을 대상으로 6가지 측면의 6044건의 결과치를 생산하였다. 프로그램 제2라운드까지의 주요 결과를 살펴보면, 정부가 지불한 비용(450만 파운드)에 비해 정부가 받은 총가치(924만 파운드)가 훨씬 많아, 두 배가 넘는 결과에 대한 지불 가치가 생산된 것으로 평가된다.

2015년 4월까지의 혁신적인 결과에 따라, Career Connect는 제2차 SIB 수행기관으로 재선정되었다. 전문 펀드인 Bridges Ventures(2015a: 12)는 2002년 설립 이후 2016년 초 현재 13개의 다양한 SIB를 시행 중에 있다.

네덜란드 로테르담 비즈니스클럽 SIB

Rotterdam Buzinezzclub SIB는 2014년 3월에 청년실업과 기업가정신에 초점을 맞춰 시행되었다. 로테르담 시정부와 함께 68만 유로를 공동

투자를 한 사회투자 재단(Start Foundation과 ABN AMRO)이 파트너십을 이뤘다(OECD 2015c: 7). 프로그램은 17~27세의 청년 160명을 대상으로 4~6개월 기간에 걸쳐 창업을 개시하거나 임금직 직장을 찾도록 지원한다. 이들 대부분은 기본 자격요건을 갖추지 않아 여러 금융문제를 안고 있다.

SIB 계약에는 로테르담 시정부가 청년들의 고용서비스 감소 기간을 기준으로 비용을 저축한 성과에 따라 투자자와 시행기관에 수익과 비용을 지급하는 방식이다. 수익률은 많게는 연12%가 될 수도 있어, 청년들이 빠른 시기에 프로그램을 성공적으로 마치고 창업하거나 일자리를 갖게 되면 투자자에게 수익이 더 많이 돌아가는 방식이다. Buzinezzclub은 투자자와 마찬가지로 청년들이 성공적하지 못해 일자리를 얻지 못하거나 급여가 적은 일자리를 갖게 되면 리스크를 안게 되고, 반대로 계약보다 더 빠르게, 급여가 더 많은 일자리를 얻게 되면 수익이 높아진다.

서울시 공동생활가정 아동교육 SIB

서울시는 SIB 1호 사업으로 '공동생활가정 아동교육'을 선정하고 민간투자자를 모집해 7월 1일부터 사업을 시작한다. 시내 62개 아동복지시설(그룹홈)에서 생활하는 경계선지능 및 경증지적장애아동 100여 명을 양육하고 교육해 가족에게 돌려보내거나 자립을 돕는 사업이다. 시는 IQ 71~84 수준의 경계선지능아동은 정서불안, 따돌림, 학습부진, 사회부적응의 문제를 겪고 있지만 장애로 인정받지 못해 특수교육이나 프로그램을 이용하지 못하는 정책 사각지대에 방치돼 있어 SIB 1호 사업으로 선정했다고 설명했다.

'팬임팩트코리아'가 민간투자자와 사업수행기관을 선정했다. 이 사업에는 사단법인 PPL, UBS증권 서울지점, 엠와이소셜컴퍼니 등 3개 민간기관이 총 11억 1000만 원을 투자했다. 사업 수행은 대교문화재단 컨소시엄이 맡아 2018년까지 3년간 정서를 치유하고 사회성과 지적능력을 개선시키는 적절한 개입 프로그램을 제공하게 된다. 경계선지능아동은 성인이 돼 아동복지시설을 퇴소할 때 기초생활수급자가 되는 비율이 일반아동의 15배가 넘고 방치하면 정신지체로 떨어지는 것으로 나타났다. 이 사업이 성공할 경우 소외아동의 삶의 질을 높이는 것은 물론 일생에 걸쳐 발생할 사회적 비용투입도 사전에 막게 된다.

서울시는 수급자 1인당 평균 16.7년 동안 연 892만 원을 지급한다. 그런데 이번의 SIB에서는 사업기간 3년 동안 32명이 수급자가 되는 것을 방지하면 서울시는 사업비와 성과급을 내고도 37억 원의 예산을 아낄 수 있다는 것이다.

경기도의 해봄프로젝트 SIB

경기도 해봄프로젝트가 종료되면 성과달성 정도에 따라 도에서 최소 1억 2900만 원에서 최대 17억 7400만 원까지의 투자금과 성과보상금을 민간투자자에게 지급한다. 해봄프로젝트는 민간 투자를 받아 기초생활수급자를 탈수급을 하는 사업으로, 민간이 성과를 내면 도에서 투자원금과 성과보상금을 돌려주는 SIB 방식의 복지사업이다. 중간지원조직(한국사회혁신금융)과 협약을 체결하고 민간 투자자 모집과 참여 대상자 모집을 시작하는 등 사업을 본격 추진할 계획이다. 중간지원조직은 기관 사업비 조성을 위해 투자자를 모집하고 성공적 사업추진을 위해 수행기관을 선정 운영하는 등 해봄프로젝트를 총괄 운영하는 기관이다. 특히 성과목표 미달 시 투자금 미상환에 따른 위험도 부담하게 된다. 사업수행기관인 내일로가 상담을 통해 사업대상자를 파악하고, 근로동기 강화, 취업스킬과 직업능력향상을 위한 교육 등을 실시한다. 특히 탈수급 후 기초수급자로 돌아오는 것을 예방하기 위해 취업 후 자산형성, 경제활동 유지를 위한 위기관리 등 사후관리까지 진행한다.

해봄프로젝트 목표는 도내 기초수급자 800명을 대상으로 2년 동안 추진되며 참여자의 20%인 237명을 탈수급시키는 것이 성과 목표다. 총 사업비 18억 7000여만 원 중 민간투자금은 15억 5000여만 원이다. 사업이 종료 시점에서 투자자는 성과 달성 정도에 따라 최대 14.2%의 투자수익금을 받게 된다.

경기도는 투자자들의 투자 위험 부담을 최소화하기 위해 성과목표를 달성하지 못했을 때도 차등적으로 원금을 보장하기로 했다. 예산절감액이 마이너스(-)인 성과달성률(탈수급률) 1~11% 구간은 원금을 차등적으로 보상해주며, 손익분기점인 성과달성률 12% 지점에서는 원금을 전액 지급한다. 예산절감액이 플러스(+) 구간인 성과달성률 13~20%에서는 원금전액과 성과보상금을 지급하게 된다. 해봄프로젝트는 5월부터 6개월 간 투자자와 대상자를 모집한 후 탈수급 밀착 사례관리가 진행된다.

SIB의 문제점과 전망

SIB는 사회문제 해결에 혁신적인 처방을 제시하지만 적지 않은 문제들을 안고 있다. 결과지표에 관한 임팩트 측정 문제부터 SIB 생태계 구축 이슈에 이르기까지 다양하다. OECD 국가들의 SIB의 정책과 사례들을 분석한 결과를 참고하면, SIB는 공공부문의 서비스 혁신에 상당한 임팩트를 창출할 것으로 기대하지만, 여전히 정부 정책과 민간 투자시장의 조성 등 생태계 구축 이슈들을 제기한다.

OECD는 다음과 같은 연구결과와 시사점들을 제시한다(OECD 2015h:

3). SIB는 이제 초기 형성기라 충분한 증거가 제시되어 있지 않아 성공 여부에 대한 판단은 시기상조이다. 이후 성과와 임팩트에 대한 조사와 평가가 수행될 과제로 제시되어 있다.

- SIB는 그 자체가 정책은 아니며, SII 시장의 하나의 수단일 따름이다.
- SIB의 역할은 전통적인 공공서비스 전달과 재정지원을 대체하는 것이 아니라 시민들에게 서비스 비용이 높은 분야에서 공공서비스를 보완하는 수단이다.
- SIB가 복지정책, 광범위한 정책 구도의 변화에 어떻게 적용되어 지리적, 문화적 배경에 적용될 것인지에 대한 이해가 필요하다.
- SIB와 DIB는 결과(성과)에 강한 역점을 두고 있기 때문에 개발협력과 공공정책에서 효율성, 효과성, 평가 문화를 강화시켜 줄 것으로 기대된다.
- SIB의 긍정적인 효과는 시민사회, 시민, 민간부문의 관여와 조정을 통해 '과정 혁신'(process innovation)을 증진시키는 일이라 볼 수 있다.
- SIB 도입에 앞서, 공공기관, 서비스 전달기관, 임팩트 투자자, 재단들 사이의 상호작용의 속성과 수준에 대한 분석이 중요하다. SIB의 금융 부분은 복잡하기 때문에 SIB 메카니즘에 관여하는 모든 이해관계자들의 상당한 수준의 역량구축이 뒷받침되어야 한다.
- SIB는 타깃집단이 잘 파악될 수 있고 측정가능한 경우에, 그리고 프로젝트 투자에서 발생하는 리스크를 감당할 의지가 있는 지적 역량을 갖춘 투자자 풀(pool)이 존재할 때 가장 잘 시행될 만하다.
- SIB는 사회적 결과(성과)를 측정하기 어려운 상황에서는 적용되기 어렵다. 성과를 달성하는데 필요한 다각적인 기여활동과 사회적 태도의 변화를 요구하는 상황, 또는 투자자가 수익을 받기 위해 장기간 기다려야

하는 상황이 될 수 있다.

- SIB가 예방적 개입에서 잘 적용될 것으로 기대하는 경향이 있지만, 이런 상황은 국가가 사회문제 해결에 장기적인 접근법으로 직접 투자해야 하는 것으로 간주될 수 있다.
- 타깃집단을 파악하는 데 유의하고 또 SIB 또는 DIB의 결과 모니터링과 측정에도 세심한 주의가 필요하다. 독립적인 엄밀한 평가가 반드시 필요하다.
- 사회적 결과를 잘 측정하는 것이 도전이 되며, 생태계의 모든 이해관계자들이 금융적, 사회적 결과에 대한 이해와 보고에 필요한 기술을 개발해야 할 것이다.

또 SIB와 DIB는 민간시장의 역할과 공공서비스 공급 메카니즘과 관련한 심각한 문제를 제기한다(앞글: 9). 한편으로는 효율성과 결과에 대한 초점과 다른 한편으로는 사회적 민감성과 윤리, 양자를 가장 잘 결합시켜 경제 성장기뿐 아니라 경제위기와 시장실패의 상황에서도 사회서비스 공급에서의 행태적 변화를 일으키는 것이 이상적인 접근법이다.

EU에서 SIB는 경제위기 이후의 정책 실패를 보완하는 중요한 대안이 되고 있지만 또 다른 형태의 '민영화'라는 비판에 직면해 있다. SIB 투자자들이 "사회문제로부터 이윤을 획득"하기 때문이며, SIB의 서비스전달기관으로 참여한 사회적 기업들이 투자자들의 이윤추구 동기에 사회적목적 추구의 목적을 상실하는 문제들도 제기된다(OECD 2016b: 19). 그래서 수익 성과만을 추구하는 '크림 스키밍'(cream skimming) 또는 '체리 피킹'(cherry picking) 현상이 늘고 있다는 것이다.[5]

5 Cream-skimming은 공공서비스의 수익성만 강조하다 보면 서비스 수요가 큰 지역, 또는 고수익을 가져올 수 있는 사업에만 쏠리는 경향을 말한다. cherry picking은 본인의 논증에 유리한 사례만 취사선택하는 행위를 말한다.

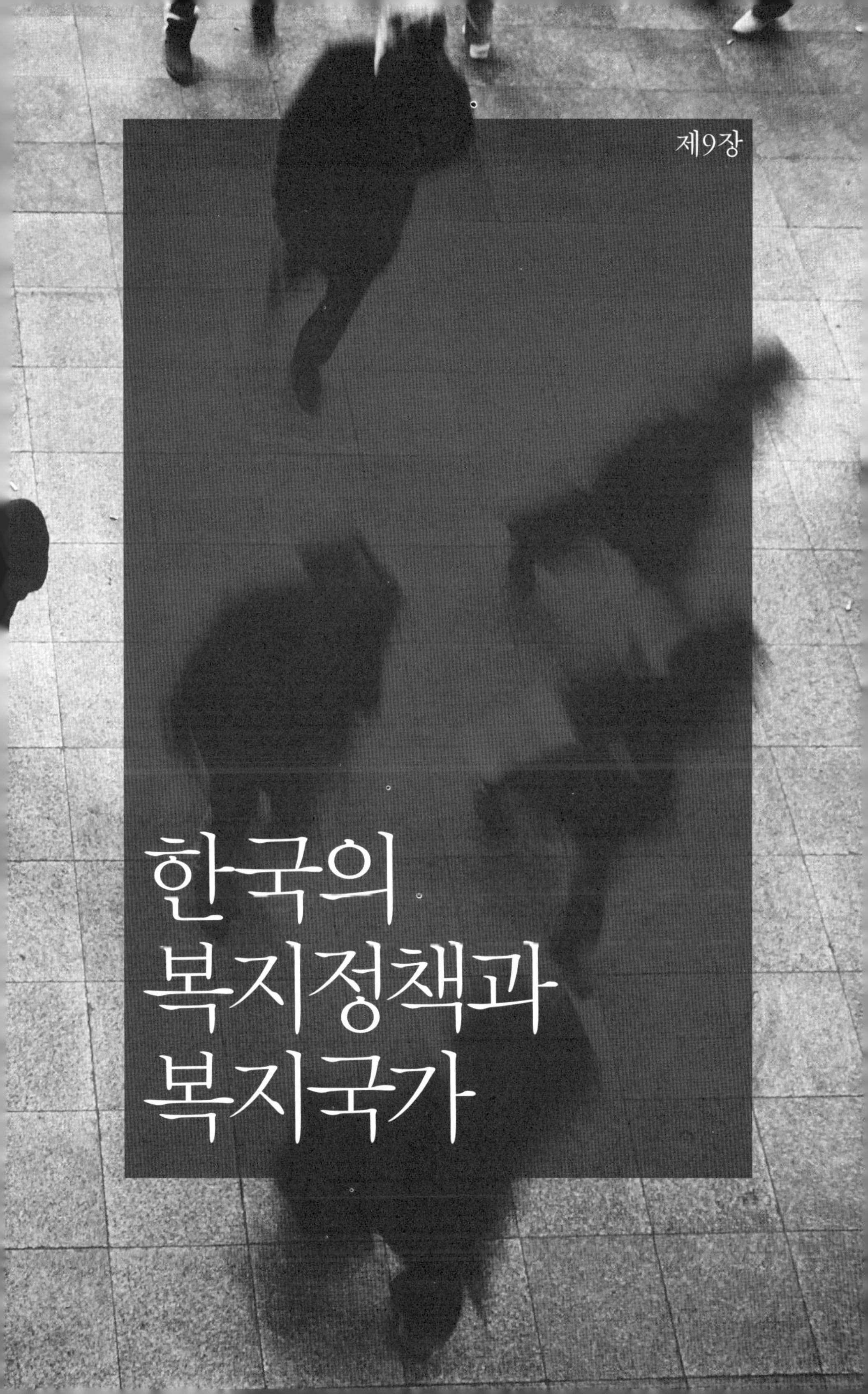

제9장

한국의 복지정책과 복지국가

1. 사회복지정책의 발전

한국의 사회복지는 1997년 말 IMF 외환위기를 맞아, 한때 140만 명이 넘는 실업자의 생계유지를 지원하기에 급급한 비상상태에 처한 적이 있었다. 이 위기상황은 한국 사회복지정책의 현실을 점검해보는 소중한 계기가 되었다. 당시 정부의 사회복지정책은 '산업구조조정'이라는 거시적 산업, 금융, 경제정책의 흐름에 떠맡겨져 사실상 실업자에 대한 고용보험의 적용 및 확대, 실업가정에 대한 공적부조와 복지서비스 제공에 급급한 지경에 있었다. '사회안전망'이 대단히 취약한 가운데 대량실업이 몰고오는 생계위협과 실업과 고용불안의 장기화로 인한 '빈익빈, 부익부'의 심화, 그리고 빈곤의 확대에 대처하는 기본적인 생계보장정책이 사회복지의 핵심 현안으로 부각되었다.

우선 한국의 사회복지정책이 1990년대 말 경제위기를 맞아 급진적인 발전을 한 것을 주목해볼 필요가 있다. 당시 실업자가 140만 명을 넘어섰고

도시가구 빈곤율이 23%에 달했던 상황에서 온갖 긴급 정책수단들이 동원되어 위기수습을 하였다. 고용보험이 전면 확대 실시되었고, 노동시장정책이 소극적 정책에 치중한 것을 적극적 방향으로 급선회시켰으며, 공공근로 등의 보조적 사회안전망 정책이 시행되었고, 나아가 국민기초생활보장법의 도입으로 자활공동체 사업이 전국적으로 확대되었다. 또 민간사회안전망 사업과 실업극복국민운동 사업 등 정부와 민간단체의 파트너십의 노력도 위기극복에 크게 기여했다. 공공 사회복지지출비가 GDP의 3% 수준에서 5%를 넘어선 것도 큰 변화의 하나로 꼽을 수 있다. 불과 3~4년 사이에 기초생활보장제도와 의료급여제도와 같은 기존 제도의 대폭 확장에 따라 소요예산이 3~4배 증가했고, 자활 및 공공근로 등의 사업도 예산규모가 크게 늘었다. 또 국민연금의 확대, 의약분업에 따른 의료보험의 확대, 노인장기요양의 실시는 사회보험의 지출을 급진적으로 팽창시켰다.

1) 위기극복의 복지정책

무엇보다 빈곤의 심화에 사회복지정책의 취약점이 있었다. 그간 빈곤실태에 관한 정부의 공식적인 조사가 전혀 이뤄지지 않은 가운데, IMF 경제위기로 인해 한국 도시가구의 빈곤율이 사상 최고치인 23%에 달해 있다고 세계은행의 잠정 집계한 결과가 알려지면서, '빈곤'에 대한 사회적 우려가 높아졌다. 빈곤율 23%는 1960년대의 빈곤율로 퇴행한 것이다. 세계은행(World Bank 1999)의 자료를 보면 1975년 20.4%에 달한 빈곤율이 1995년에 7.4%로 크게 떨어진 바 있었다. 세계은행의 조사결과와는 별도로, 한국보건사회연구원(1999)과 통계청의 빈곤율 조사결과를 살펴보아도 빈곤율이 1960년대 수준으로 돌아갔다는 사회적 위기를 알려주었다. 다행히도 2001년이 되면서 대량실업이 크게 감소되는 것을 지켜보면 한국 경제의 저력은 건실하며 또 그간의 긴급처방적인 적극적 노동시장정책을 중심으로 하는 사회복지정책이 어느정도 효과가 있었다는 것을 알 수 있었다. 다른 한편으로는 빈곤은 다소 감소되었을 뿐 여전히 심각한 상태에 머물러 있어 생계보장을 비롯한 사회복지정책의 효과가 거의 나타나지 않은 것으로 평가받았다(박순일 등 2002; 박찬용 등 2002).

서구의 사례에서처럼 사회복지가 근로의욕을 떨어뜨리며 '복지의존의 덫'에서 헤어나지 못하도록 하는 문제가 아직 한국에서는 존재하지 않는다. '최저보장' 수준인 실업급여 등 복지급여에 의존하기에는 너무나도 취약한 것이 한국의 실정이다. 무엇보다도 직업훈련 교육, 직업안정대책, 창업 등의 일자리 창출 등 적극적 노동시장정책을 중심으로 대량실업으로 생계위협을 받고 있는 가구에 대한 사회안전망 구축이 시급한 정책과제라는 의견이 광범위하게 수렴되었다(김연명 1998; 김진수 1997; 노인철 1997; 류진석 1997; 방하남, 정무권 1998, 박순일 등 2002; 박찬용 등 2002).

서구의 복지국가의 발전에서 살펴보았듯이, 사회복지정책의 가장 기본적인 과제는 빈곤해소에 있다. 그럼에도 한국의 사회복지정책은 빈곤에 대한 준비가 대단히 미약한 취약점을 안고 있다. 지금까지의 빈곤대책이란 생활보호 대상자를 중심으로 하는 단순 보호 차원의 사후적인 소극적 복지프로그램에 치중한 것이지, 예방적인 적극적 또는 '생산적' 복지정책의 기틀에서 추진된 것은 아니었다. 또한 기초생활보장 장치로서의 사회복지제도 또한 겨우 걸음마 수준에 올라섰다고도 볼 수 있다.

특히 실업에도 준비되지 않은 것이 한국의 사회복지정책이다. 실업에 대한 예측과 준비가 덜 된 상태에서 일을 중심으로 하는 복지의 해법을 전제로 했기 때문에, 사회안전망이 부실했고 실업은 곧 기초생계의 위협으로 급진전했던 것이다. 고용보험법이 1993년에 제정되어, '소극적' 실업대책이 되는 실용보험에 그치지 않고, '적극적' 노동시장정책을 포함하는 고용보험으로 제도화를 준비한 것은 다행스런 일이었다. 그럼에도 140만 명에 이르는 실업자들이 발생해서 이들에게 실업급여를 제공하며, 안정적인 고용과 새로운 일자리를 창출하는 보다 거시적인 정책프로그램의 준비는 극히 미흡해서 IMF 사태 이후 엄청난 혼란을 빚었다. '사회안전망'의 제도화를 통한 노동복지의 기본틀이 마련되지 않은 것이 문제로 지적되면서, 이후 국민기초생활보장법의 등장을 가져왔다. 구조조정이 몰고오는 대량실업으로 인한 취약계층의 생계위협은 IMF가 권고하는 단기적 비상조치의 수준을 넘어서서 장기적으로 제도화를 요구하는 '생산적' 사회복지정책의 기본으로 부각된 것이다.

서구 복지국가로부터 크게 구분되는 한국 사회복지정책의 특징적 현황은 무엇보다도 실업급여, 공적부조 등의 기초생계보장이 서구와 같은 심각한 복지의존을 낳을 수 없다는 점이다. 그만큼 실업급여, 공적부조 등의 복지급여 수준이 낮기 때문이며, 정작 가장 긴요하게 복지급여를 필요로 하는 취약계층들은 실업급여 등에서 제외되어 있다. 또한 서구에서는 전통적인 '가장1명 수입'에 의존하는 전통이 무너진지 오래지만 아직도 한국은 가장 한 사람에게 가구의 수입원이 집중되어 있기 때문에, 가장의 실업이 가구에 미치는 영향은 가정파탄으로까지 발전되는 높은 위험을 안고 있다(조흥식 1998). 결국 기초생계를 보장하는 사회안전망이 구축되지 않으면, 가정파탄뿐 아니라 강절도 등 각종 범죄, 청소년비행 등 심각한 사회문제가 확대되면서 사회통합에 필요로 하는 엄청난 사회적, 정치적 비용을 국민 전체에게 부담을 지우는 결과를 초래하게 된다. 이런 측면에서도 기초생활보장을 전제로 하는 '생산적' 사회복지정책이 지속적으로 추진되어야 할 것이다.

2) 한국의 사회보장 제도

한국 사회보장제도는 1960년대 이래로 발전하며 최근에는 가장 낮은 수준의 복지국가에 곧 근접할 수 있다는 낙관론이 제시되어 있다(보건복지부 2010, 2015). 1차 사회안전망이 되는 사회보험과 2차 사회안전망이 되는 공공부조와 사회서비스를 요약하면 〈표 9-1〉과 같다.

한국 사회보험은 1960년 최초의 사회보험인 공무원연금제도부터 2008년에 시행된 노인장기요양보험에 이른다. 사회보험은 주로 근로계층(또는 국민 일반)을 대상으로 가입자의 기여로 재원을 조달하여, 가입자에게 발생하는 사회적 위험에 대해 급여를 제공한다. 사회보험에 가입하지 못하는 빈곤층 등은 2차 안전망인 공공 부조에 의존하는데, 1962년에 도입된 생활보호제도를 확대 발전시켜 2000년에 도입된 국민기초생활보장제도가 대표적이다. 그런데 국민기초생활의 수급요건에 적합하지 않아 배제되는 빈곤층에 대해서는 일시적으로 긴급복지가 제공된다. 또 3차 안전망으로 일반국민은 소득수준과 무관하게 보건의료, 교육, 고용, 주거, 문화 등의 분야에서 다양한 사회서비스를 제공받는다.

사회보험

사회보험제도는 전적으로 중앙정부의 책임으로 해당 보험사업의 보험료를 부과하고, 법률에 규정된 사회적 위험에 대해 급여를 제공한다. 노령,

표 9-1 한국의 사회보장 제도: 사회보험, 공적 부조와 사회서비스

제도/정책영역		급여 형태	소관부처	전담(관련)기관/ 전달체계	재원조달
[1차 안전망: 8종 사회보험]					
4대 공적 연금	국민연금	현금	보건복지부	국민연금공단	사회보험방식(국민연금기금)
	공무원연금		인사혁신처	공무원연금공단	사회보험방식(공무원연금기금/군인연금기금)+적자국고보전
	군인연금		국방부	자체 운영	
	사학연금		교육부	사학연금공단	사회보험방식(사학연금기금)
고용보험		현금/ 현물	고용노동부	지방고용노동청, 근로복지공단	사회보험방식(고용보험기금)
산재보험				근로복지공단, 산업안전보건공단	사회보험방식(산재보험 및 예방기금)
국민건강보험		현물	보건복지부	국민건강보험공단	사회보험방식(국가재정 외로 운용)+예산범위 내에서 보험료 예상수입액의 20% 국고지원
노인장기요양보험					
[2/3차 안전망: 공공부조, 사회서비스]					
기초 생활 보장	생계급여	현금	보건복지부	지방자치단체	국고+지방비
	주거급여				
	교육급여				
	해산장제급여 등				
	의료급여	현물			
취약계층지원: 장애인연금/장애수당		현금	보건복지부	지방자치단체	국고(예산, 복권기금)+지방비
보육	영유아보육, 가정양육수당	현물	보건복지부	지방자치단체	국고+지방비
	보육(3~5세아 누리과정)		교육부	지방교육청	지방교육재정교부금
여성·가족		현물	여성가족부	지방자치단체, 건강가정지원센터 등	국고(예산, 여성발전기금, 청소년육성기금)+지방비
노인: 기초연금		현금	보건복지부	지방자치단체 (또는 국민연금공단)	국고+지방비
보훈		현금/ 현물	국가보훈처	지(방)청, 보훈병원	국고(예산, 보훈기금, 순국선열애국지사기금)
일자리지원 등		현물	고용노동부 외	지방고용노동청	국고(예산, 고용보험기금 등)
주택		현물	국토교통부	공공주택건설본부, 지방자치단체	국고(예산, 국민주택기금)
사회복지일반		현물	보건복지부 외	지방자치단체, 민간복지시설 등	국고(예산, 복권기금)+지방비
보건의료 등		현물	보건복지부	공공의료기관, 보건소 등	국고(예산, 건강증진기금, 응급의료기금)+지방비

자료 고제이 외 2015: 96.

장애, 사망에 대해 연금급여를 실시하는 4대 공적연금(국민연금, 공무원연금, 군인연금, 사학연금), 실업에 따른 구직급여와 직업능력개발 등을 위한 고용보험, 업무상 재해의 보상을 위한 산업재해보상보험, 질병·부상 등에 대해 치료 등의 급여를 제공하는 건강보험, 그리고 노인성 질병 등으로 활동의 제약이 있는 노인 등에 장기요양급여를 제공하는 노인장기요양보험이 있다.

사회보험의 보험급여는 법정지출로 「국민연금법」 등 8개 법률과 법령에 따라 사업이 수행되고, 급여지급을 위한 재원은 사회보험 방식에 따라 부과된 보험료 수입 등으로 조달된다. 다만, 공무원연금과 군인연금에 대해서는 연금수지 적자를 국가와 지방자치단체가 보전한다. 또한 건강보험과 노인장기요양보험은 예산의 범위 내에서 보험료 예상수입액의 20%를 정부가 지원한다.

사회보험 방식은 법률에 따라 국민의 가입이 강제되고 조세와 마찬가지로 각 보험의 기여금이 징수되며, 가입자는 법에 규정된 사회적 위험에 처해 수급자격이 발생하면 급여를 받게 된다. 이러한 까닭에 사회보험사업은 부담과 수급권의 양 측면에서 보험료와 급여에 대한 제도설계와 재정운용의 지속가능성 등에 대해 사회적 합의를 도출해야 할 당위성이 크다.

그런데 고령화 속도가 빨라지면서 노후 소득보장정책에 논의가 집중되어 있다. 국민연금은 수급률과 소득대체율이 낮아 노인의 빈곤 완화 효과를 기대하기는 어렵다. 또 기초연금은 급여수준이 충분하지 않아 급여수준을 점차 높여야 한다. 국민기초생활보장은 부양의무자 기준이 있어 사각지대가 넓어, 이를 축소하는 방안이 마련되어야 한다(황남희 2016: 30).

공적부조와 사회서비스

공공부조와 사회서비스 정책은 대개 국가와 지방자치단체가 정책기능이나 재원을 분담한다. 대표적인 국민기초생활보장제도는 '생계급여', '의료급여' 등 7종 급여를 포괄한다. 2015년부터는 맞춤형 급여체계에 따라 급여 종류별로 수급권을 달리하도록 개편하였다. 이에 따라 근로능력이 있는 수급자의 적극적인 탈수급 지원도 이뤄진다.

공공 부조는 취약계층지원을 위한 것으로, 장애인연금과 장애수당이 대표적이다. 2010년 「장애인연금법」 제정으로 도입된 장애인연금제도는 중증장애인에 연금을 지급하는데, 2015년 현재 18세 이상 중증장애인 중 소득하위 70%(36만 명)에게 기초급여 기준으로 월 20만 4000원이 지급된다. 장애수당은 기초수급 대상자 및 차상위계층이 해당되는데, 경증장애수당은 월 4만 원, 장애아동수당은 소득계층과 경/중증 여부에 따라 월 10만 원에서 20만 원 범위이다.

사회서비스에서는 아동복지의 경우, 지역아동센터지원, 드림스타트 실시 확대, 아동발달계좌 지원사업 등이 있다. 또 노후소득보장을 위한 공공부조인 기초연금은 기존의 기초노령연금이 폐지되고 급여가 대폭 확대되었다. 2015년 현재 65세 이상 노인 46만 명이 수급권자이며, 월지급액은 최대 20만 4000원 수준이다. 국고보조율은 74.5%로, 나머지는 자치단체의 분담을 필요로 한다.

보육에 대한 국가 책임을 강화하는 방향으로 보육서비스 지원은 크게 확대되어 왔다. 2015년 현재 0~2세아 보육과 보육시설 미이용 아동의 양육수당 지급은 국비와 지방비가 분담되는 구조이다. 3세아 이상의 어린이집 이용은 교육재정교부금으로 조달한다.

보훈 부문 급여는 국가유공자 등을 위한 사회적 보상으로, 국민 일반을 위한 사회보장과는 구분된다. 주요 급여로는 보상금, 부양가족수당, 호수당, 무공예수당, 참전명예수당, 고엽제수당 등이 있다. 또한 보훈병원이나 위탁병원을 통한 진료가 현물급여로 제공된다.

주택 부문은 재정규모가 2015년 18조 원을 상회하여 공적연금 부문 다음으로 크지만, 사업 내용은 주택구입·전세자금 융자 또는 공공임대주택 융자 등과 국민주택기금의 국공채 이자지출이 대부분이다. 이런 주택부문 지출은 수급자에게 직접 제공되는 급여 위주로 정의되는 '사회적 목적을 띤 급여'로 간주하기 어렵다.

또 보건의료에서는 의료보장 사각지대 해소를 위한 취약지역 의료인프라 강화 등이 있다. 국가예방접종은 12세 이하 어린이를 대상으로 하는 14종의 예방접종서비스가 제공된다.

사회보장 지출비와 사회보장의 문제점

재정 지출을 살펴보면, 사회보험 지출비가 가장 높은 비중을 차지한다. 사회보험급여와 관련 사업비로 이루어진 재정지출이 2015년 60조 7500억 원 규모이며, 이 중 65%, 40조 원이 국민연금, 공무원연금 등의 4대 공적연금 지출이다(앞글: 117). 다음으로 공적 부조와 사회서비스의 지출은 2015년에 약 55조 원 규모이다. 여기에서 사회복지지출과는 성격이 상이한 주택과 보훈부문 지출을 차감하고 보면, 국민 일반을 위한 공공부조 내지 사회서비스 지출은 약 32조 원 규모로 파악된다.

그런데 지출 추이를 살펴보면, 가장 우선적으로 지원되어야 하는 전통적 부조대상인 빈곤층보다 노인, 영유아, 장애인 등을 중점 지원하는 방향으로 정책이 이루어졌다는 사실을 발견하게 된다. 이는 우선순위가 높은 정책대상을 택한 결과이지만, 다른 한편으로는 선거를 거치면서 특정집단에 대한 공약이 우선되는 속성을 반영하기도 한다(앞글: 130). 노인 부문에서는 2007년 경로연금, 2008년 기초노령연금으로 법제화되었고, 다시 2014년에 기초연금이 새로 도입되면서, 노인소득보장정책은 확대되는 경로를 밟아왔다.

보육 부문에서는 영유아보육에 대한 국가 책임을 강조하는 정책기조가 유지되면서, 2015년 현재 미취학 아동의 보육과 관련하여 현물 또는 현금급여를 받도록 정책이 추진되고 있다. 2015년 현재 '사회복지 분야 - 보육 등의 부문'에서 약 5조 원의 국비가 지출되며, 이에 지방자치단체의 분담비용, 교육재정교부금을 재원으로 하는 누리과정 지원, 그리고 고용보험의 산전후 휴가 및 육아휴직지원 등을 모두 포함하면, 보육과 직·간접으로 연관된 재정지출은 10조 원을 상회할 것으로 추정된다.

취약계층지원 부문에서는 2010년 '장애인연금'의 법제화가 주목된다. 재정의 제약으로 중증장애인의 70%가 수급대상이며, 경제적으로 취약한 경증장애인에 대해서는 장애수당이 지급된다. 현금급여는 2007~2015년간 연평균 10.4%의 증가율 기록한다. 장애인활동지원을 포함하는 장애인사업 예산은 2007년 이래 연평균 17.5%의 높은 증가율을 보인다.

이상과 같이 상대적으로 높은 예산 증가율을 주도한 정책 부문과 대조를 이루는 기초생활보장 부문에서는 2015년 현재 9조 4770억 원의 국고가 투입된다. 2007년 이래 전반적인 동향을 보면, 빈곤층에 대한 정책우선순위가 그리 높지 않았음을 알 수 있다. 특히 현금급여가 주를 이루는 기초생활급여(생계급여, 주거급여 등 6종)는 2014년에 복지지출 총액의 3% 수준에 그쳤다.

3) 복지정책과 복지의식

복지국가와 복지정책에 대해 일반시민은 어떤 의식을 갖고 있는가? 빈곤이나 소득불평등에 대한 시민들의 복지의식은 한국이 복지국가를 가질 수 있는 국민적 합의를 이룰 수 있는지를 가늠하는 중요한 정책지지의 밑바탕이라고 볼 수 있다. 바꿔 얘기하면 복지국가의 수준은 국민의 복지의식에 반영되어 있다고 말할 수 있다. 한국은 그간 정치적 민주화, 경제위기로 인한 극심한 양극화와 그에 따른 새로운 사회안전망의 확충을 제도화해 온 과정에서 이제 정책결정층 위주의 하향식 정책결정은 불신과 도전을 받으며 일반 국민의 복지의식이 성장하면서 이제 한국 사회에서도 국민의 복지의식이 복지국가의 전개 경로에 유의미한 영향을 미치고 있다고 볼 수 있다(김신영 2010: 103).

아래에서는 국제 및 국내 여론조사 결과들을 통해 한국인의 복지의식을 타국민과 비교해 정리해볼 수 있다. 일부 복지국가들과 동일한 시기에 동일한 내용을 조사한 〈세계가치관조사〉(World Values Survey) 결과는 한국의 복지정책과 복지국가의 비전에 시사해주는 바가 적지 않다. 아래의 조사결과를 보면 사회복지에 대한 한국인의 관심과 지지가 한참 높아지고 있다는 것을 알 수 있으며, 사회복지에 대한 공공정책의 노력과 성과가 매우 미흡하다는 것이 국민의 복지의식으로 나타나 있다. 따라서 사회복지정책이 더욱 확대될 필요가 있다는 것이 대다수 국민의 여론으로 표출되고 있지만, 문제는 조세부담 의지에 달려 있다.

소득평등에 대한 의식

먼저 한국인은 소득평등에 대해 어떤 의식을 갖고 있는가? 〈세계가치관조사〉에 나타난 1990년, 1996년, 2005년, 2010년 자료를 비교해보면 국가 차원에서 소득평등이 되도록 노력해야 한다는 의견과 반면에 소득격차는 개인의 인센티브로 필요하다는 의견 사이에 심각한 변화가 있다는 것을 엿볼 수 있다. 1990년에는 전자에 대한 지지가 매우 높았지만 1996년에는 전자보다 후자에 대한 지지가 급상승했고, 이는 2005년과 2010년에도 비슷한 추세를 보여준다.

서구 5개국과 비교해보면, 한국은 미국과 일본과 유사하게 소득평등보다는 소득격차를 인센티브로 인정할 필요가 있다는데 더 많은 다수가 동의하고 있다. 미국과 같은 자유주의 국가의 성향이 강한 것으로 보여진

표 9-2 소득평등에 대한 국민의식: 한국과 선진 5개국 (단위: %)

		← 소득은 평등화되어야 한다 / 소득격차는 인센티브로 필요하다 →				
		매우 동의	다소 동의	중립적	다소 동의	매우 동의
한국	1990	27.3	17.6	15.9	16.3	17.8
	1996	11.4	13.3	13.9	32.3	29.2
	2005	8.4	15.2	16.0	38.5	21.8
	2010	7.6	15.9	17.6	39.1	19.6
미국	2011	14.0	15.6	32.4	33.7	12.5
일본	2010	10.1	18.5	37.5	20.4	4.7
독일	2013	24.6	33.1	26.4	11.5	3.1
스페인	2011	16.2	23.1	24.7	26.3	7.6
스웨덴	2011	20.4	22.3	25.1	24.6	6.2

자료 World Values Survey, 1990, 1996. 2005, 2014.

다. 반면에 독일, 스페인, 스웨덴은 소득 평등화를 더 중시하는 여론을 보여주는데, 독일은 특히 소득평등에 대한 지지와 소득격차에 대한 거부가 가장 강하다.

정부 책임에 대한 의식

위에서는 한국의 소득평등 문제가 사회적 노력보다 개인의 노력이 중요하다는 방향으로 의식이 변화된 것을 살펴보았지만, 아래에서는 국민생활보장 문제는 개인의 책임이라기보다는 정부의 책임이라는 의식이 급격히 팽배한 것을 엿볼 수 있다. 1990년부터 1996년에 획기적인 변화를 보였고, 이후 2005년과 2010년까지 비슷한 동향에 있다.

서구 5개국과 비교해보면, 한국은 일본과 유사하지만 미국과 정반대

표 9-3 국민생활보장에 대한 정부책임과 개인책임 의식 (단위: %)

		← 정부 책임이다 / 개인 책임이다 →				
		매우 동의	다소 동의	중립적	다소 동의	매우 동의
한국	1990	10.9	14.9	16.4	22.5	36.1
	1996	45.0	33.2	11.4	5.4	5.2
	2005	40.2	33.3	11.7	9.5	5.3
	2010	37.6	36.2	17.9	9.3	3.6
미국	2011	12.9	14.2	22.6	20.5	26.8
일본	2010	31.1	30.6	20.5	9.4	3.4
독일	2013	20.0	24.9	29.4	18.2	7.1
스페인	2011	22.1	30.5	26.8	13.6	4.5
스웨덴	2011	12.9	18.3	30.0	26.4	10.4

자료 World Values Survey, 1990, 1996, 2008, 2014.

의 여론을 보여준다. 한국인은 5개국보다 훨씬 높은 정부 책임을 강조한다. 스웨덴이 정부 책임을 가장 적게 지지하는 배경에는 복지국가의 피로현상으로 보여진다.

부자의 세금으로 빈곤층 지원

또 〈세계가치관조사〉는 민주주의에 대한 국민의식을 측정하는 여러 질문들 중에 "부자의 세금으로 빈곤층을 지원"하는 것이 민주주의의 기본 원리인지를 물었다. 조사결과는 〈표 9-3〉에 소개되고 있는데, 미국을 제외한 한국 등지에서는 매우 강한 지지를 보여준다. 이는 미국식 복지국가가 유럽식 복지국가와 근본적으로 다른 한 측면으로 보여진다. 그런데 한국인은 서구인들에 비하면 훨씬 더 지지적이라는 것을 알 수 있는데, 이는 향후 제시될 수 있는 한국 복지국가에 대한 확고한 여론 지지라고 평가해 볼 수 있다.

표 9-4 부자의 세금으로 빈곤층 지원에 대한 국민의식 (단위: %)

	부자의 세금으로 빈곤층을 지원하는 것이 민주주의의 원리다				
	매우 반대	다소 반대	중립적	다소 찬성	매우 찬성
한국	3.9	6.8	16.2	36.9	35.6
미국	21.1	14.4	32.3	18.3	10.8
일본	4.8	10.1	23.7	31.3	15.3
독일	6.0	9.2	23.0	31.6	28.4
스페인	4.8	7.6	22.1	34.0	26.1
스웨덴	10.5	10.8	22.4	31.1	22.4

자료 World Values Survey, 2014.

2. 경제위기와 빈곤의 구조화

빈곤의 주요 원인은 앞의 제5장에서 소개된 것처럼 매우 복잡하다. 한국 사회의 경우도 마찬가지로, 대량실업의 확대로 빈곤이 심화된 1990년대 말의 사례를 보면 실업이 빈곤을 심화시키는 첫째 요인으로 꼽을 수 있을 것 같다. 그 후 몇 년 사이에 대량실업이 약화되며 빈곤이 감소된 것은 여러모로 한국 사회의 빈곤의 실태와 원인에 대한 관심을 집중시키기에 충분한 교훈이 되었다. UNDP는 1998년에 한국의 빈곤확대 경험을 한국 연구자들과 정리하며, 한국을 빈곤극복의 모범 국가로 평가하였다.

1) 빈곤의 역사적 특징

한국의 경제성장 역사에 비추어 볼 때 한국은 빈곤감소에 성공한 것으로 평가받고 있다. 한국이 빈곤감소에 성공한 것은 정부가 추진한 명시적 빈곤퇴치 정책 때문이 아니라 높은 경제성장의 간접 효과였다고 보는 것이 타당할 것이다. 경제성장의 교육과 고용의 기회가 충분히 확대되었고, 그 결과 빈곤감소를 갖다주었다는 분석이다(UNDP 1998: 2-3). 빈곤감소에 가장 유력한 영향을 미친 요인은 높은 경제성장의 결과, 저임금 가구에 풍부한 일자리를 제공할 수 있었던 점이었다. 이는 경제활동 인구의 1/4에 육박하는 높은 실업과 불완전 고용을 겪은 경험이 있는 저개발 국가들과 크게 대조된다. 한국의 경험으로 볼 때 대규모 고용을 창출하는 경제성장은 빈곤감소에 필요조건이라는 점을 시사해준다(그린 2010). 더욱이 경제성장이 지속되지 않으면 실업의 증가와 불완전 고용이 늘며, 이는 다시 정치적 불안을 야기하고 사회적 통합을 해친다고 볼 수 있다. 교육에 대한 투자가 경제성장을 촉진시켰고, 결과적으로 빈곤감소에 크게 기여하였다. 한국이 다른 국가에 비해 빈곤퇴치에 성공을 거둔 것은 교육적 성취력과 경제성장률에 있다는 것을 알 수 있다.

그럼에도 소득분배의 문제를 보면, 빈곤에 대해 일방적으로 낙관할 만한 입장도 아니다. 1인당 GNP가 1961년 82달러에서 1996년 만 달러를 상회하는 경제성장이 이룩되었고, 이에 따라 절대빈곤이 1960년대 인구의 40%에서 1990년대 말에 와서는 5% 이하로 줄었다. 그럼에도 상대빈곤은 줄어들지 않고 오히려 늘었는데, 그 이유는 소득불평등 문제에 있다. 하위 40%에 속하는 계층의 사회경제적 수준은 거의 변하지 않았다는 분석이다(김상균 1998).

또 실업과 빈곤의 관계는 분명히 밀접한 상관성을 갖는다. 저소득층의 실업과 소득 및 부의 분배를 악화시키는 요소들이 빈곤의 주요 요인이라 볼 수 있다(박순일 1994, 2007). 저소득층은 먼저 취약한 경제생활을 하고 있기 때문에 빈곤에 빠지기 쉽다. 무직률이 우선 높은 것부터 저생산성 노동을 하며, 최근에 와서는 비정규직으로 직업 불안 상태에 있다. 빈곤가구의 취업직종은 기능별로는 생산, 운수장비 및 단순노동에서, 산업별로는 건설업에 높은 종사율을 보이고 있어 상대적으로 낮은 생산성과 불규칙적인 일자리에서 소득을 벌고 있다. 빈곤가구주의 상당수는 경제활동을 못하는 실업상태에 있거나 단순 저생산성 노동을 하고 있다는 특성을 보여준다. 중소도시와 대도시에서 두드러지게 빈곤의 전형적 모습이 되고 있고, 농촌의 경우 소규모 소작농가의 경영이 절반을 넘고 있지만, 무직과 단순노동자들도 높은 비중을 보여준다. 그 밖에도 과다한 부양가구원수, 빈곤가구주의 고령화와 노인인구의 증대, 빈곤가구주의 장애, 많은 여성가구주 등이 가구구성에서 나타난 빈곤가구의 특성으로 나타났다(박순일 1994).

경제성장과 더불어 급격한 도시화가 진행되면서, 빈민의 도시집중으로 빈민촌을 형성된 것도 한 특징으로 보여진다. 1960년대와 1970년대에는 산업화와 이농의 영향으로 빈곤이 농촌지역에 집중되었고, 산업화와 경제성장의 영향으로 도시빈민의 수는 크게 줄었다. 1960년대 초 도시빈민가구의 식생활비 지출비율이 가구 수입의 70%를 넘었던 것이 최근에 전국평균치인 30%대로 크게 떨어졌다(하성규 1998). 따라서 농촌빈곤 문제가 상존해 있다고 볼 수 있다. 고용기회, 소득, 생활여건, 공공서비스 등에서 도농간 큰 격차 때문에 대규모 이농을 촉발시켰다. 농촌에서는 빈곤층을 도시로 밀어내고 도시는 이들을 끌어들이는 양방향 효과가 작용한 것이다. 이런 대규모 이농은 대부분 젊은층과 교육받은 사람들에 해당된 것으로, 농촌지역의 인적자원의 고갈로 나타나면서 개발 잠재력을 크게 감소시켰다. 그 결과 농촌의 빈곤은 교육받지 못한 노인과 편모가구에 집중되고 있다.

거시적으로 볼 때 한국의 빈곤감소와 교육 성취력은 정비례 관계를 갖는다. 많은 사람들이 더 많은 교육을 받게 됨으로써 빈곤으로부터 자유로워질 수 있다는 것이다. 그럼에도 교육이 빈곤감소에 미치는 효과에 대해서는 연구자들 사이에 열띤 논쟁이 되어 왔다. 교육이 초기 경제성장의 단계에서는 빈곤감소에 기여한 효과가 컸다고 볼 수 있다. 인적 자본을 유성해서 생산성에 직접 기여하고 노동자의 실질 임금 향상으로 빈곤 감소에 기여한 것이다.

그럼에도 교육에 대한 과잉투자론에 의하면 교육이 빈곤감소에 오히려 부정적인 효과를 미쳤다고 볼 수도 있다(김상균 1998: 274-9). 첫째, 교육에 대한 과잉투자는 수요와 공급의 균형을 왜곡시킴으로써 투자가 최적수준을 초과해서 비효율성을 초래한다. 이는 기술교육과 대학교육 사이의 불균형으로 인한 일부 직종의 과잉과 다른 일부 직종의 부족 현상을 초래하는 문제를 통해 이해할 수 있다. 일례로 고졸자의 소득률과 대졸자의 소득률을 비교해보면 고교교육에 대한 투자가치가 대학교육에 대한 투자가치에 두 배가 된다는 자료를 참고해볼 수 있다. 또 삶의 질과 관련해서 보면, 부모가 자녀의 학력을 높이기 위해 자신의 복지를 희생함으로써 가구소득 증가가 생활수준의 향상으로 나타나지 않을 것이다. 특히 사교육비 지출이 소득증가를 훨씬 앞서 증가한 사실을 주목해볼 필요가 있다. 사교육비에 대한 과도한 지출은 비합리적인 지출 때문에 가구에 불필요한 부담을 준다. 과잉교육의 부정적 효과는 사회이동을 저해하는 것으로 나타날 수 있다. 사교육비가 증가할수록 이 비용을 감당하기 어려운 부모를 가진 저소득층 자녀들의 상대적 교육의 기회가 줄어들게 된다. 고학력 부모를 가진 자녀들이 학력수준이 낮은 부모를 가진 자녀들보다 대학입학이 훨씬 더 용이한 것으로 나타난다. 중상층 자녀의 대학입학률이 저소득층 자녀의 입학률에 비해 거의 세 배 정도 높은 통계치를 참고해볼 만하다(앞글: 279).

주택난이 심각한 한국에서는 주택문제도 심각한 빈곤의 원인을 제공해준다. 급속한 도시화로 도시지역의 주택부족 현상이 만연되고 있으며 농촌지역의 경우 빈민들은 저급 주택문제에 시달리고 있다. 따라서 사회보장 차원에서 최저주택수준, 즉 주택 빈곤선을 법적으로 규정하고 모든 시민들에게 최저수준 이상의 주택에 대한 권리를 보장해주는 것이 빈곤감소에 획기적인 대안이라는 주장도 제시되고 있다(하성규 1998). 또 다른 처방은 주택보조금 배분에서 극빈 가구들에게 최우선권을 주고, 빈곤 가정의 과중한 주거비용을 경감시켜 주기 위해 주택수당제를 도입할 필요가 있다.

또 제1장에서 제시된 페미니즘 시각에서 빈곤 문제를 살펴볼 수 있다. 빈민 중 여성, 특히 가난한 노인 여성, 편모, 도시 근로여성, 농촌주부 등이

수적으로 적지 않은 것이 한국의 현실이다(이혜경 1998). 단독 세대를 형성하는 독거노인의 70% 이상은 여성 노인으로, 이들은 심각한 빈곤에 직면해 있다. 한국 여성의 삶은 그간 박탈, 억압, 차별로 점철된 열악한 환경을 경험해 왔지만 점차 개선된 것이 사실이다. 더 많은 교육을 받고 수입을 높이면서 건강한 삶을 영위하며 더 풍부한 생활을 누리고 있고, 노동시장 참여와 정치참여도 늘고 있다. 그럼에도 여성의 상대빈곤은 경시할 정도가 아니라 심각한 수준에 있다. 남성에 비교하면 경제활동참여의 기회가 적을 뿐 아니라 낮은 임금과 긴 노동시간에 시달리고 있는 것이 현실이다. 많은 여성들이 비숙련, 비정규직에 머물러 있는 것도 냉혹한 현실이다. 한국에서 여성이 빈민층에 머물러 있는 것은 자본투자와 산업발전을 주도하는 가부장제와 관료주의 힘이 강하게 확립되어 있기 때문일 것이다. 여성 빈곤의 퇴치는 가부장제가 떠받치고 있는 성차별과 자본주의가 조장하는 계층간 격차를 없애기 위해 정부의 강력한 개입을 필요로 한다고 볼 수 있다.

2) 절대 빈곤과 상대 빈곤

IMF 이후 대량실업으로 인한 빈곤이 크게 확대된 것은 어떤 형식으로든 입증되었다. 세계은행이 1999년에 잠정적으로 보고한 결과로는 도시가구의 빈곤율이 23%에 이르면서 1960년대 이래로 최악의 상태에 빠져 있다. 물론 정확한 빈곤율을 두고 방법론상의 논의가 일고는 있지만, 분명한 것은 빈곤이 확대되고 있다는 사실이다.

전국적 빈곤조사가 이뤄지지 않은 가운데 도시가구의 빈곤율 조사를 기초로 살펴보면 아래와 같다. 우선 IMF 위기 직후에 제시된 두 가지 다른 자료들을 구분해서 살펴본다. 먼저, 가구지출자료를 적용한 경우, 전체 가구의 빈곤율은 1998년 3/4분기 21~22.9%에 달한 것으로 추산된다. 통계청의 결과가 다소 낮은 21%, 한국보건사회연구원(1999)의 조사는 21.6%, 그리고 세계은행의 조사결과는 가장 높은 22.9%로 집계되었다. 근로자 가구만을 볼 때에도 커다란 차이 없이 통계청 19.4%, 한국보건사회연구원 20.3%로 나타났다. 다음으로 소득자료를 적용해 볼 때는 빈곤율이 낮아질 수밖에 없다. 이 자료에는 통계청의 '도시가구자료'에 근거한 것으로 여기에는 비근로자가구의 소득자료가 포함되어 있지 않아 빈곤율이 낮게 나타난 것이다. 이같은 결과는 앞의 '가구지출자료'와 비교해볼 때, 최저생계비 이하의 근로자가구 소득수준이 지출수준보다 높은 흑자가구라는 것을 의미하며, 따라서 이들 가구는 지출수준을 더 높일 수 있는 소득의 여력이 있다는 것을 보여준다.

한국의 빈곤율 추이를 절대빈곤과 상대빈곤으로 구분해, OECD 국가들과 비교가 되는 최근의 동향에 초점을 맞춰 정리해볼 수 있다. 특히 취약계층이 되는 노인을 비롯한 여성과 아동 가구주의 빈곤에 초점을 맞춰, 빈곤이 개선되는지를 살펴볼 만하다.

최근 2013년까지의 추이에서 절대 빈곤이나 상대 빈곤 모두가 개선된 것 같지는 않다. 그럼에도 아동 가구주의 경우만 정부 정책의 영향으로 절대 빈곤과 상대 빈곤 모두가 두드러지게 개선된 결과를 보여준다. 노인층에서는 절대 빈곤 상태의 노인이 오히려 늘어나 생계의 위협에 처해 있다. 2015년 OECD 자료에서도 한국은 여전히 노인 빈곤율이 가장 높은 국가로 남아 있다. OECD에서는 노인 빈곤은 개선되면서 오히려 청년빈곤으로 빈곤이 이동하고 있다는 분석이 제시되어 있는 것과는 대조적이다. 이처럼 한국 고령자 가구의 빈곤이 심각한 것은 사회보험이 미성숙한 상태에서 가족 중심의 사회부조 문화가 빠르게 해체되고 있기 때문이다. 가족 해체로 소득수준이 낮은 독거노인, 1인가구가 늘어난 점도 노인 빈곤의 확대에 영향을 미친 것으로 보여진다. 가난한 노인일수록 공적 이전에 대한 의존도가 높으므로 노인을 위한 사회안전망 강화가 복지정책으로 정착되어야 한다(정경희 2009: 6).

3. 빈곤과 재분배정책

빈곤해소에 대한 복지정책은 재분배와 사회안전망 정책에서 찾아볼 수 있다. 빈곤에 대한 '생산적' 복지정책은 사후적이고 소극적인 대책에서 예방적이고 적극적인 정책으로의 전환을 의미한다. 과거 '고성장, 저실업' 구조가 지배했던 시대처럼, 경제성장의 부수적인 결과로 빈곤이 해소되는 시대는 마감되고, '저성장, 고실업'이 장기간 지배하는 시대에는 사회안전망의 제도화를 통해서 '빈곤'에 적극적으로 대처하는 정책이 필요한 것이다.

서구의 경험에 비추어 보면, 미국식으로 고용안정을 중시하며 일정부분 빈곤과 소득불평등을 경시하는 정책방향이 올바른가, 아니면 유럽 복지국가의 경험처럼 빈곤과 소득불평등에 복지정책의 초점을 맞춰 일정 비율의 실업을 관용할 것인가 하는 선택을 생각할 수 있을 것이다. 그러나 한국의 빈곤은 여성, 장애인, 노인 등의 취약계층을 중심으로 진행되어오다, 저임금으로 생산직에서 일하다 실직한 실업자들이 새로운 취약계층이 되면서 이들 사이에 빈곤이 확대되고 있다는 다른 특징을 보여준다.

1) 복지정책의 빈곤해소 성과

보다 직접적으로 이제 정부의 개입에 의한 사회복지정책의 성과에 초점을 맞춰볼 필요가 있다. 경제개발정책, 산업정책, 교육정책 등은 국가의 부와 생산성을 증대시킴으로써 간접적으로 빈곤감소에 기여한다면, 사회복지정책은 비교적 단기에 성과를 내는 다양한 소득이전정책을 통해 직접적으로 빈곤을 감소시킨다(김상균 1998: 289).

한국의 사회복지정책의 도입은 1960년대 군사정권에 와서 시작되었다. 1960년 공무원연금법의 도입을 시작으로, 1961년 생활보호법, 군사원호보상법, 1962년 선원보험법, 군인보험법, 1963년 군인연금법, 재해구호법, 산업재해보상보험법, 의료보험법 등이 줄이어 제정되었지만, 그 시행은 상당 기간 늦춰졌다. 정통성 기반이 취약한 정권이 정치적 의도를 갖고 사회복지 입법을 서둘렀던 것이다. 1980년에 와서는 민주화운동과 노동운동의 격화로 1987년 최저임금법과 국민연금법이 제정되었지만 바로 시행되지는 않다가 1990년대에 와서 의료보험제도와 국민연금제도의 확대가 이뤄졌고, 1994년에 제정된 고용보험법의 경우, 전 사업장에 일시에 확대될 수 있었던 계기는 1997년의 외환위기가 강요했던 위기수습 대책이었다.

사회복지정책의 제도화는 특히 정치적, 사회적으로 불안과 위기의 상황에서 비롯되었다는 것을 엿볼 수 있다. 마치 19세기말 비스마르크 독일이 사회주의의 도전과 위기 상황에서 연금과 산재보험을 도입한 것과 같은 시대적 배경이라 볼 수 있다. 그럼에도 중요한 사실은 입법과 정책의 수혜층은 공무원, 경찰, 군인 등 일부 이해집단이었지 다수 소외층은 아니었다는 점이다. 한국의 사회복지정책은 일부의 조합주의적 이해를 도모해왔지, 주 대상이 되는 소외층을 계속 소외시켜 왔다(이영환, 김영순 2001). "한국의 사회복지정책은 빈곤을 제거하거나 부자와 빈자 사이의 간극을 줄이기 위해 추구된 것은 결코 아니었다"는 평가도 있다(김상균 1998: 291). 한국 사회복지 정책은 경제성장 정책에 종속되어 왔다고 볼 수밖에 없다. 정부의 정책은 경제개발에 우선 투자하는 정책이 지배적이며 그 결과 경제개발과 사회개발 사이에 심한 불균형이 있어 왔다. 앞의 〈표 3-6〉의 OECD 자료를 보면, 한국 정부의 사회복지지출은 OECD 국가 중에서 최하위를 차지한다.

또한 사회복지정책의 도입에도 불구하고 소득불평등이 확대된 사실에서 빈곤의 해소가 한계에 부딪혀 있다는 것을 알 수 있다. 국민연금, 산재보험, 고용보험 등이 '하향식(top-down) 확대전략'에 의존해서 부유층과 피용자에게 우선적으로 적용대상에 포함되어 왔기 때문에, 이들 사회보험들은 오히려 역진적 효과를 낳았다. 의료에서도 저소득층이 상대적으로 무거운 부담을 하고 있다는 것을 보면, 사회복지정책이 빈곤감소에 기여한다는 가설은 큰 의심을 받게 된다.

1990년대 말 외환위기 이후 여전히 높은 빈곤율을 보여주는 것은 한국의 빈곤해소 정책이 거의 성과가 없었다는 것을 입증해준다. 빈곤 발생 사후적 처방도 부실하지만 사전의 예방적 조치도 유명무실하다. 특히 공적부조의 사각지대가 아직도 광범위해, 빈곤층의 약 절반이 수급자 자격을 인정받지 못하는 실정이다(박순일 2007: 189). 이들은 부양가족이 있어 수급자가 되지 못하면서 부양가족의 도움을 받지 못해 빈곤의 생활을 하고 있다. 재산기준이 낮고 또 재산을 소득으로 환산해 급여수준을 감소시키는 제도적 오류 때문에 보호의 대상에서 배제되거나 충분한 보호를 받지 못하고 있다.

2) 소득분배의 양극화

소득분배로 관심을 바꿔보면, 여전히 심각한 불평등 구조의 특성을 갖고 있다. 앞의 제5장에서 살펴보았듯이 한국의 가처분소득의 Gini 계수는 OECD 국가들 중에서 최하위에 머물러 있는 실정이다.

한국의 소득분배의 특징은 양극화 추세에 있다. 중산층의 비중이 1996년 68.7% → 2006년 58.5% → 2008년 56.4%로 계속 감소하고 있다. 또 소득수준 하위 20%(저소득층)의 시장소득 점유율은 1996년 7.62% → 2006년 4.22% → 2008년 3.74%로 급격히 하락하는 추이를 보여준다. 이에 대해 보건복지부(2010b: 7)는 저소득층의 소득증가 정체는 노동수요 부족 때문으로 분석되며, 특히 국제 분업구조의 변화에 따른 제조업 고용의 축소 역시 저소득층의 일자리를 축소시키면서 소득격차의 주원인으로 이해된다고 설명한다.

또 OECD 자료 분석에 따르면, 한국의 가처분소득 지니계수는 OECD 평균보다 낮은 심각한 소득불평등 현상을 보여준다. 이는 외환위기 이후 소득격차의 증가 속도가 더욱 빨랐던 것으로 분석됐다. 1995년에는 지니계수, 5분위배율, 상대적 빈곤율 등의 개선율이 각각 2.2%, 3.7%, 4.3% 등에 불과했으나 2008년에는 8%, 18.2%, 19.3%로 커진 것으로 나타났다(국회예산정책처 2009). 그러나 시장소득 격차의 증가 속도가 사회적 지출 증가로 인한 소득분배 개선효과보다 더 커 사회적 지출 증가는 1995~2008년간 시장소득 지니계수 전체 증가분의 47.3%만 줄이는 데 그쳤다. 이같은 소득 양극화의 주요 배경으로는 임금이 낮은 비정규직 근로자의 비중 증가, 수출의 산업연관효과 약화에 따른 수출대기업과 내수중소기업 간의 임금격차 확대 및 대기업 고용비중 감소, 영세 자영업자의 소득하락 및 퇴출 등이 꼽혔다.

■ **그림 9-1** 한국 소득불평등: 시장소득과 가처분소득, 전체인구와 노인층, 2006~2014

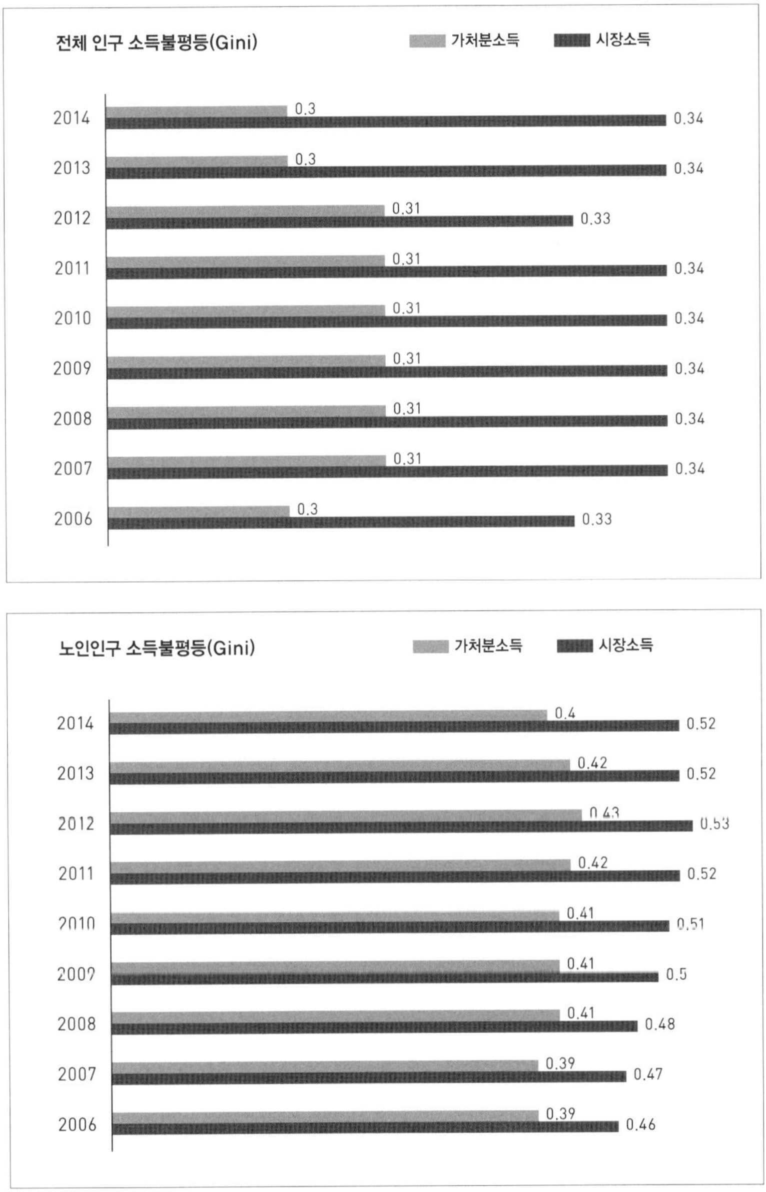

자료 OECD.Stat http://stats.oecd.org/Index.aspx?DataSetCode=IDD

최근의 자료에서도 소득불평등 문제는 전혀 개선되지 않고 있다. 1990년 이래 지금까지 지속적으로 중산층 비율이 줄어들고 있어 계층간 양극화가 진행되고 있다(보건복지부 2015: 5). OECD 통계자료 (OECD.Stat)에서 분석한 2006~2014년 기간을 살펴보면, 전체 인구의 가처분소득 Gini 계수는 여전히 0.3의 현상유지를 하고 있다. 노인 인구의 가처분소득 Gini 계수는 약간 높은 0.4의 수준을 유지하고 있다.

특히 자본소득은 노동소득에 비해 분배 불평등이 매우 높다. 2012년 기준으로 최상위 1%와 10%가 전체 배당소득의 72.1%와 93.5%를 가져가고, 또 전체 이자소득의 44.8%와 90.6%를 가져간다(유종일 2016). 반면 노동소득에서는 각기 6.4%와 27.8%로서 집중도가 훨씬 덜하다. 사업소득이 주를 이루는 종합소득에는 자본소득과 노동소득이 혼재되어 있는데, 집중도도 양자의 중간 수준을 보인다.

이처럼 소득불평등의 심화는 외환위기 이후부터라고 볼 수 있다. 소득집중도가 근로소득의 경우에는 외환위기 이전에 5% 정도에서 2010년 7.5% 정도로 증가했고, 전체소득의 경우에는 7% 정도에서 12% 정도까지 증가했다. 근로소득보다 전체소득 집중도가 더 빨리 증가했다는 것은 자본소득의 불평등이 심화되었다는 것을 보여준다(유종일 2016). 한국의 소득집중도 상승 속도는 미국이나 영국에 가까운 OECD 최고 수준이었다.

3) 직접세와 소득이전 정책

앞에서 지적했듯이 공적 이전소득보다 사적 이전소득이 더 큰 것이 한국의 현실이기 때문에 공적 이전소득에 의한 빈곤감소 효과는 극히 제한적

일 수밖에 없다. 박순일 등(2002)의 연구에서도 공적 이전소득의 빈곤해소 효과의 한계를 잘 보여준다. 2000년도 전체 도시빈곤가구 중 공적 이전소득의 지원을 받는 가구는 31.6%로, 68.4%라는 대다수가 공적 소득보장에서 배제되었다. 전체적으로 사적 이전소득이 공적 이전소득을 능가하고 있다는 것을 알 수 있다. 전체 가구에서 비근로자가구와 무직자가구가 이전소득에 대한 의존도가 가장 높고, 근로자가구의 의존도가 가장 낮다.

앞의 제5장과 6장을 통해 OECD 국가들의 사례를 살펴보았듯이, 정부의 개입에 의한 조세와 이전소득은 빈곤감소에 적지 않은 효과가 있다는 것을 알았다. 한국에도 이런 효과가 나타났는가? 이를 알아보기 위해 외환위기 이후 최근까지의 세금과 이전소득에 의한 빈곤감소 효과에 대해 박찬용 등(2002)의 연구 결과를 살펴볼 수 있다. 공적 이전소득, 직접세, 사회보험 부담금 세 가지 중에서 공적 이전소득만을 포함한 총소득 빈곤율(B), 시장소득 빈곤율(A)을 비교해볼 필요가 있다. 그 차이가 공적 이전소득의 효과로 볼 수 있는 것이다. 여기에서 공적 이전소득은 사적 이전소득과 달리 그 혜택을 누리기 위해서는 일정액을 직접세 또는 사회보장 부담금으로 지불해야 한다. 저소득층의 경우 이 부담금이 면제되기도 해서 직접세나 사회보험 부담금을 지불하지 않고 공적 이전소득을 받는 저소득층이 많다. 이들 가구는 직접세나 사회보험 부담금에 의해 총소득이 전혀 영향을 받지 않게 되므로 총소득과 가처분 소득이 동일할 것이다. 그렇지 않은 가구의 경우 총소득과 가처분소득의 차이가 있기 때문에 양자에 대한 빈곤율을 따로 구분해 볼 필요가 있다. 따라서 총소득과 가처분소득에 대한 빈곤율과 시장소득에 대한 빈곤율과의 차이를 통해 정부의 개입에 의한 세금과 이전소득의 빈곤율 감소 효과를 보여준다.

먼저, 시장소득 빈곤율(A)과 총소득 빈곤율(B)의 차이, 즉 A-B를 살펴보면 1996년에 비해 2000년 더 크게 나타났다. 외환위기 이전과 이후의 근본적인 차이로 볼 수 있다. 박순일 등(2002)의 연구결과가 지적했듯이, 공적부조 중심의 공적 이전소득의 빈곤감소 효과가 2000년에 크게 나타난 것이다. 비근로자가구와 1인가구에 대한 빈곤감소 효과가 가장 크며 근로자가구의 경우가 가장 적다. 1인가구에 비교적 큰 효과로 나타난 것은 공적부조에서 부양의무제가 실시되고 있어 1인가구를 구성하는 가구 중 대부분을 차지하는 노인가구가 여기에 해당되기 때문이다. 또 공적 이전소득의 효과는 사적 이전소득의 효과에 비교하면 매우 미미하다고 볼 수 있다. 사적 이전소득에 의한 빈곤율 감소폭은 1996년과 2000년에 각기 3.65%와 4.18%로 나타났다(박찬용 등 2002: 125).

다음으로, 시장소득 빈곤율과 가처분소득 빈곤율을 비교해본다. 가처분소득에는 공적 이전소득뿐 아니라 직접세와 사회보험 부담금이 합산된 것이다. 전가구에 대해 1996년에 '0', 2000년에 마이너스로 나타난 것은 빈곤선 위에 있는 가구들이 받은 공적 이전소득의 크기가 직접세와 사회보험 부담금 납부액보다 적어 시장소득보다 가처분소득이 줄어짐으로써 빈곤선 이하로 떨어진 가구들이 생겨났기 때문으로 볼 수 있다. 특히 근로자가구에서 이런 일이 많이 발생해서 전가구에 큰 영향을 미쳤다. 비근로자가구와 1인가구의 경우, 빈곤감소의 영향을 많이 받은 것으로 나타났다.

4) 한국의 소득보장정책

복지국가의 일차적인 역할은 빈곤과 실업으로 인한 소득 상실에 대한 위험으로부터 취약층을 보호하는 데 있다. 소득보장정책이 일차적인 핵심 역할이다. 소득보장정책은 노후의 소득보장을 위한 연금, 노동층의 실업 급여를 제공하고 고용을 지원하는 노동시장정책, 그리고 빈곤층의 생계를 지원하는 공적부조 등이 대표적이다.

공적 연금의 소득보장 성과

한국의 국민연금과 기초연금 등 공적 연금의 효과성은 연금소득의 적정성(adequacy)과 부담가능성(재정적 지속가능성)의 측면에서 평가한다. 적정성에서는 공적연금의 빈곤율 완화 효과는 미미한 수준이었으며, 퇴직 전 생활수준 유지에서는 국민연금과 기초연금 모두 OECD 평균 이하의 소득대체율을 보이고 있었다.

공적연금의 재정적인 지속가능성을 뜻하는 부담가능성과 노후소득의 적정성을 포괄하는 '사회적' 지속가능성 차원에서, 한국은 OECD에서 중간 수준에 있다. 이는 재정적 부담가능성이 낮아서가 아니라 적정성 기능을 소홀히 한데서 비롯된 것이다. 따라서 공적연금제도가 지속가능성을 갖기 위해서는 국민연금과 기초연금의 급여수준과 수급자격을 개선해 빈곤예방 기능을 강화하는 정책에 초점을 맞춰야 한다(강신욱 외 2015: 4-5).

공적 연금의 성과에 대한 평가는 일반적으로 노후 소득보장에 초점을 맞춰 연금 소득의 적절성과 연금 재정의 지속가능성을 성과 평가의 기준으로 제시한다(앞글: 72). 한국 국민연금 급여의 적절성 공적연금제도의 존립 목적 중의 하나인 노후빈곤 방지라는 관점에서 평가할 수 있다. 공적연금의 역사가 오래된 서구국가들에서 노인들의 빈곤율은 비노인층의 빈곤율과 거의 유사한 경향을 보이는데 이러한 현상은 대체로 공적연금의 효과에 기인하는 것이라고 해석할 수 있다(앞글: 85).

실제로 국민연금 노령연금 급여의 소득대체율은 매우 저조하다. 평균

소득자의 40년 가입의 경우, 소득대체율이 31.8%에 불과하다(앞글: 90). 소득과 가입기간에 비례하여 급여가 결정되는 구조상 납부예외자 및 보험료 체납자, 미가입자가 대규모로 상존하고 있다. 상당수의 사람들이 연금수급권을 획득하지 못하거나 획득하더라도 저액의 연금수급권만을 획득할 수 있다. 따라서 현행 국민연금제도는 장차 성숙화 단계에 진입하더라도 임시직·일용직·시간제 근로자 등과 같이 저임금이거나 노동시장 입·퇴출이 잦은 근로자, 고용이력상 단절이 일반적인 여성 근로자들에게는 최저생계를 영위할 수 있을 정도의 급여조차 보장해 주지 못할 것으로 전망된다.

OECD 각국의 공적연금(Mandatory Pension)의 소득대체율은 34개국에서 평균소득자의 경우 지급되는 평균 공적연금 급여수준은 54.4%이다. 한국은 국민연금과 기초연금을 합한 공적연금제도의 소득대체율은 39.6%로 비교적 낮은 수준이다(앞글: 93). 국민연금 급여의 소득대체율이 33.6%, 1층 연금으로서 기초연금은 평균소득의 약 6%에 불과하다.

실업 급여의 소득보장 성과

실업급여의 효과성은 포괄성, 적절성, 고용 성과의 측면에서 평가된다. 포괄성 측면에서 보면, 실직자 기준으로 산출한 실업급여 수혜율은 증가하고 있지만, 아직 20%에 이르지 못한 것으로 나타났다. 취약한 근로자일수록 고용보험 미가입이 실업급여를 받지 못하는 원인인 것으로 파악되었고, 사회보험 사각지대를 해소하는 정책이 강화되어야 한다. 특히 청년층의 경력 일자리 탐색을 지원하기 위해서는 자발적으로 이직하였더라도 장기간의 구직 상태에 있는 실업자에게 구직급여를 지원할 필요가 있다.

실업보상의 경우, 가입기간동안 기본급 평균의 50%만을 받을 수 있고, 기간도 10년 가입해야 최대 210일에서 240일(50세 이상의 경우)동안 수급이 가능하다. 그런데 1일 최대 지급액이 4만 3000원으로 한정되어 있어 한 달에 받을 수 있는 최대 금액이 최저임금 수준인 129만 원에 불과하다. 2015년 최저임금 시간당 5580원(1일 4만 4640원)인데, 4인 가족 중산층 가장이라도 구조조정으로 인해 실업을 당했을 때 받을 수 있는 최대 실업급여액이 129만 원으로, 이는 국민기초생활보장제도에서 기준으로 삼고 있는 4인가구 최저생계비(166만 8329원)나 이들에게 지급되는 현금급여액(생계급여, 134만 9428원)보다도 낮다(원종욱 외 2015: 30).

또 수급자 가구에서 실업급여의 빈곤 감소 효과는 5.8%에 이르는 것으로 나타나, 저소득 가구에서는 실업급여가 생활안정에 크게 기여하고 있었다(강신욱 외 2015: 5-6). 하지만 여전히 빈곤 상태에 머무르는 수급자가 작지 않다는 점을 고려하면 실업급여의 보장성을 확대할 필요가 있다. 낮은 보장수준은 일차적으로 짧은 수급기간에 기인하므로, 수급기간의 확대가 뒷받침되어야 한다. 실업급여 수급자는 비수급자에 비해 미취업기간이 길지만, 소정급여일수가 긴 수급자일수록 재취업 일자리의 안정성이 높은 것으로 나타났다. 따라서 신속한 재취업보다는 적절한 일자리로 재취업하느냐를 실업급여의 고용성과 목표로 설정할 필요가 있다.

기초생활보장의 성과

한국 사회보장제도에서 공공부조제도, 특히 기초생활보장제도가 중요하다. 사회보장제도가 성숙기에 이른 서구 복지국가들과 달리, 한국은 보편적 사회보장제도가 발전하지 못해, 빈곤층을 선별해 지원하는 기초생활보장제도의 역할이 중요한 것이다.

복지국가의 공공부조제도 평가에서 많이 활용되는 평가지표는 세 가지로 정리할 수 있다(앞글: 119).

(a) 수급률(take-up rate) 제고 효과: 사각지대 해소 효과로 알려져 있다. 전체 빈곤층 또는 수급자격을 충족시키는 빈곤층 중 얼마나 많은 사람들이 공공부조제도를 통해 보호받고 있는지 나타낸 것이다.

(b) 보장수준 (benefit level) 제고 효과: 현금급여는 소득빈곤을 완화시키는 효과를 파악하는데 도움이 될 것이고, 각 욕구별 현금 및 현물급여는 해당 욕구를 충족시키는데 어떠한 기여를 했는지 확인하는데 도움이 된다.

(c) 근로유인 제고(activation) 효과: 각국의 공공부조제도 또는 실업부조제도는 수급자들이 복지지원으로 인해 취업을 기피하고 제도에 안주하는 복지의존성 완화를 정책과제로 제시하고 있다.

기초생활보장의 효과성은 빈곤율 감소, 소득불평등 감소 측면에서 평가해볼 만하다. 기초생활보장제도 급여 전후의 빈곤율 감소효과는 중위소득의 40%를 기준에서는 2014년 7.36%로 추정된다(앞글: 150). 2010~2013년 기간에는 9.7%, 9.9%, 8.5%, 9.4%로 추산된다. 여전히 빈곤율 감소에 크게 기여하지 못하는 것이다. 또 기초생활보장제도의 급여가 빈곤층의 빈곤심도를 어느정도 경감시켜주는지, 2014년 기초생활보장제도 급여의 빈곤갭 감소효과는 약 3.4%로 추정된다(앞글: 151).

또 기초생활보장제도에 의한 소득불평등 감소효과는 미약하다. 2014년 기초생활보장제도 급여를 지급하기 이전의 지니계수는 31.0, 급여 후에는 30.2로, 정책을 통해 지니계수를 약 2.46% 감소시키는 것으로 추정된다(앞글: 151). 2010~2013년 기간에는 2.6%, 2.6%, 2.2%, 2.3% 감소한 정도에 머물렀다.

2015년 개편된 맞춤형 급여체계는 생계, 의료, 주거, 교육급여 등 총

4가지 급여의 선정기준 다층화로 탈수급 유인을 제고하고, 급여별 최저보장수준 설정으로 보장 수준을 강화함으로써, 수급자의 소득 증가 및 기준이 초과하더라도 수급자의 가구여건에 맞게 필요한 급여는 계속 지원을 받을 수 있게 하였다(보건복지부 2015: 79). 사회보장제도의 사각지대에 있는 저소득층은 물론 대다수 중산층에게까지 실질적인 소득보장과 서비스를 제공하기 위해서는 지속적인 급여인상과 수혜대상 확대가 필요한 상황이다.

4. 실업과 사회적 경제 파트너십

1990년대 말 경제위기 이후 실업률이 9%라는 전대미문의 기록을 세웠다. 실업자수 140만 명을 넘어서면서, 한국도 본격적인 '저성장, 고실업' 시대를 맞고 있다는 것이 일반적인 관찰이다. 지난 30 여년 이상 거의 완전고용 구조를 유지하면서 지속적인 경제성장이 가능했기에 사회복지 또한 개인, 기업, 국가 모든 차원에서 고용안정과 경제성장과 더불어 발전될 수 있다는 '트리클 다운'(trickle down) 논리가 강한 설득력을 보여주었던 시대, 즉 '고성장, 저실업' 시대가 이젠 마감된 것으로 볼 수 있다. 이젠 경제성장에 걸림돌이 되는 것이 고실업이며, 사회복지의 중점과제로 자리하게 된 것도 고실업이다. 실업극복에 초점을 맞춰 전통적으로 유지되어 왔던 '일'(job) 중심의 사회복지의 기초를 다시 세워야 하는 과제가 지금 세계 각국의 공통적인 정책과제로 부각되고 있는 '생산적' 사회복지정책의 과제이며, 보다 구체적으로는 '적극적' 노동시장정책이다.

1) 비정규직 중심의 노동시장

외환위기를 기점으로 대량실업이 완전고용을 물리치는 급진적인 구조적 개편이 이뤄졌다. '고성장, 저실업' 구조가 '저성장 또는 제로성장, 고실업' 구조로 대체된 것이다. 따라서 전자의 특징과 후자의 특징은 아래처럼 두드러지게 구분되기 마련이다. 한국의 경우, 이미 1990년대 초에 와서 실업률의 증가가 미약하나마 부각되기 시작하면서 서구 국가들이 경험했던 구조적 실업의 문제를 잠재적으로 누적해 오고 있었다는 분석도 있다. 서구형 구조적 실업의 잠재력이 누적되어 왔지만, 노동시장에 가시화되지 못한 것은 우선 거품성 경제호황뿐 아니라 산업간의 완충효과, 특히 기형적으로 불어난 서비스업의 고용 흡수효과와 자영업 부문으로의 흡수효과 등이 완충 역할을 맡았기 때문이었다(방하남, 정무권 1998).

최근까지 비정규직은 노동의 핵심 현안이 되고 있다. OECD 2014년 보고서는 비정규직 문제의 심각성을 지적하며, 정규직으로의 전환 정책을 건의하였다. 당시 비정규직 규모는 OECD 평균 12.9%인데 한국은 22.1%로 두 배 가량 높다. 연령별로는 55~64세 비정규직 비율이 OECD 평균(8.7%)에 비해 39.4%로 네 배를 상회한다. 핵심노동층인 25~54세의 비율도 19.3%로 OECD 평균(10.6%)을 크게 상회한다. 정책 대안으로 OECD는 임시직 계약 남용을 억제시키고, 비정규직 사회보험의 확대 적용 등 사회안전망을 강화하고 공정한 최저임금제 시행을 제안하였다.

한국은 일자리 질(job quality) 지표에서 먼저 소득과 근로환경에서 심각한 문제를 안고 있다. 소득에서는 실질 임금 상승이 OECD 32개국 평균에 크게 미치지 못하고 오히려 하락하는 취약성을 안고 있다(OECD 2016d). 노동안정성은 실업률과 장기실업이 심각한 OECD 국가들에 비해 비교적 안정적인 평가를 받고 있다. 그럼에도 비정규직 비중이 높아 근로환경 평가에서는 하위 그룹에 속한다.

최근의 한국 노동시장을 분석한 OECD는 한국이 글로벌 경제위기를 잘 대응한 것을 높게 평가한다. 실업률은 일본과 아이슬란드 다음으로 낮은 성과를 보여준다. 그럼에도 고용률에서 핵심노동연령의 남성에 비교한 여성과 청년층의 격차가 심한 문제를 안고 있다(OECD 2016f). 여성과 청년 고용 정책이 강화될 필요가 있다는 것이다. 예비노인층(55~64세)의 고용률은 OECD 평균(58.5%)에 비해 훨씬 높은 66%를 보여주지만, 이들은 저질의 노동, 고용불안과 낮은 임금으로 생계를 유지하고 있다. 이들 5명 중 2명이 비정규직으로 OECD 평균(10명 중 1명)에 비해 상당한 고용불안을 안고 있다. 나이가 더 많은 노인(65~69세)의 경우 5명 중 3명이 임시직으로 OECD 평균의 세배를 상회한다.

따라서 구조적 개혁이 필요하다는 것이 OECD의 정책 제안이다. 구조개혁으로 성장을 개선하고 노동시장 분절화 문제를 극복해야 한다는 것이다. 단기적으로는 고용 손실이 뒤따르지만 이는 최소화 또는 회피될 수 있는 개혁이라는 진단이다. 보다 효과적인 동등한 기회 제공, 훈련 정책과 사회보험 개선 등이 요구된다. 이를 통해 비정규직의 고용안정 등 보호가 이뤄질 수 있다는 것이다.

2) 사회적 경제 파트너십

한국에서도 사회적 경제는 유럽의 사정과 마찬가지로 실업과 빈곤의 확대에 따른 사회경제적 위기극복의 처방으로 등장해 지속적으로 성장하고 있다. 1990년대 말 외환위기를 기점으로 그 전에도 협동조합, 각종 공제회, 무수한 시민사회 결사체, 재단이 존재했지만, 그 후로 정부의 주도적인 정책추진에 의해 사회적 경제는 새로 탄생되고 있다. 2007년 '사회적 기업 육성법'이 실시되며 2007년에 55개, 2008년 101개, 2017년 1741개의 사회적 기업이 노동부의 승인을 받아 정부재정 지원으로 성장하고 있다.

국가-시장-시민사회 파트너십

〈표 9-5〉를 제시한 노대명(2007)에 따르면, 사회적 경제는 먼저 국가-시장-시민사회 분류법으로 크게 분류되는데, 사회적 경제는 국가와 시장으로부터 독립적으로 구분되는 섹터가 아니라 국가와 시장에 기반을 두고 매개하는 '혼합적 영역'으로 제시된다. 그림에서 유의해 보아야 하는 점은 예시한 전체가 사회적 경제에 광의적 영역과 조직이라는 점이며, 표의 유형 분류 세 가지 중 하단에 소개된 '사회적 경제'는 유럽식의 전통적인 협의의 사회적 경제조직이라는 점이다. 사회연대은행 등의 대안금융기관이 국가와 시장으로부터 자율성을 유지하는 비영리조직이며, 이를 기점으로 위로 갈수록 정부의존도가 높고 아래로 갈수록 시장의존도가 높은 사회적 경제 조직을 비교해볼 수 있다.

사회적 기업 파트너십

한국에서 사회적 기업이 정부정책으로 육성되는 배경은 1990년대 후반의 외환위기로 인한 빈곤과 실업의 확대였다. 당시부터 자활후견기관에 대한 정부의 지원이 본격화되고 사회적 일자리 정책이 추진된 것이다. 2007년 시행과 동시에 55개의 사회적 기업이 인증을 받은 후, 2017년 6월 말까지 전체 1741개가 인증을 받았다. 정부는 취약층에게 일자리를 제공

표 9-5 한국 '사회적 경제' 조직의 유형과 사례

<table>
<tr><th>성격 I</th><th>성격 II</th><th>유형 분류</th><th>세부 설명</th></tr>
<tr><td rowspan="11">국가
▼
▼
▼
○
○
○
사회적 경제
○
○
○
▲
▲
▲
시장</td><td rowspan="5">정부의존
▲
▲
○
▼
▼
자립지향</td><td rowspan="3">공공지원형
일자리 사업</td><td>장애인보호작업장/노인생산공동체</td></tr>
<tr><td>복지부 자활근로사업단</td></tr>
<tr><td>노동부 사회적 일자리 사업</td></tr>
<tr><td rowspan="2">공공지원형
사회적 기업</td><td>자활공동체</td></tr>
<tr><td>노동부 사회적 기업</td></tr>
<tr><td></td><td>민간지원기관</td><td>대안금융기관</td></tr>
<tr><td rowspan="5">비영리
▲
▲
○
▼
▼
영리</td><td rowspan="5">사회적 경제</td><td>시민사회단체(서비스 공급형)</td></tr>
<tr><td>노동자협동조합</td></tr>
<tr><td>생활협동조합</td></tr>
<tr><td>농협/수협/산림조합</td></tr>
<tr><td>신협/새마을금고</td></tr>
</table>

자료 노대명, 2007: 63.

하면서 사회서비스의 공급도 늘리기 위해 2003년 7월부터 시범적으로 사회적 일자리 사업(73억 원, 2000명)을 시작했다. 그러나 대부분 사업이 정부의 재정지원에만 의존하고 있을 뿐 아니라 수익창출에 대한 이해가 부족해 단기·임시적인 저임금 일자리가 많고 서비스의 질도 낮다는 한계를 나타냈다. 아울러 예산부족으로 정부지원이 중단·축소될 경우 일자리 자체가 없어질 위험도 내포했다. 이에 따라 지속가능한 양질의 일자리 창출과 사회서비스 공급확대를 위해 '사회적 기업 육성법'이 시행되었다.

사회적 기업은 민법상 법인이나 조합, 상법상 회사, 비영리 민간단체 등 대통령령이 정하는 조직형태를 갖춰야 한다. '비영리 민간단체 등 대통령령이 정하는 조직형태'는 ⓐ 공익법인의 설립·운영에 관한 법률에 따른 단체,

ⓑ 비영리민간단체지원법에 따른 비영리단체, ⓒ 소비자생활협동조합법에 따른 생활협동조합, ⓓ 사회복지사업법에 따른 사회복지법인 등을 말한다. 또 인증을 받고자 하는 조직은 목적·사업내용을 기재한 정관이나 규약을 갖춰야 하며, 상법상 회사의 경우 회계연도별로 배분이 가능한 이윤이 발생하는 경우 이윤의 2/3 이상을 사회적 목적을 위해 사용해야 한다.

세계적으로 사회적 경제의 경제적 구조의 다양성, 문화적 전통과 법률적 제도의 차이 등으로 국제적 비교분석이 어려운 과제가 된다(OECD 2013: 3). 이런 한계에도 일부 국제비교 시도들이 제시되었는데, 그 중 글로벌 기업가정신 모니터(Global Entrepreneurship Monitor: GEM)의 2009년 국제비교 자료를 활용한 대충의 사회적 기업의 성장을 측정해볼 만하다. 이 자료는 49개국에 가계조사 방식으로 사회적 미션을 수행하는 기업가, 그들의 혁신성, 수입 모델 등에 조사의 초점을 맞추었다. 조사결과로 수집된 자료에서 사회적 기업 고용자를 노동인구 대비 비율로 측정해보면 가장 낮은 브라질 04.%부터 미국 5.0%에 이르는 것으로 나타난다. 초기단계는 설립후 42개월 미만의 활동 사회적 기업에 해당되며, 정착단계는 그 이후에도 사업이 사업이 지속되어 정착된 사회적 기업들이다(OECD 2013).

한국은 브라질과 러시아 다음으로 1.4%(초기단계 0.8% + 정착단계 0.6%)로 저조한 편이다. 그런데 조사시점 2009년에 비하면 예비적 사회적 기업은 세 배 가량, 정착단계의 사회적 기업은 두 배 가량 늘어나, 2014년 현재는 거의 이탈리아(2.5%)나 프랑스(2.6%) 수준에 달해 있다. 이탈리아의 사회적 기업은 2008년 1만 3030개에 달하며, 그 중 보건 사회지원과 건강 서비스 분야가 6520개로 전체 과반수를 차지하며, 그 밖에 개인 교육과 훈련 기관 2140개(16.4%), 기업과 개인에 대한 운영서비스 제공 1280개(9.8%), 제조업과 건설 1020개(7.8%) 등이다.

한국의 사회적 기업은 급성장하고 있다. 현황을 살펴보면(한국사회적 기업진흥원 2016: 25.), 첫째, 설립 경로에서는 예비적 사회적 기업을 거친 경유가 가장 많은 절반 가량을 차지하고, 다음으로 기타가 많은데 주로 시민사회 조직 등의 결사체로 보여진다. 그 밖에 자활과 장애인작업장 등 사회복지 영역이 많고, 마을기업과 사회적 협동조합 등이다. 둘째, 조직형태별로는 상법상 회사가 절반 이상을 차지하고, 다음으로 민법상 법인, 비영리민간 단체, 사회복지법인, 그리고 협동조합과 조합법인 등이다. 셋째, 사회적 목적별로 구분해보면, 일자리제공형이 전체 70% 가량을 차지해, 사회적 기업의 사회적 목적인 일자리 창출을 실천하는 사회적 기업들이 대부분을 차지한다. 다음으로 사회서비스 제공형과 지역사회 공헌형은 합쳐도 전체 10%도 되지 않을 정도로 소수에 지나지 않는다. 마지막으로, 서비스 분야는 매우 복합적이다. 문화예술, 청소, 환경, 교육이 가장 많은 비중을 차지하는 우선순위이며, 다음으로 사회복지와 간병(가사지원)이다.

한국의 사회적 기업들도 취약층 고용 등의 사회적 성과가 상당한 것으로 나타나 있다. 2014년 경영공시를 했던 116개 사회적 기업의 경영성과를 분석한 결과, 평균 고용인원은 46명으로 2013년 37명과 비교해 24% 증가했고, 취약계층 평균 고용인원은 26명으로, 전년도 21명과 비교해 23.8% 증가하였다(고용노동부 2015). 또 사회적 기업들은 상당한 비즈니스 성과를 내고 있는 것으로 평가받고 있다. 2014년 경영공시를 한 116개 사회적 기업의 경영성과를 분석한 결과, 평균 매출액은 37억 1662만 원으로 전년도(28억 6291만 원)에 비해 29.8% 상승했고, 평균 당기순이익도 같은 기간 2482만 원에서 8170만 원으로 229% 급증하였다(고용노동부 2015).

5. 복지국가의 정책과제

1) 저출산 고령사회의 도전

한국의 사회복지에 막대한 영향을 미치는 저출산과 고령화 등 인구의 변화는 다음과 같이 심각한 문제를 제시하고 있어, 시급한 복지정책의 대응을 요청하고 있다. OECD에서도 분석하고 있듯이, 한국의 저출산과 고령화의 속도는 세계에서 유례를 찾아볼 수 없는 빠른 속도로 진행되고 있다. 저출산, 고령화로 인해 생산가능 인구 및 유소년 인구가 감소하고 있으며, 이는 신규로 노동시장에 진입하는 인구의 감소는 물론, 노동력 고령화에 따르는 노동생산성 저하로 이어지며, 경제성장과 사회복지에 심각한 문제를 제기한다.

한국 노인인구 비중이 전체인구의 14%를 넘어 '고령사회'로, 2026년이면 20.8%로 '초고령사회'가 될 전망이다. 현재 추세가 지속될 경우 2050년에는 노인인구 비율이 40%에 육박하여 일본과 함께 세계 최고령 국가가 될 전망이다(보건복지부 2015: 27). 고령화사회에서 고령사회로 이행하는 데 18년이 소요될 전망인데, 이러한 속도는 프랑스 115년, 독일 40년, 이탈리아 61년, 미국 73년, 일본 24년에 비해 아주 빠르다.

특히 인구 고령화는 노인인구 부양에 따르는 사회적 부담요인으로 작용하여 생산가능인구의 조세 및 사회보장비 등 부담 급증에 따른 세대간 갈등을 야기하여 사회통합에 부정적 영향을 미칠 가능성이 높아지고 있다. 기대여명이 연장되면서 노인인구의 절대규모가 빠르게 증가하고 있을 뿐 아니라, 노인의 연령구조 변화로 중기(75~84세) 및 후기(85세 이상) 노령층이 크게 증가해, 노인부양에 따르는 사회적 부담이 크게 증가할 것이다. 총인구 대비 중기고령층 비중은 2000년 2.5%에서 2050년 14.4%로 증가하여 전기고령층 비중(15.8%)에 육박하고, 총인구 대비 후기고령층 비중은 2005년 0.5%에서 2030년 8.0%로 증가할 것으로 예상된다.

2017년을 기점으로 생산가능인구가 감소하고, 2022년부터 노동력 부족이 현실화되고 2030년 이후부터 총인구 자체가 감소할 것으로 보인다(보건복지부 2015: 7). 이로 인해 2040년이 되면 생산가능인구 10명이 노인 8명과 어린이 2명을 부양하는 상황이 빚어질 것으로 예상된다. 이러한 인구구조 변화는 결국 노동투입 및 저축률 감소를 가져오고, 경제의 잠재성장력을 약화시키게 된다. 또한, 국민연금, 건강보험, 장기요양보험 등 각종 사회보험과 노인 관련 사회복지지출의 증가를 가져오고, 아동 및 가족급여, 교육 지출에도 변화를 미치게 된다. 세입은 감소(납세인구 감소)하나, 연금, 의료비 등 복지지출은 증가해 사회적 부양부담을 악화시켜 세대간 갈등 증폭도 우려된다(앞글: 7).

이상과 같은 인구의 구조적 변화는 사회복지정책의 근본적 조정을 제시하고 있다. 노인인구 증가로 연금수급자가 급격히 증가하는 반면, 저출산으로 연금가입자의 증가율이 상대적으로 낮아 향후 연금지출액이 연금수입액을 초과하여 연금고갈 문제가 제기될 수 있다. 아울러, 의료서비스 수요가 큰 노인인구의 증가로 건강보험 재정지출은 지속적으로 늘어나 건강보험 재정부담의 주요인이 될 수 있다. 2007년 기준, 건강보험 가입자 중 노인인구 비율은 9.2%이나, 진료비 비중은 28.2%에 이르고, 노인 1인당 진료비(207만 원)도 전체 평균 진료비(67.5만 원)에 비해 3.1배 정도 높다. 한편, 건강보험의 65세 이상 노인의료비 지출은 9.1조 원으로 전년도에 비해 22.8% 증가하여 전체 의료비 증가율 13.0%를 크게 상회하고 있다. 이에 대해 보건복지부(2010b: 13)는 다음과 같이 문제의 심각성을 강조한다. "저출산·고령화에 대한 대응이 더 이상 늦어질 경우, 생산가능인구의 감소와 고령화, 노동생산성 저하, 저축·소비·투자의 위축, 사회보장비 부담 가중과 재정수지 악화 등으로 인해 경제 활력이 저하되고, 국가경쟁력 약화를 초래할 수" 있다.

실제로 공공사회복지지출 중 고령 관련 지출의 증대가 전망되고 있다. 2015년 일반재정지출(기초연금 포함)과 사회보험의 비중이 각각 35.1%, 64.8%로, 2050년에는 26.5%, 74.4%으로 사회보험 지출의 비중은 증가하나, 일반재정지출 비중은 감소할 것으로 전망되었다(원종욱 외 2015). 국민연금의 경우, 재정안정화를 위해 보험료 인상을 전제하여 국민연금 보험료율 9%(2015~2017) → 11%(2018~2022) → 13%(2023~2027) → 16%(2028년 이후)로 점차 인상할 경우 현재 2.54%인 사회보험(국민연금분) 부담률이 2050년에 4.98%로 상승할 것으로 예상된다. 또 건강보험의 경우 급여지출을 보험료로 충당하는 것을 전제하면, 2015년 3.6%인 사회보험(건강보험분) 부담률이 2050년 10.65%로 상승할 것으로 나타났다. 이에 따라 현재 6.07%인 건강보험료율의 지속적인 상승이 불가피할 것으로 전망되고 있다.

고령사회의 심각한 도전에 직면한 한국에서도 OECD 국가들처럼 노인복지지출에 의한 전체 복지지출 확대 현상이 지배적이다. 1980~2005년 기간에 한국을 포함한 OECD 20개국의 고령화율 및 실업률과 노인복지지출 수준과는 상관관계가 있다는 것을 분석한 연구는 한국에 대한 정책함의를 다음과 같이 제시한다(강달원, 김영우 2010: 84). 첫째, 고령자의 경제활동에 대한 지원이나 은퇴시기의 연장 및 예방적 의료정책의 제도화 등으로 복지지출의 급속한 증가속도를 통제하는 데 관심을 가질 필요가 있다. 둘째, 한국 공공사회복지지출은 보건관련 지출에 과도하게 편중되어 있어, 저출산 및 고령화에 따른 인구구조의 변화로 향후 여성과 고령자의 경제활동

참가율이 증가할 것으로 예상해서, 탁아 및 육아관련 복지서비스뿐 아니라 평생교육체제의 구축과 관련된 복지지출의 비중을 확대하여야 한다. 셋째, 출산비용지원의 확대와 아동수당 등의 양육수당제공 및 가족에 대한 세제혜택과 공보육체계의 확충 및 이의 개선을 통한 질좋은 보육서비스의 제공, 출산 및 양육휴가제도의 확대실시를 통해 출산율을 제고할 필요가 있다.

또한 출산과 양육에 관한 한, 사회복지정책도 정책결정에서 페미니즘 시각을 반영할 필요가 있다. 최근의 연구는 OECD의 복지지출 확대 요인에 대해 새로운 페미니즘 요인들을 경험적 분석에 포함시켜 분석한 결과, 다음과 같은 정책적 함의를 제시한다. "복지국가의 여성경제활동 참여율이 증가할수록 아동가족복지지출은 확대되어야 하며, 특히 보육서비스와 휴가급여지출이 확대되어야 할 것이다. 또 아동가족복지지출을 증가시키기 위해 진보정당의 세력화가 어느정도 필요하며 여성의 정치적, 경제적 권한이 더욱 강화되어야 할 것으로 보인다. 출산율 감소에 대응해 아동가족복지지출이 더욱 증가되어야 하며, 특히 여성의 노동참여와 일가족 양립을 지원하는 보육서비스와 휴가급여 지출이 확대되어야 할 것이다"(류연규, 백승호 2010: 169).

2) 정부의 사회안전망 정책

한국의 사회복지정책은 1990년대 말 외환위기를 계기로 새로 개편되었고, '국민의 정부' 출범으로 사회안전망 정책이 추진될 수 있었다. 생활보호제도가 국민기초생활보장제도로 개편되면서 빈곤층의 기본적 생활보호를 국가의 의무이자 국민의 권리로 간주해 일차적인 생활보장이 추진되었다. 또 1998년 고용보험 적용대상을 1인 이상 사업으로 확대했고, 1999년 도시 자영자의 국민연금 가입이 이뤄졌으며, 2000년 산재보험 적용대상을 1인 이상 사업장으로 확대하였다. 사회복지서비스 대상자도 크게 확대되는 변화가 있었다. 노인수당(경로연금) 대상자의 확대, 장애인 범주의 확대, 무상보육 대상자 확대 등이 그것이다. 이런 정책추진에도 불구하고 사회보장 사각지대가 광범위하게 잔존하는 한계를 보였다. 부양의무자나 재산 조건 등에 따른 기초보장의 사각지대가 존재하고, 국민연금 납부예외자와 건강보험료 체납세대 등 사회보험의 사각지대가 존재해, 영세사업장 근로자, 자영자, 비정규직 근로자 등에서 사회보험의 적용을 받지 못하는 인구가 다수 있었다(앞글: 33).

'참여 정부'의 복지정책도 사회안전망 구축에 지속적인 추진으로 이어졌다. 기존 사회보장제도 틀의 보완하는 정책으로, 국민기초생활보장제도의 부양의무자 제도를 개선했고, 긴급지원제도를 실시해 사회안전망을 보완하였다. 또 중증질환에 대한 건강보험 지원 확대, 본인부담률 인하, 장애수당, 장애아동 부양수당 확대 등 새로운 수요에 대응한 새로운 제도를 도입하였다. 또 고령사회에 대한 대응으로 기초노령연금제도 실시, 퇴직연금제 도입, 노인 장기요양보험제도 도입 등이 이뤄졌다. 이같은 복지지출의 양적 증대와 그에 따른 빈곤해소와 불평등 완화에도 불구하고 시장에서 확대되는 빈곤과 불평등의 경향에 대처하기에는 역부족이었다. 2003~2005년 기간 절대빈곤율은 증가했고, 상대빈곤율은 2007년까지 계속 상승하였다.

이명박 정부의 '능동적 복지'는 이전 정부와는 차별되는 몇 가지 특징이 있다. '능동적 복지'란 "개인은 사회적 위험에 처하지 않도록 스스로의 책임하에 자기를 관리하되, 개인이 부득이 위험에 처하면 국가와 사회가 적극적으로 개입하여 개인을 위험으로부터 구제"하는 실용적 복지를 의미한다(앞글: 45). 또 '보편형 복지'를 중시해, 복지정책이 대부분 빈곤층, 취약계층에게 집중된 것을 수정해, 사회경제적 여건변화에 따라 일반 국민의 사회서비스에 대한 욕구 충족에 초점을 맞춘다(앞글: 43). 나아가 복지의 책임을 국가 중심에서 민간도 참여하는 민관협력을 중시한다. "정책의 효과성을 제고하고 지속가능한 복지가 되기 위해 기업, NPO, NGO, 종교기관, 가족 등 민간참여의 활성화를 통한 복지역량 극대화"를 정책 목표로 삼는다는 것이다(앞글: 47). 민간자원의 활용으로 부족한 복지재원을 확보하는 일은 사회복지정책의 주요 전략이 되고 있지만, 이로 인한 지역간의 민간 재원의 불균형에 따른 재원활용의 '빈익빈, 부익부'가 초래될 수 있다. 그렇기 때문에 빈곤과 실업 등의 국가적 사안들에 대해서는 지방분권보다는 중앙정부 차원의 정책결정과 조정이 필요하다.

3) 복지재원과 복지거버넌스

정부의 제3차 사회보장 장기계획은 사회복지의 전망에 대해 다음과 같은 밝은 전망을 제시한다(보건복지부 2010b: 55-59). 2013년에 소득 3만불 달성을 전제로, 사회복지지출은 GDP의 11.8%로 전망되고, 또 2030년 연금의 성숙도가 반영되면 GDP 대비 약 16%에 도달할 것으로 추정되어 영미형 국가의 복지지출 수준과 거의 비슷할 것으로 전망된다는 것이다.

복지국가는 일정 수준의 국민부담률로 재원이 확보된다. 가장 발달한 보편적 복지국가의 경우, 고복지를 위해 고부담이 이뤄지고 있지만, 한국은 저부담저복지인 영미형에 비해서도 부담과 지출이 모두 크게 낮다(유근춘 외 2015: 106). 부담은 영미형의 최저인 미국수준을 좇아 왔지만 지출은 아직 현저히 낮다.

OECD 국가들의 국민부담률과 공공사회지출의 관계를 분석한 자료를 참고해볼 만하다(앞글: 110). 1990년과 2012년의 자료에서 2012년에도 한국은 여전히 저부담저복지 유형의 대표적인 국가로, 1990년에 비해 국민부담률과 공공사회지출 모두가 다소 개선되어 있다. 2012년 공공사회복지지출이 평균보다 낮은 국가들을 보면 영국을 제외한 영미형의 3개국과 한국이 저부담복지형이다. 사회보장부담을 보면 모두 평균보다 작은 비사회보험형의 특성을 보여준다. 영미형 3개국은 비사회보험 형태상 일반적으로 기대되는 결과이지만 기본적으로 사회보험 중심의 형태를 가지고 있는 한국은 아직 충분히 발전하지 못한 결과라 볼 수 있다. 한국은 사회보장지출, 국민부담률, 사회보장부담률 모두가 평균을 훨씬 밑돌고 있다.

한국은 1980년대 이래 사회복지지출의 증가에도 불구하고, 조세부담률은 크게 늘지 않았고, 사회보장기여금이 전체 공공사회복지지출 증가의 상당 부분을 책임져왔기 때문이다(정해식 외 2015: 24). 그러나 공공사회복지지출에서 사회보장 기여금이 담당하는 비율은 1980년 44.9%에서 2012년에는 41.7%로 하락하는데, 그 원인은 인구 고령화 상황에 따라 복지지출의 필요가 늘었지만, 이를 부담할 수 있는 재원 기반으로 노동인구가 줄어들었기 때문이다.

만일 한국이 고복지를 선택한다면 조세와 사회보장부담이 모두 평균보다 높아져야 하면서도 사회보험 중심의 형태상 유럽 대륙형과 같이 상대적으로 사회보장부담이 높은 형태로 되는 것이 상대적으로 용이할 수 있다(유근춘 외 2015: 112). 그러나 북구형에서 보듯이 조세가 상대적으로 높은

■ **그림 9-2** 국민부담률과 공공사회지출: OECD와 한국, 1990, 2012

1990년

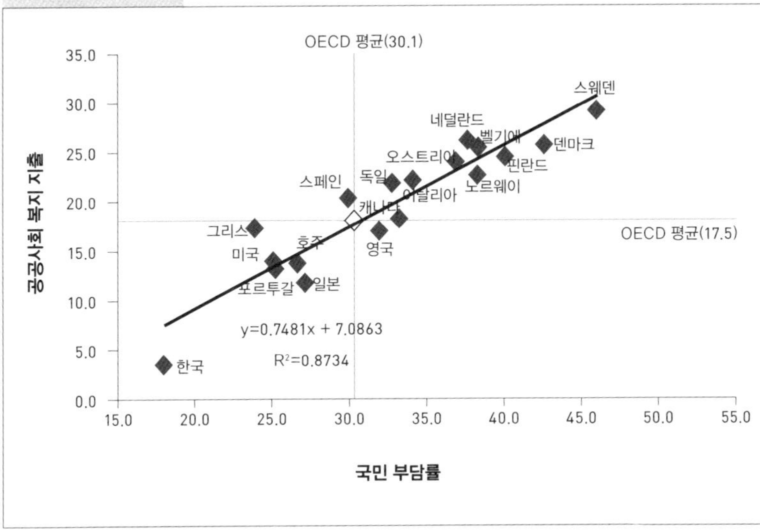

2012년

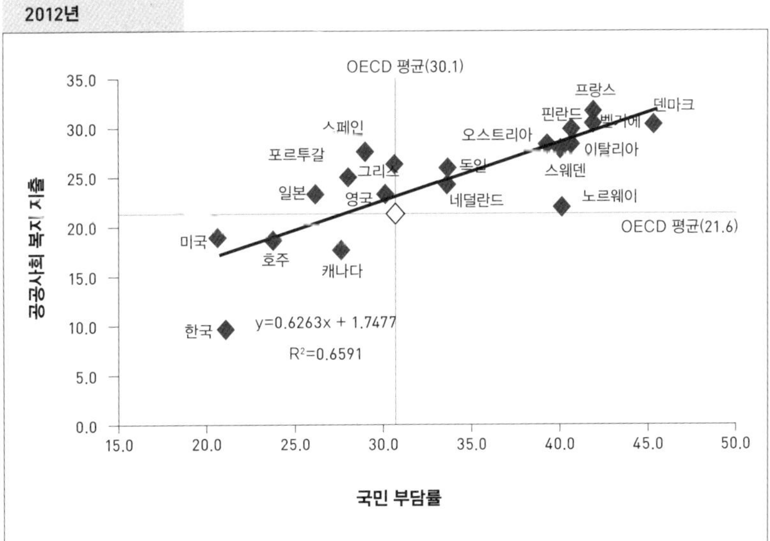

자료 유근춘 외, 2015: 112.

■ **표 9-6** 국민소득 1만불 시기의 복지지출(GDP 비중): 한국과 4국 비교 (단위: %)

국가	한국	미국	영국	일본	스웨덴
연도	1995	1978	1987	1984	1977
복지 지출	4.0	13.6	20.5	10.4	24.5

자료 Park 2009.

형태도 가능하므로 그 장단점을 비교하여 호주와 같이 조세의 요소를 더 강하게 채택할 수 있는 가능성도 있다. 결국 국민들과 정치리더십이 복지거버넌스를 통해 선택할 문제이다.

복지국가의 탄생은 경제성장과 더불어 이뤄지는 자연적인 현상이라고 본다면, 선진 복지국가들은 국민소득 1만 달러의 상태에서 복지국가를 갖춘 역사를 갖고 있지만, 한국은 국민소득 1만 달러를 달성한 1995년에 복지지출은 국내총생산(GDP)의 4%에 지나지 않았다(표 9-6 참조).

따라서 2030년 복지국가의 탄생을 뒷받침하기 위해서는 국민부담률이 더불어 상승할 것으로 전망한다. 2006년의 국민부담률이 25.7%로 2006년 대비 2013년 공공사회복지재정 4.2% 상승분을 합산하면 29.9%가 되어, 이는 영미형의 평균에 도달하기 위한 국민부담률 30.3%에 근접하는 수준이다.

특히 국민이 복지부담을 감당할 수 있는 사회정치적 분위기가 조성될 필요가 있다. 그러나 앞의 여론조사에서 엿볼 수 있듯이 자신의 세금부담으로 복지를 해결하는 것이 바람직하다고 생각하는 사람들이 점차 줄고 있는 것이 현실이다. 무엇보다도 고소득층에 대한 세금인상은 불가피하다고 볼 수 있지만 조세정책은 전혀 진전을 보여주지 못하고 있다.

또 복지국가로 가기 위한 최소한도의 '보편적' 복지에 대한 국민적 합의도 난관에 부딪혀 있다. 최근 학교 무상급식이나 노인의 지하철 무임승차 이슈들이 제기되면서 여유 있는 가정의 아동이나 노인에까지 무상의 복지를 제공할 수 없다는 '선별주의' 주장이 보편주의 주장과 팽팽한 정치적 대립을 하고 있다. 빈곤층에게만 복지를 제공하는 선별적 복지는 복지비용이 많이 들지 않지만, 혜택을 받는 빈곤층을 무능력자라 드러내 낙인을 찍는 심각한 문제가 있다. 선별적 복지는 고소득층의 세금부담으로 저소득층에 재분배하는 복지로, 중산층 이상 세금부담이 높은 사람도 불만을 갖는다. 따라서 누구나 세금을 내고 누구나 복지 대상이 되는 보편적 복지가 대안이 될 수 있다. 장하준(2010)은 이른바 '복지병'을 지적하는 그릇된 인식을 고치지 않으면 진정한 복지국가로 갈 수 없다고 본다. 장하준은 복지와 성장은 상충된다고 볼 수 없는 것이 복지병에 시달렸다고 하는 영국의 1960~1970년대 경제성장률이 지난 20여 년간 성장률보다 높았고, 스웨덴 등 북유럽의 보편적 복지국가의 성장 속도도 매우 빠르다는 사례로 설명한다. 장하준(2010: 290)은 잘 설계된 복지정책이 있는 국가의 국민들은 일자리와 관련된 위험을 감수하기를 두려워하지 않고 변화에 오히려 개방적인 태도를 취하기 때문에 산업구조조정도 더 수월하다고 본다. 선별적 복지정책을 추구하는 미국에 비해 보편적 복지를 지향하는 스칸디나비아 복지국가들의 국민들은 자기가 일하는 산업이 외국과의 경쟁에 밀려 문을 닫는다 해도 실업수당을 받아 생계를 유지할 수 있고 정부보조금으로 구직활동에 필요한 직업재교육을 받을 수 있기 때문에 개방적이고 진취적이라는 것이다. 선별적 복지에 의존하는 미국과 한국에서는 일하지 않으면 먹고살 길이 없어 생계에 위협을 받기 쉽지만 정부나 민간의 지원은 빈약해서, 기부 등의 자선에 의존할 수밖에 없다.

또 주요 정당 등 정치세력들 사이에 복지에 대한 기본합의가 이뤄질 수 있는 정치적 분위기도 중요하다. 그러나 비정규직의 정규직화, 공무원 증원 등에서 정당 간 치열한 정치대립이 지속되는 상황에서 사회복지지출의 증대와 사회안전망 구축이 실현될 수 있을지 의문이 제기된다. 또 복지예산의 긴축 분위기에서 전통적인 저소득 중심의 복지정책을 일반 국민의 삶의 질 향상의 일반복지로 정책변화를 꾀하는 사회보장계획이 타당한지에 대해서도 논란이 일고 있다. 빈곤층, 저소득층에 대한 '적정 수준'의 복지혜택이 제공되지 못하고 있고 또 복지예산이 한정된 상황에서 일반 시민들의 '삶의 질' 문제 해결에까지 복지 재원을 투입하는 새로운 복지정책의 방향은 복지정책의 우선순위에 대한 재고를 요청받고 있다.

사회복지정책은 재정적, 경제적 지속가능성뿐 아니라 복지대상자들에 대한 적정 수준의 복지혜택의 제공을 통한 '사회적' 지속가능성을 갖춰야 하며, 나아가 다양한 복지 이해관계자들 사이의 정치적 합의를 바탕으로 하는 '정치적' 지속가능성을 가져야 정당화되고 미래지향적인 지속가능성을 갖추게 된다. 국가는 경제성장에 걸맞는 복지국가를 갖춰야 하며, 이를 위해 정부를 포함한 공공 및 민간의 복지주체들이 역할을 분담하면서도 복지정책의 결정과 집행에서 실질적인 파트너 역할을 수행하는 '복지 거버넌스'를 지향하는 과제가 제시되고 있다. 한국의 복지예산은 지금의 초급진적인 고령화의 영향으로 장기적으로 영미형 복지국가에 근접하는 수준에 이를 것이며 더불어 다양한 복지제도를 갖추게 될 것이다. 특히 중장기에 걸쳐 보육-교육-직업훈련에 대한 사회투자의 복지정책을 지속해, 영유아부터 고령에 이르는 생애주기 동안 인간다운 삶을 보장하는, 그런 지속가능한 복지국가를 만드는 일이 국가 대계가 되어야 한다.

참고
문헌

강달원, 김영우, 2010. "OECD 국가들의 인구구조의 변화에 따른 노인복지지출의 수렴현상에 관한 분석" 『사회보장연구』 26/1, 63-92.
강신욱 외, 2015. "주요 소득보장정책의 효과성 평가 연구." 한국보건사회연구원
고제이 외, 2015. "사회보장재정 재구조화를 위한 중장기 전략 연구." 한국보건사회연구원
국회예산정책처. 2009. "소득격차의 확대와 재분배 정책의 효과."
권순원, 1998. "빈곤퇴치 노력과 실태", UNDP, 『빈곤퇴치: 한국의 경험』.
그린, 던컨. 2010. 『빈곤에서 권력으로』. 주성수 역. 이매진.
김경희, 안영희, 2009. "성인지적 예산분석 사례(1) 보육예산에 대한 성인지 분석: 2005~2009년." 한국여성정책연구원.
김상균, 1993. "한국 복지정책의 당면과제" 한림과학원 편, 『복지국가의 현재와 미래』, 나남.
______, 1998. "국가정책의 빈곤감소 효과" UNDP, 『빈곤퇴치: 한국의 경험』, 서울.
김승권 외 2006. "한국 사회복지정책의 평가와 발전방안 연구." 한국보건사회연구원.
김신영, 2010. "한국인의 복지의식 결정요인 연구: 국가의 공적책임에 대한 태도를 중심으로" 『조사연구』 11/1, 87-105.
노대명, 2007. "한국 사회적 경제의 현황과 과제." 『시민사회와 NGO』 5/2.
______, 2009. "한국 사회적 기업 발전 방향에 대한 고찰." 『시민과 세계』 15.
노대명 외. 2007. "한국형 사회정책 모형연구." 한국노동연구원.
노동부, 2003. 「실업 및 고용안정대책」.
류연규, 백승호. 2010. "복지국가의 아동, 가족복지지출 결정요인에 대한 비교연구: OECD 국가를 중심으로." 『사회복지연구』 41/1, 145-73.
박순일, 1994. 『한국의 빈곤현실과 사회보장』, 일신사.
______, 1998. "고실업시대의 한국사회복지정책방안", 『한국사회정책』 5/1.

______, 2007. "빈곤과 인간안보." 아산사회복지재단 편, 『세계화시대의 인간안보』.
박순일 등 5인, 2002. 「사회안전망 제도의 재정 효율화를 위한 제도 개선연구」, 한국보건사회연구원.
박찬용, 강석훈, 김태완, 2002. 「소득분배와 빈곤 동향 및 변화요인 분석」, 한국보건사회연구원.
방하남, 2003. "21세기 근로복지정책의 방향과 과제", 한국사회정책학회 2003년 1차 학술세미나 발제문.
백인립. 2010. "복지국가 재편 분석을 위한 연구방법에 관한 고찰 -사회보장제도 변화에 대한 분석을 중심으로." 『사회복지연구』 41/1.
보건복지부, 1998. 「제1차 사회보장발전 계획(안)」.
______, 2003. 「국민기초생활보장제도 성과 및 '03년 정책방향」.
______, 2010a. "2010 사회복지 통합업무 안내."
______, 2010b. "제3차 사회보장 장기발전."
______, 2015. 「보건복지 백서 2015」.
서성아, 강경희, 2001. 「행정에 관한 국민의 의식」. 한국행정연구원.
송근원, 김태성, 2002. 『사회복지정책론』, 나남.
원종욱 외, 2015. "인구구조 변화와 사회보장재정의 사회경제적 파급효과 연구." 한국보건사회연구원.
유근춘 외, 2015. "사회보장과 경제 선순환 국제비교연구." 한국보건사회연구원.
유종일. 2016. "한국의 소득불평등 문제와 정책대응 방향" 지식협동조합 좋은나라 이슈페이퍼 제152호.
이영환, 2003. "새정부 보건복지정책 과제: 이제는 복지국가다". 한겨레신문사 · 참여연대 공동주최 연속 토론.
이영환, 김영순, 2001. "사회복지의 발달과 계급정치" 이영환 편, 『한국 시민사회의 변동과 사회문제』, 나눔의 집.
이장원, 1998. "실업과 사회문제", 『한국사회정책』 제5집 제1호.
이장원, 문진영, 2008. "복지체제와 노동체제의 정합성." 한국노동연구원.
이준영, 1998. "경제위기상황에서의 공 · 사협력 체계를 통한 민간사회운동의 전개방안", 『사회복지』 통권 137호.
이헌수, 1998. 「행정에 관한 국민의 의식」. 한국행정연구원.
이혜경, 1998. "빈곤의 여성화", UNDP, 『빈곤퇴치: 한국의 경험』, 서울.
임완섭, 2014. "최근 빈곤 및 불평등 추이와 시사점." 한국보건사회연구원.
장원봉, 2009. "한국 사회적 기업의 실태와 전망." 『도시와 빈곤』 89.
장하준, 2010. "그들이 말하지 않는 23가지." 부키.
정경희 외. 2006. "한국 사회서비스 쟁점 및 발전전략." 한국보건사회연구원.
정경희, 2009. "국제비교를 통해 살펴본 한국 노인의 소득 및 빈곤실태." 보건 · 복지 Issue & Focus.
정해식 외. 2015. "사회보장 역할분담 구조 변화와 정책적 대응방안 연구." 한국보건사회연구원.
조흥식, 1998. "대량실업에 따른 민간사회복지사업 프로그램 개발", 『사회복지』 137호.

주성수, 1992.『사회민주주의와 경제민주주의』, 인간사랑.
______, 2000.『글로벌 거버넌스와 NGO』, 도서출판 아르케.
______, 2002.『한국 시민사회와 지식인』, 도서출판 아르케.
______, 2004.『NGO와 시민사회』, 한양대 출판부.
______, 2005.『자원봉사 : 이론, 제도, 정책』. 도서출판 아르케.
______, 2010.『사회적 경제 : 이론, 제도, 정책』. 한양대 출판부.
______, 2016.『나눔문화: 기부, 자원봉사, 이웃돕기, 시민참여』. 한양대 출판부.
______, 2017.『사회적 경제와 사회적 임팩트』. 한양대 출판부.
최병호, 2003. "보건복지부문의 정책과제", 한국사회정책학회 2003년 1차 학술세미나 발제문.
최영기, 1998. "개방적인 시장경제로의 구조조정과 고용정책",『한국사회정책』5/1.
최일섭, 2000. "빈곤문제", 최일섭, 최성재 공편,『사회문제와 사회복지』, 나남출판.
하성규, 1998. "빈곤층의 주택문제와 정책", UNDP,『빈곤퇴치: 한국의 경험』, 서울.
한국개발연구원, 1998.「경제위기극복과 구조조정을 위한 종합대책」.
한국노동연구원, 1998.「1999년 실업대책」.
______, 2007. "최근 소득분배 및 공적 이전·조세의 재분배 효과 추이 분석."
한국보건사회연구원, 1996.『1996 한국보건사회지표』.
______, 1999.「빈곤율 추계」.
______, 2007. 한국복지패널조사.
______, 2009.「가구유형별 빈곤율」.
황남희, 2016. "노후 소득보장정책의 현황과 과제." 보건복지포럼 제239호.
황진영. 2007. "세계화와 사회복지지출."『대외경제연구』11/2.
Archambault, E. 2015. "France : A Late-Comer to Government-Nonprofit Partnership." Moscow.
Abrahamson, P. 2010. "European Welfare States Beyond Neoliberalism: Toward the Social Investment State." *Development and Society* 39/1, 61-95.
Adema, W. and Einerhand, A. 1998. "The Growing Role of Private Social Benefits". Paris: OECD.
Alderson, A. and Nielsen, F. 2002. "Globalization and the Great U-Turn: Income Inequality Trends in 16 OECD Countries." *American Journal of Sociology* 107.
Anderson, J. 2000. *Public Policy-Making*. 4th edition. Holt: Rinehart & Winston.
Arther, L., Cato, M., Keenoy, T. and Smith, R. 2005. "Developing an Operational Definition of Social Economy." http://arnova.omnibooksonline.com/2006/data/papers/PN062020.3.pdf
Atkinson, A. B. 2015. *Inequality: What can be done?* Cambridge, Massachusetts: Harvard University Press.
Austrian Research(for SME Research). 2007. "Study on Practices and Policies in the Social Enterprise Sector in Europe." http://ec.europa.eu/enterprise/ entrepreneurship/coop/projects-studies/doc/report_study_kmu_social_entreprises_fin.pdf

Bach. H. 2000. "New Social Partnerships in Denmark." In *Government as Partners: The Role of Central Government in Developing New Social Partnership*. Copenhagen: The Copenhagen Center.

Bahle, T. 2003. "The Changing Institutionalization of Social Services in England and Wales, France and Germany: Is the welfare state on the retreat?" *Journal of European Social Policy*, 13/1.

Bell, D. 1973. *The Coming of Post-Industrial Society*. New York: Basic Books.

Bergh, A. 2004. "The Universal Welfare State: Theory and the Case of Sweden." *Political Studies* 41/2.

Berry. J. 1999. *The New Liberalism: The Rising Power of Citizen Groups*. Washington D.C.: Brookings Institution.

Besharov, D. 2003. "The Past and Future of Welfare Reform", *Public Interest* No.150.

Blau, J. 2004. *The Dynamics of Social Welfare Policy*, N.Y.: Oxford Univ. Press.

Bode, I. 2005. "Disorganised Mixed Economies of Welfare." http://www.emes.net/fileadmin/emes/PDF_files/ISTR_EMES_Paris/PS_2/PS2_S1/PS2S1b_ISTR-EMES_Bode.pdf

Bode, I., Evers, A., Schulz, A. 2002. "Work Integration Social Enterprise in Germany," http://www.emes.net/fileadmin/emes/PDF_files/PERSE/ PERSE_WP_02-04_D.pdf

Borzaga, C. 2004. "From Suffocation to Re-Emergence : the Evolution of the Italian Third Sector." Evers and Laville eds., *The Third Sector in Europe*. Cheltenham: Edward Elgar.

Borzaga, C. and Solari, L. 2001. "Management Challenges for Social Enterprises." Borzaga and Defourny eds., *The Emergence of Social Enterprise*. London: Routledge.

Brady, D., Fullerton, A., Cross, J. 2009. "Putting Poverty in Political Context : A Multi-Level Analysis of Adult Poverty in 18 Affluent Democracies." *Social Forces* 88/1, 271-300.

Buchele, L. and Scherer, P. 1998. "Putting Social Policy to Work", *OECD Observer*, No.212.

Buti, M., Franco, D., and Pench, L. 1997. "Reconciling the Welfare State with Sound Public Finances and High Employment." In *The Welfare State in Europe* (European Economy 1997, No.4).

Casey, B. and Yamada, A. 2002. *Getting Older, Getting Poorer?* Paris: OECD.

CEV(European Volunteer Center). 2004. "Voluntary Action in Germany." http://www.cev.be/data/File/FactsFigures%20Germany%20final.pdf

Chilton, M. and Rose, D. 2009. "A Rights-Based Approach to Food Insecurity in the United States." *American Journal of Public Health* 99/7.

Clayton, R. and Pontusson, J. 1998. "Welfare State Retrenchment Revisited", *World Politics* 51.

Clayton, A., Oakley, P., and Taylor, J. 2000. "Civil Society Organizations and Service Provision", Civil Society and Social Movements Programme Paper Number 2.

Cohen, M., March, I. and Olson, J. 1972. "A Garbage Can Model of Organizational Choice." *Administrative Science Quarterly* 17/1.

Cooper, G. and Scherer, P. 1998. "Can We Afford to Grow Old?" *OECD Observer*, No.212.

Corporation for National Service, 1997. "Corporation for National Service", Washington, D.C.

Council of Europe. 2004. *The Future of Democracy in Europe*. Belgium: Council of Europe Publishing.

Cox, R. 1998. "The Consequences of Welfare Reform: How Conceptions of Social Rights are Changing", *International Social Policy*, 27/1.

Deacon, B. 2000. "Globalization and Social Policy: The Threat to Equitable Welfare", UNRISD Occasional Paper 5.

Dekker, P. 2004. "From Private Initiatives to Nonprofit Hybrids and Back?" Evers and Laville eds., *The Third Sector in Europe*. Edward Elgar. pp.144-68.

Dinitto, D. 1999. *Social Welfare: Politics and Public Policy*. 5th edition. Needham Heights: Ally & Bacon.

Durand-Drouhin, M. McKenzie, P. and Sweet, R. 1998. "Opening Pathways from Education to Work", *OECD Observer*, No.214.

Dye, T. 1992. *Understanding Public Policy*. 7th edition, Englewood Cliffs: Prentice-Hall.

Esping-Andersen, 1990. *The Three Worlds of Welfare Capitalism*, Cambridge: Polity Press.

Esping-Andersen, G. 1996a. "After the Golden Age? Welfare State Dilemmas in a Global Economy". In Esping-Andersen, G., ed., *Welfare State in Transition: National Adaptations in Global Economics*, London: Sage Publications

______, 1996b. "Positive-Sum Solutions in a World of Trade-Offs?" In Esping-Andersen, G., ed., *Welfare State in Transition: National Adaptations in Global Economics*, London: Sage Publications.

Esping-Andersen, G., D. Gallie, A. Hemerijck, and J. Myles. 2002. *Why We Need a New Welfare State*. Oxford: Oxford University Press.

Esping-Andersen, G., and Myles, J. 2009. 'Economic Inequality and the Welfare State.' In Salverda, W., Nolan, B. and Smeeding, T. (Eds.), *The Oxford Handbook of Economic Inequality* (pp. 639-660). Oxford: Oxford University Press.

Etzioni, A. 1967. "Mixed Scanning: A Third Approach to Decision Making." *Public Administration Review* 27/4.

European Union, 2013a. "Investing in Social Europe."

EU, 2013b. "Social Investment Package – key facts and figures."

______, 2015. "Social Investment in Europe."

_____, 2016. "Creating More Equal Societies – What Works?"
_____, 2017. "Assessing Social Impact Synergies."
European Parliament, 2008. "Report on the Role of Volunteering in Contributing to Economic and Social Cohesion." http://www.cev.be/data/File/EP_ReportVolunteeringSocialCohesion08.pdf
Evers, A. and Laville, J, 2004. "Defining the Third Sector in Europe." Evers and Laville eds., *The Third Sector in Europe*. Edward Elgar.
Feng, Y. 2002. "Building Political Consensus and Distributing Resources: A Trade-off or a Compatible Choice?" *Economic Development and Cultural Change*, 51/1.
Ferrera, M. and Rhodes, M. 2000. "Recasting European Welfare States: An Introduction." *West European Politics*, 23/2.
Franco, D. and Munzi, T. 1997. "Aging and Fiscal Policies in the EU". In *The Welfare State in Europe* (European Economy 1997, No.4).
Furniss, N. and Tilton, T. 1983. *The Case For The Welfare State*, Indiana University.
Gastin, K. and Smith, J. 1995. *A New Civic Europe? A Study of the Extent and Role of Volunteering*, London: Volunteer Centre UK.
Gates, C. 1999. "Community Governance." *Futures* 31.
Gerston, L. 2002. *Public Policymaking in a Democratic Society: A Guide to Civic Engagement*. New York: M.E. Sharpe.
Geyer, R. 1998. "Globalisation and the (Non) Defence of the Welfare State", *West European Politics* 21/3.
Gidron, B. Kramer, R. & Salamon, L. 1992. *Government and the Third Sector: Emerging Relationships in Welfare States*, San Francisco: Jossey-Bass.
Gilbert, N. and Terrell, P. 2005. *Dimensions of Social Welfare Policy*. Boston: Pearson Education
Goodman, R. and Peng, I. 1996. "The East Asian Welfare States: Peripatetic Learning, Adaptive Change, and Nation-Building". In Esping-Andersen, G., ed., *Welfare State in Transition: National Adaptations in Global Economics*, London: Sage Publications.
Green, D. 2008. *From Poverty to Power*. Oxfam International.
Grice, R. 1999. *Opportunity, Work and Competitiveness: Voluntary Organizations in a Changing Labour Market*, London: NCVO, UK.
Häusermann, S. 2010. *The Politics of Welfare State Reform in Continental Europe*. Cambridge Univ. Press.
Hemerijck, A. 2013. *Changing welfare states*. Oxford; Oxford University Press.
_____, 2014. "Social Investment 'stocks', 'flows' and 'buffers'". *Social Policies* 1(1), 9-26.
Henriksen, L. 2008. "Local Volunteer Centers in Denmark." European Volunteer Center. http://www.cev.be/data/File/Volunteer_Centres_in_Denmark.pdf

Hicks, P. 1998. "The Policy Challenges of Ageing Populations", *OECD Observer*, No.212.
Hrebenar, R. 1997. *Interest Group Politics in America*. 3rd edition, New York: M.E. Sharpe.
Inglehart, R. 1977. *The Silent Revolution*. Princeton: Princeton University Press.
Joo, Sungsoo. 1987. "The Political Economy of Old-Age Policy: Health Care Financing for Aging in the Welfare State", *Ph.D. Dissertation*, Northern Illinois University.
Jordan, A. 2000. "New Social Partnerships in the U.K." In *Government as Partners: The Role of Central Government in Developing New Social Partnership*. Copenhagen: The Copenhagen Center.
Kalisch, D., Aman, T. and Buchele, L. 1998. *Social and Health Policies in OECD Countries: A Survey of Current Programmes and Recent Developments*, Paris: OECD, Labour Market and Social Policy Occasional Papers No.33.
Keeley, A. 2015. Income Inequality. Paris: OECD.
Kettl, D. 2000. "The Transformation of Governance: Globalization, Devolution, and the Role of Government." *Public Administration Review* 60/6.
Kingdon, J. 1984. *Agendas, Alternatives, and Public Policies*. New York: Harper & Row.
Korpi, W. and Palme, J. 1998. "The Paradox of Redistribution and Strategies of Equality: Welfare State Institutions, Inequality, and Poverty in the Western Countries", *American Sociological Review*, 63/5.
Kuhnle, S. 2000. "The Scandinavian Welfare State in the 1990s: Challenged but Viable", *West European Politics*, 23/2.
Laville, J., B. Levesque and M. Mendell. 2007. "The Social Economy: diverse approaches and practices in Europe and Canada", in Noya and Clarence (eds.), *The Social Economy: Building Inclusive Economies*, OECD.
Lefebvre, M., Coelli, T., & Pestieau, P.. 2010. "On the Convergence of Social Protection Performance in the European Union." *CESifo Economic Studies*, 56/2, 300 322.
Lewis, J. 2004. "The State and the Third Sector in Modern Welfare States." Evers and Laville eds., *The Third Sector in Europe*. Edward Elgar.
Lindblom, C. 1980. *Policy-Making Process*. 2nd edition, New York : Basic Books.
Linkelmann, W. 2000. "New Social Partnerships in Germany." In *Government as Partners: The Role of Central Government in Developing New Social Partnership*. Copenhagen: The Copenhagen Center.
Lohman, H. 2009. "Welfare States, Labor Market Institutions and the Working Poor." *European Sociological Review* 25/4, 489-504.
March, J. and Simon, H. 1958. *Organizations*. New York: John Wiley & Sons.
Marshall, T. 1964. *Class, Citizenship and Social Development*, Garden City: Dou-

bleday.

Martin, J. 1998. *What Works among Active Labour Market Policies: Evidence from OECD Countries' Experiences*, Paris: OECD. Labour Market and Social Policy Occasional Papers No.35.

Merrien, F. 1998. "Governance and Modern Welfare State." *International Social Science Journal* 155.

Michalski, W., Miller, R., and Stevens, B. 2001. "Governance in the 21st Century: Power in the Global Knowledge Economy and Society." In OECD, *Governance in the 21st Century*, Paris.

Moller, S. et al., 2003. "Determinants of Relative Poverty in Advanced Capitalist Democracies," *American Sociological Review*, 68/1.

Moon, J. and Yang, J. 2002. "Globalization, Social Inequality, and Democratic Governance in Souith Korea". In Tulchin, J. ed., *Democratic Governance & Social Inequality*, Boulder: Lynne Rienner.

NCVO, 2000. *Welfare to Work: A Voluntary Sector Perspective*, London. UK.

_____, 2001. *The Voluntary Sector in a Changing Welfare State*, London. UK.

Nye, J. 1999. "Information Technology and Democratic Governance." In Kamarck, E. and Nye, J. eds., *democracy.com? Governance in a Networked World*. Hollis, N.H.: Hollis Publishing.

O'Connell, B. 1994. *People Power: Service, Advocacy, Empowerment*, N.Y.: Foundation Center.

_____, 1996. "A Major Transfer of Government Responsibility to Voluntary Organizations? Proceed with Caution," *Public Administration Review*, Vol.56, No.3.

OECD, 1997. "Income Distribution and Poverty in Selected OECD Countries", *OECD Economic Outlook*, No.62. www.oecd.org

_____, 1998. "Low Income Dynamics in Four OECD Countries", *OECD Economic Outlook*, No.62. www.oecd.org

_____, 2000. *Reforms for An Aging Society*. Paris.

_____, 2001a. *Economic Outlook 2001*. Paris. www.oecd.org

_____, 2001b. *Society at a Glance: OECD Social Indicators*, Paris.

_____, 2001c. "Public social expenditure by main category as a percentage of GDP (1980-1998)." www.oecd.org/exels.

_____, 2001d. *Policies to Enhance Sustainable Development*. Paris.

_____, 2001e. *Growth, Inequality, and Social Protection*. Paris.

_____, 2002. *OECD Social Indicators 2002*. Paris.

_____, 2003. "Engaging Citizens Online for Better Policy Making." *Policy Brief*. March 2003.

_____, 2004. "Take-up of Welfare Benefits in OECD Countries: A Review of the Evidence." http://www.oecd.org/dataoecd/60/30/30901173.pdf

_____, 2005. "Income Distribution and Poverty in OECD Countries in the Second

Half of the 1990s." http://www.oecd.org/dataoecd/48/9/34483698. pdf
_____, 2006. *Live Longer, Work Longer.* Paris.
_____, 2007a. "Ageing and the Public Sector." http://www.oecd.org/dataoecd/42/32/43411582.pdf
_____, 2007b. "Editorial: Addressing the Globalization Paradox." OECD Economic Outlook. http://www.oecd.org/dataoecd/29/26/38749245.pdf
_____, 2008a. *Growing Unequal? Income Distribution and Poverty in OECD Countries.*
_____, 2008b. "Mind the Gap: Fostering Open and Inclusive Policy Making." http://www.olis.oecd.org/olis/2008doc.nsf/linkto/GOV-PGC-OPEN(2008)
_____, 2009a. *Society at a Glance 2009.* Paris. www.oecd.org/els/social/indicators/ SAG
_____, 2009b. "How Expensive is the Welfare State?" www.oecd.org/els/social/expenditure
_____, 2009c. "In-Work Poverty: What Can Governments Do?" *OECD Policy Brief* Sep. 2009. http://www.oecd.org/dataoecd/0/26/43650040.pdf
_____, 2009d. *Focus on Citizens: Public Engagement for Better Policy and Services.*
_____, 2010a. Gender Brief. http://www.oecd.org/dataoecd/23/31/44720649.pdf
_____, 2010b. "Pensions in France and Abroad : 7 Key Indicators." http://www.oecd.org/document/51/0,3343,en_2649_34757_44981747_1_1_1_37419,00.html
_____, 2010c. "Jobs for Youth Review." http://www.oecd.org/document/ 59/0,3343, en_2649_39023495_38019131_1_1_1_1,00.html
_____, 2010d. "How does your country compare - Korea." http://www. oecd.org/document/25/0,3343,en_2649_33927_43219353_1_1_1_1,00.html
_____, 2011. *The Future of Families*, Paris.
_____, 2012a, "Income inequality and growth: The role of taxes and transfers" Paris.
_____, 2012b, "Social spending during the crisis." Paris.
_____, 2012c. *Economic Policy Reforms 2012 : Going for Growth.* Paris.
_____, 2012d . "Reducing income inequality while boosting economic growth " *Economic Policy Reforms 2012 : Going for Growth*, Paris.
_____, 2012e. "Income inequality and growth: The role of taxes and transfers", *OECD Economics Department Policy Notes*, No. 9.
_____, 2012f. "Inequality in labour income – What are its drivers and how can it be reduced?", *OECD Economics Department Policy Notes*, No. 8.
_____, 2013. *Job Creation through social economy and Social Entrepreneurship.* Paris.
_____, 2014. "Social Expenditure Update." Paris.

_____, 2015a. "OECD Employment Outlook 2015."
_____, 2015b, "Minimum Wages after the Crisis."
_____, 2015c. " Promoting Active Ageing in the Digital Economy: Inclusion, Adaptation and Innovation."
_____, 2015d. *Pensions at a Glance 2015*. Paris.
_____, 2015e. *Government at a Glance 2015*. Paris.
_____, 2015f. *Social Impact Investment : Building the Evidence Base*. Paris.
_____, 2015g. "Social Impact Bonds-Promises and Pitfalls", Summary Report of the OECD Experts Seminar, Paris, 15 April 2015, France,
_____, 2015h. "Social Impact Bonds: Promises & Pitfalls." Paris.
_____, 2016a. *Society at a Glance 2016*. Paris.
_____, 2016b. *Employment Outlook 2016*. Paris.
_____, 2016c. *Health at a Glance 2016*. Paris.
_____, 2016d. *Pensions at a Glance 2016*. Paris.
_____, 2016e. "Social Expenditure Update." Paris.
_____, 2016f. "Employment Outlook 2016 : Key Finding for Korea." Paris.
_____, 2016g. "Understanding Social Impact Bonds." Paris.
_____, 2017a. *A Decade of Social Protection Development in Selected Asian Countries*. Paris.
_____, 2017b. "Fixing Globalization : Time for All." Paris.
_____, 2017c. "Bridging the Gap: Inclusive Growth 2017 Update Report." Paris.
_____, 2017d. *Employment Outlook 2017*. Paris.
Okun, A.M. 1975. *Equality and Efficiency: The Big Trade off*. Washington, DC: The Brookings Institution.
Oxfam, 2016. "An Economy for the 1%." London.
Oxley, H., Dang, T., and Antolin, P. 2000. "Poverty Dynamics in Six OECD Countries", *OECD Economic Studies* No.30.
Paquiet, P. 2000. "New Social Partnerships in France." In Gribben et al., eds., *Government as Partners: The Role of Central Government in Developing New Social Partnership*. Copenhagen: The Copenhagen Center.
Park, Yong Soo. 2009. "Limitations of the Social Welfare Reform during the Progressive Governments of South Korea." *Korea Observer* 40/3.
Pierre, J. and Peters, G. 2000. *Governance, Politics, and the State*. New York: St. Martin's Press.
Pierson, P. 1998. "The New Politics of the Welfare State", *World Politics*, 48/2.
_____, 2000. *The New Politics of the Welfare State*. Oxford: Oxford University Press.
Richardson, D. and Smith, M. 2002. *Governance and Public Policy in the UK*, New York: Oxford University Press.
Rifkin, J. 1996. "A New Social Contract", *ANNALS*, No.544.
Robinson, J. 2010. *The Political Economy of Redistributive Policies*. UNDP. www.

undp.org/poverty.
Roche, T. 2000. "New Social Partnerships in Ireland." In *Government as Partners: The Role of Central Government in Developing New Social Partnership*. Copenhagen: The Copenhagen Center.
Rosenau, J. 1995. "Governance in the Twenty-first Century." *Global Governance* 1.
Ross, F. 2000. "Interests and Choice in the 'Not Quite so New' Politics of Welfare", *West European Politics*, 23/2.
Sabel, C. 2012. "Individualized Service Provision and the New Welfare State." In C. Luiz de Mello and M.A. Dutz (eds). *Promoting Inclusive Growth, Challenges and Policies*, Paris: OECD.
Salamon, L. 1995. *Partners in Public Service*, Baltimore: Johns Hopkins University Press.
Salamon, L. 2002. "The New Governance and the Tools of Public Action." In Salamon, L. ed., *The Tools of Governance: A Guide to the New Governance*. Oxford: Oxford University Press.
Savas, E. 2000. *Privatization and Public-Private Partnerships*, New York: Chatham House Publishers.
Sawhill, I. 2001. "From Welfare to Work", *Brookings Review*, Summer 2001.
Schulz, A. 2003. "National Profiles of Work Integration Social Enterprise in German." http://www.emes.net/fileadmin/emes/PDF_files/ELEXIES/ELE XIES_WP_03-05_D.pdf
Shigehara, K. 1998. "New Policies for Dealing with Ageing", *OECD Observer*, No.212.
Shragge, E., Graefe, P., Fontan, J. 2001. "The Citizenship Building Consequences of Quebec's Social Economy." Canadian Policy Research Network. http:// envision.ca/pdf/SocialEconomy/SocialEconomyQuebec.pdf
Simon, H. 1957. *Model of Man*. New York: John Wiley & Sons.
Smith, J. 1993. "Introduction: Volunteering in Europe". In Smith J. and Weismann N. eds., *Volunteering in Europe*, London: Volunteer Centre UK.
Smith J. and Weismann N. eds., 1993. *Volunteering in Europe*, London: Volunteer Centre UK.
Smith, J., Locke, M. and Shepherd, J. 1998. *Volunteering for Employment. A Review of the Literature*, London: NCVO, UK.
Social Enterprise UK. 2014. "State of Social Enterprise Survey 2013"
Social Finance, 2011. "A Technical Guide to Developing Social Impact Bonds"
Sonnet, A. et al., 2014. "Towards More Inclusive Ageing and Employment Policies." *De Economist*, No.162, pp.315-339.
Spapens, J. 2000. "New Social Partnerships in the Netherlands." In *Government as Partners: The Role of Central Government in Developing New Social Partnership*. Copenhagen: The Copenhagen Center.

Spear, R., and Bidet, E. 2003. "The Role of Social Enterprise in European Labor Markets." EMES European Research Network. http://www.emes.net/ fileadmin-/emes/PDF_files/ELEXIES/ELEXIES_WP_03-10_Transversal_ENG.pdf

Swank, D, and Martin, C. 2001. "Employers and the Welfare State." *Comparative Political Studies*, 34/8.

Teasdale, S. 2012. "What's in a Name? Making Sense of Social Enterprise Discourses", *Public Policy and Administration* 27/2, pp.99-119.

Tepe, M. and Vanhuysse, P. 2009. "Are Aging OECD Welfare State on the Path to Gerontocracy?" *International Public Policy* 29/1, 1-28.

Titmuss, R. 1974. *Social Policy: An Introduction*, New York: Pantheon Books.

Tobin, J. 1994. "Poverty in Relation to Macroeconomic Trends, Cycles, and Policies." In Danziger, S., Sandefur, G., and Weinberg, D. eds., *Confronting Poverty: Prescriptions for Change*, New York: Russell.

UK Cabinet Office, 2007. "The Future Role of the Third Sector in Social and Economic Regeneration." http://www.cabinetoffice.gov.uk/upload/assets/ www.cabinetoffice.gov.uk/third_sector/the_future_role_of_the_third_sector_in_economic_and_social_regeneration.pdf

UNDP, 1993. *Human Development Report 1993*. www.undp.org

______, 1998. *Combating Poverty: The Korean Experience*, Seoul.

______, 1999. *Human Development Report 1999*.

______, 2010. *Human Development Report* 2010.

UNRISD, 2000. "The Role of Civil Society in Policy Formulation and Service Provision", Report of the UNRISD Geneva 2000 Seminar, New York.

Vailancourt, Y., Aubry, F., Tremblay, L., Kearney, M. 2003. "Social Policy as A Determinant of Health and Well-being: the Contribution of Social Economy." University of Quebec. http://www.larepps.uqam.ca/publications/ pdf_transversal/cahier03_01.pdf

Vanston, N. 1998. "The Economic Impacts of Ageing", *OECD Observer*, No.212.

Weaver, K and McGann, J. 2001. "Think Tanks and Civil Societies in a Time of Change." In McGann, J. and Weaver, R. eds., *Think Tanks and Civil Societies*. New Brunswick: Transaction Publishers.

World Bank, 1999. "Poverty and Korea." www.worldbank.org.

World Values Survey, 1990. 1996. 2008, 2014. www.wvsevsdb.com/wvs/WVSData.jsp.

찾아
보기

【ㄴ】

【ㄷ】

【ㄹ】

【ㅁ】

【ㅂ】

【ㅅ】

주성수 한양대학교 공공정책대학원 교수이자 제3섹터연구소장으로 재직 중이며, 시민사회와 사회적 경제 연구 및 활동을 이어오고 있다. 시민사회에서는 1992년 경실련 사회복지위원회와 강동송파 경실련 공동대표, 1995년 한국자원봉사포럼 총무, 1996년 한국대학사회봉사협의회 전문위원, 1998년 공동모금회(사랑의열매) 기획위원, 1999년 KOPION 자문위원, 2007년 아시안프렌즈 이사로 활동해왔다. 2013년에는 서울시NPO지원센터 제1기 운영위원장을 맡았고, 현재는 국가자원봉사진흥위원회 위원, 성동구 사회적경제위원회와 마을공동체위원회 위원장으로 활동하고 있다. 대학에서는 1997년에 제3섹터연구소를 창설해 현재까지 열두 명의 연구교수들과 함께 국내외 시민사회와 사회적 경제 연구에 집중하는 20여 년의 시간을 가졌다. 또한 1차(2004~2006)와 2차(2008~2010)에 걸쳐 글로벌 시민사회연대 네트워크인 CIVICUS의 48개국 글로벌 시민사회지표 조사분석에 한국 대표로 국제 연구활동을 진행했다. 학술지 〈시민사회와 NGO〉의 편집위원장을 맡아 시민사회와 사회적 경제의 다양한 분야 전문가들과 학술교류를 나눠왔다. 주요 저서로 『자원봉사 : 이론, 제도, 정책』(2005), 『사회적 경제 : 이론, 제도, 정책』(2010), 『나눔문화 : 기부, 자원봉사, 이웃돕기, 시민참여』(2016), 『사회적 경제와 사회적 임팩트』(2017) 등이 있다.

복지국가와 복지정책 (개정판)

펴낸날 2017년 8월 30일 개정판 1쇄

지은이 주성수 · **펴낸이** 이영무

펴낸곳 한양대학교출판부 · **출판등록** 제4-7호(1972.2.29)

주소 서울 성동구 왕십리로 222 · **전화** 02.2220.1432-4 · **팩스** 02.2220.1435

홈페이지 press.hanyang.ac.kr · **이메일** presshy@hanyang.ac.kr

디자인·편집 정준기 · **표지** 안광일 · **인쇄** 현문

정가는 뒤표지에 있습니다. 잘못된 책은 구입하신 곳에서 교환해드립니다.

ISBN 978.89.7218.547.5 (93330)